Dietrich Arnold & Franzis Preckel

HOCHBEGABTE KINDER KLUG BEGLEITEN

Wir widmen dieses Buch allen Kindern, Mütter und Vätern, die uns an ihren Erfahrungen teilhaben ließen und ohne die wir den vorliegenden Text nicht hätten schreiben können, sowie Herrn Professor Dr. Dr. Eberhard Elbing, der als einer der Gründer und als ehemaliger Leiter der Begabungspsychologischen Beratungsstelle der Ludwig-Maximilians-Universität München entscheidend dazu beitrug, einen Rahmen für diesen Erfahrungsaustausch zu schaffen.

Dietrich Arnold & Franzis Preckel

HOCHBEGABTE KINDER KLUG BEGLEITEN

EIN HANDBUCH FÜR ELTERN

BELTZ

Dieses Buch erscheint im Zusammenhang mit der

Reihe hochbegabung und pädagogische praxis

herausgegeben von der Karg-Stiftung,
Victor Müller-Oppliger, Gabriele Weigand
und Heinz-Werner Wollersheim

karg – stiftung

Im Beltz Verlag bislang erschienen:
Olaf Steenbuck / Helmut Quitmann / Petra Esser (Hrsg.)
Inklusive Begabtenförderung in der Grundschule.
Konzepte und Praxisbeispiele zur Schulentwicklung. 2011.

ISBN 978-3-407-85928-0 Print
ISBN 978-3-407-22515-3 E-Book (EPUB)

6. Auflage 2025

Werderstr. 10, 69469 Weinheim
service@beltz.de

Umschlaggestaltung: www.stefanielevers.de (Gestaltung),
www.stephanengelke.de (Beratung)
Umschlagabbildung: © Getty Images/Thomas J. Abercrombie (vorne);
© Fotolia.com/Marco Mayer (hinten)
Abbildungen Innenteil: BlütezeitDesign/Stefanie Rinkenbach
Layout und Herstellung: Nancy Püschel
Druck und Bindung: Beltz Bad Langensalza GmbH, Bad Langensalza
Beltz Grafische Betriebe ist ein Unternehmen mit finanziellem
Klimabeitrag (ID 15985-2104-1001)
Printed in Germany

Weitere Informationen zu unseren Autor:innen und Titeln
finden Sie unter: www.beltz.de

Inhaltsverzeichnis

Einleitung

Ganz zu Beginn eine Anmerkung, die uns wichtig ist – nicht zuletzt, um grundlegende Missverständnisse zu vermeiden. Auch wenn wir ein Buch schreiben, das sich vor allem an eine spezielle Zielgruppe wendet, vertreten wir nicht die Auffassung, dass Hochbegabung etwas Besonderes ist. *Wie das?*, werden sich manche vielleicht fragen.

Kinder unterscheiden sich in vielen verschiedenen Merkmalen und sind alleine dadurch – jedes für sich – ganz besonders. Diese Unterschiedlichkeit ist etwas Kostbares. Hochbegabung ist eine Facette der breiten Palette von »Normalität« – nicht weniger und auch nicht mehr. Ein Junge, den wir hier Michael nennen, meinte dazu: »Hochbegabte sind gar nicht so schlimm. Wenn sich Erwachsene auf uns einlassen, sind wir keine Monster, sondern meistens ganz nett. Ich glaube, wenn ich mich später entscheiden könnte, hätte ich auch gerne hochbegabte Kinder.« Wir denken, dass jedes Kind ein Anrecht darauf hat, in seiner Einzigartigkeit gesehen und wertgeschätzt zu werden. Dazu will dieses Buch einen Beitrag leisten.

Wir möchten anregen und ermuntern, zu entdecken, was den Kontakt mit hochbegabten Kindern auszeichnet und wie dieser positiv gestaltet werden kann. Als Autorenteam geht es uns nicht darum, dass Sie sich als Mutter oder Vater »grundlegend verändern« sollen. Unser Ansatz zielt vielmehr darauf ab, dass bestimmte, zumeist bereits vorhandene Seiten deutlicher sichtbar werden können, als dies möglicherweise bisher der Fall war.

Die aufgeführten Ideen sind zudem nicht als »Normen« zu verstehen, sondern als Orientierungspunkte und Anregungen für die Begleitung Ihres Kindes. Manches wird mehr und manches weniger für Sie und Ihr Kind passen. Entscheidend ist für uns, dass Sie theoretische wie praktische Anregungen finden, um Ihr Familienleben so zu gestalten, dass sich alle Beteiligten darin wohlfühlen.

TEIL 1

Was ist Hochbegabung und wie ist sie zu erkennen?

1 »Es ist gut, schlau zu sein«: Worum es in diesem Buch geht

Noch ein Ratgeber zum Thema Hochbegabung, nur anders verpackt? – Keine Sorge, das soll dieses Buch nicht sein, denn (gute) Ratgeber existieren bereits in ausreichender Zahl. Für manche Mütter und Väter hat das Angebot vielleicht sogar ein Ausmaß angenommen, das vor allem verwirrt und verunsichert. Insofern fiel uns die Entscheidung leicht, ein anderes Konzept zu wählen, indem wir vor allem den Expertenstatus von Eltern betonen und stärken möchten. Nach unserer Erfahrung kann dieser im Alltag von Eltern hochbegabter Kinder manchmal ganz schön leiden, beispielsweise durch die Vielzahl von Fragen der Kinder oder durch die Erfahrung, häufiger in der elterlichen Autorität infrage gestellt zu werden. Das tut beiden – Eltern wie Kindern – nicht gut. Umgekehrt profitieren beide Seiten, wenn sich Eltern als kompetent erleben können.

Die Steigerung der elterlichen Kompetenz sollte nicht als »Mittel zum Zweck« missverstanden werden (beispielsweise, um Kinder effektiver beeinflussen zu können). Dieses Buch will dazu anregen, das elterliche Vorgehen auf einen wesentlichen Punkt zu konzentrieren, nämlich die Beziehung zwischen Eltern und Kindern, ohne dass diese gleich wieder einen Zweck erfüllen muss. Die Pflege dieses Verhältnisses bleibt eine tägliche Aufgabe, die mit den in diesem Buch vorgestellten Anregungen und Informationen indes zufriedenstellender verlaufen kann.

Eine ähnliche Sichtweise haben wir auch in Bezug auf die Begabungsförderung. Wir sind nicht der Auffassung, dass ein hohes intellektuelles Potenzial Kinder in besonderer Weise zu Leistung (oder in einem höheren Alter zur Übernahme von größerer gesellschaftlicher Verantwortung) verpflichtet (sosehr dies vielleicht auch aus beispielsweise wirtschaftlichen Überlegungen heraus wünschenswert wäre). Eine derart instrumentalisierte Sichtweise von Erziehung oder Begabungsförderung widerspricht unseren Wertvorstellungen und birgt verschiedene Gefahren in sich; unter anderem die, dass Eltern vor allem von der Angst getrieben werden, etwas falsch zu machen oder eine günstige Gelegenheit zur Förderung zu übersehen. Begegnung oder Beziehung kann so nicht entstehen.

Ein Beispiel soll verdeutlichen, worum es uns geht: Die Eltern eines Jungen meldeten sich ein halbes Jahr nach einem Beratungsgespräch noch einmal per Mail bei uns. Sie beschrieben verschiedene positive Veränderungen bei ihrem Sohn Marcus. Letztlich ließen sich diese in einer noch nicht lange zurückliegenden Aussage von Marcus zusammenfassen: »Es ist gut, schlau zu sein.« Wenn wir mit diesem Buch zu einer solchen Einschätzung beitragen können, hat es seinen Zweck erfüllt.

Was hat es eigentlich mit der Bezeichnung »Handbuch« auf sich? Wir sehen diese Form als eine Alternative zum herkömmlichen Ratgeber. Der Leitgedanke beim Schreiben bestand darin, einen möglichst großen Erfahrungsschatz zusammenzutragen, aus dem Sie als Leserinnen und Leser für sich die Ideen auswählen können, die für Sie passen bzw. die Sie Ihrer Situation und Ihren Bedürfnisse anpassen können. Unser Ziel ist es, Wissen und Anregungen zu vermitteln, ohne dabei den Anspruch zu erheben, wir wüssten besser als Sie, welche Methoden für Ihre Familie am besten geeignet sind. Dabei haben sich die praktischen Inhalte dieses Buches für die Begleitung hochbegabter Kinder im Alter von vier bis zwölf Jahren bewährt, manche eignen sich (mit leichten Variationen) auch für Jugendliche.

Wir haben uns bewusst für die Nennung – und wo nötig Erläuterung – auch fachlicher Begriffe und Konzepte entschieden, auch weil Eltern von Hochbegabten diesen in manchen Testungen und Beratungsgesprächen begegnen werden.

Vorab noch etwas zur Entstehung dieses Handbuches: Wenn in den vergangenen Jahren Familien zu uns in die Beratung kamen, haben wir oft erlebt, dass sich Mütter und Väter, nachdem ihre Kinder den Beratungsraum zur Testung verlassen hatten, in etwa folgendermaßen entschuldigten: »Wir glauben eigentlich nicht, dass unser Kind hochbegabt ist, aber wir wollten auch nichts versäumen. Momentan ist ja sehr viel Widersprüchliches zu lesen.« Wenn wir nachfragten, was denn gegen eine Hochbegabung des Kindes spreche, hörten wir häufiger Antworten wie: »Sie hat ganz normale Interessen«, oder: »Hochbegabte Kinder können in seinem Alter doch schon viel mehr als er.« Abgesehen davon, dass wir nicht den Anspruch hatten und haben, nur Familien mit hochbegabten Kindern zu beraten, war die nachvollziehbare Unsicherheit der Eltern in diesem Bereich ein wichtiger Anstoß, dieses Buch zu schreiben. Die Formulierung »wir« bezeichnet in diesem Buch das Autorenteam Dietrich Arnold und Franzis Preckel. Wo wir uns auf Studien oder Aussagen anderer Autorinnen und Autoren beziehen, ist das durch die Nennung ihrer Namen an der entsprechenden Stelle kenntlich gemacht.

Wenn Angebote speziell auf die Bedürfnisse der Zielgruppe abgestimmt sind, ist ihr Nutzen größer, als wenn sie eher unspezifisch sind. Dies gilt auch für die Förderung Hochbegabter und betrifft nicht nur den schulischen Bereich, sondern auch den familiären. Wir greifen den Wunsch nach spezifischen Angeboten für Familien mit (hoch)begabten Kindern in zweifacher Weise auf: Zum einen bieten wir seit rund sechs Jahren ein speziell für Eltern kluger Kinder entwickeltes Training an, dem wir den Namen KLIKK® (Kommunikations- und Lösungsstrategien für die Interaktion mit klugen Kindern) gegeben haben (die Website dazu finden Sie unter www.klikk-elterntraining.de). Zum anderen haben wir dieses Handbuch verfasst. Die Inhalte dieses Elternhandbuchs sind so konzipiert, dass die Leserinnen und Leser auch dann sinnvoll damit arbeiten können, wenn sie das Training nicht besucht haben. Gleichwohl fließen die Erfahrungen, die wir im Kontakt mit mittlerweile rund vierhundert KLIKK®-Teilnehmerinnen und -Teilnehmern gemacht haben, natürlich mit ein. Insofern war unser Kriterium bei der Auswahl der praktischen Inhalte dieses Buches, dass diese sich im Praxistest bewährt haben.

Der Umgang mit dem Thema Hochbegabung hat in unserem Land in den letzten Jahren einen grundlegenden Wandel erfahren: War dieses Thema früher eher tabuisiert und mit negativen Assoziationen verknüpft, so ist es mittlerweile aus seinem Nischendasein herausgetreten. Dieser Wandel begann Ende der 1970er-Jahre, beispielsweise mit der Gründung der Deutschen Gesellschaft für das hochbegabte Kind im Jahr 1978. Die Zahl der Bücher über Hochbegabung ist sprunghaft angewachsen, Medien berichten regelmäßig über hochbegabte Kinder und deren Lebenssituation, und auch etliche Fachleute im pädagogisch-psychologischen und medizinischen Bereich haben sich dieses Themas angenommen.

So weit, so gut. Die Enttabuisierung hat zweifellos vor allem denjenigen geholfen, um die es in diesem Buch gehen soll: den Eltern hochbegabter Kinder und natürlich auch den Kindern selbst. Dennoch erschrecken nach wie vor viele Eltern, wenn sie sich damit konfrontiert sehen, dass ihre Kinder weit überdurchschnittlich intelligent sind beziehungsweise sein könnten. Manchmal sieht es von außen so aus, als ob nach dem Vorliegen eines hohen Intelligenztestergebnisses bei den Familien ein neues Mitglied eingezogen sei: die Hochbegabung (Götting, 2006). Und dieses Familienmitglied scheint zuweilen sehr anspruchsvoll zu sein, fordert Zeit, Energie und auch manche finanzielle Investition. Manchmal geht den Familien fast die Luft aus, wenn sie versuchen, all diesen Ansprüchen gerecht zu werden.

Grundlage unseres Buches ist eine optimistische Sichtweise von Hochbegabung: Wir denken, dass diese als Chance für ein positives Miteinander zu sehen ist, vor allem dann, wenn es gelingt, Ängste und Vorbehalte abzubauen. Zugleich wissen wir, dass Eltern aus ihrer Sicht gute Gründe für eine skeptischere Perspektive aufführen können. In Fernsehsendungen oder Zeitungsartikeln finden wir häufiger Darstellungen, in denen es so aussieht, als ob Probleme bei hochbegabten Kindern fast zwangsläufig aufträten und nur ein immenses Förderangebot (sei es in der Schule oder außerhalb) Erleichterung verschaffen könne. Dass dadurch Verunsicherung, Angst und Druck bei Eltern entstehen, ist nur allzu verständlich.

Diese medialen Darstellungen hochbegabter Kinder sind jedoch zumeist sehr verkürzt und entsprechen in vielen Aspekten nicht dem aktuellen Forschungsstand. Häufig werden Einzelfälle herangezogen, von denen auf die Gesamtheit der hochbegabten Kinder geschlossen wird, was wissenschaftlich nicht haltbar ist. Diese Klarstellung alleine mag Eltern nur wenig weiterhelfen: Sie erleben in ihrem Erziehungsalltag ganz konkrete Fragen und Probleme und benötigen hierfür passende Antworten. So machte ein Teil der Eltern, mit denen wir sprachen, die Erfahrung, dass sie mit manchen eigentlich bewährten Erziehungskonzepten bei ihren Kindern nicht mehr weiterkamen, ja teilweise sogar den Eindruck hatten, bestehende Probleme noch zu verschlimmern. Rat- und Hilflosigkeit waren die Folge.[1]

Die negativen Gefühle werden in einigen Fällen durch die Reaktion der Umwelt verstärkt, beispielsweise durch überzogene Kritik

1 Das Gefühl der Verunsicherung in der Erziehung ist übrigens nicht auf den Kreis der Mütter und Väter hochbegabter Kinder begrenzt, sondern betrifft rund 50 % aller bundesdeutschen Eltern (Walper, 2006.).

oder vermeintlich gute Ratschläge (»Sag ihr doch einfach, dass man Lesen erst in der Schule lernt«), die an der Situation der Eltern von hochbegabten Kindern vorbeigehen. Solche Erfahrungen führen zu dem Gefühl, nicht verstanden zu werden. Manchmal entsteht von außen der Eindruck, als gäbe es eine Rivalität, vor allem dann, wenn die Kinder in die Schule gehen: Welches Kind erhält angesichts knapper Ressourcen angemessene Förderung?

Das hier herrschende Missverständnis besteht in der Annahme, eine Förderung hochbegabter Kinder gehe automatisch auf Kosten der anderen Schülerinnen und Schüler. Dies muss keineswegs der Fall sein, wie wir später in diesem Buch noch beschreiben werden. Die Polarisierung hat vielleicht auch mit der eingangs schon beschriebenen Entwicklung in Deutschland zu tun: In den ersten Jahrzehnten der Bundesrepublik wurden hochbegabte Kinder weitgehend ignoriert, dann erhielten sie plötzlich immense Aufmerksamkeit. Wir hoffen, dass sich nun ein gelassenerer und zugleich aufgeschlossener Umgang einstellen wird.

Die Förderung hochbegabter Kinder muss keinesfalls auf Kosten der anderen Schülerinnen und Schüler gehen.

Wertschätzung und Eindeutigkeit gegenüber Kindern

Gegenwärtig wird kontrovers diskutiert, ob Eltern wieder stärker disziplinierend auf ihre Kinder einwirken oder mehr Betonung auf Nähe und Wertschätzung legen sollen. Vor dem Hintergrund einer hohen Begabung eines Kindes verschärft sich diese Debatte teilweise noch, nach dem Motto: »Bei einem hochbegabten Kind muss man besonderen Wert auf eine richtige Erziehung legen.« Nach unserer Beobachtung können beide Positionen missverstanden werden und zu einer Verunsicherung bei Eltern führen. Eine starke Betonung der Disziplin kann dazu führen, dass das Verhältnis zwischen Kindern und Eltern stark angespannt ist und Interaktionen sich häufig auf die Diskussion von Regeln beziehen. Auf der anderen Seite kann eine Überbetonung der Wertschätzung in ein sehr nachgiebiges Vorgehen gegenüber Kindern münden. Letztlich haben wir in beiden Fällen Frustration aufseiten der Eltern beobachtet, weil sie erlebten, dass sie entweder den Bedürfnissen ihrer Kinder oder aber ihren eigenen nicht gerecht werden konnten.

Diese Debatte geht insofern am wissenschaftlichen Erkenntnisstand vorbei, als Studien zur Auswirkung verschiedener Erziehungsstile vergleichsweise eindeutige Antworten erbracht haben. Verschiedene Dimensionen wurden identifiziert, anhand derer elterliche Vorgehensweisen beschrieben und unterschieden werden können. Wir greifen auf ein Modell zurück, das zwei Aspekte unterscheidet: das Ausmaß an Wertschätzung im Kontakt mit den Kindern sowie das Ausmaß an Klarheit und Eindeutigkeit der Eltern in Bezug auf Regeln. Insofern sind die Wünsche nach Wertschätzung und Disziplin (sofern darunter ein eindeutiger und verlässlicher Rahmen für Kinder verstanden wird) keine unvereinbaren Gegensätze, sondern zwei Aspekte, die sich sogar fruchtbar ergänzen können.

Da wir Ihnen Anregungen dafür geben wollen, die hohe Begabung der Kinder als Grundlage für ein Miteinander nutzen zu können, bei dem es allen Familienmitgliedern gut geht, haben wir als Orientierungsrahmen – quasi als roten Faden – für dieses Buch auf den Ansatz der autoritativen Erziehung zurückgegriffen, der im Kontext der Erziehungsstilforschung identifiziert wurde. Walper (2006) beschreibt, dass dieser elterliche Erziehungsstil günstige Auswirkungen auf Kinder hat, zum Beispiel dahingehend, dass sie ein positiveres Selbstbild und weniger Problemverhalten zeigen. Für die Aufnahme in dieses Buch sprach die Annahme, dass ein autoritativer Erziehungsstil nicht nur bei Kindern, sondern auch bei ihren Eltern Positives bewirkt, und zwar insofern, als dieser zu Interaktionen führt, die das Kompetenzerleben auf beiden Seiten erhalten oder steigern (vgl. beispielsweise Schneewind & Böhmert, 2008, die hierfür die Formulierung »Freiheit in Grenzen« verwenden).

Der autoritative Erziehungsstil kann unabhängig vom Begabungsniveau der Kinder umgesetzt werden. Wir stellen in diesem Buch eine Anwendung vor, die auf (hoch)begabte Kinder ausgerichtet und insofern begabungsspezifisch ist; so haben wir darauf geachtet, spezifische Fähigkeiten und wichtige Aspekte des Selbstbildes der Kinder herauszuarbeiten und diese in den Anregungen zu berücksichtigen.

Die folgende Abbildung zeigt (in Anlehnung an Walper, 2006, S. 27) die vier unterschiedlichen Erziehungsstile, die sich durch hohe beziehungsweise niedrige Ausprägungen der zwei Dimensionen ergeben, und veranschaulicht sie anhand eines Beispiels.[2] Um

2 Für dieses Beispiel danken wir Iris Großgasteiger.

die Unterschiede zu verdeutlichen, haben wir die vier Ansätze etwas pointiert formuliert. In der Praxis sind nur selten so eindeutig abzugrenzende Kategorien vorzufinden; die Übergänge sind eher kontinuierlich.

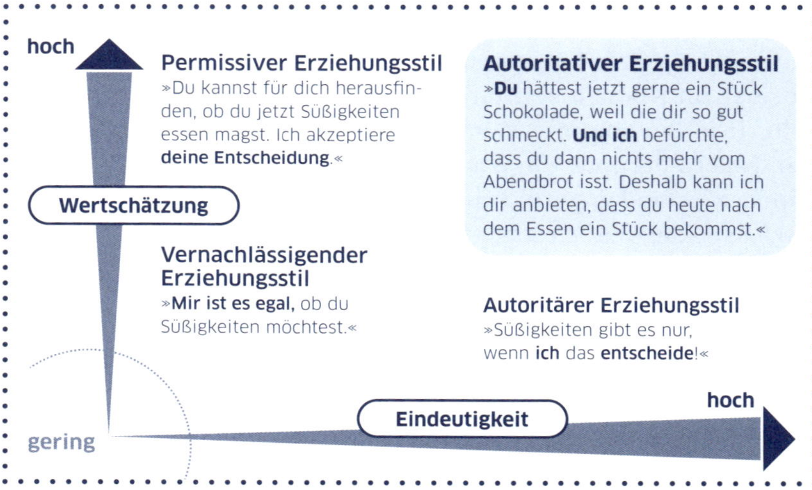

Verdeutlichung unterschiedlicher Erziehungsstile am Beispiel »Das Kind möchte Süßigkeiten haben«.

Ein Erziehungsstil, der sowohl wertschätzend als auch eindeutig ist, wird als *autoritativ* bezeichnet. Im Gegensatz zum autoritativen Vorgehen ist ein *autoritärer* Erziehungsstil zwar sehr eindeutig, aber wenig wertschätzend. In gleicher Weise ist eine Abgrenzung zur antiautoritären beziehungsweise *permissiven* Erziehung erforderlich, die zwar eine große Wertschätzung der kindlichen Bedürfnisse, jedoch wenig Eindeutigkeit der Eltern aufweist. Bezogen auf die Entwicklung der Kinder erweist sich der autoritative Erziehungsstil den anderen Vorgehensweisen als überlegen. Der Forschungsstand belegt positive Auswirkungen auf das Selbstwertgefühl sowie auf emotionale und soziale Kompetenzen (Baumrind, 1996), wohingegen ein autoritärer Erziehungsstil sich eher nachteilig beispielsweise auf das Selbstbewusstsein der Kinder auswirkt (Steinberg, 2001). Mit anderen Worten: Wenn es Eltern gelingt, sowohl wertschätzend als auch eindeutig gegenüber ihren Kindern zu agieren, ist dies offenbar in besonderer Weise geeignet, vorhandene Fähigkeiten des Kindes zur Entfaltung zu brin-

Der autoritative Erziehungsstil ist sowohl wertschätzend als auch eindeutig.

gen und Kinder in ihrer Persönlichkeitsentwicklung zu bestärken, was wiederum (im Sinne einer positiven Wechselwirkung) das eigene Kompetenzerleben als Mutter oder Vater stärkt. Und um dieses soll es in diesem Buch in erster Linie gehen.

Damit die eben beschriebene positive Wirkung des autoritativen Vorgehens eintreten kann, ist eine Art der Umsetzung erforderlich, die zum Selbstbild hochbegabter Kinder passt. Es geht um eine Wertschätzung der Gefühle und Bedürfnisse des Kindes und um Klarheit in Bezug auf eigene Wünsche und Gefühle (oder aber die Bedürfnisse Dritter wie beispielsweise anderer Kinder oder von Lehrer/-innen). Die »Kunst« bei dieser Vorgehensweise besteht darin, Wertschätzung und Eindeutigkeit zu vereinen, das heißt, möglichst sowohl wertschätzend als auch eindeutig zu agieren. Andernfalls besteht die Gefahr, dass das Vorgehen als ein »Pendeln« zwischen den Polen wahrgenommen wird und dann eher verwirrend als hilfreich ist. Wie die Umsetzung konkret aussehen kann, stellen wir im elften bis dreizehnten Kapitel dieses Handbuches vor.

Das in obiger Abbildung aufgeführte Beispiel für den autoritativen Erziehungsstil soll auch dazu dienen, ein Missverständnis auszuräumen, das wir in der Durchführung des Elterntrainings KLIKK® in Bezug auf das Merkmal Wertschätzung der kindlichen Bedürfnisse des Öfteren erlebt haben: Viele Mütter und Väter äußerten an dieser Stelle die Befürchtung, entweder ihre eigenen Wünsche und Bedürfnisse zurückstellen und/oder sehr nachgiebig gegenüber ihren Kindern handeln zu müssen. Beides ist mit dem Konzept, das wir in diesem Buch vertreten, nicht gemeint. Wertschätzung kann im Gegenteil bedeuten, (eigene) Grenzen sehr klar zu verdeutlichen. Der Unterschied zu einem reinen »Pochen auf Disziplin« besteht darin, dass wir anregen, zugleich die Situation des Kindes im Blick zu haben (was die meisten Eltern tun) und dies gegenüber ihren Kindern auch deutlich zu machen (was im erzieherischen Alltag manchmal zu kurz kommt).

Der Ansatz der autoritativen Erziehung kann einen Rahmen bereitstellen, in dem Förderung im Familienalltag geschehen kann, ohne diesen zu dominieren. In diesem Zusammenhang beschreiben wir auch, wie verschiedene Förderangebote aufeinander abgestimmt werden können (siehe Kapitel 10). Zum einen wollen wir damit erreichen, dass die Förderung mit den jeweiligen Entwicklungsbedürfnissen des Kindes in Einklang steht. Zum anderen möchten wir verhindern, dass ein Übermaß zu einer Überforderung bei den Eltern führt. Manche Förderkonzepte nach dem Motto »Viel hilft viel« können nach unserer Einschätzung diese Gefahr mit sich bringen. Dementsprechend gehen wir eher von »Weniger ist mehr« aus. Viele unserer Anregungen mögen auf den ersten Blick banal erscheinen. So beschreiben wir beispielsweise, dass Förderung, wo immer möglich, in ganz alltäglichen Situationen geschehen kann. Das Abzählen von Treppenstufen lässt Zahlen direkt erfahrbar werden. Das Abmessen von Milch oder Mehl beim Kochen oder Backen macht Mengen anschaulich. Ein alter Hut? – Vielleicht. Aber einer, der sich bewährt hat und auch für hochbegabte Kinder geeignet ist (der scheinbare Widerspruch zu den obigen Ausführungen bezüglich des Nutzens spezifischer Angebote löst sich dann auf, wenn wir auf die Umsetzung zu sprechen kommen, die bei hochbegabten Kindern beispielsweise in einem vergleichsweise früheren Alter erfolgen kann und häufig weniger Erklärungen bedarf). Der Sinn einer Förderung im Alltag im Kontakt mit nahen Bezugspersonen wird durch Erkenntnisse aus der Hirnforschung unterstützt, die belegen, dass eine gut entwickelte Beziehungsfähigkeit eines Kindes eine hohe Bedeutung für eine optimale Hirnentwicklung hat (Hüther, 2008). Mit anderen Worten: Für Kinder ist es vor allem wichtig, die Erfahrung sicherer und wertschätzender Beziehungen zu anderen Menschen machen zu können. Auf dieser Basis können sie ein positives Bild von sich und ihrer Umwelt entwickeln und ihre Erfahrungen und die Antworten auf die Vielzahl ihrer Fragen einordnen.

Zum Aufbau des Buches

Das vorliegende Elternhandbuch gliedert sich in drei Teile:

Als Erstes gehen wir der Frage nach, was Hochbegabung ist (Definition, Entwicklung Hochbegabter und Erkennungsmöglichkeiten). Damit befassen wir uns in den Kapiteln 2 bis 4.

In den Kapiteln 5 bis 10 greifen wir die häufigsten Fragestellungen auf, die uns in Beratungen und Trainings begegnet sind. Hier geht es um Möglichkeiten für Eltern, die Entwicklung ihrer hochbegabten Kinder zu unterstützen. Zugleich befassen wir uns mit Ansätzen, die helfen können, wenn diese Entwicklung sich schwierig gestaltet, beispielsweise bei Kindern, denen es nicht gelingt, ihr hohes (intellektuelles) Potenzial in entsprechende Schulnoten umzusetzen. Sowohl Prävention als auch Hilfe bei vorliegenden Problemen sind Inhalte dieser Kapitel. Zum Ende dieses zweiten großen Buchabschnittes beschreiben wir einen Aspekt, der für viele Eltern große Bedeutung hat, nämlich die Unterstützung ihres Kindes bei der Entwicklung eines »gesunden« Selbstbewusstseins. Das zehnte Kapitel, in dem es um das Thema Förderung geht, bildet eine Art Überleitung zum dritten Teil, in dem die konkreten Handlungsmöglichkeiten von Eltern noch stärker herausgearbeitet sind.

In den ersten beiden Abschnitten dieses Buches liegt der Schwerpunkt somit auf der Vermittlung grundlegender Informationen rund um das Thema Hochbegabung, die wir an passender Stelle durch Umsetzungsideen für den Familienalltag ergänzen.

In den Kapiteln 11 bis 13 vertiefen wir die Vermittlung praktischer Ideen. Wir greifen dabei auf zwei »Grundbausteine« des Elterntrainings KLIKK® zurück, nämlich den Aspekt der »wertschätzenden Kommunikation« (der im elften Kapitel beschrieben wird) sowie den Aspekt der »Lösungsorientierung« (dessen Grundzüge und Umsetzungsmöglichkeiten im zwölften Kapitel nachzulesen sind). Für das Zusammenspiel dieser beiden Grundbausteine verwenden wir die Bezeichnung »KLIKK®-Ansatz«. Im dreizehnten Kapitel beschreiben wir beispielhaft drei Anwendungsbereiche dieses Ansatzes (Motivation, Stress und Kooperation mit der Schule) und runden das Buch mit Anregungen und Erfahrungswerten zu ihrer Umsetzung ab.

Reflexion

Es wäre optimal, wenn dieses Buch für alle Leserinnen und Leser interaktiv geschrieben worden wäre, sodass wir jeweils individuell auf Ihre Fragen und Anliegen eingehen und antworten könnten. Da dies nicht möglich ist, haben wir eine Reihe von Müttern und Vätern aus unserer Zielgruppe befragt, um eine Idee zu bekommen, was wir auf jeden Fall aufnehmen sollten. Damit Sie für sich einen möglichst großen Nutzen aus dem Lesen ziehen können, bieten wir am Ende jedes Kapitels des ersten und zweiten Teils eine Reflexion an, in der Sie eine individuelle Bestandsaufnahme darüber vornehmen können, welche der behandelten Aspekte für Sie besonders wichtig sind. Im ersten Kapitel betrifft dies den Bereich Erziehung, wobei sich dieser nicht zwangsläufig nur auf Eltern, sondern auch auf weitere Erziehungsberechtigte beziehen kann. Wenn Sie dieses

Buch als Erzieherin/Erzieher oder als Lehrerin/Lehrer lesen, können Sie die jeweiligen Reflexionen natürlich auch auf Ihr pädagogisches Handeln übertragen. Im dritten Teil des Buches haben wir auf Reflexionen verzichtet, weil wir davon ausgehen, dass es aussagekräftiger ist, wenn Sie die Anregungen »in echt«, das heißt im Familienalltag (oder beruflichen Kontext), erproben. Hier nun unsere ersten Reflexionsangebote:

- Was sind für mich wichtige Erziehungsziele?
- Wo ordne ich mein Vorgehen als Mutter/Vater in Bezug auf die vier Erziehungsstile (autoritativ, autoritär, permissiv, vernachlässigend) ein?
- Wo sehe ich meine Stärken in meiner Rolle als Mutter/Vater?
- In welchen Bereichen fühle ich mich unsicher und habe das Gefühl, neue oder andere Ideen und Anregungen zu benötigen?
- Welche Bedeutung hat die Hochbegabung meines Kindes in meinem erzieherischen Handeln?

2 Was ist Hochbegabung?

Im ersten Kapitel erwähnten wir schon das »Familienmitglied« Hochbegabung. Wie ist dieses Phänomen beschaffen? Manche Eltern in unseren Beratungsgesprächen verwenden Beschreibungen, die an einen täglichen, heftigen Sturm erinnern, während andere von Sonnenschein und blauem Himmel sprechen. Für die jeweilige Familiensituation werden diese Bilder zweifellos zutreffen. Sie helfen uns allerdings nicht weiter, wenn wir eine übergreifende Definition entwickeln wollen. An dieser Stelle soll daher ein Überblick über das Themengebiet Hochbegabung erfolgen, damit die nachfolgenden praktischen Inhalte dieses Buches leichter eingeordnet werden können und somit verständlicher werden.

Um die theoretischen Informationen dieses Kapitels zu veranschaulichen, stellen wir zunächst sieben Kinder im Alter zwischen vier und zwölf Jahren[3] vor, die mit ihren Eltern zu einem Beratungstermin kamen, weil die Vermutung bestand, dass sie sehr intelligent sein könnten. Bevor wir dann die Frage beantworten, wer von diesen sieben tatsächlich als »hochbegabt« einzustufen ist, beschreiben wir die häufigsten Definitionen und daraus abgeleitete Kriterien für eine solche Einschätzung. Anschließend stellen wir dar, welches Bild von Hochbegabung und hochbegabten Kindern bei der Konzeption des Buches leitend war, und greifen die Frage auf, inwiefern die hohe Intelligenz eines Kindes sich in der Regel eher förderlich oder hinderlich für dessen Entwicklung auswirkt. Zum Abschluss haben Sie wieder die Möglichkeit, Ihre eigene Sichtweise zu reflektieren.

3 In allen Beschreibungen von Personen in diesem Buch sind Namen und persönliche Details so verfremdet, dass ein Wiedererkennen ausgeschlossen werden kann.

Wer ist hier hochbegabt?

1: Torben – Ist die Welt grenzenlos?

Torben ist acht Jahre alt und geht in die zweite Klasse. Er wurde mit knapp sieben Jahren eingeschult, weil der Kindergarten ihm fehlende soziale Reife attestierte (»Er kann sich an keine Regel halten«) und seine Eltern, Frau und Herr K., ihm »noch ein Jahr Kindheit« ermöglichen wollten. Als er in die Schule kam, konnte er die meisten Buchstaben und beherrschte den Zahlenraum bis zwanzig sicher. Nach kurzer Zeit begann er sich zu langweilen und störte den Unterricht durch Hereinrufen, Plaudern mit dem Nachbarn sowie Stuhlkippeln. Komplexere Zusatzaufgaben lehnte er meist mit der Begründung ab, diese seien »öde«, wobei die Lehrkraft durchaus bemerkt hatte, dass er in manchen Bereichen viel wusste. So durfte er bereits kurze Referate über seine Lieblingsthemen Dinosaurier und Ritter halten, die ihm nach eigenen Angaben Spaß machten und von der Klasse sehr positiv aufgenommen wurden.

Dem Wunsch der Lehrerin, gemeinsam an Strategien zu arbeiten, damit Torben ein angemesseneres Sozialverhalten entwickeln konnte (aufgrund seiner Weigerung, nur dann etwas zu sagen, wenn er aufgerufen worden war, geriet er immer mehr in eine Außenseiterrolle), standen seine Eltern skeptisch gegenüber. Er sei eben sehr intelligent, und diese Kinder zeichneten sich oft auch durch solche Besonderheiten aus. Es sei zunächst Aufgabe der Schule, auf seine Bedürfnisse einzugehen und ihm durch eine intellektuelle Förderung ein anderes Sozialverhalten zu ermöglichen. Zudem sei es ihnen durchaus sympathisch, wenn ein Kind Autoritäten infrage stelle; da müsse man sich als Erwachsener eben »als Trainingspartner zur Verfügung stellen«. Mit dieser Forderung bissen sie allerdings beim Trainer des örtlichen Fußballvereins auf Granit: »Wer bei mir in der ersten Mannschaft spielen will, der muss beim Training nach meinen Vorgaben mitziehen, ansonsten bekommt er einen bequemen Platz auf der Ersatzbank.« Nachdem Torben acht Wochen lang diese Erfahrung gemacht hatte, meldete ihn sein Vater im Verein wieder ab.

Torben hat mehrere gleichaltrige Freunde, einen davon seit der »Sandkastenzeit«. Mit seinem Bruder Ole, der drei Jahre älter ist als er, würde er gerne mehr spielen; Ole lehnt jedoch häufig mit der Begründung ab, sein jüngerer Bruder sei ihm »echt zu kindisch«. Die Situation in der Schule verschärfte sich seit Mitte der zweiten Klasse, als sich bei Torben eine immer stärkere Verweigerungshaltung zeigte. Frau und Herr K., die sich mittlerweile einer Elterninitiative angeschlossen hatten, äußerten daraufhin den Wunsch, ihr Sohn solle eine Klasse überspringen. Dieses Ansinnen lehnte die Schule mit dem Hinweis auf fehlende soziale und emotionale Kompetenzen ab (wenn er eine Aufgabe nicht auf Anhieb lösen konnte, wurde er entweder sehr wütend oder brach in Tränen aus). Die Eltern planen nun den Wechsel auf eine Privatschule, die kleinere Klassen und eine individuelle Förderung verspricht.

2: Ann-Marie – Es muss ja keiner wissen, was ich kann

Herr P. wendet sich an eine Beratungsstelle. Er beschreibt eine massive Veränderung seiner Tochter Ann-Marie, die ihn und seine Frau mittlerweile sehr beunruhige, und bittet dringend um eine Intelligenztestung und ein Beratungsgespräch. Fast am Ende der E-Mail weist er darauf hin, dass es ihm nicht um ein hohes Ergebnis gehe, eher im Gegenteil (»Wir wären froh, wenn Ann-Marie ganz normal wäre«). Seine Frau und er wünschten sich »einfach Klarheit«.

Zum Beratungstermin drei Wochen später erscheinen beide Eltern und ihre siebenjährige Tochter. Während Ann-Marie in der Kindergartenzeit noch fließend gelesen habe, sei sie nach ihrer Einschulung »scheinbar verblödet«, so die deutlichen Worte der Eltern, als ihre Tochter den Raum verlassen hatte. Die Eltern wünschen sich eine aktuelle Einschätzung der intellektuellen Fähigkeiten ihrer Tochter und vor allem Anregungen, wie sie beide mit dem für sie neuen Verhalten von Ann-Marie umgehen sollen.

Ann-Marie besuche zurzeit die erste Klasse der Grundschule und zeige »eigenartige Verhaltensweisen«, die sie von ihrer Tochter bislang nicht kannten. So lese Ann-Marie nicht mehr, obwohl sie das im Kindergarten schon flüssig konnte. Stattdessen baue sie die Wörter wieder Buchstabe für Buchstabe wie eine Leseanfängerin auf. Darüber hinaus verfalle sie öfter zu Hause in eine Art »Babysprache«, wenn sie etwas gefragt werde. Wenn Mutter oder Vater sie deswegen zurechtwiesen, wirke Ann-Marie verstört und hilflos. Rechnungen, die sie bereits im Kindergarten im 20er-Raum mit dem Legen von Plättchen ausführte, verstehe sie in der Schule und bei den Hausaufgaben erst nach ein bis zwei zusätzlichen Erklärungen. Sie warte mit dem Beginn einer Aufgabe meist auf eine Aufforderung, obwohl sie sonst immer eine der Ersten gewesen sei, die etwas Neues ausprobieren wollte. Nur wenn sie mit ihren Freundinnen ohne Erwachsene draußen spiele, sei sie noch »ganz die Alte«.

Ann-Marie sei altersgemäß eingeschult worden, da sie im Kindergarten eine sehr gute Förderung erhalten habe und gerne dort hingegangen sei. Auch die Schule besuche sie mit großer Freude: »Sie ist sehr beliebt bei ihren Klassenkameraden«, so ihre Mutter. Die Lehrerin sehe keine Probleme, berichte im Gegenteil davon, dass Ann-Marie Arbeitsanweisungen schnell verstehe, bereitwillig an allem mitarbeite und meist eine Antwort habe, wenn sie etwas gefragt werde. Langeweile oder Unterforderung könne sie bei ihr nicht beobachten. Die Lehrerin könne sich allerdings vorstellen, dass sich Ann-Marie noch etwas mehr von sich aus aktiv am Unterricht beteiligt, sei aber über ihr »ruhiges und besonnenes Wesen sehr froh«.

3: Katrin – Alles kein Problem

Katrin ist sechs Jahre alt und seit vier Monaten in der Schule. Seit dem vierten Lebensjahr kann sie lesen. Mittlerweile liest sie beim Zubettgehen ihren Eltern aus ihrem Lieblingsbuch vor. Sie spielt gerne mit gleichaltrigen und älteren Freunden sowie mit ihrem jüngeren Bruder. Sozial ist sie in verschiedenen Umgebungen durchweg gut integriert. Katrin sprach mit 24 Monaten gleich in kurzen Sätzen und mit nur wenigen Fehlern. Im Alter von fünf Jahren war sie für ein halbes Jahr in logopädischer Behandlung, weil sie lispelte. Auf eine frühere Einschulung, die vom Kinderarzt angeregt worden war (»Dieses Kind gehört in die Schule«) verzichteten ihre Eltern, da die Familie erst kurz vorher umgezogen war. Seit einem Dreivierteljahr spielt Katrin im örtlichen Verein regelmäßig Schach und kann auch mit Kindern, die zwei oder drei Jahre älter sind, gut mithalten. Zudem interessiert sie sich für Astronomie. Seitdem Katrin fünf ist, beschäftigt sie sich mit der Frage, was Menschen nach dem Tod erwartet, sowie mit Fragen nach Recht und Gerechtigkeit. Zuweilen sei sie dann sehr bedrückt, weil sie der Meinung sei, dass vieles auf der Welt sehr ungerecht zugehe. Wenn ihre Eltern diese Gefühle ihrer Tochter aufgreifen und mit ihr besprechen, kläre sich Katrins Stimmung schnell wieder auf: »Es ist sehr selten, dass sie mal einen ganzen Tag schlecht drauf ist«, so ihre Mutter.

Die Klassenlehrerin beschreibt Katrin als aufgeschlossene und freundliche Schülerin, die sich mit dem Lernen sehr leicht tue und in der Klasse gut integriert sei. Wenn sie mit den Aufgaben, die alle Kinder bearbeiten, fertig ist, darf sie in mitgebrachten Büchern lesen. Zuweilen setzt die Klassenlehrerin Katrin als »Hilfslehrerin« ein, was diese aber eher ungern macht, weil sie sich in solchen Situationen meistens »total blöd« vorkommt, so ihre Aussage. Nur, wenn es keiner mitbekommt, erklärt sie ihrer Tischnachbarin, die mit ihrer Familie erst vor einem Jahr nach Deutschland gezogen ist, geduldig die Aufgaben.

4: Richard – Ein gelungener Neuanfang

Richard ist knapp fünf und besucht seinen neuen Kindergarten seit einem guten halben Jahr. In der Einrichtung, die er vorher besuchte, kam er nicht zurecht; die Situation eskalierte zum Ende hin immer mehr. Richard fiel es schwer, sich an die Regeln zu halten, »weil er sie nicht erkennen konnte«, so seine Mutter rückblickend. Die Erzieherinnen beschrieben ihn demgegenüber als ein Kind, »das permanent die Grenzen austeste«. Der eher großzügige Rahmen schien ihn zu überfordern, was sich in einer großen motorischen Unruhe und einer häufig gereizten Stimmung äußerte. Richards Eltern, Frau und Herr G., waren nach dieser Erfahrung sehr verunsichert. Einerseits war es ihnen immer wichtig, ihr Kind möglichst frei zu erziehen, andererseits sahen sie nach den vehementen Rückmeldungen auch die Notwendigkeit, ihr Erziehungskonzept zu überdenken. Nach einem weiteren Gespräch mit dem bisherigen Kindergarten, das beide Eltern als »sehr konstruktiv« erlebten, entschieden sie, nach einem anderen Kindergartenplatz zu suchen, den sie mit einer großen Portion Glück bereits nach vier Wochen fanden.

Nach der Eingewöhnung in den neuen Kindergarten hat sich die Situation deutlich entspannt, Nachdem er am Anfang wiederum sehr häufig Regeln und Grenzen austestete, ist Richard in seinem Verhalten viel ruhiger geworden. Seine Eltern waren sich in dieser Phase nicht sicher, ob die klaren Gruppenstrukturen etwas für ihren »freiheitsliebenden Sohn« seien. In der Wechselzeit war er nachts ein paarmal durch Albträume aufgewacht und nässte gelegentlich auch wieder ein, doch jetzt erleben die Eltern Richard ausgeglichen und fröhlich »wie schon lange nicht mehr«. Als hilfreich empfanden es beide, dass Herr G. in dieser Zeit an einem Vormittag in der Gruppe hospitieren durfte und seinen Sohn als gut gefördert und zufrieden erlebte (»Der hat ganz vergessen, dass ich da war«). Zusammen mit zwei anderen Kindern zeichnete Richard anderthalb Stunden lang an der Konstruktion einer »Gemüseschälmaschine«. Auch im sozialen Bereich hat sich die Situation deutlich entspannt: Richard hat mehrere neue Freunde gefunden und war im letzten halben Jahr zu fünf Kindergeburtstagen eingeladen.

5: Svenja – Schwer ist leicht

Svenja besuchte bis vor zwei Monaten die zweite Klasse der Grundschule in ihrem Wohnviertel und fiel seit einem halben Jahr immer stärker dadurch auf, dass sie im Unterricht träumte und auch bei einfachen Aufgaben zunehmend Fehler machte. Selbst Fertigkeiten, die sie schon sicher beherrscht hatte, wie das Rechnen im Zahlenraum bis 100, gelangen ihr immer weniger. Parallel zu den Leistungsproblemen zeigte sich bei ihr ein wachsender Widerwille, in die Schule zu gehen, der sich an manchen Tagen in körperlichen Symptomen äußerte. Zugleich war sie selbst immer unsicherer in Bezug auf ihre eigene Leistungsfähigkeit.

Nach eingehenden Gesprächen zwischen dem aufgeschlossenen Lehrerkollegium, einer engagierten Schulpsychologin, den Eltern und Svenja wurde gemeinsam beschlossen, dass Svenja für zunächst zwei Wochen probeweise in der dritten Klasse hospitieren durfte. Nachdem der Start deutlich besser verlief als erwartet, wurde die Hospitation um weitere zwei Wochen verlängert, bis Svenja zum Halbjahreswechsel schließlich fest in die neue Klasse wechselte. Dabei wurde sie sowohl von ihrer neuen Klassenlehrerin als auch den Mitschülerinnen und Mitschülern einfühlsam unterstützt.

Insgesamt hat sich die Situation in der Schule und auch zu Hause seitdem deutlich entspannt. Svenja folgt dem Unterricht mittlerweile wieder viel aufmerksamer und hat wieder deutlich mehr Zutrauen in ihre Leistungsfähigkeit als vor dem Überspringen. Die bestehenden Wissenslücken konnte sie vergleichsweise schnell schließen, wobei es für sie zunächst ungewohnt war, Aufgaben ein zweites Mal durchlesen zu müssen, um sie lösen zu können. Manchmal vermisst sie ihre besten Freundinnen, die sie seit dem Kindergarten kennt.

6: Christian – Warum müsst ihr bloß immer so laut schreien?

Christian ist fünf und besucht seit zwei Jahren die Spielgruppe einer Elterninitiative. Zwei der insgesamt vierzehn anderen Kinder kannte er schon vorab, mit den anderen kommt er zumeist gut zurecht. Schwierig sind für ihn die Tobephasen, in denen alle Kinder laut schreien und schnell rennen dürfen. Dann hält Christian sich meist die Ohren zu und stellt sich an den Rand, »damit ich nicht umgerannt werde«. Auch beim Vorlesen mancher Geschichten hat Christian mit seinen Gefühlen zu kämpfen, beispielsweise dann, wenn es um Abschied oder Verlust geht. Die beiden Erzieherinnen der Gruppe wissen um diese Besonderheit und achten darauf, dass sie ihm nach dem Hören der Geschichte Zeit und Raum geben, seine Gefühle und Gedanken auszusprechen, was ihm bei der Verarbeitung sehr hilft. Christian blüht auf, wenn er von den Besuchen im Deutschen Museum erzählen kann, die er am liebsten mit seinem Großvater unternimmt, der Physiker ist.

Auch wenn Christians Eltern mit der Situation in der Elterninitiative sehr zufrieden sind, machen sie sich manchmal Sorgen, wie es ihrem Sohn in der Schule ergehen wird. Von verschiedenen Seiten werden sie immer wieder angesprochen, warum sie Christian nicht bereits jetzt einschulen: Dies lehnen sie mit Blick auf seine emotionale Entwicklung für sich sehr eindeutig ab, auch wenn sie vom Wissensdurst und der Kombinationsfähigkeit ihres Sohnes immer wieder beeindruckt sind.

7: Maximilian – Wenn ich wollte, wie ich könnte, könnte ich zeigen, was ich kann!

»… Muss ich aber nicht«, fügt der Zwölfjährige dann oft noch an und schaut neugierig und etwas herausfordernd, wie sein Gegenüber reagiert. Maximilian besucht die sechste Klasse eines Gymnasiums, ist vielseitig interessiert und aufgeschlossen. Zudem kann er viele Leute durch seine charmante und wortgewandte Art spontan für sich gewinnen. Maximilians Problem besteht jedoch darin, dass er akut versetzungsgefährdet ist, nachdem er die fünfte Klasse (»mit etwas Wohlwollen meiner Lehrer,…«, wie er freimütig zugibt) gerade noch geschafft hat (»… der Fünfer in Englisch wurde zu einer Vier minus auf Bewährung«). Maximilians Leistungen wurden im neuen Schuljahr jedoch nicht besser, sondern schlechter.

Maximilian konnte bereits lesen und schreiben, als er eingeschult wurde. In der ersten Klasse war er oft so gelangweilt, dass er ganze Schulstunden aus dem Fenster schaute. Seine Lehrerinnen wiesen ihn selten zurecht, da sie seinen Wissensvorsprung erkannt hatten. Eine Möglichkeit, Maximilian innerhalb des Unterrichts andere Angebote zu machen, sahen die Lehrkräfte damals nicht: »Die Klassen sind dafür zu groß, und der Leistungsstand der einzelnen Kinder ist zu unterschiedlich«.

Das Angebot des Überspringens durch die Schule lehnten Maximilians Eltern ab, weil sie die Befürchtung hatten, dass ihr Sohn dadurch später Leistungsprobleme haben würde (»Heute machen wir uns deswegen Vorwürfe«, so Maximilians Vater).

Während der Grundschulzeit erzielte Maximilian tatsächlich durchgehend gute bis sehr gute Leistungen, ohne dafür mehr als ein Minimum tun zu müssen. Mit dem Beginn der fünften Klasse änderte sich dies abrupt, als er plötzlich regelmäßig Vokabeln und andere Inhalte lernen sollte und keine Idee hatte, wie er das bewerkstelligen sollte. Auf viele Lehrer und Mitschüler wirkt sein Verhalten oft arrogant (»Er hat den Text nur oberflächlich gelesen, will mit mir aber über falsche Grundannahmen des Autors diskutieren«). Nur wenigen guten Freunden zeigt Maximilian die Verzweiflung, die in ihm aufkommt, wenn er sich vorstellt, dass er das Schuljahr tatsächlich wiederholen muss.

Nach dem Lesen der sieben Fallbeschreibungen stellt sich Ihnen vielleicht die Frage, welches der beschriebenen Kinder hochbegabt ist. Bevor wir diese Frage beantworten, wollen wir nachfolgend in einem Überblick klären, was wissenschaftlich unter Hochbegabung verstanden wird.

Hochbegabung: Worum geht es?

Begabung bezeichnet allgemein das leistungsbezogene Potenzial eines Menschen. Damit bezieht sich dieser Begriff auf Potenziale oder Entwicklungsmöglichkeiten und ist daher nicht mit Leistung gleichzusetzen. Das leistungsbezogene Potenzial eines Menschen kann sich unter günstigen Umweltbedingungen zu außergewöhnlicher Leistung entwickeln. Entsprechend stellt Hochbegabung ein extrem hoch ausgeprägtes Entwicklungspotenzial dar. Ein solches Potenzial kann nun in ganz unterschiedlichen Bereichen liegen wie zum Beispiel dem intellektuell-akademischen, künstlerisch-musischen, sozialen oder dem sportlichen Bereich. Es gibt also unterschiedliche Arten von Begabung beziehungsweise Hochbegabung.

Das vorliegende Buch konzentriert sich auf den Bereich der intellektuellen Hochbegabung. Eine allgemein verbindliche Definition hierzu gibt es nicht. Das liegt unter anderem daran, dass intellektuelle Hochbegabung ein Konstrukt ist, also ein theoretisches Erklärungsmodell für beobachtbare Verhaltensweisen (beispielsweise einen sehr kompetenten Umgang mit Sprache), deren Grundlagen (z. B. die Fähigkeit, Informationen schnell zu verarbeiten) wir nur indirekt erschließen können.

Es gibt unterschiedliche Arten von Begabung beziehungsweise Hochbegabung.

Für die intellektuelle Hochbegabung, um die es uns hier geht, ist das Persönlichkeitsmerkmal Intelligenz ein zentraler Faktor. Obwohl Intelligenz zu den bereits sehr gut erforschten psychologischen Konstrukten gehört, ist sie nach wie vor Gegenstand der Forschung (Preckel & Brüll, 2008). Auch für Intelligenz gilt daher, dass es keine Einheitsdefinition gibt. Konsens besteht jedoch dahingehend, dass sich Intelligenz immer auf die Denkfähigkeit (oder kognitive Leistungsfähigkeit) bezieht und dass Informationsverarbeitung, Problemlösen und abstraktes Denken Kernmerkmale dieser Fähigkeit darstellen. Eine prominente Intelligenzdefinition stammt von David Wechsler (1964): »Intelligenz ist die zusammengesetzte oder globale Fähigkeit des Individuums, zweckvoll zu handeln, vernünftig zu denken und sich mit seiner Umgebung wirkungsvoll auseinanderzusetzen« (S. 13). Andere Forscherinnen und Forscher betonen eher den erfolgreichen Umgang mit neuen Situationen. Intelligenz gilt als vergleichsweise stabiles Merkmal, oder anders ausgedrückt: Unterschiede zwischen verschiedenen Personen hinsichtlich ihrer intellektuellen Fähigkeiten variieren in der Regel über die Zeit nur wenig (Hany, 2001). Allerdings sollten wir uns dabei bewusst machen, dass sich diese Aussagen auf Untersuchungen an großen Gruppen beziehen, also etwas vereinfacht gesagt »durchschnittliche« Entwicklungen abbilden. Im Einzelfall können Menschen davon deutlich abweichen. Zudem können wir aus diesem Sachverhalt nicht ableiten, dass ein einmal erreichtes Intelligenzniveau stabil bestehen bleibt; es wird immer abhängig davon sein, wie sehr ein Mensch sein Potenzial nutzt. Ähnlich wie in anderen Begabungsbereichen auch, beispielsweise in der Musik oder im Sport, ist das erreichte Niveau in gewissem Maße durch Training oder Übung zu steigern und sinkt umgekehrt ein Stück weit wieder ab, wenn ein Mensch das Üben einstellt.

In der Forschung wird für die Definition intellektueller Hochbegabung am häufigsten das sogenannte IQ-Grenzwert-Kriterium verwendet. Demnach wird jemand dann als hochbegabt (oder synonym als »weit überdurchschnittlich intelligent«) bezeichnet, wenn sie oder er in einem standardisierten Intelligenztest einen weit überdurchschnittlichen Intelligenzquotienten (beispielsweise einen IQ von 130 oder mehr) erzielt hat. Diese Definition ist unter anderem deswegen so weit verbreitet, weil sie sehr prägnant ist (und auch, weil sie so etwas wie einen »kleinsten gemeinsamen Nenner« verschiedener Forschungsrichtungen darstellt). Allerdings sagt ein erzielter IQ-Wert für sich genommen kaum etwas darüber aus, ob und inwiefern dieses intellektuelle Potenzial auch in Leistungen umgesetzt wird. Hierfür sind weitere Faktoren wie beispielsweise Motivation oder Kreativität und günstige Umweltbedingungen entscheidend, wie das nachfolgende Modell von Mönks (1990) zeigt.

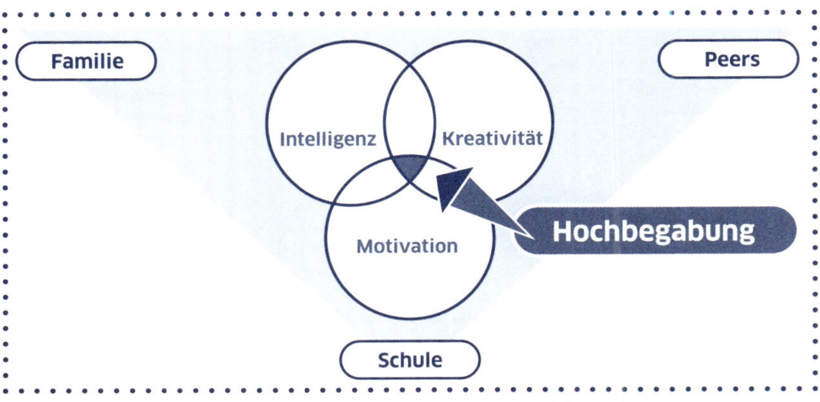

Das Triadische Interdependenzmodell der Hochbegabung

Im Modell von Mönks, der auf das bekannte *Drei-Ringe-Modell* von Renzulli (1978) zurückgriff und dieses um die drei Umweltvariablen *Familie, Schule* und *Freunde* erweiterte, wird Hochbegabung als Schnittmenge der drei Bereiche Motivation, Kreativität und Intelligenz beschrieben. Unter günstigen Umweltbedingungen (wie Unterstützung durch Familie, Schule, Freunde) entstehen besondere Leistungen aus der Interaktion zwischen überdurchschnittlichen Denkfähigkeiten, Kreativität und einer besonderen Motivation (oder »Aufgabenverpflichtung«) einer Person. Mönks' Modell beschreibt also Faktoren, die das Zustandekommen hoher Leistungen beeinflussen, und definiert Hochbegabung als günstige Kombination aus diesen. Damit ist das Modell eher ein Hoch*leistungs*modell als ein Hoch*begabungs*modell. Demgegenüber wird im Münchener Hochbegabungsmodell von Heller, Perleth und Hany (1994) ausdrücklich zwischen Begabung und Leistung unterschieden.

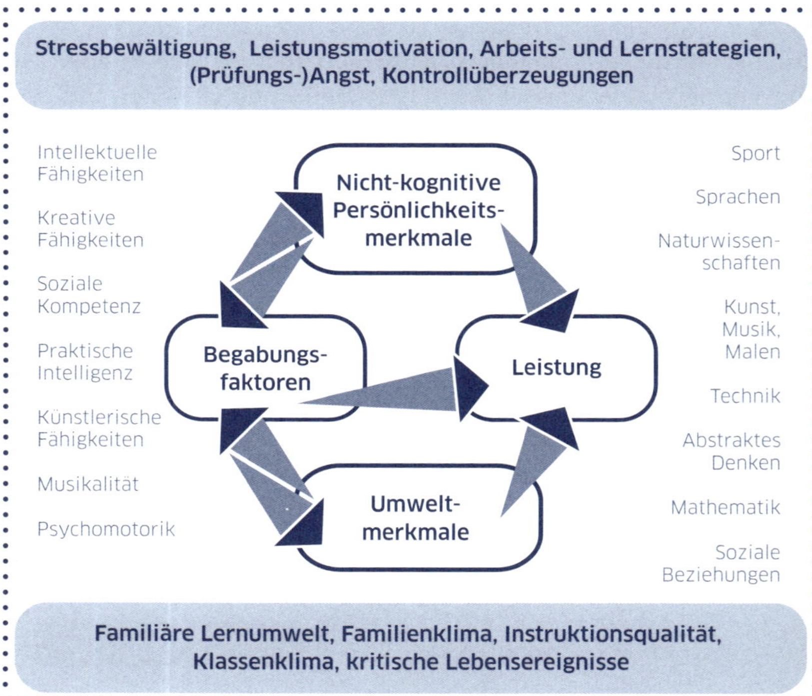

Das Münchener Hochbegabungsmodell von Heller, Perleth und Hany

In diesem Modell werden (angeborene) Begabungsfaktoren in unterschiedlichen Bereichen aufgeführt, die beim Vorliegen günstiger

Umweltmerkmale (soziale Unterstützung, schulische Förderung, gutes Familienklima etc.) und günstiger Persönlichkeitsmerkmale (sogenannte nicht-kognitive Faktoren wie Leistungsmotivation, Stressresistenz, günstige Arbeitsstrategien etc.) zu hohen Leistungen in verschiedenen Bereichen führen können. Auch das Münchener Modell bleibt eher beschreibend, wenn es darum geht, *wie* die Umsetzung von Begabung in Leistung von bestimmten Faktoren beeinflusst wird, die im Kind selber oder in seiner Umgebung liegen können. Durch die Benennung möglicher Einflussfaktoren stellt das Modell jedoch Anhaltspunkte für pädagogisches Arbeiten bereit.

Kritisch ist zu beiden Modellen, die von uns exemplarisch für existierende Hochbegabungsmodelle aufgeführt wurden, Folgendes anzumerken: Zweifellos sind die jeweils aufgeführten Faktoren wichtig für die Entwicklung von Kindern. Es bleibt jedoch offen, inwiefern ihre Auswahl hochbegabungsspezifisch ist. Zudem wird nicht erläutert, welcher Faktor wie wirkt (beispielsweise, ob nicht-kognitive Persönlichkeits- und Umweltmerkmale in gleicher Weise wirksam werden, und wenn ja, ob dafür jeweils ein Faktor aus einem Bereich reicht oder ob dafür mehrere aktiv sein müssen und so weiter). Beide Modelle zeigen aber auf, dass allein eine hohe Begabung beziehungsweise eine hohe Intelligenz nicht ausreicht, um hohe Leistungen zu erbringen.

Hochbegabte Kinder sind wie alle anderen Kinder auch auf Unterstützung und Übung angewiesen (diesen Aspekt vertiefen wir in Kapitel 10 zur Förderung). Da Hochbegabung in beiden Modellen über eine reine IQ-Definition hinausgeht, werden sie auch als mehrfaktorielle Modelle bezeichnet. Mehrfaktorielle Hochbegabungsmodelle kommen unserem Alltagsverständnis, das zumeist von einer Umsetzung eines Potenzials in hohe Leistungen ausgeht, entgegen. Sie eignen sich zudem in der Beratungsarbeit als Veranschaulichung und Planungsgrundlage für Interventionen. Andererseits geben die beiden vorgestellten Modelle, anders als IQ-Definitionen, für die Identifikation hochbegabter Menschen wenig Anhaltspunkte, weil sie dafür zu unspezifisch bleiben (ausführliche Informationen zur Identifikation geben wir im vierten Kapitel).

Hochbegabte Kinder sind wie alle anderen Kinder auch auf Unterstützung und Übung angewiesen.

Im nachfolgenden Kasten beschreiben wir, welches Bild von Hochbegabung wir vertreten. Wenn Sie möchten, können Sie vor dem Umblättern kurz innehalten und überlegen, wie Sie »Hochbegabung« definieren.

Zur Sichtweise von Hochbegabung im vorliegenden Handbuch

Wir sehen intellektuelle Hochbegabung als ein Potenzial, das Menschen in verschiedenen Bereichen umsetzen können. Dabei setzen wir intellektuelle Hochbegabung mit einer weit überdurchschnittlichen Intelligenz gleich; diese kann das Erlernen von Fähigkeiten in verschiedenen Bereichen erleichtern. Damit ist intellektuelle Hochbegabung nicht nur ein Potenzial, das sich auf den akademischen Bereich (Schule, Ausbildung, Studium) beschränkt. Vielmehr gehen wir davon aus, dass sie auch den Erwerb sozialer Kompetenzen und das Problemlösen im Alltag erleichtert.

Die Intelligenz eines Menschen lässt sich mit Intelligenztests sehr gut abschätzen. Wir halten es also für sehr sinnvoll, sich bei der Einschätzung einer intellektuellen Hochbegabung an den Resultaten in Intelligenztests zu orientieren und diese um biografische und weitere Informationen zu ergänzen (siehe dazu Kapitel 4). Die Begabungs- oder Intelligenzausprägung zeigt dabei einen kontinuierlichen Verlauf, in dem es keine plötzlichen »Sprünge« gibt. So dürften beispielsweise die Niveauunterschiede zwischen einem Menschen, der einen IQ-Wert von 126, und einem anderen, der ein Resultat von 131 erreicht, im Alltag (auch für Fachleute) nicht zu erkennen sein. Dafür sind zwei Gründe verantwortlich: Zum einen beginnt im IQ-Bereich ab 130 (der bei der Verwendung einer IQ-Definition häufig als Kriterium für »Hochbegabung« verwendet wird) keine »neue Welt«. Mit dem Erreichen dieses oder eines anderen Grenzwertes tritt nicht schlagartig eine neue Qualität des Denkens oder der Persönlichkeit ein. Zudem misst kein Intelligenztest punktgenau, sondern Testergebnisse sind immer mit einer gewissen Unschärfe behaftet (auch hierzu geben wir ausführliche Informationen im vierten Kapitel).

Intelligenztestergebnisse sind damit wichtige, aber nicht absolute Indikatoren für eine hohe Intelligenz oder intellektuelle Hochbegabung. Unserer Auffassung nach macht das Festhalten an strikten Grenzwerten für Hochbegabung (wie beispielsweise der IQ-Wert 130) nur selten Sinn. In Forschungskontexten oder bei der Vergabe begrenzter Förderplätze kann ein solches Kriterium erforderlich werden. Bei der Beratung oder Förderung einzelner Personen sind solche Grenzwerte dagegen eher irreführend. Intelligenztestwerte sollten zudem immer in Verbindung mit weiteren Informationen über einen Menschen wie dessen Entwicklungsgeschichte oder gegenwärtige Situation interpretiert werden.

Unsere ressourcenorientierte Sichtweise, nach der wir in intellektueller Hochbegabung vor allem eine Chance sehen, ist nicht neu. Bisher ist sie jedoch noch nicht so verbreitet, wie es nach dem aktuellen Forschungsstand wünschenswert wäre. Zusammengefasst können wir davon ausgehen, dass hohe intellektuelle Fähigkeiten als Schutzfaktor für die Entwicklung von Kindern und Jugendlichen zu sehen sind (Laucht, Schmidt & Esser, 2000), insbesondere dann, wenn das Umfeld auf die Fähigkeiten und Bedürfnisse der Kinder eingeht.

An dieser Stelle soll die am Anfang dieses Kapitels gestellte Frage beantwortet werden, welches der oben beschriebenen sieben Kinder hochbegabt ist. Die für Sie vielleicht überraschende Antwort: *Alle* Kinder erzielten in den mit ihnen durchgeführten Intelligenztests weit überdurchschnittliche IQ-Werte (über 130). Die sieben Fallbeispiele sollen deutlich machen, dass hochbegabte Kinder in ihren Verhaltensweisen und Vorlieben sehr verschieden sein können: *Das* hochbegabte Kind gibt es demnach nicht. Deswegen halten wir Typisierungen im Sinne von »der zerstreute Professor« oder »die kreative Chaotin« auch nicht für sinnvoll. Es gibt nach gegenwärtigem Forschungsstand auch keine gültige Checkliste, die anhand von fünf oder zehn Merkmalen anzeigt, ob ein Kind hochbegabt ist oder nicht. Und es gibt nach unseren Erfahrungen auch nicht nur vier oder fünf Gruppen hochbegabter Kinder, sondern eine Vielzahl von Möglichkeiten. Insofern erhebt auch unsere Auswahl keinen Anspruch auf Vollständigkeit, sondern dient vor allem dazu, bestimmte Situationen, die in der Entwicklung hochbegabter Kinder vorkommen können, zu verdeutlichen. Manchmal erleben wir hochbegabte Kinder wie Torben, die in ihrem Verhalten grenzenlos wirken. Andere entwickeln sich ohne gravierende Probleme wie Katrin. Einige hochbegabte Kinder legen Wert darauf, nicht aufzufallen, wie Ann-Marie. An Richard wird deutlich, dass der Entwicklungsverlauf immer eine Frage der Passung zwischen der Umgebung und den Bedürfnissen des Kindes ist (was natürlich für alle Kinder gilt). An Svenja und Maximilian können wir erkennen, dass der Anforderungsgehalt der Schule bei hochbegabten Kindern ein wichtiger Faktor hinsichtlich der Passung ist (aber nicht der einzige). Christian ist ein Beispiel für Kinder, die sich neben ihrer hohen Intelligenz auch durch eine hohe Sensibilität auszeichnen. Wir werden diese Fallschilderungen auch im weiteren Verlauf dieses Buches nutzen, um aufzuzeigen, wie bestimmte Lern- und Entwicklungsaufgaben hochbegabter Kinder zielführend angegangen werden können.

DAS hochbegabte Kind gibt es nicht.

Hohe Intelligenz: Risiko oder Chance?

Der folgende Abschnitt begründet nochmals unsere ressourcenorientierte Sichtweise von Hochbegabung und greift die Frage auf, ob und inwiefern eine hohe Intelligenz einen Menschen anfälliger für ungünstige psychische Entwicklungsverläufe macht oder ihn umgekehrt gerade davor schützt. Der Einfachheit halber sprechen wir im Folgenden von »hochbegabten« und »durchschnittlich begabten« Menschen, wobei es sich streng genommen um »hochintelligente« handelt. Wie oben beschrieben, können die Begriffe sinngemäß gleich verwendet werden, wenn Hochbegabung als eine weit überdurchschnittlich ausgeprägte Intelligenz verstanden wird. Zur Veranschaulichung der nachfolgenden, zugegebenermaßen etwas trockenen wissenschaftlichen Erkenntnisse greifen wir auf zwei Fallschilderungen zurück.

1: Lukas

Lukas ist elf Jahre alt und besucht eine Hauptschule. Seine Erstklasslehrerin hatte seine ausgeprägten intellektuellen Fähigkeiten erkannt und versucht, diese, so gut es ging, zu fördern. Ein halbes Jahr lang war dies gut gegangen. Dann hatte sich Lukas zusehends verweigert und sich darauf beschränkt, im Unterricht aus dem Fenster zu schauen. In der zweiten Klasse hatte er bei der zuständigen Schulpsychologin einen Intelligenztest absolviert und ein weit überdurchschnittliches Ergebnis erreicht. Von der Testung erzählt er noch heute mit leuchtenden Augen (»Die spannendsten Aufgaben, die ich je machen durfte«). Lukas gelang es jedoch nie, sein hohes Potenzial in entsprechende Schulnoten umzusetzen. In der dritten Klasse war er wegen massiver Ängste für mehrere Wochen in der Kinder- und Jugendpsychiatrie. Sein aktueller Klassenlehrer beklagt massive Aufmerksamkeitsprobleme bei Lukas.

2: Veith

Veith besucht mit neun Jahren die fünfte Klasse eines Gymnasiums, nachdem er die vierte Klasse auf eigenen Wunsch überspringen durfte. Er kommt in der Schule gut mit und ist in seiner Klasse beliebt. Seine Hausaufgaben erledigt er möglichst schnell, um sich dann mit seinen Freunden treffen zu können. Mit Begeisterung spielt er als Torwart in der Jugendmannschaft des örtlichen Fußballvereins. Als Berufswunsch nennt er »Bundesligaprofi«, was seine Eltern, die beide an einer Universität arbeiten, jedes Mal mit einem etwas gequälten Seufzer quittieren. Abgesehen von dieser kleinen Unstimmigkeit erleben beide das Verhältnis zu ihrem Sohn als sehr positiv und freuen sich über sein »sonniges Gemüt«.

Aus der Forschung

In Bezug auf die oben gestellte Frage lassen sich zwei Denkrichtungen[4] finden: zum einen die in der Vergangenheit stärker vertretene Richtung, deren Anhänger davon ausgehen, dass intellektuelle Hochbegabung sich eher nachteilig auf die übrige Persönlichkeitsentwicklung auswirke. Diese Position wird auch als *Disharmoniehypothese* bezeichnet (Mönks, 1963). Lukas' oben beschriebene Entwicklung entspricht ziemlich genau den Vorstellungen dieser Denkrichtung.

Der Gegenposition, die von einer positiven Gesamtentwicklung der Begabten ausgeht, ist der Begriff *Harmoniehypothese* zugeordnet. Veiths Lebenssituation lässt sich gut mit den Annahmen dieser Position in Einklang bringen. Als weltweit bekanntester Vertreter der Harmoniehypothese gilt der Amerikaner Terman mit seinen Mitarbeiterinnen und Mitarbeitern. Im bundesdeutschen Raum sind als Vertreter dieser Denkrichtung vor allem der Marburger Psychologieprofessor Detlef H. Rost und seine Mitarbeiterinnen und Mitarbeiter zu nennen (Freund-Braier, 2001; Hanses, 2000; Pruisken, 2005; Rost, 1993b; 2000; Schilling, 2002; Tettenborn, 1996).

Den Darstellungen, die von einer höheren Verletzlichkeit hochbegabter Menschen ausgehen und insofern die Disharmoniehypothese unterstützen, kann eine gewisse Überzeugungskraft nicht abgesprochen werden, wobei davon auszugehen ist, dass diese sich auch aus dem emotionalen Inhalt der zuweilen sehr dramatischen Fallberichte speist. Viele Menschen haben von solchen Einzelfällen gehört, und die Erinnerungen an diese Berichte sind aufgrund des emotionalen Gehalts leichter abrufbar als Informationen über hochbegabte Menschen mit problemlosen beziehungsweise unauffälligen Lebensverläufen (Wittmann, 2003).

Im Hinblick auf ihre Gültigkeit für alle Hochbegabten sind die Schilderungen von Hochbegabten mit sehr problematischen Entwicklungsgeschichten indes leicht zu kritisieren. Hier lassen sich vor allem forschungsmethodische Einschränkungen anführen, die

4 beispielsweise historisch Lange-Eichbaum, 1928; Kretschmer, 1929

beispielsweise daraus resultieren, dass nicht-repräsentative[5] Stichproben untersucht wurden. Hochbegabte sind vergleichsweise selten, und daher greift man in der Forschung oft auf sogenannte Gelegenheitsstichproben zurück. In unserem Kontext sind das dann Gruppen bereits identifizierter und aus bestimmten Gründen gruppierter Hochbegabter (beispielsweise in Förderklassen, therapeutischen Einrichtungen oder Vereinen). Befunde, die anhand solcher Stichproben gewonnen werden, sind natürlich nicht auf die gesamte Gruppe der Hochbegabten übertragbar. Wenn zum Beispiel Familien, die eine Beratungsstelle aufsuchen, befragt werden, ist von vornherein damit zu rechnen, dass diese von besonderen Themen oder Problemen berichten (andernfalls würden sie keine Hilfe von außen suchen). Diese Teilgruppe kann somit nicht herangezogen werden, wenn es darum geht, Aussagen in Bezug auf die Gesamtheit aller Familien mit hochbegabten Kindern zu machen. Hierfür sind repräsentative Untersuchungsgruppen erforderlich. Von einer solchen wollen wir kurz berichten.

Rost und sein Team begannen im Jahr 1987 eine groß angelegte Studie, die Marburger Hochbegabtenstudie. Im Rahmen dieser Untersuchung wurden aus einer repräsentativen Stichprobe von 7023 Kindern anhand der erzielten Intelligenztestwerte 151 Kinder (65 Mädchen und 86 Jungen) der Zielgruppe »Hochbegabte« zugeordnet (Rost, 1993b). Die Hochbegabten wurden mit Kindern verglichen, die durchschnittliche Intelligenztestergebnisse erzielt hatten, ihnen in den übrigen Merkmalen (beispielsweise Alter und familiäre Situation) aber möglichst ähnlich waren. Diese zweite Gruppe, die als »Kontrollgruppe« bezeichnet wurde, umfasste 136 Kinder.

Eltern und Lehrkräfte (die nicht wussten, welche Testergebnisse die Kinder erzielt hatten) wurden gebeten, verschiedene Persönlichkeitsmerkmale des eigenen Kindes beziehungsweise Schülers zu beurteilen. Zudem sollten sich die Kinder in verschiedenen Bereichen selbst einschätzen. Die erfassten Bereiche sind sehr umfangreich, sodass wir hier auf eine detaillierte Darstellung verzichten (eine genaue Aufstellung ist bei Rost, 1993b, S. 16–21, nachzulesen). Zusam-

5 »Repräsentativ« ist eine Stichprobe (Untersuchungsgruppe) dann, wenn alle Personen der Ausgangsgruppe (aus der eine Stichprobe ausgewählt wird) mit gleicher Wahrscheinlichkeit in die Untersuchungsgruppe aufgenommen werden. So wird bei Meinungsbefragungen vor Wahlen beispielsweise angestrebt, einen Querschnitt der wahlberechtigten Gesamtbevölkerung zu befragen. Je ausgewählter die Ausgangsgruppe ist (beispielsweise Schülerinnen und Schüler einer Hochbegabtenklasse), umso eingeschränkter sind die Schlüsse, die aus einer Untersuchung an einer solchen Gruppe gezogen werden können.

mengefasst ging es darum, ein umfassendes Bild der Persönlichkeit sowie des Sozialverhaltens des Kindes aus drei Perspektiven (Kind selbst, seine Eltern sowie seine Lehrkräfte) zu erhalten. Zudem wurde von Kindern und Eltern erfragt, wie diese ihr Familienleben erlebten. Auf Erwachsenenebene (Eltern, Lehrkräfte) wurde zudem erhoben, wie groß die Akzeptanz hinsichtlich verschiedener Fördermaßnahmen war.

Ganz deutlich sprechen diese und auch andere repräsentative Untersuchungen (beispielsweise Richards, Engel & Shute, 2003; Roznowski, Reith & Hong, 2000) dafür, dass die meisten Kinder mit einer weit überdurchschnittlichen Intelligenz im Vergleich zu durchschnittlich begabten Mädchen und Jungen ihres Alters ein vergleichbares oder sogar eher geringeres Ausmaß von psychischen oder sozialen Problemen aufweisen. Unterschiede zwischen Hochbegabten und nicht Hochbegabten finden sich vor allem im Leistungsbereich. Neben besseren Leistungen zeigen viele Hochbegabte auch eine höhere Leistungsbereitschaft als nicht Hochbegabte. Im Hinblick auf Persönlichkeitseigenschaften, Freundschaftsbeziehungen, Interessen oder auch Merkmale der Familie ergeben sich kaum bedeutsame Unterschiede. Auch für eine erhöhte psychische Verletzbarkeit oder Sensibilität als typisches Merkmal Hochbegabter gibt es bisher keine überzeugenden Belege (im nächsten Kapitel werden wir diesen Aspekt noch vertiefen).

Untersuchungen zeigen, dass Hochbegabte nicht mehr Probleme haben als durchschnittlich begabte Gleichaltrige.

Natürlich schließt dies nicht aus, dass auch hochbegabte Kinder Probleme haben, in Einzelfällen sogar massive. Das scheint in besonderer Weise für eine vergleichsweise kleine Gruppe hochbegabter Kinder und Jugendlicher zuzutreffen, denen es nicht gelingt, ihre hohe Intelligenz in entsprechende (Schul-)Leistungen umzusetzen. In der Fachsprache werden diese Kinder als Underachiever bezeichnet. Mit hoher Übereinstimmung kommen Studien zu dem Ergebnis, dass Underachieverinnen und Underachiever mit gravierenden Schwierigkeiten zu kämpfen haben, wie Rost formuliert: »Hochbegabte Underachiever scheinen nach unseren Befunden (Hanses & Rost, 1998) echte Problemkinder zu sein, für die in vielen Fällen eine pädagogisch-psychologische Beratung oder sogar Psychotherapie indiziert ist« (Rost, 2000, S. 5–6). Mit dem Phänomen Underachievement werden wir uns im fünften Kapitel ausführlicher befassen.

Am Ende dieses Kapitels zur Frage, was Hochbegabung eigentlich ist, möchten wir noch einmal deutlich den Fokus weg vom Konstrukt Hochbegabung hin zu den Menschen ausrichten. Es liegt uns sehr am Herzen, zu betonen, dass es den typischen Hochbegabten oder die typische Hochbegabte nicht gibt. Vielmehr zeigt die bisherige Forschung, dass mit zunehmender Intelligenz die Vielfalt an Begabungsschwerpunkten, Interessen oder Persönlichkeitsmerkmalen steigt (beispielsweise Wai, Lubinski & Benbow, 2005). Hochbegabte sind damit eine sehr heterogene Gruppe, deren Mitglieder sich durch eine besondere Vielfalt an individuellen Stärken und Entwicklungsmöglichkeiten auszeichnen. Was Persönlichkeitsmerkmale wie Temperament, Risikobereitschaft oder Zielstrebigkeit – um nur einige zu nennen – angeht, aber auch gesellschaftliche Herkunft oder ethnische Zugehörigkeit, so haben wir es mit einer großen Bandbreite zu tun, die die Bildung fester Kategorien (beispielsweise »die Vorwitzige« oder »der Träumer«) nicht zulässt.

Reflexion

- Was ist meine Vorstellung von einem »typischen« hochbegabten Kind? Inwiefern hat sich diese durch die Informationen in diesem Kapitel verändert?
- Welche Position im Hinblick auf die Harmonie- versus Disharmoniehypothese habe ich? Inwiefern hat sie sich durch die Informationen in diesem Kapitel verändert?
- In welchen Situationen erlebe ich die hohe Begabung meines Kindes als einen Schutzfaktor und wo als Risiko für seine Entwicklung?
- Inwieweit sehe ich einen Bezug zwischen der hohen Begabung meines Kindes und meinen Fähigkeiten in diesem Bereich? Wie gehe ich mit möglichen Ähnlichkeiten und Unterschieden um?

3 Die Entwicklung hochbegabter Kinder

Eine ausgesprochen spannende Frage im Themenfeld Hochbegabung ist: Wie entwickeln sich diese Kinder? Lösen sie mit drei schon komplexe mathematische Gleichungen, lesen Bücher und sprechen mehrere Sprachen? Erfinden sie mit acht ihre ersten technischen Geräte und benutzen dabei den Laptop der Eltern, den sie trotz Verbotes souverän beherrschen? Auch wenn diese kurze Auflistung natürlich überspitzt formuliert ist, begegnen uns solche oder ähnliche Vorstellungen darüber, wie hochbegabte Kinder heranwachsen, im Beratungsalltag immer wieder. Die Unterschiedlichkeit der Zuschreibungen wirkt zumindest auf einen Teil der Eltern hochbegabter Kinder verwirrend und verunsichernd, sodass wir hoffen, mit diesem Kapitel etwas Klarheit in die gegenwärtige Diskussion bringen zu können.

Kognitive und Persönlichkeitsentwicklung

In der Vergangenheit wurde in der psychologischen Forschungslandschaft leidenschaftlich darüber debattiert, ob Hochbegabung primär vererbt wird oder vor allem das Ergebnis einer förderlichen Umwelt sei. Mittlerweile ist diese Diskussion, die teilweise auch unter ideologischen Gesichtspunkten geführt wurde, in den Hintergrund getreten. Stattdessen versuchen Expertinnen und Experten nun herauszufinden, wie Anlage und Umwelt bei der Entstehung von (hoher) Intelligenz zusammenwirken (Mönks & Mason, 2000). Der aktuelle Forschungsstand in Bezug auf diese Thematik lässt sich folgendermaßen zusammenfassen: Intelligenzunterschiede sind zu einem Teil auf vererbte Anlagen zurückzuführen und zu einem anderen Teil auf die Förderung, die der jeweilige Mensch erhält. Das prozentuale Verhältnis dieser beiden Anteile zueinander wird häufig mit 50 zu 50 angegeben (beispielsweise Weinert, 1998). Allerdings wird der Aspekt »Vererbung«

Intelligenzunterschiede sind auf vererbte Anlagen und auf Förderung zurückzuführen.

teilweise dahingehend missverstanden, dass es sich hierbei um eine statische Größe handelt, was nicht der Fall ist. Anlage und Umwelt interagieren auf vielfältige Art und Weise, und ihre relative Bedeutung verändert sich dabei im Laufe der Entwicklung. Je mehr wir auf unsere Umgebung angewiesen sind und je weniger wir hier eine Wahl haben, desto wichtiger wird der Umweltanteil. Mit steigenden Handlungs- und Gestaltungsmöglichkeiten wird wiederum der genetische Anteil zur Erklärung von Intelligenzunterschieden wichtiger.

Wenn Menschen nicht ein Mindestmaß an Interaktion mit ihrer Umwelt erleben, verkümmern sie körperlich und seelisch. Auf der anderen Seite ist anzunehmen, dass die unterschiedliche »Ausstattung«, die wir mitbringen, den Erfolg unserer Lernanstrengungen irgendwann begrenzt (so, wie das auch im musischen oder sportlichen Bereich der Fall ist). Allerdings dürften diese Grenzen sehr viel weiter gesteckt sein, als gemeinhin angenommen wird, und sie variieren auch in Abhängigkeit von äußeren Bedingungen. In welchem Maße es einem Kind gelingt, sein Potenzial auszuschöpfen, hängt nicht zuletzt von den Anregungen ab, die es von seiner Umgebung erhält. Auf den Beitrag des familiären Umfeldes und weiterer Faktoren, welche die Entfaltung der kindlichen Ressourcen unterstützen, gehen wir im achten Kapitel ausführlicher ein.

Um einen wichtigen Aspekt der kindlichen Entwicklung gleich zu Beginn aufzugreifen, stellen wir im folgenden Kasten einige Eckpunkte der Intelligenzentwicklung vor.

Intelligenzentwicklung: Ein Überblick

Unsere kognitiven Fähigkeiten wachsen bis zum frühen Erwachsenenalter »negativ beschleunigt« an. Gerade wenn wir junge Kinder beobachten, fällt das enorme Tempo auf, mit dem sie ihr Wissen und ihre Denkfähigkeiten erweitern. Die Formulierung »negativ beschleunigt« weist darauf hin, dass die Geschwindigkeit dieses Zuwachses mit zunehmendem Alter abnimmt, sodass für manche Fähigkeiten bereits im Jugend- oder im frühen Erwachsenenalter ein Plateau erreicht zu sein scheint. In Abhängigkeit von den jeweiligen Lerngelegenheiten, dem Umfeld, den Interessen oder auch dem Gesundheitszustand etc. erfolgt dann ab dem jungen Erwachsenenalter vor allem eine Weiterentwicklung des Allgemeinwissens und spezifischer Wissensbereiche. Auch im späteren Erwachsenenalter verzeichnen einige kognitive Fähigkeiten weiterhin einen Zuwachs; hierzu gehören vor allem die Wissensinhalte oder die sogenannte »kristalline Intelligenz«.

Andere Fähigkeiten erfahren mit zunehmendem Alter einen Abbau. Hierzu gehören insbesondere grundlegende Prozesse der Informationsverarbeitung wie die Verarbeitungsgeschwindigkeit, die Arbeitsgedächtniskapazität oder die Koordination und Kontrolle der Informationsverarbeitung (diese werden der sogenannten »fluiden Intelligenz« zugeordnet). Individuelle Entwicklungsverläufe können jedoch durchaus von diesen typischen Verläufen abweichen.
Die Intelligenzentwicklung ist von vielen Faktoren abhängig. Zunächst einmal ist das Wachstum kognitiver Fähigkeiten selbst intelligenzabhängig. Kinder mit höherer Intelligenz zeigen eher Zuwachsraten als Kinder mit niedrigerer Intelligenz (Schneider, Bullock & Sodian, 1998). Weiterhin wird die Intelligenzentwicklung von vielen personenbezogenen und auch Umweltfaktoren beeinflusst. So ist die Intelligenz zum Beispiel bildungsabhängig und in einem gewissen Rahmen entwickelbar. Im Hinblick auf intellektuelle Hochbegabung geht Rost (2010) daher davon aus, dass erst nach dem Ausscheiden aus dem Bildungssystem (Schule, Berufsschule, Universität) eine ausreichende Stabilität der Intelligenzhöhe anzunehmen ist. Mit anderen Worten: Erst ab diesem Alter kann in Rosts Augen ein gemessener IQ als Hinweis auf eine stabil vorliegende Hochbegabung sicher interpretiert werden.

Wenn wir im Folgenden die Besonderheiten der Entwicklung (hoch-)begabter Kinder kurz skizzieren, heißt das nicht, dass die Entwicklung Ihrer Tochter beziehungsweise Ihres Sohnes genauso verläuft (Entwicklungsschemata haben den Nachteil, dass sie einen solchen Eindruck erwecken können). Jede Skizze bietet jedoch einen Orientierungsrahmen, an dem alterstypische Entwicklungen verdeutlicht werden können.

Entwicklung in Stadien – Das Modell von Jean Piaget

Jean Piaget, ein Schweizer Entwicklungspsychologe, entdeckte, dass die Entwicklung der Denkfähigkeiten (oder auch: kognitiven Fähigkeiten) von Kindern in bestimmten Etappen verläuft. Zudem erkannte er, dass Kinder diesen Lernprozess aktiv mitgestalten, indem sie Einfluss auf ihre Umgebung nehmen. Anders ausgedrückt: Kinder werden nicht passiv durch die Reize und Stimulationen aus der Umwelt geformt, sondern beeinflussen durch ihre Verhaltensweisen die Umwelt und rufen bestimmte Reaktionen

Kinder gestalten ihre Lernprozesse aktiv mit.

hervor. Beispielsweise bewirkt das eigene Lächeln das Lächeln anderer Menschen. Frühzeitig entsteht also ein Austausch zwischen dem Kind und seiner Umwelt, wobei das Kind je nach Entwicklungsstand seiner Denkfähigkeit die Reize aus der Umgebung unterschiedlich verarbeitet. Piaget zufolge lassen sich vier verschiedene Stadien der kognitiven Entwicklung unterscheiden:

- Das *sensumotorische Stadium* (ab der Geburt bis 2 Jahre): Ein Kind in diesem Alter erkundet die Welt überwiegend, indem es Dinge mit den Händen berührt, greift, schüttelt, wegwirft oder sie in den Mund nimmt.
- Das *präoperatorische Stadium* (von 3 bis 7 Jahren): Kindern dieser Altersstufe gelingt es zunehmend, innere Bilder von Menschen und Objekten zu entwickeln und gedankliche Beziehungen zwischen verschiedenen Zeitpunkten herzustellen. Zudem ist natürlich die Sprachentwicklung ein wichtiges Merkmal dieser Phase. Die Kinder nehmen Situationen vorwiegend aus ihrer Perspektive wahr und tun sich noch schwer damit, die Blickwinkel anderer Menschen mit einzubeziehen.
- Das *konkret operatorische Stadium* (von 7 bis 12 Jahren): In dieser Altersspanne gelingt es Kindern immer besser, auch anhand von abstrakten Symbolen (z. B. Zahlen) zu denken. So können sie beispielsweise allein durch gedankliche Vorstellungen erkennen, dass das Volumen einer (identischen) Flüssigkeitsmenge gleich bleibt, auch wenn sie in verschiedene Gefäße gefüllt wird. Zudem gelingt es Kindern in diesem Alter immer besser, sich in andere Menschen hineinzuversetzen.
- Das *formal operatorische Stadium* (ab 12 Jahren): Ab dieser Altersstufe nähert sich das Denken von Kindern und Jugendlichen immer mehr den kognitiven Fähigkeiten von Erwachsenen an.

Die neuere Forschung zum Entwicklungskonzept Piagets hat gezeigt, dass Kinder häufig kompetenter einzuschätzen und zu höheren Denkleistungen in der Lage sind, als es das Stufenmodell nahelegt (vgl. Schneider, Bullock & Sodian, 1998; Gruber, Prenzel & Schiefele, 2006). Wenn die von Piaget verwendeten Aufgabenstellungen leicht variiert wurden, zeigten sich viele Kompetenzen deutlich früher, als nach seinem Modell zu erwarten war. Dennoch kann Piagets Modell uns einen Orientierungsrahmen liefern, um einschätzen zu können, wie die Entwicklung des Denkens bei Kindern abläuft.

Nach gegenwärtigem Stand können wir davon ausgehen, dass Piagets generelle Beschreibungen auch für Hochbegabte gelten. Bisherige Befunde lassen jedoch die Aussage zu, dass intellektuell begabte Kinder neue Informationen tendenziell schneller verarbeiten als ihre durchschnittlich begabten Altersgenossen. Die aus neuem Wissen gewonnenen »Kenntnisse und Fertigkeiten sind in den unterschiedlichsten Situationen leicht zugänglich, flexibel nutzbar, miteinander vernetzt und auf verschiedene Weise gespeichert« (Weinert, 1998, S. 24). Demgegenüber erweise sich das Wissen von intellektuell weniger begabten Kindern häufig als weniger flexibel und sei deshalb bei neuartigen Fragestellungen weniger hilfreich, so Weinert. Im frühen Erwachsenenalter resultiere daraus bei begabten Kindern ein höheres Intelligenzniveau.

Intellektuell begabte Kinder verarbeiten neue Informationen schneller als ihre durchschnittlich begabten Altersgenossen.

Entwicklung in Auseinandersetzung mit dem sozialen Umfeld: Erik H. Erikson

Ein weiteres Rahmenmodell zur Entwicklung von Menschen über die Lebensspanne hat der Psychologe Erik H. Erikson 1950 entwickelt (vgl. Erikson, 1998). In diesem Modell geht es um die Entfaltung der gesamten Persönlichkeit in aktiver Auseinandersetzung mit der Umgebung (Schenk-Danzinger, 2002). Dies bedeutet, dass ein Kind auf – seinem jeweiligen psychischen Entwicklungsstand entsprechende – soziale Interaktionen angewiesen ist, um altersgemäße Lern- oder Entwicklungsaufgaben bewältigen zu können. Die Entwicklung der Persönlichkeit ist nach Erikson ein lebenslanger Prozess, der eine Person je nach Altersstufe mit bestimmten Fragestellungen konfrontiert. In der Bewältigung dieser »Entwicklungskrisen« (so nannte Erikson die phasenspezifischen Fragestellungen) liegt die Chance zu persönlichem Wachstum. Erikson ging von acht Phasen aus, die Menschen im Lauf ihres Lebens durchschreiten. Diese sind nachfolgend in Stichpunkten aufgeführt und gelten nach Erikson mehr oder minder für alle Menschen.

- *Vertrauen versus Misstrauen* (erstes Lebensjahr): Wenn ein Kind Vertrauen erlebt, kann darauf aufbauend die Basis von Selbstvertrauen und Sicherheit entwickelt werden, umgekehrt erwächst aus einem Mangel ein tief gehendes Misstrauen. Ein Kind kann Vertrauen entwickeln, wenn es die Erfahrung macht, dass auf seine Bedürfnisse in einer angemessenen Weise eingegangen wird. Dabei geht es nicht nur um die Versorgung mit Nahrung, sondern auch um Zuwendung und Anregungen. Die Herausforderung für Bezugspersonen besteht darin, eine feinfühlige Balance zwischen »zu viel« und »zu wenig« zu finden.

- *Autonomie versus Scham und Zweifel* (zweites und drittes Lebensjahr): In dieser Altersspanne machen Kinder die Erfahrung, dass sie bestimmte Ereignisse beeinflussen und steuern können. Dadurch können Kinder entweder anfangen, sich in Ansätzen als autonome Person zu erleben, oder sie erfahren das Gefühl von Unzulänglichkeit.
- *Initiative versus Schuld* (viertes und fünftes Lebensjahr): Kinder entwickeln in dieser Zeitspanne ein Verständnis dafür, dass sie eine eigenständige Person sind, und stehen zugleich vor der Frage, was diesen eigenständigen Menschen ausmacht. Mädchen und Jungen werden sich ihrer körperlichen Unterschiede bewusst und identifizieren sich mit der Mutter beziehungsweise dem Vater, die ihnen als Rollenvorbilder dienen. Darüber hinaus erkennen Kinder in diesem Alter immer mehr, dass es Dinge gibt, die erlaubt oder verboten sind. Das Gewissen als innere Instanz bildet sich heraus und stellt die Basis für das moralische Empfinden dar.
- *Werksinn gegen Minderwertigkeitsgefühl* (sechstes Lebensjahr bis zum Beginn der Pubertät): In dieser Phase geht es für das Kind darum, sich Beschäftigungen zu suchen, die es selbst als sinnvoll erlebt, und diese zu einem erfolgreichen Abschluss zu bringen. Wenn ein Kind sich in diesem Tun als unzureichend erfährt, kann es Gefühle der Minderwertigkeit entwickeln. Auslöser kann nach Ansicht Eriksons auch eine ungenügende Vorbereitung des Kindes auf die Schule oder aber eine Enttäuschung des Kindes durch die Schule sein, wenn diese die Erwartung des Kindes nicht erfüllt.
- *Identität gegen Identitätsdiffusion* (Pubertät bis ungefähr achtzehntes Lebensjahr): In dieser Phase stehen die Jugendlichen vor der Herausforderung, ihr Bild von sich und ihren Mitmenschen grundlegend zu überdenken und neu zu strukturieren. Auslöser dafür sind nach Erikson die körperlichen Wachstumsprozesse und die einsetzende Geschlechtsreife. Aus der Vielzahl der ihnen

angebotenen Lebensentwürfe müssen die Heranwachsenden eine Wahl treffen, was sie in dieser Phase großer Umwälzungen streckenweise überfordert. So streben sie danach, Gruppen anzugehören, die sich wiederum durch einfache, klare Merkmale und Verhaltensweisen von anderen abgrenzen. Gelingt die Integration der neuen Erfahrungen nicht, dann besteht, so Erikson, die Gefahr einer Identitätsdiffusion, die sich beispielsweise in einer Flucht vor jeglicher Verantwortung und Verbindlichkeit äußert.

- *Intimität und Distanzierung gegen Selbstbezogenheit* (frühes Erwachsenenalter): Erst nachdem der Jugendliche eine reife Identität aufgebaut hat, ist er in der Lage, mit anderen Menschen Intimität zu erleben. Diese umfasst nach Eriksons Verständnis neben der geschlechtlichen Intimität, das heißt einer als befriedigend erlebten Sexualität, auch psychologische Intimität im Sinne einer gewachsenen Bereitschaft zur Selbstöffnung und zur Einfühlung in das Gegenüber. Selbstbezogenheit entwickelt sich dann, wenn die Identitätsbildung brüchig war und der junge Erwachsene kein Vertrauen zu anderen Menschen fassen kann.
- *Generativität gegen Stagnierung* (mittleres Erwachsenenalter): Generativität als das »Interesse an der Erzeugung und Erziehung der nächsten Generation« (Erikson, 1998, S. 117) meint im engeren Sinne die Gründung einer Familie mit eigenen Kindern. Im weiteren Sinne bezieht sich Erikson jedoch auf alle Formen von Taten und Leistungen, die den nachfolgenden Generationen zugutekommen, wie zum Beispiel das Engagement im sozialen Bereich oder im Umweltschutz. Laut Erikson ist diese Form von Erfahrung essenziell für die Persönlichkeitsentwicklung – bleibt sie aus, stellen sich Gefühle von Verlassenheit und ein Kreisen um das eigene Ich ein.
- *Integrität gegen Zweifel und Ekel* (höheres Erwachsenenalter): Der sich im letzten Lebensabschnitt einstellende Konflikt bezieht sich auf die Frage, ob das gelebte Leben mit all seinen Vorkommnissen und Begegnungen in seinem So-Sein akzeptiert wird: »Die Annahme seines einen und einzigen Lebenszyklus und der Menschen, die in ihm notwendig da sein mussten und durch keine anderen ersetzt werden können« (Erikson, 1998, S. 118). Integrität erschafft ein Gefühl von Würde und Respekt gegenüber allen anderen Kultur- und Lebensformen; ohne Integrität verbittert der Mensch und verfällt dem Glauben, sein Leben verpasst, keine Chancen gehabt oder sie nicht genutzt zu haben.

Cross (2005) hat das Entwicklungskonzept von Erikson aufgegriffen und auf Hochbegabte übertragen. Bezüglich der ersten Phase in Eriksons Modell nimmt Cross keine Differenzierung für Hochbegabte vor. In der Altersspanne von zwei bis drei Jahren, in der die Entdeckung der Autonomie zentral ist, ist es nach Cross von großer Bedeutung, das Kind zur Erforschung seiner Umwelt anzuregen und es dabei zu begleiten. Viele Eltern hochbegabter Kinder berichten, dass ihre Töchter und Söhne in diesem Entwicklungsstadium ein hohes Ausmaß an Neugier und Energie bei der Suche nach neuen Eindrücken zeigen (vgl. auch Chen & Siegler, 2000). Daher liegt die Vermutung nahe, dass bei der Gruppe der hochbegabten Kinder in diesem Altersabschnitt die Explorationstätigkeit besonders ausgeprägt ist.

In der Altersspanne zwischen drei und fünf Jahren entsteht für Kinder ein Konflikt dadurch, dass sie einerseits eigeninitiativ handeln (physisch oder verbal) und andererseits Schuldgefühle entwickeln, die sich auf ihre Handlungen beziehen (nach dem Motto: »Darf ich das?«). Diese Herausforderung beziehungsweise dieses Spannungsfeld besteht grundsätzlich für alle Kinder. Unserer Einschätzung nach kann der Konflikt bei einem (hoch)begabten Kind dadurch verstärkt werden, dass es altersuntypische beziehungsweise über das Alter hinausgehende Aktivitäten (beispielsweise bestimmte Spiele oder Experimente) planen kann und damit in stärkerem Maße Anerkennung, aber auch Kritik für seine Initiative erfahren kann als seine durchschnittlich begabten Altersgenossen. Zur Verdeutlichung: Es macht einen Unterschied, ob ein Kind mit drei Jahren das Radio an- und ausschalten oder den Computer hochfahren und Programme starten möchte (und kann).

Der Konfliktraum zwischen den Polen Kompetenzerleben und Unterlegenheitsgefühl ist kennzeichnend für die Altersspanne von sechs bis zwölf Jahren. Hier sind die Bezugspersonen (Lehrkräfte wie Eltern) herausgefordert, das Aufgabenniveau entsprechend dem Leistungsvermögen des Kindes zu variieren, damit es die ihm gestellten Aufgaben erfolgreich meistern kann. So wird eine kontinuierliche Weiterentwicklung ermöglicht. Weiterhin sollten die Kinder in ihrer Fähigkeit unterstützt werden, sich in bestimmten Bereichen eigenständig Herausforderungen zu suchen (beispielsweise könnten sie sich Spiele oder Aktivitäten aussuchen, die sie noch nicht kennen, oder in der Schule überlegen, wie sie die gestellten Aufgaben eventuell »anreichern« können). Auf diesen Aspekt gehen wir in Kapitel 10 zum Thema Förderung noch vertieft ein.

Die Adoleszenz, also das Alter zwischen zwölf Jahren und dem Erwachsenenalter, ist vor allem durch die Suche nach der eigenen Identität gekennzeichnet. Jugendliche probieren in dieser Phase verschiedene soziale Rollen aus. Die Identitätsentwicklung und damit verbundene Wertvorstellungen sowie die Auseinandersetzung mit eigenen und äußeren Leistungserwartungen haben sich in der Beratung hochbegabter Jugendlicher als zentral erwiesen (Cross, 2005; Silverman, 1993). Hochbegabte Jugendliche stehen vor der Aufgabe, die Hochbegabung in ihr Selbstbild zu integrieren: Was bedeutet es, hochbegabt zu sein? Welche Möglichkeiten, aber auch welche Verantwortungen ergeben sich für mich daraus? Woraus beziehe ich meinen Selbstwert? In der Beratung berichten manche hochbegabten Jugendlichen, dass sie sich einem massiven Anpassungsdruck ausgesetzt sehen. Dieser entsteht unter anderem dadurch, dass sich begabte Schülerinnen und Schüler von ihren altersgleichen Mitschülerinnen auch in ihrer Leistungsbereitschaft und -fähigkeit positiv abheben. In einer Längsschnittstudie fanden Csikszentmihalyi, Rathunde und Whalen (1997) hochbegabte Jugendliche ausdauernder, offener für neue Erfahrungen und in größerem Maße bereit, buchstäblich bis zur persönlichen Erschöpfung für ein Thema zu arbeiten, das sie persönlich interessiert, als durchschnittlich Begabte. Bei einer gleichzeitig im Jugendalter zunehmenden antiintellektuellen Haltung der Peergroup, der Gleichaltrigen und Freunde können diese Unterschiede problematisch werden. Wenn sich negative Rückmeldungen aus der Umwelt häufen, kann es sein, dass die Jugendlichen den Persönlichkeitsaspekt »kluger Mensch« möglichst verbergen wollen, beispielsweise dadurch, dass sie ihre Fähigkeiten in der Schule nicht zeigen. Cross (2005) verweist diesbezüglich auf mögliche Zusammenhänge zum Underachievement, also einer bedeutsamen Diskrepanz zwischen Begabungspotenzial und Schulleistungen (vgl. dazu Kapitel 5).

Die Auseinandersetzung mit eigenen sowie äußeren Leistungserwartungen hat sich in der Beratung hochbegabter Jugendlicher als zentral erwiesen.

Hochbegabt und besonders sensibel?

In etlichen Ratgebern spielt das Thema einer besonderen Sensibilität Hochbegabter eine Rolle. Daher gehen wir in diesem Abschnitt ausführlicher auf eine mögliche höhere Sensibilität hochbegabter Kinder ein, für die in der Fachsprache häufig der Begriff *Overexcitability* (OE) verwendet wird.

Wie kann sich Overexcitability zeigen? Zur Verdeutlichung dieses Begriffs ist das Modell von Dabrowski (1964) hilfreich, der eine besonders hoch ausgeprägte Aufnahmefähigkeit und zugleich Sensibilität (als Folge einer höheren Erregbarkeit des zentralen Nervensystems) bei hochbegabten Menschen in den folgenden fünf Bereichen beschreibt:

- *psychomotorisch:* ein erhöhtes Aktivitätslevel, beispielsweise in Bezug auf das Sprechtempo;
- *sinnlich:* eine höhere Sensibilität der Sinnesorgane, beispielsweise in Bezug auf Berührungen oder den Geschmackssinn;
- *intellektuell:* das intensive Streben nach Wissen und Erkenntnis;
- *imaginational:* eine ausgeprägte Fantasie und/oder eine Vorliebe für Ungewöhnliches, Extravagantes;
- *emotional:* eine gesteigerte Intensität des emotionalen Erlebens.

Dabrowski ging allerdings davon aus, dass hochbegabte Menschen hohe Werte in allen fünf Bereichen der OE erzielen würden. Dies war in bisherigen Studien mit intellektuell Hochbegabten jedoch so gut wie nie der Fall. Erstaunlicherweise differenzierte noch am besten die psychomotorische OE zwischen intellektuell Hochbegabten und nicht Hochbegabten. Für die anderen OEs fanden sich keine konsistenten Gruppenunterschiede zwischen intellektuell Hochbegabten und nicht Hochbegabten.

Die schon mehrfach erwähnten Ratgeberaussagen und auch manche Beschreibungen in der wissenschaftlichen Literatur können bei Eltern zu Verunsicherung führen, weil sie annehmen, dass kluge Kinder per se sehr sensibel und damit auch verletzlich seien. So formuliert beispielsweise Brackmann (2007): »Alles deutet darauf hin, dass hochbegabte Kinder in Situationen, die für die Mehrheit der Kinder ein Vergnügen oder zumindest eine Selbstverständlichkeit darstellen, von Reizen förmlich überflutet werden« (S. 37).

Wir halten solche Aussagen, wie im zweiten Kapitel bereits angedeutet, für bedenklich, weil sie nach gegenwärtigem Wissensstand in dieser Form nicht durch Forschungsergebnisse belegt sind und eine »sensorische Notlage« der Kinder suggerieren, der wir in der Beratungspraxis – und auch in der Forschungsliteratur – so nicht begegnet sind. Es mag zwar angemessen sein, bestimmte Sachverhalte prägnant auf den Punkt zu bringen, um öffentliche Aufmerksamkeit im Sinne der Betroffenen zu erzeugen, doch können dadurch unbegründete und auch falsche Befürchtungen entstehen. Allgemein ist zu sagen, dass die Erforschung des Konstrukts Overexcitability bei Weitem noch nicht als abgeschlossen gelten kann (einen aktuellen Überblick gibt Mendaglio, 2010). Die bisherigen Befunde deuten jedoch darauf hin, dass Overexcitability und intellektuelle Hochbegabung in keinem systematischen Zusammenhang stehen.

Problematisch an der bisherigen OE-Forschung ist zudem, dass die Erfassung der OE überwiegend auf Selbsteinschätzungen der Betroffenen basiert (was immer die Gefahr von Verzerrungseffekten mit sich bringt). Ein wechselseitiger Bezug zwischen körperlichen Faktoren und psychischem Erleben im Sinne von Besonderheiten des Nervensystems konnte bisher ebenfalls nicht belegt werden. Zudem ist noch unklar, ob die genannten Sensibilitäten wirklich zeitlich andauern. Denkbar wäre nämlich auch, dass Menschen zu bestimmten Zeitpunkten unter bestimmten Bedingungen besonders sensibel reagieren und zu anderen nicht, was dem Konzept der OE allerdings widerspräche. Letztlich ist nicht zu erwarten, dass Fragebögen, die die OE erfassen, Intelligenztests zur Erkennung einer Hochbegabung ersetzen können, wie manche Fachleute es prognostiziert haben. Würde eine hohe Sensibilität als Bestimmungsmerkmal von Hochbegabung herangezogen, hätten wir es mit einer neuen Hochbegabungsdefinition zu tun, deren Bezüge zu anderen Hochbegabungsdefinitionen bislang weitestgehend unklar sind.

Trotz dieser eher kritischen Haltung zum Konzept der OE als bestimmenden Merkmals Hochbegabter soll in diesem Buch nicht der Eindruck entstehen, dass es sich bei einer ausgeprägten Sensibilität bei hochbegabten Kindern und Jugendlichen generell um ein fragwürdiges Phänomen handelt, das sich mehr auf Einbildung denn auf Empirie gründet. Wir gehen nur nicht davon aus, dass eine ausgeprägte Sensibilität typisch für Hochbegabte ist. Und es ist uns wichtig, zu betonen, dass eine hohe Sensibilität nicht automatisch ein Risikofaktor ist. Auch wenn Kinder in manchen Bereichen sehr sensibel sind, kann daraus nicht automatisch eine Vulnerabilität

(Verletzlichkeit) für soziale oder psychische Schwierigkeiten abgeleitet werden. Eine solche Sichtweise entspricht nicht unserer Erfahrung und Einschätzung und wird auch den Berichten und dem Erleben Betroffener nicht gerecht, wie die nachfolgende Beschreibung exemplarisch zeigt.

Christian

Im Fall von Christian, den wir im zweiten Kapitel beschrieben haben (Fallbeispiel 6), lag die Vermutung nahe, dass er eine besonders hohe Sensibilität aufweist. Seine Eltern hatten bei einem Vortrag vom Konzept der Overexcitability gehört, konnten jedoch wenig damit anfangen. Christians Mutter brachte ihre Gefühle folgendermaßen auf den Punkt: »Ehrlich gesagt bin ich hin- und hergerissen. Natürlich macht es mich als Mutter stolz, einen klugen und sensiblen Jungen zu haben. Auf der anderen Seite habe ich manchmal die Befürchtung, dass Christian gerade deswegen an unserem Schulsystem scheitert. Dort geht es doch vor allem um Leistung und Durchsetzungsfähigkeit.«

In einem nachfolgenden Beratungsgespräch mit einer Psychologin erfuhren Christians Eltern, dass manche Kinder und Jugendlichen – und eben auch manche hochbegabten – eine hochsensible Veranlagung haben, dass diese jedoch keineswegs automatisch zu Problemen führe. Christians Eltern konnten daraufhin das Verhalten und Erleben ihres Sohnes als etwas Normales einordnen, was sie äußerst erleichterte. Sie verstanden, dass Christian ein Verhalten zeigte, das offensichtlich seinem momentanen Entwicklungsstand und Erleben entsprach, aber kein trickreicher »Erpressungsversuch« war (was manche Bekannten angenommen hatten). Daran anknüpfend konnten konkrete Ansatzpunkte herausgearbeitet werden, um Christian beim Umgang mit seinem Erleben zu helfen, ohne dass er zum Außenseiter wurde.

Christian selbst profitierte von einer Übung, die eine Erzieherin im Kindergarten mit den Kindern aus seiner Gruppe durchführte. Den Kindern wurde dabei vermittelt, dass verschiedene Menschen Lärm unterschiedlich erleben und mehr oder weniger darunter leiden. Christian erlebte diese Differenzierung als sehr entlastend. Eine Mutter, die als Ingenieurin arbeitete, konnte ein Lärmmessgerät organisieren, mit dem die Kinder verschiedene Geräuschquellen analysierten. Im Rahmen der Auswertung wurden die gefundenen Werte mit Säulen aus Duplo-Steinen veranschaulicht. Die Kinder waren fasziniert: »Wenn wir toben, sind wir lauter als ein Laster, der losfährt!« Die Erzieherin griff diese Aussage auf und besprach gemeinsam mit den Kindern, welche Möglichkeiten es gibt, sich vor Lärm zu schützen. Dabei wurde deutlich, dass neben Christian auch zwei andere Kinder unter dem Tobelärm litten. So beschlossen die Kinder gemeinsam, das Toben auf den größeren Gruppenraum zu beschränken und den kleineren Nebenraum währenddessen als Ruheraum zu nutzen.

Fazit

Wie ist die Entwicklung hochbegabter Kinder zusammenfassend einzuschätzen? Insgesamt finden wir keine Hinweise auf einen grundsätzlich anderen oder problematischeren Verlauf im Vergleich zu durchschnittlich begabten Kindern (siehe auch Rost, 1993b). Es ist offenbar so, dass Hochbegabte typische Entwicklungsschritte im *kognitiven* Bereich schneller durchlaufen, beispielsweise Stadien des Spracherwerbs. Die Entwicklung kann dabei in verschiedenen Bereichen unterschiedlich zügig verlaufen (in der Fachsprache heißt das »asynchron«). Allerdings ist das Konzept der asynchronen Entwicklung für dieses Buch wenig erhellend, weil ein solcher Verlauf bei *allen* Kindern möglich und insofern nicht typisch für Hochbegabte ist. In der Literatur wird häufig eine größere Asynchronie zwischen der kognitiven und sozial-emotionalen Entwicklung bei Hochbegabten im Vergleich zu nicht Hochbegabten beschrieben. Die empirische Befundlage dazu ist allerdings nicht überzeugend; vielmehr zeigen verschiedene Studien, dass intellektuell Hochbegabte auch in ihrer sozio-emotionalen Entwicklung ihren nicht hochbegabten Peers voraus sind. Rohrmann und Rohrmann (2005) fassen den aktuellen Wissensstand in diesem Bereich folgendermaßen zusammen: »Intelligente Kinder erkennen soziale Probleme besser, sind einfühlsamer und weniger intelligenten Kindern bei der Suche nach alternativen Lösungen in sozialen Konflikten überlegen. Systematische Untersuchungen, die belegen würden, dass begabte Kinder besonders viele soziale Probleme haben, gibt es dagegen nicht« (S. 108). Die Annahme, dass Hochbegabte sich durch Probleme etwa im Sozialverhalten oder ein geringes Einfühlungsvermögen auszeichnen, kann als widerlegt gelten.

Probleme hochbegabter Mädchen und Jungen ergeben sich letztlich dann, wenn die Umgebung auf die Individualität des Kindes nicht eingehen kann (oder will) und es somit zu ungünstigen Interaktionsmustern kommt (beispielsweise durch Aussagen wie »Das musst du jetzt noch nicht wissen«, die bei Kindern häufig dazu führen, dass sie sich ausgebremst und/oder unverstanden fühlen). So kann bei den Kindern der Eindruck entstehen, dass mit ihnen etwas nicht stimme. Langanhaltende Unterforderung kann ähnliche Gefühle hervorrufen. Dieses Erleben hängt aber nicht zwangsläufig mit der hohen Begabung zusammen, sondern resultiert aus fehlendem Verständnis der Umgebung oder aber fehlenden Kompetenzen des jeweiligen Kindes, mit seiner Umgebung in gelingender Weise in Kontakt zu treten (häufig hängen diese beiden Faktoren zusammen). Auf den Punkt gebracht: Hochbegabung ist keine Behinderung, sondern ein Persönlichkeitsmerkmal, das sich bei den meisten Kindern förderlich auswirkt. Oder noch prägnanter: Es gehört zum normalen Spektrum menschlicher Möglichkeiten, hochbegabt zu sein.

Hochbegabung ist keine Behinderung, sondern ein Persönlichkeitsmerkmal, das sich bei den meisten Kindern förderlich auswirkt.

Reflexion

- Was waren für mich in der bisherigen Entwicklung meines Kindes besonders wichtige Schritte?
- Auf welche noch anstehenden Schritte freue ich mich und welche bereiten mir in der Vorstellung gegenwärtig Sorge?
- Angenommen, die Entwicklung meines Kindes würde so verlaufen, wie ich mir das idealerweise wünsche, wie stelle ich mir dann mein Kind in zehn Jahren vor (und was wäre der wichtigste Anteil, den ich daran hätte)?

4 Hochbegabung: Wie ist sie zu erkennen?

»Als die Erzieherinnen im Kindergarten mich ansprachen, ob unsere Tochter hochbegabt sei, hatte ich zunächst das Gefühl, ›im Wald‹ zu stehen«, so eine Mutter. »Erstens war ich überrascht und zweitens unsicher, wie die Frage zu klären sei. Eine Recherche im Internet hat mich dann völlig verwirrt, weil da sehr unterschiedliche Sichtweisen vertreten wurden.« Wir haben uns in diesem Buch bisher damit beschäftigt, wie intellektuelle Hochbegabung definiert wird, und einige Eckpunkte der Entwicklung beschrieben. Dieses Kapitel behandelt nun die Frage, wie geklärt werden kann, ob ein Kind hochbegabt ist.

Hochbegabte Kinder sind keine homogene Gruppe, sondern können sich in vielen Bereichen deutlich unterscheiden. Eine hohe Begabung kann sich zudem in allen Lebensbereichen äußern. Die Fallbeispiele in Kapitel 2 dürften dies verdeutlicht haben. Entsprechend vielfältig sind die Möglichkeiten, hochbegabte Kinder zu erkennen. Welche Merkmale hierfür herangezogen werden, hängt dabei immer von einer mehr oder weniger expliziten Vorstellung über Hochbegabung ab. Bemerke ich im Kontakt mit hochbegabten Kindern zum Beispiel ein außergewöhnliches Gespür für Ungerechtigkeiten, so nehme ich möglicherweise an, dass dieses begabte Kinder von weniger begabten unterscheidet. In diesem Fall würde das Verhaltensmerkmal »Eintreten für Gerechtigkeit« zu einem Identifikationskriterium. Den meisten Eltern geht es indes nicht darum, ihrem Kind ein Label »hochbegabt« zuzuweisen, sondern sie wünschen sich einfach Handlungssicherheit für einen passenden Umgang mit ihrem Kind. Es geht ihnen also eher um eine »Standortbestimmung«.

Das Erkennen hochbegabter Kinder setzt immer eine Vorstellung oder, im Kontext einer professionellen Diagnostik, eine Definition von Hochbegabung voraus. So unterschiedlich die verschiedenen Modelle zu intellektueller Hochbegabung in der Wissenschaft auch sein mögen, so teilen sie dennoch als kleinsten gemeinsamen Nenner, dass sich hochbegabte Menschen durch eine überdurchschnittliche Denkfähigkeit oder Intelligenz auszeichnen.

In der Psychologie ist die Intelligenz eines Menschen als eines der besten Vorhersagemerkmale (man spricht hier auch von Prädiktoren) für Lernen und akademische Leistung etabliert (Preckel & Brüll, 2008). Sie steht zudem in einem deutlich positiven Zusammenhang mit Berufserfolgen. Was heißt das nun: »eines der besten Vorhersagemerkmale«? Im Vergleich zu anderen Aspekten wie Motivation oder Lernstrategien schneidet die Intelligenz klar als besserer Prädiktor ab. Doch erklären Intelligenzunterschiede zwischen Personen maximal ein Drittel ihrer Leistungsunterschiede im schulischen Bereich. Das heißt, circa zwei Drittel der Unterschiedlichkeit in den Leistungen werden durch andere Einflussfaktoren verursacht. Hierzu gehören beispielsweise die Unterrichtsqualität, das elterliche Engagement für das schulische Lernen des Kindes oder aufseiten des Kindes die Einstellung zum Lernen oder das Selbstbild der eigenen Fähigkeiten. Daher reicht es im Allgemeinen nicht aus, sich einfach die Leistungen einer Person anzusehen, um Rückschlüsse auf ihre Intelligenz vornehmen zu können. Das Beispiel hochbegabter Underachiever, das im nächsten Kapitel genauer beschrieben wird, verdeutlicht dies ganz besonders.

Unter günstigen Entwicklungsbedingungen erlauben besondere intellektuelle Leistungen zwar durchaus Rückschlüsse auf eine hohe Intelligenz. Die Schwierigkeit besteht allerdings darin, objektive Beurteilungskriterien dafür zu finden, ab wann eine intellektuelle Leistung (darunter fallen nach unserem Verständnis auch verbale Äußerungen oder Entscheidungen und Ähnliches) als »besonders« zu bewerten ist. Bei manchen bahnbrechenden Erfindungen oder Wettbewerbsleistungen scheint die Sache klar auf der Hand zu liegen, doch im Alltag hochbegabter Kinder finden sich diese eher selten in so prägnanter Weise. Hochbegabung ist eben nicht mit Hochleistung gleichzusetzen.

Beobachtung im Alltag

Welche im Alltag zu beobachtenden Aspekte lassen denn nun auf eine Hochbegabung bei einem Kind schließen? Sicherlich sind das vor allem Merkmale, die mit der Intelligenz des Kindes zusammenhängen. Wenn ein Kind beispielsweise schnell die Regeln eines für es neuen Brett- oder Rollenspiels versteht, kann dies ein solcher Hinweis sein. Insgesamt gilt jedoch: Je jünger ein Kind ist, desto unsicherer sind die Vorhersagen für die weitere Begabungs- und Leistungsentwicklung.

Bei sehr jungen Kindern wurden bislang keine Merkmale gefunden, die als sicherer Hinweis auf eine hohe Begabung gedeutet werden können. Bei Kleinkindern können eine schnelle Auffassungsgabe, »Wissensdurst«, eine außergewöhnliche Sprachentwicklung – also ein sehr gutes Sprachverständnis sowie ein für das Alter ungewöhnlicher und großer Wortschatz, ein besonders gutes sprachliches Ausdrucksvermögen und die Benutzung abwechslungsreicher Formulierungen – Hinweise für eine Hochbegabung sein. Ebenso kann aus hohen Fähigkeiten im komplexen, logischen Denken – Zusammenhänge erkennen und komplexe Probleme lösen, das Erkennen von zugrunde liegenden Prinzipien, ein genaues Durchschauen von Ursache-Wirkungs-Beziehungen – auf eine Hochbegabung geschlossen werden. Anders als häufig angenommen sind frühes Lesen oder Rechnen dagegen kein allzu verlässlicher Hinweis auf eine hohe intellektuelle Begabung.

Für nicht intellektuelle Merkmale der Persönlichkeit oder des Sozialverhaltens gibt es bislang keine überzeugenden Belege, dass sich hochbegabte Kinder von nicht hochbegabten Kindern systematisch unterscheiden. So bevorzugen zum Beispiel nicht alle Hochbegabten ältere Spielkameraden oder neigen dazu, über andere oder die Situation zu bestimmen. Hochbegabte haben nicht generell ein ausgeprägtes Interesse an Erwachsenenthemen oder zeigen auch nicht häufiger Spezialinteressen als nicht hochbegabte Kinder. Es kann zwar durchaus sein, dass einzelne begabte Kinder diese Merkmale zeigen; sie sind aber eben nicht typisch für Hochbegabte.

Alle Verhaltensbeobachtungen, sei es durch Eltern, Erzieher und Erzieherinnen oder Lehrkräfte, unterliegen einer Reihe von verzerrenden Einflüssen. Zum Beispiel überschätzen Eltern tendenziell die Leistungsfähigkeit ihrer Kinder, und sie scheinen eine Hochbegabung auch eher bei ihren Söhnen als bei ihren Töchtern zu vermuten (wobei es gleich viele hochbegabte Jungen und Mädchen gibt). Auch Lehrkräften unterläuft dieser Fehler. Einige Studien deuten zudem darauf hin, dass die Vorstellungen von Lehrkräften über hochbegabte Schülerinnen und Schüler eher der Disharmoniehypothese zur Hochbegabung (siehe dazu Kapitel 2 und 3) zuzuordnen sind. So halten sie hochbegabte Kinder zwar für deutlich leistungsfähiger, aber auch für schwieriger und sozial schlechter integriert als nicht hochbegabte Kinder (Baudson & Preckel, 2011). Weiterhin können sich Lehrkräfte in ihrem Urteil über die Begabung häufig nicht von den schulischen Leistungen des Kindes lösen, sodass hochbegabte Underachiever – also hochintelligente Kinder, die keine guten Noten erzielen – zumeist nicht als hochbegabt erkannt werden. Obwohl manchen Lehrerinnen und Lehrern die Einschätzung der Fähigkeiten ihrer Schülerinnen und Schüler gut gelingt, haben sich schulische Leistungsbewertungen im Allgemeinen als wenig objektiv erwiesen. Dies liegt unter anderem daran, dass Lehrkräfte sich bei der Notenvergabe in der Regel am Leistungsniveau der jeweiligen Klasse orientieren. Das Leistungsniveau kann sich in verschiedenen Klassen jedoch stark unterscheiden, womit Noten über verschiedene Klassen hinweg kaum vergleichbar sind.

Auch wenn Urteile anhand von Verhaltensbeobachtungen fehlerbehaftet sein mögen, so spielt die Elterneinschätzung doch eine wichtige Rolle für das Erkennen gerade junger begabter Kinder. Eltern können die Entwicklung ihrer Kinder langfristig beobachten, auch in Situationen oder Bereichen, die in Kindergarten und Schule nicht beobachtbar sind. Erzieherinnen oder Erzieher und Lehrkräfte hingegen verfügen eher über gute Vergleichsmöglichkeiten mit altersgleichen Kindern. Die Informationen können sich daher idealerweise ergänzen.

Einschätzung durch Checklisten

Checklisten, wie sie in manchen Ratgebern abgebildet sind, können bei der Verhaltensbeobachtung sensibilisieren, indem sie Orientierungspunkte liefern; nach gegenwärtigem Stand der Forschung (Perleth, 2010) eignen sie sich allerdings nicht für das Erkennen hochbegabter Kinder. Dies liegt unter anderem daran, dass die allermeisten in den Checklisten aufgeführten Merkmale nicht tatsächlich typisch für Hochbegabte sind. Hier zeigen sich häufig die gleichen Einschränkungen, die wir im vorherigen Abschnitt zu den Verhaltensbeobachtungen aufgeführt haben. Zudem sind die Merkmale häufig so vage formuliert, dass sie oft auch nicht hochbegabten Kindern zugesprochen werden können (was heißt zum Beispiel »wirkt älter« oder »hat Interesse für Details«?). Viele der Merkmale sind zudem als bewertende Aussagen formuliert (beispielsweise »außergewöhnlich«, »häufig«, »sehr viel«). Nur: Was heißt »häufig« oder »viel«? Das kann sich von Person zu Person durchaus (und teilweise deutlich) unterscheiden. Hinzu kommt, dass die meisten der aufgeführten Merkmale von dem Förderangebot, das einem Kind zur Verfügung steht, und dem Anregungsgehalt seiner Umwelt abhängen (beispielsweise der Stand der sprachlichen Entwicklung oder das Ausmaß des allgemeinen Wissens). Hochbegabung (im Sinne eines Potenzials) ist davon jedoch zu unterscheiden. Weiterhin gibt es keinen Auswertungsschlüssel, nach dem zu bestimmen ist, wie viele oder welche der aufgelisteten Merkmale vorliegen müssen, um von Hochbegabung sprechen zu können.

Intelligenztests

Der im Allgemeinen zuverlässigste und objektivste Weg, intellektuelle Hochbegabung festzustellen, ist der Einsatz von Intelligenztests. Die meisten Fachleute stimmen allerdings darin überein, dass ein deutlich überdurchschnittliches Intelligenztestergebnis nicht alleiniges Kriterium für eine Hochbegabung sein kann, sondern um Informationen über die Entwicklung und Persönlichkeit, die aktuelle Situation und das Verhalten des Kindes ergänzt werden muss. Werden zum Beispiel wie im Modell von Mönks, das wir im zweiten Kapitel vorgestellt haben, Motivation beziehungsweise Aufgabenzuwendung und Kreativität zu konstituierenden Merkmalen von Hochbegabung, müssen diese folgerichtig bei der Hochbegabungsdiagnostik zusätzlich zur Intelligenz erfasst werden. Die Intelligenztestung stellt jedoch zumeist das Kernstück der Hochbegabungsdiagnostik dar (Preckel, 2010).

Ein wesentlicher Vorteil von Intelligenztests liegt in ihrer Objektivität. Intelligenztests erbringen zudem gültigere Aussagen über die Intelligenz eines Menschen, als Verhaltensbeobachtungen dies könnten. Intelligenzstrukturtests, die verschiedene Bereiche der Intelligenz erfassen, erlauben die Erstellung von Begabungsprofilen beziehungsweise die Analyse von Stärken und Schwächen. Intellektuelle Hochbegabung ist viel öfter ein Phänomen, das sich in einzelnen Bereichen der Intelligenz zeigt (beispielsweise besondere Stärken im mathematischen oder verbalen Bereich), als dass jemand in allen Bereichen weit überdurchschnittlich abschneidet (Lohman, 2005).

Leider gibt es keinen Intelligenztest, der alle Bereiche der Intelligenz abdeckt und damit in allen Bereichen eine Analyse von Stärken und Schwächen erlaubt. Jedoch erfassen viele Intelligenzstrukturtests die wesentlichen Bereiche (beispielsweise verbales, numerisches, figural-bildhaftes Denken; komplexes logisches Denken; Konzentrationsfähigkeit; Merkfähigkeit). Alternativ können mehrere verschiedene Tests bei einer Person eingesetzt werden.

Wichtig ist, dass eine Intelligenztestung eine sogenannte Statusdiagnostik darstellt, die lediglich Aussagen über den aktuellen Leistungs- und Entwicklungsstand einer Person macht und sich nur bedingt für Prognosen eignet. Betrachtet man die Entwicklung der Intelligenz über den Lebenslauf, so gilt diese als sehr stabiles Persönlichkeitsmerkmal. Stabil heißt hier allerdings nicht, dass sich die Intelligenz nicht verändert (siehe dazu den Überblick zur Intelligenzentwicklung in Kapitel 2): Bestimmte Bereiche der Intelligenz nehmen vor allem in jungen Jahren kontinuierlich zu, andere über den gesamten Lebenslauf. In wieder anderen Bereichen sind Abnahmen zu verzeichnen, und je nach Lebensalter verändert sich die Intelligenz auch inhaltlich. »Stabil« bezieht sich in diesem Zusammenhang auf die Position einer Person in einer Vergleichsgruppe, nicht auf individuelle Entwicklungsverläufe. Was heißt das? Testet man eine Gruppe von Kindern im Alter von fünf Jahren, so erlauben die Unterschiede in den Ergebnissen der Kinder recht gute Vorhersagen darüber, wo diese Kinder in derselben Gruppe in einem Alter von 18 Jahren stehen werden. Hierfür wird auch der Begriff Positionsstabilität verwendet. Wenn die IQ-Werte eines Menschen zu zwei Zeitpunkten relativ ähnlich sind, weist das darauf hin, dass die relative Position dieser Person in ihrer Vergleichsgruppe (z. B. der Gruppe der Gleichaltrigen) sehr ähnlich geblieben ist (Montada, 2008). Es bedeutet nicht, dass sich die Intelligenz nicht verändert hat.

Absolute Aussagen über die Intelligenzentwicklung einzelner Personen sind kaum möglich. Im Einzelfall sind große Variationen, wie zum Beispiel IQ-Schwankungen um bis zu 20 Punkte während des Grundschulalters (Schneider, Bullock & Sodian, 1998), möglich. Je jünger ein Kind ist, desto weniger stabil sind die Ergebnisse: Intelligenzmessungen im Kleinkindalter hängen vergleichsweise gering mit späteren Intelligenztestergebnissen zusammen. Vor dem Hintergrund des eben Gesagten ist eine Testung bei Kindern zumeist erst ab einem Alter von ungefähr fünf Jahren sinnvoll. Trotz dieser und weiterer Grenzen von Intelligenztests (siehe beispielsweise Preckel & Brüll, 2008) haben sie sich zur Einschätzung einer möglichen intellektuellen Hochbegabung als häufigstes Mittel der Wahl erwiesen.

Gütemerkmale von Intelligenztests

An Konzeption und auch Durchführung der Intelligenztests werden hohe Ansprüche gestellt. Die erste Forderung besteht darin, dass Intelligenztests objektive Ergebnisse liefern sollen, das heißt, die Resultate sollen unabhängig davon sein, wo und von wem ein Test durchgeführt wird. Um dies zu gewährleisten, gibt es für die Durchführung und Auswertung gebräuchlicher Intelligenztests klare Vorgaben, an die die Testleiter sich verbindlich zu halten haben, andernfalls ist das Ergebnis nicht aussagekräftig. So ist beispielsweise klar geregelt, wie Aufgabenstellungen gegenüber den Testpersonen formuliert werden, für welche Antwort oder Lösung welche Anzahl von Rohwert-Punkten[6] vergeben wird und welchem IQ-Wert die Gesamtzahl solcher Punkte entspricht. Um diese Umrechnung zu ermöglichen, werden Tests normiert, das heißt, sie werden vor ihrer Veröffentlichung einer möglichst großen und für die Testperson repräsentativen Gruppe vorgelegt, sodass eine Einordnung individueller Ergebnisse in die Verteilung der Ergebnisse der Vergleichsgruppe möglich ist. Nur so kann man Einzelergebnisse als überdurchschnittlich oder durchschnittlich usw. bewerten. Da die Testleistungen der Bevölkerung sich im Lauf der Zeit verändern (in den letzten Jahrzehnten war ein Anstieg zu beobachten, für den nach dem Entdecker der Begriff *Flynn-Effekt* verwendet wird), sollten die verwendeten Normen nicht älter als zehn Jahre sein.

Bevor ein Test veröffentlicht wird, muss zudem sichergestellt sein, dass er auch wirklich dazu geeignet ist, Intelligenz zu messen. So wie ein Thermometer eine exakte Messung der Temperatur vornehmen kann, für die Bestimmung der Zeit aber ungeeignet ist, kann ein psychologischer Test beispielsweise sehr genaue Einschätzungen des momentanen Stresserlebens liefern, während

6 Rohwert-Punkte ergeben sich aus der Bewertung der bearbeiteten Aufgaben. So werden richtige Lösungen in der Regel mit mindestens einem Rohwert-Punkt bewertet. In einigen Fällen werden für schnelle und differenzierte Lösungen weitere Punkte vergeben. Die insgesamt erzielten Rohwert-Punkte werden am Ende addiert. Anhand einer Normtabelle kann dieser Summe ein IQ-Wert zugeordnet werden.

er keinerlei Grundlage zur Einschätzung der Intelligenz liefert. In der psychologischen Fachsprache wird für dieses Qualitätsmerkmal der Begriff Validität (Gültigkeit) verwendet. Eine häufig eingesetzte Methode zur Überprüfung der Validität besteht darin, eine Gruppe von Menschen neben dem neu konstruierten einen bereits bewährten Intelligenztest (der in etwa den gleichen Intelligenzausschnitt erfasst) bearbeiten zu lassen. Wenn die Testpersonen in beiden Verfahren relativ ähnliche Werte erzielen, hat der neue Test diese Qualitätsprüfung bestanden. Andere Methoden der Validitätsprüfung bestehen für Intelligenztests zum Beispiel darin, dass man die Testergebnisse zu Kriterien intelligenten Verhaltens im Alltag in Beziehung setzt, wie zum Beispiel zu akademischen Leistungen oder Leistungen beim Lösen komplexer Probleme.

Das dritte wichtige Qualitätsmerkmal von Tests betrifft ihre Zuverlässigkeit (Reliabilität). Wenn das oben bereits erwähnte Thermometer für dieselbe Temperatur bei mehreren Messungen deutlich unterschiedliche Werte angeben würde, wäre es untauglich. In gleicher Weise wird von einem Intelligenztest erwartet, dass er in einem Zeitraum, innerhalb dessen von einer großen Konstanz des Intelligenzniveaus auszugehen ist, bei zwei Testungen desselben Menschen (nahezu) gleiche Werte ausweist. Kein Intelligenztest erreicht eine perfekte Zuverlässigkeit. Jeder gemessene IQ-Wert ist daher mit einer gewissen Messungenauigkeit behaftet. Diese Unschärfe kann jedoch relativ genau benannt werden. So kann nach einer Testung neben dem gemessenen IQ-Wert immer auch ein bestimmter IQ-Wertbereich, das Vertrauensintervall, angegeben werden, das diese Messunsicherheit auffängt (beispielsweise der IQ-Bereich von 112 bis 124 für einen gemessenen IQ von 118). Das Vertrauensintervall wird so konstruiert, dass es mit einer hohen Sicherheit von zumeist 95 % oder aber 99 % den »wahren Wert«[7] eines Menschen im Intelligenztest mit einschließt.

Die sachgerechte Anwendung und Auswertung eines Intelligenztests und die Interpretation der Ergebnisse sind eine anspruchsvolle Aufgabe. Testungen sollen daher nur von Personen durchgeführt werden, die dafür qualifiziert sind. In Deutschland sind dies vor allem Fachleute mit einem abgeschlossenen Psychologiestudium. Wünschenswert sind zudem folgende Aspekte:

7 Den wahren Wert erhielte man, wenn ein Test keinerlei Messungenauigkeit aufweisen würde. Da dies in der Praxis nie zutrifft, ist es wichtig, die Ungenauigkeit eines Tests zu kennen, um einschätzen zu können, welche möglichen wahren Werte das Testergebnis hervorgebracht haben könnte.

- Es werden (wenn möglich) zwei unterschiedliche Intelligenztests durchgeführt (zum einen, um eine umfassendere Einschätzungsgrundlage zu haben, und zum anderen, um zu vermeiden, dass ein Mensch unterschätzt wird, weil er mit einer bestimmten Art von Aufgabenstellung nicht zurechtkommt).
- Der Testinhalt muss zur Fragestellung passen (geht es beispielsweise um eine Hochbegabungsdiagnostik, reicht ein Testverfahren, das nur einen einzigen Fähigkeitsbereich erfasst, oft nicht aus).
- Vor der Testung wird erfragt, wie die Testperson sich entwickelt hat und welche Fähigkeiten sie in verschiedenen Kontexten zeigt (bei Kindern beispielsweise in der Familie, im Kindergarten oder in der Schule).
- Während einer Einzeltestung wird eine systematische Verhaltensbeobachtung durchgeführt, um die Verfassung und Arbeitsweise des Kindes einzuschätzen und die Ergebnisse damit angemessen einordnen zu können.
- Die Ergebnisse werden adressatenbezogen und auf die Ausgangsfragestellung bezogen mündlich und schriftlich zurückgemeldet. Die Vertrauensintervalle werden genannt, und die Rückmeldung enthält eine Beschreibung der erfassten Fähigkeiten beziehungsweise der dem Test zugrunde liegenden Intelligenztheorie (was wurde genau erfasst?).

Wann ist eine Testung angezeigt?

Die Frage, ob ein Kind getestet werden soll, ist nur im Einzelfall sinnvoll zu beantworten. Wir gehen nicht davon aus, dass eine angemessene Förderung nur dann erfolgen kann, wenn ein Testergebnis vorliegt. Eine Intelligenztestung sollte immer Mittel zum Zweck der Beantwortung einer konkreten diagnostischen Frage sein. Zum Beispiel kann ein Grund für eine Intelligenztestung eines Kindes sein, dass seine Bezugspersonen (und möglicherweise auch das Kind selbst) sehr verunsichert sind, wo es bezüglich seiner intellektuellen Leistungsfähigkeit gerade steht (wie in der Beschreibung von Ann-Marie im zweiten Kapitel). Ferner kann die Frage einer vorzeitigen Einschulung oder die Klärung der Ursache eines massiven Absinkens der Leistungen Anlass für

Die Frage, ob ein Kind getestet werden soll, ist nur im Einzelfall sinnvoll zu beantworten.

eine Intelligenztestung sein. Natürlich kann es auch ein Argument für eine Testung sein, wenn diese als Kriterium dafür gefordert wird, dass ein Kind an einem attraktiven Kurs teilnehmen darf. Mit anderen Worten: Das Kind erhält die Möglichkeit, die »Eintrittskarte« für eine solche Aktivität zu lösen (auch wenn man darüber streiten kann, ob es sinnvoll ist, diese Art von Zugangsvoraussetzung zu fordern).

Nachfolgend sind in der Übersicht Beispiele für Intelligenztests aufgeführt, die aktuell häufig bei Kindern und Jugendlichen eingesetzt werden. Unsere Auswahl kann aus Platzgründen dabei nicht erschöpfend sein (eine ausführlichere Darstellung findet sich z. B. bei Preckel, 2010). Auch wenn manche Eltern vielleicht den Wunsch haben, sich die Aufgaben konkret anschauen zu können, haben wir darauf verzichtet. Die Begründung liegt (neben dem natürlich bestehenden Urheberrecht) darin, dass die Fragestellungen von Intelligenztests nicht veröffentlicht werden sollen, um zu vermeiden, dass Menschen diese Aufgaben gezielt trainieren können (was eine Verzerrung der Intelligenzeinschätzung mit sich bringen würde).

Tabelle 2: Beispiele für häufig bei Kindern eingesetzte Intelligenztestverfahren (Altersangaben zu lesen als: Jahre; Monate).

Testname, Autoren	Altersbereich	Kurzbeschreibung
Snijders-Oomen Nicht verbaler Intelligenztest (S.O.N.-R 2½–7) (Tellegen, Laros & Petermann, 2007)	2;6–7;11	Der **S.O.N.-R 2½–7** erfasst mit figuralen Aufgaben (und von daher sprachfrei) den sogenannten fluiden Anteil der Intelligenz, worunter die Problemlösefähigkeit und geistige Anpassungsfähigkeit ohne Rückgriff auf gelerntes Wissen zu verstehen sind. Der **S.O.N.-R 2½-7** enthält insgesamt sechs verschiedene Aufgabentypen (Untertests), die sich jeweils einem von zwei Bereichen zuordnen lassen: den sogenannten **Denktests** und den **Handlungstests.** Bei den Denktests soll aus dem vorliegenden Material durch logisches Erfassen ein Ordnungsprinzip abgeleitet und dieses auf neue Aufgabenstellungen übertragen werden. Bei den Handlungstests geht es darum, die Lösungsstrategie bei der Durchführung der Aufgaben, also aus der Handlung mit dem Aufgabenmaterial heraus, zu entwickeln.
Snijders-Oomen Nicht verbaler Intelligenztest (SON-R 5½–17) (Snijders, Tellegen & Laros, 1997)	5;6–17;0	Der **S.O.N.-R 5½–17** ist ähnlich konzipiert wie der S.O.N.-R 2½–7. In der Version für Kinder ab fünfeinhalb Jahren wird auf das Konzept des adaptiven Testens zurückgegriffen; dies bedeutet, dass ein Teil der Aufgaben jeweils in mehrere Blöcke aufgeteilt ist, wobei die Leistung im vorangehenden Block bestimmt, bei welcher Aufgabe des nachfolgenden Blocks begonnen wird. Dieses Vorgehen kommt klugen Kindern insofern entgegen, als sie damit einen Teil der einfacheren und damit für sie häufig wenig reizvollen Fragestellungen »überspringen« können. Eine zweite Besonderheit besteht darin, dass bei der Mehrzahl der Aufgaben in diesem Test eine Rückmeldung gegeben wird, das heißt, das Kind erfährt unmittelbar, ob seine Lösung im Sinne der Testautoren als zutreffend einzuordnen ist. Der **S.O.N.-R 5½–17** enthält insgesamt sieben verschiedene Aufgabentypen (Untertests), die sich folgenden vier Fähigkeitsbereichen zuordnen lassen: abstrakt-logisches Denken, konkretes Denken, räumliches Vorstellungsvermögen und Wahrnehmung. Der Testgesamtwert wird anhand der Ergebnisse aller durchgeführten Untertests gebildet. Die Normen basieren auf Erhebungen mit niederländischen Kindern und Jugendlichen; deutsche Normen sind nicht verfügbar.

Testname, Autoren	Altersbereich	Kurzbeschreibung
Kaufman-Assessment-Battery for Children (K-ABC) (Melchers & Preuß, 2003)	2;6–12;5	Der Schwerpunkt des Konzeptes des **K-ABC** liegt auf dem **Prozess** der kognitiven Informationsverarbeitung. Hier wird zwischen Aufgaben unterschieden, die einzelheitlich und solchen, die ganzheitlich zu bearbeiten sind. »Einzelheitlich« bedeutet, dass Informationen (beispielsweise bestimmte Handbewegungen der Testleiterin, die das Kind exakt nachmachen soll) jeweils nacheinander verarbeitet werden müssen. »Ganzheitlich« bezeichnet demgegenüber Aufgaben, in denen Informationen (beispielsweise skizzenhafte Zeichnungen, aus denen das Kind den gemeinten Gegenstand erkennen soll) gleichzeitig zu verarbeiten sind. Zudem werden dem Kind Aufgaben vorgelegt, die vor allem auf bereits gelernte Fertigkeiten zurückgreifen. Neben dem einzelheitlichen und dem ganzheitlichen Denken, das zusammengefasst Aufschluss über die fluide Intelligenz (Problemlösefähigkeit und geistige Anpassungsfähigkeit ohne Rückgriff auf gelerntes Wissen) gibt, erfasst der **K-ABC** damit auch die eher bildungsabhängige kristalline Intelligenz (Faktenwissen, Sprachkonzepte, schulbezogene Fertigkeiten). Die Normen stammen allerdings aus den Jahren 1986 bis 1989 und sind damit veraltet.
Grundintelligenztest Skala 1 (CFT-1) (Cattell, Weiß & Osterland, 1997)	5;6–9;5	Der **CFT-1** erfasst wie der S.O.N.-R 2½–7 vor allem den fluiden Anteil der allgemeinen intellektuellen Leistungsfähigkeit. Der Test enthält ausschließlich sprachfreie (bildhafte) Aufgabenstellungen und besteht aus fünf Untertests, anhand deren ein Gesamtwert gebildet wird sowie ein Wert für den ersten Testteil, in dem die Wahrnehmungsgeschwindigkeit sowie feinmotorische Fertigkeiten eine entscheidende Rolle spielen, und ein Wert für den zweiten Testteil, in dem vor allem formal-logische Denkfähigkeiten erfasst werden. Im ersten Testteil markiert das Kind beispielsweise in einem Labyrinth den Weg, den eine gezeichnete Maus zurücklegen muss, um ein Stück Käse zu erreichen. Im zweiten Testteil kann es darum gehen, aus fünf gezeichneten Gegenständen den einen herauszufinden, der nicht zu den anderen gehört. Die Normen stammen allerdings aus dem Jahr 1976 und sind damit deutlich veraltet. Die anhand der CFT-1-Resultate festgestellte Leistungsfähigkeit wird daher wahrscheinlich überschätzt (Stapf, 2010).

Testname, Autoren	Altersbereich	Kurzbeschreibung
Wechsler Preschool and Primary Scale of Intelligence – III Deutsche Version (WPPSI-III) (Dt. Version herausgegeben von Petermann, 2009)	3;0–7;2	Der **WPPSI-III** (Neunormierung des HAVIWA-III) dient der Erfassung der allgemeinen Intelligenz; diese wird in den Wechsler-Tests als eine umfassende (globale) Fähigkeit aufgefasst, die sich aus unterschiedlichen Komponenten zusammensetzt und sich dementsprechend in verschiedenen Bereichen zeigen kann. Die Aufgaben des Tests sind von daher so ausgewählt, dass sie möglichst unterschiedliche kognitive Fähigkeiten erfassen, damit das kognitive Leistungsvermögen einer Testperson aus verschiedenen Perspektiven betrachtet werden kann. Der **WPPSI-III** besteht aus insgesamt 14 Untertests und gibt mit einem Gesamt-IQ-Wert Rückmeldung über den allgemeinen kognitiven Entwicklungsstand eines Kindes. Zudem lassen sich Werte zu vier spezifischeren Bereichen der Intelligenz erstellen: **Verbalteil:** die eher bildungsabhängige kristalline Intelligenz, **Handlungsteil:** die eher bildungsunabhängige fluide Intelligenz, sowie **Verarbeitungsgeschwindigkeit** und **allgemeine Sprachskala.**
Hamburg-Wechsler Intelligenztest für Kinder (HAWIK-IV) (Petermann & Petermann, 2007)	6;0–6;11	Der **HAWIK-IV** dient der Erfassung der allgemeinen Intelligenz nach Wechslers Intelligenzkonzeption (siehe WPPSI-III). Der Test besteht aus 15 Untertests, von denen fünf optional durchgeführt werden können. Rückmeldung gibt der Test zu vier Teilbereichen der Intelligenz (Sprachverständnis beziehungsweise kristalline Intelligenz, wahrnehmungsgebundenes logisches Denken beziehungsweise fluide Intelligenz, Arbeitsgedächtnis und Verarbeitungsgeschwindigkeit). Zudem kann der Gesamt-IQ als Wert für die allgemeine Intelligenz ermittelt werden. Die Aufgaben weisen deutliche Ähnlichkeiten zu denen des WPPSI-III auf, sind jedoch deutlich komplexer gestaltet.
Adaptives Intelligenz-Diagnostikum 2, Version 2.2 (AID 2.2) (Kubinger, 2009)	6;0–15;11	Der **AID 2.2** basiert pragmatisch auf einer intelligenztheoretischen Position, möglichst viele Fähigkeiten zu erfassen. Die Inhalte der Untertests sind an den Wechsler-Tests orientiert. Wie der Name bereits andeutet, wird im **AID 2.2** das Konzept des adaptiven Testens umgesetzt. Die einzelnen Fragestellungen können elf Aufgabenbereichen zugeordnet werden und sind entsprechend ihrer Schwierigkeit in Blöcken zusammengefasst. Der Einstiegsblock eines Aufgabenbereichs wird nach dem Alter einer Testperson festgelegt. Die erzielten Punkte in diesem ersten Aufgabenblock bedingen, in welchem Block die Bearbeitung fortgesetzt wird. Dieses Vorgehen hat zwei Vorteile: Zum einen ermöglicht es die Vorgabe von Aufgaben, die gut zum Fähigkeitsniveau der Testperson passen, was Frustrationen durch Über- oder Unterforderung vermeiden kann. Zudem wird dadurch die Durchführung sehr ökonomisch, da zu leichte und zu schwere Aufgaben auf ein Minimum beschränkt bleiben.

Vom Umgang mit der Diagnose »hochbegabt«

Eingangs dieses Buches haben wir beschrieben, dass mit der Feststellung der hohen Intelligenz eines Kindes oft ein neues Familienmitglied einzieht, nämlich die Hochbegabung. Ob und inwiefern dies der Fall ist, scheint auch damit zusammenzuhängen, wie Eltern mit dem Etikett »hochbegabt« umgehen. Manche Mütter und Väter befürchten, dass sich das Selbstbewusstsein ihres Kindes »aufbläht«, wenn es als hochbegabt bezeichnet wird. Andere Eltern wiederum tendieren dazu, ihr Kind zu idealisieren, nachdem sie erfahren haben, dass es hochbegabt ist.

Es gibt Hinweise darauf, dass Kinder, deren Eltern sie regelmäßig als hochbegabt bezeichnen, weniger gute Anpassungsfähigkeiten zeigen als Gleichbefähigte, deren Eltern diese Bezeichnung nicht verwenden (Cornell & Grossberg, 1989). Gemeint sind hier Aspekte wie Selbstkontrolle oder der Umgang mit Gefühlen wie Angst oder Schuld. Allerdings kann daraus kein ursächlicher Zusammenhang abgeleitet werden (nach dem Motto: »Die sind weniger anpassungsfähig, weil sie als hochbegabt bezeichnet werden«). Denkbar wäre beispielsweise auch das Gegenteil (»Weil sie sich schwer einfügen können, werden sie häufiger als hochbegabt bezeichnet«) oder weitere Alternativerklärungen. Die Erkenntnisse lassen den Gedanken aufkommen, dass die Unterschiede in der Verwendung des Begriffs mit einem jeweils unterschiedlichen Bild von Hochbegabung einhergehen, wobei dies in der Studie nicht zu belegen war.

Was legen die eben beschriebenen Aspekte in Bezug auf den Umgang mit den Testergebnissen eines Kindes nahe? Die Befunde weisen zumindest darauf hin, dass es wichtig ist, die eigene Verwendung des Begriffes »hochbegabt« zu überdenken und zurückhaltend damit umzugehen. Und zwar nicht, weil der Sachverhalt an sich etwas ist, was es zu verbergen gilt (das gewiss nicht), sondern weil eine übermäßige Betonung der Hochbegabung (unnötigerweise) Probleme für die betroffene Familie kreieren kann. Wir denken dabei beispielsweise an einen Jungen, der hier Pascal genannt werden soll.

Es ist wichtig, die eigene Verwendung des Begriffes »hochbegabt« zu überdenken und zurückhaltend damit umzugehen.

Pascal

Pascal war es gewohnt, dass er als Hochbegabter vorgestellt wurde. Seine Lehrerinnen und Lehrer verdrehten auf Konferenzen mittlerweile die Augen, wenn Vorschläge seiner Eltern zur besseren Förderung hochbegabter Kinder diskutiert werden sollten. Pascal besuchte die dritte Klasse einer Grundschule und geriet immer mehr in eine Außenseiterrolle. Seine Eltern waren ratlos, weil ihr Sohn nach ihrer Einschätzung viele positive Eigenschaften hatte, die aber weder von seinen Lehrerinnen und Lehrern noch von den Mitschülerinnen und Mitschülern gesehen wurden. Als er an einer Wochenendveranstaltung für kluge Kinder teilnahm, stellte er sich in der Runde wie gewohnt vor: »Ich bin der Pascal und bin hochbegabt.«

Ein Mädchen aus der Runde kommentierte dies trocken mit dem Satz: »Macht nichts, das sind wir alle, kannst trotzdem mitmachen.« Nachdem er ungefähr eine Viertelstunde sprach- und ratlos war, konnte er sich zunehmend entspannen und nach langer Zeit wieder all die anderen Eigenschaften zeigen, die ihn auch auszeichneten und für die anderen Kinder sympathisch machten. Am Ende fasste er seine Erfahrungen während dieser Veranstaltung in dem Satz zusammen: »Es ist ganz normal, hochbegabt zu sein.« Wenn wir dazu beitragen können, dass hochbegabte Kinder und ihre Eltern diesen Satz sagen können, ist eine Menge erreicht.

Fazit

Wir haben einen weiten Bogen geschlagen und uns mit Möglichkeiten der Erkennung von Hochbegabung sowie dem Umgang mit den Ergebnissen aus Testungen befasst. Fassen wir noch einmal kurz zusammen. Die Wahl des Identifikationskriteriums hängt von der zugrunde gelegten Definition der Hochbegabung ab. Das bislang objektivste Verfahren stellen Intelligenztests dar (unter anderem, weil sie klare Vorgaben in Bezug auf Durchführung und Auswertung geben). Doch auch hier sollten immer weitere Informationsquellen mit berücksichtigt werden (beispielsweise Beschreibungen der Eltern über die kindliche Entwicklung, Gespräche mit dem Kind selber, wenn möglich, auch die Einschätzung der Erzieherinnen und Erzieher sowie der Lehrerinnen und Lehrer). Nur so kann vermieden werden, dass die Momentaufnahme einer Testung ein verzerrtes Bild der Fähigkeiten eines Kindes liefert. Wenn die Entscheidung darüber ansteht, ob ein Kind an einem Intelligenztest teilnimmt, sollte vorher überlegt werden, mit welcher Fragestellung dies erfolgt und wie hinterher mit dem Ergebnis umgegangen wird. Hochbegabt ist nicht gleich hochbegabt. Daher ist es wichtig, im Rahmen der Diagnostik *inhaltlich* zu beschreiben, was sich jeweils hinter dem Label »hochbegabt« verbirgt. Das bedeutet zum Beispiel, dass bei der Hochbegabungsdiagnostik das jeweilige Begabungsprofil beachtet und im Kontext der spezifischen Situation und Persönlichkeit eines Kindes interpretiert wird. Dies ist deutlich zielführender als eine reine Kategorisierung als »hochbegabt«.

Reflexion

- Welche Bedeutung hat es für mich, dass die Hochbegabung meines Kindes festgestellt wird?
- Welche der in diesem Kapitel aufgeführten Diagnosekriterien (z. B. Intelligenz, Motivation, Kreativität, Leistungen) überzeugen mich persönlich und welche nicht?
- Welche Bedeutung hat für mich eine eventuelle Intelligenztestung meines Kindes?
- Wie bin ich mit dem Resultat umgegangen beziehungsweise wie würde ich mit einem solchen Testergebnis umgehen? Welche Chancen sehe ich darin und welche Befürchtungen verbinde ich damit?

TEIL 2

Unterstützung und Förderung (hoch)begabter Kinder

5 Underachievement: Wenn kluge Kinder schlechte Schulleistungen erzielen

In einer ganzen Reihe von Beratungsgesprächen mit Eltern hochbegabter Kinder äußern diese die Befürchtung, dass ihre Töchter und Söhne trotz hoher Intelligenz in der Schule deutlich unter ihren Möglichkeiten bleiben könnten. Im schlimmsten Fall drohe sogar ein schulisches Scheitern. »Viele Hochbegabte verlassen doch die Schule ohne Abschluss« – diese Sorge hören wir immer wieder in Beratungen und Trainings. Sie ist nicht aus der Luft gegriffen: Manche Darstellungen in Büchern oder Fernsehsendungen geben an, dass jedes zweite hochbegabte Kind eine ungünstige oder leidvolle Schulkarriere erlebt (beispielsweise Spahn, 1997). Ob das so ist, nehmen wir in diesem Kapitel genauer unter die Lupe.[8] Zuvor beschreiben wir, wie das Phänomen schulischer Minderleistung trotz hoher Begabung, das in Fachkreisen als *Underachievement* bezeichnet wird, definiert wird und wie es entstehen kann. Wir zeigen auf, was Eltern und andere Bezugspersonen tun können, damit Kinder das intellektuelle Potenzial, über das sie verfügen, im schulischen Bereich umsetzen können. Dabei geht es uns wiederum in erster Linie darum, durch einen fundierten Kenntnisstand Ihr Kompetenzerleben als Mutter und Vater zu stärken.

Worum geht es?

Von Underachievement wird dann gesprochen, wenn ein Kind einen bedeutsamen Unterschied (*Diskrepanz*) zwischen seinem Begabungspotenzial und seinen Schulleistungen zeigt (Reis & McCoach, 2000). Als hochbegabte Underachiever werden Kinder bezeichnet, die auf der einen Seite zu den Intelligentesten ihrer Altersgruppe

8 Einzelne Teile dieses Kapitels basieren auf dem Konzept eines Workshops, der zusammen mit Dr. Letizia Gauck erstellt wurde. Wir bedanken uns herzlich für ihr Einverständnis, diese Punkte im vorliegenden Buch verwenden zu dürfen.

zählen und andererseits schulische Leistungen unterhalb der Leistungsmitte ihrer Vergleichsgruppe (in der Regel ist das die Klasse des Kindes) erzielen. Zudem muss diese Diskrepanz eine gewisse Zeit lang (beispielsweise mindestens sechs Monate; vgl. Butler-Por, 1993) anhalten, damit man tatsächlich von Underachievement sprechen kann, denn gelegentliche Leistungsschwankungen sind als normal anzusehen. Auch wenn die Beschreibung auf den ersten Blick eindeutig klingt, stellt sich die Realität für betroffene Familien häufig anders dar. Bei manchen Eltern schrillen bereits bei der Note Drei die Alarmglocken, bei anderen erst bei mangelhaften Schulleistungen oder der drohenden Versetzungsgefährdung. Ähnliches gilt für die betroffenen Kinder.

Die Beurteilung, ab wann eine Intervention notwendig ist, lässt sich von daher schwerlich an allgemeinen äußeren Kriterien festmachen. Nur die Einzelfallbetrachtung ermöglicht eine sinnvolle Antwort (Klauer, 1990), denn Underachievement kann von vielen Faktoren abhängen, die sich wieder von Fall zu Fall unterscheiden können. Die drei Hauptgruppen von Auslösern stellen wir unten im Abschnitt »Entwicklung von Underachievement und Erklärungsansätze« vor.

In manchen Fällen handelt es sich beispielsweise um einen Wertekonflikt zwischen dem Kind und den Erwachsenen (Reis & McCoach, 2000), was insbesondere dann eine Herausforderung darstellt, wenn pubertierende Jugendliche anfangen, selbstständige Entscheidungen zu treffen und der Einfluss der Mütter und Väter zurückgeht. Maximilian (den wir im zweiten Kapitel vorgestellt haben) und seine Eltern waren in einer solchen Situation. Wir erzählen am Ende dieses Kapitels, wie es bei ihm weiterging. Die Liste solcher persönlicher Beweggründe ließe sich weiter fortsetzen. Häufig sind diese nicht einfach zu erkennen. Manches Verhalten heranwachsender Hochbegabter sieht von außen wie Desinteresse aus, kann bei genauerer Betrachtung aber der Versuch eines Kindes oder Jugendlichen sein, eigene Ängste oder Unsicherheiten zu verbergen.

Handlungsbedarf besteht dann, wenn Kinder auf Leistungsanforderungen sehr häufig mit vermeidendem oder verweigerndem Verhalten reagieren (Rimm, 2008). An dieser Stelle ist eine professionelle Unterstützung sinnvoll, um zu verhindern, dass sich ein negatives Selbstbild beim Kind entwickelt beziehungsweise verfestigt. Wenn tatsächlich von Underachievement gesprochen werden muss, ist eines klar zu sagen: Diese Kinder können im Moment keine besseren Leistungen erzielen, auch wenn sie wollen (Rohrmann & Rohrmann, 2005). Auf der anderen Seite sollte das Thema Underachievement nicht dahingehend missverstanden werden, dass ein kluges Kind sein intellektuelles Potenzial auf jeden Fall maximal (und immer) ausschöpfen muss. Wer von uns tut das schon? Wenn wir hier über Underachievement schreiben, geht es uns vielmehr darum, für Situationen zu sensibilisieren, in denen Kinder und Jugendliche darunter leiden, ihre Möglichkeiten nicht ausschöpfen zu können.

Handlungsbedarf besteht dann, wenn Kinder auf Leistungsanforderungen sehr häufig mit vermeidendem oder verweigerndem Verhalten reagieren.

Underachievern geht es nicht gut. Diese Gruppe von Kindern und Jugendlichen hat sich nicht einfach dafür entschieden, innerlich der Schule zu »kündigen« und dafür nebenher anderes zu tun. Sie leiden darunter, in der Schule ständig Misserfolg zu haben, zweifeln an sich und ihren Möglichkeiten und benötigen dringend Unterstützung durch ihr Umfeld. Der Vollständigkeit halber: Auch die meisten Eltern von Underachievern sind über die Situation ihrer Kinder unglücklich und fühlen sich angesichts zahlreicher erfolgloser Unterstützungsversuche hilflos. Eine Mutter brachte ihr Erleben in einem Beratungsgespräch folgendermaßen auf den Punkt: »Wenn ich wüsste, wie ich es anstellen könnte, würde ich unserem Sohn auf jede Weise helfen. Das Problem ist, dass ich das Gefühl habe, durch genau diese Versuche die Situation immer mehr zu verschlimmern. Weil er sich ständig unter Druck gesetzt fühlt, erzählt er gar nichts mehr aus der Schule. Und die Noten werden stetig schlechter.«

Es geht in diesem Kapitel also um ein Thema, das für alle Betroffenen sehr belastend ist. Wir wollen uns jedoch nicht auf die Problemschilderung beschränken, sondern wie eingangs angekündigt die schulische Minderleistung aus verschiedenen Blickwinkeln betrachten, um darauf aufbauend zum Abschluss Lösungsansätze skizzieren zu können. Dazu greifen wir im nächsten Abschnitt zunächst die Frage auf, wie es zu Unterschieden zwischen Begabungspotenzial und schulischen Noten kommen kann.

Aus der Forschung: Underachievement – Methodenartefakt oder ernst zu nehmendes Phänomen?

Da Schulnoten sich nur zum Teil aus der gemessenen Intelligenz vorhersagen lassen, sind Unterschiede zwischen Intelligenzniveau und schulischem Leistungsniveau in einem gewissen Umfang normal (auch wenn viele Menschen intuitiv eine Parallelität annehmen). Generell ist zu sagen, dass Diskrepanzen zwischen Intelligenz und Schulleistungen verschiedene Gründe haben können (Reis & McCoach, 2000). Sie sind nicht nur inhaltlich zu erklären (darauf gehen wir weiter unten im Abschnitt »Entwicklung des Underachievements und Erklärungsansätze« ein), sondern zum Teil auch durch methodische Faktoren, nämlich durch sogenannte *Messfehler,* die mit der Messungenauigkeit von Tests und Schulnoten einhergehen. Das bedeutet, dass sich bei höherer Messgenauigkeit der Instrumente andere und wahrscheinlich geringere Diskrepanzwerte zwischen Noten und Intelligenz fänden. Auf die Messungenauigkeit von Intelligenztests haben wir schon im vierten Kapitel im Abschnitt »Intelligenztests« hingewiesen.

Nicht perfekte Zusammenhänge von Intelligenz und Schulleistungen sind normal.

Insbesondere Schulnoten werden regelmäßig als wenig objektiv und eher messungenau kritisiert. Tent (2006) kommt in einem Übersichtsartikel allerdings zu einer differenzierten Einschätzung: »Vereinfacht gesagt, sind Zensuren weder so schlecht, wie sie hingestellt werden, noch so gut, wie sie ihrem Anspruch nach sein müssten« (S. 878). Innerhalb einer Klasse können viele Lehrerinnen und Lehrer die relative Leistungsfähigkeit von Schülerinnen und Schülern gut einschätzen. Problematisch kann es demgegenüber werden, wenn ähnliche Leistungen von Kindern in unterschiedlichen Klassen oder gar verschiedenen Schulen erzielt wurden. Das kann dann beispielsweise dazu führen, dass dieselbe Leistung von verschiedenen Lehrerinnen und Lehrern unterschiedlich bewertet wird, manchmal sogar sehr unterschiedlich. Fairerweise muss allerdings angemerkt werden, dass es für Lehrerinnen und Lehrer schwer sein kann, einen angemessenen Vergleichsmaßstab für die von den Schülerinnen und Schülern erzielten Leistungen zu finden. In einer leistungsstarken Klasse wird dieselbe Leistung vermutlich schlechter bewertet werden als in einer leistungsschwachen Klasse. In manchen Fällen führt das Wissen um die Hochbegabung eines Kindes auch dazu, dass sich dieses vonseiten seiner Lehrerinnen und Lehrer mit unrealistisch hohen Anforderungen konfrontiert sieht (beispielsweise: »Von einem hochbegabten Kind erwarte ich mehr in einem Aufsatz«). Die meisten von uns werden ein solches Vorgehen vermutlich als unfair oder unangemessen einschätzen. Wenn wir den Anspruch verfolgen, dass Leistungsbewertungen vor allem objektiv sein sollen, trifft diese Einschätzung auch zu. Im Sinne einer individuellen Herausforderung kann es jedoch sinnvoll sein, ab und zu höhere Anforderungen an die Leistungen Hochbegabter zu stellen, um ihnen so eine Herausforderung zu geben. Wenn der eben erwähnten Erwartung eine reflektierte Vorgehensweise zugrunde liegt, die zudem mit dem notwendigen Fingerspitzengefühl umgesetzt wird und nicht zu Ungerechtigkeiten bei der Notenvergabe führt, kann dies pädagogisch sinnvoll sein.

Doch kehren wir nun wieder zurück zu dem Zusammenhang zwischen Schulnoten und Intelligenz. Wie schon erwähnt, ist lediglich ungefähr ein Drittel der Schulleistungsunterschiede zwischen Kindern aus ihren Intelligenztestunterschieden vorhersagbar, was im Umkehrschluss bedeutet, dass die restlichen zwei Drittel der Leistungsunterschiede von anderen Faktoren wie der Motivation eines Kindes, seinen Arbeitsstrategien, eventuell vorhandener Prüfungsangst, aber auch dem Klima in seiner Familie sowie in der Schulklasse abhängen (Hanses & Rost, 1998; Reis & McCoach, 2000). Dies führt dazu, dass das Auftreten unterdurchschnittlicher Schulleistungen bei hochbegabten Kindern vereinzelt schon als ein rein methodisches beziehungsweise statistisches Phänomen erklärt wurde, da bei dem gemessenen (nicht »perfekten«) Zusammenhang zwischen Intelligenz und Leistung mit einem gewissen Prozentsatz von Schülerinnen und Schülern zu rechnen ist, die eine entsprechende Diskrepanz zeigen. Manche Aussagen gehen daher so weit, Underachievement nicht als ein psychologisches Phänomen, sondern als ein Artefakt einzustufen, also ein künstlich auftretendes Phänomen, das beispielsweise aufgrund von Messfehlern zu beobachten ist. Etwas überspitzt formuliert besagt eine solche Auffassung, dass es bei exakten Messmethoden für Intelligenz und Schulleistungen keine erwartungswidrigen Leistungen und somit auch kein Underachievement mehr gäbe. Wenn das stimmen würde, zeigte sich hier ein bestechend pragmatischer Weg, das Problem schulischer Minderleistung zu lösen.

Ungefähr ein Drittel der Schulleistungsunterschiede zwischen Kindern ist aus ihren Intelligenztestunterschieden vorhersagbar.

Die faktische Situation stellt sich indes anders dar. Gegen die im vorherigen Abschnitt umrissene Annahme spricht das in verschiedenen Studien nachgewiesene Phänomen, dass die meisten Underachiever über einen längeren Zeitraum hinweg schlechte Schulleistungen erzielen. Im Vergleich zu den sogenannten »Achievern«, also den Schülerinnen und Schülern mit erwartungsgetreuer Leistung, zeigen sich neben den Leistungsunterschieden zudem Differenzen in verschiedenen Persönlichkeitsbereichen. In der Fachliteratur wird zum Beispiel berichtet, dass Underachieverinnen und Underachiever in Bezug auf Leistungsanforderungen eher bestrebt sind, Misserfolge zu vermeiden als Erfolge anzustreben, eine Zielsetzung, die wiederum mit einer Reihe negativer Konsequenzen für Lernen und Leistung einhergeht. Sie schreiben sich selbst wenig Einfluss in Anforderungssituationen zu und neigen dazu, sich unrealistische Ziele zu setzen, die deutlich über oder unter ihrem tatsächlichen Leistungsvermögen liegen. Die gefundenen Gruppenunterschiede in Bezug auf die Motivation der Kinder fallen zudem in fast allen Fällen zuungunsten der Underachiever aus. Hanses und Rost (1998) fanden, dass hochbegabte Underachiever sich von Achievern mit gleichem intellektuellem Niveau (also hochleistenden Hochbegabten) durch einen deutlich geringeren schulischen Ehrgeiz, das Gefühl von Unterlegenheit, durch eine höhere emotionale Erregbarkeit und ein deutlich höheres Bedürfnis nach Eigenständigkeit unterscheiden. Ein ausgeprägtes Underachievement kann zudem mit einer Neigung zu Depressionen und dem Gefühl von Hilflosigkeit einhergehen. Diese Aspekte zeigen, dass Underachievement nicht als Methodenartefakt abgetan werden darf, sondern ernst genommen werden muss. Wenn Probleme dieses Ausmaß angenommen haben, brauchen Kinder professionelle Unterstützung, beispielsweise bei erfahrenen Kinder- und Jugendtherapeutinnen und -therapeuten.

Zur Häufigkeit von Underachievement bei Hochbegabten

Wie zu Beginn dieses Kapitels erwähnt, gehen die Angaben über die Häufigkeit des Underachievements bei Hochbegabten deutlich auseinander. Seeley (1993) beispielsweise nimmt an, dass bei 15 bis 40 Prozent aller hochbegabten Schülerinnen und Schüler das Risiko eines gravierenden Underachievements besteht. Nach Blackburn und Erickson (1986) bleibt sogar etwa die Hälfte aller Kinder, die in einem Intelligenztest zu den obersten fünf Prozent gehören, in ihren Schulleistungen weit unter ihren Möglichkeiten. Die gleiche Zahl geben auch Richert (1991) und Pirozzo (1982) an. Allerdings ist hierbei zu beachten, welche Diskrepanz als »erwartungswidrig« beziehungsweise welche Schulleistung als gut eingestuft wird. Je höher der gewählte Grenzwert, umso größer der Anteil der Underachiever (wenn Hochbegabte ab einem Notendurchschnitt von drei als Underachiever eingestuft werden, wird diese Gruppe naturgemäß deutlich größer sein, als wenn man als Grenzwert einen Notendurchschnitt von vier wählt). Hanses und Rost (1998) weisen zu Recht darauf hin, dass eine reine Diskrepanzdefinition (nach der ausschließlich der Abstand zwischen Intelligenz- und Schulleistungstest für die Beantwortung der Frage herangezogen wird, ob es sich um ein Underachievement handelt) bei Hochbegabten zu unsinnigen Diagnosen führen kann. Deswegen sei die Festlegung eines »Notenschwellenwerts«, ab dem eine solche Definition überhaupt Sinn macht, erforderlich. Zur Verdeutlichung ein Beispiel: Wer in einem Intelligenztest einen IQ von 145 erzielt und in der Schule nicht zu den 16 Prozent der Leistungsstärksten gehört, würde gemäß mancher Diskrepanzdefinition schon als Underachiever gelten, ohne dass tatsächlich Leistungsprobleme vorliegen müssen. Eine rein technische Diskrepanzdefinition reicht also zumeist nicht aus, zumal Underachievement wesentlich darüber qualifiziert werden sollte, dass diese Kinder und Jugendlichen einen deutlichen Leidensdruck verspüren.

Die Angaben zur Häufigkeit schwanken wie gesehen erheblich, was neben dem Grenzwertkriterium auch an der Stichprobe, anhand deren eine Schätzung vorgenommen wird, liegen kann. Wenn Gruppen untersucht werden, die nicht repräsentativ sind (beispielsweise Mädchen und Jungen, die in einer Beratungsstelle vorgestellt werden), dürfen die Ergebnisse nicht auf die Gesamtheit der hochbegabten Kinder verallgemeinert werden. Denn zumeist suchen jene Familien eine Beratung auf, die bereits Probleme haben oder aber zumindest das Auftreten von Problemen befürchten. Es ist zwar nicht davon auszugehen, dass es sich bei Underachievern um einige wenige Einzelfälle handelt, auf der anderen Seite dürften die eingangs dieses Abschnitts aufgeführten Schätzungen zu hoch angesetzt sein. Bei Zugrundelegung repräsentativer Studien ist von einem Anteil von mindestens 12 Prozent Underachievern unter den hochbegabten Schülerinnen und Schülern auszugehen.

Dabei befinden sich unter den Underachievern deutlich mehr Jungen als Mädchen. Allerdings bleibt auch hier letztlich unklar, ob tatsächlich mehr Jungen als Underachiever einzustufen sind oder ob Underachievement bei Jungen einfach in stärkerem Maße registriert wird als bei Mädchen (Tettenborn, 1996). Mit anderen Worten: Auch wenn die Auswahl der untersuchten Kinder repräsentativ ist, kann es sein, dass Leistungsdiskrepanzen bei Jungen generell stärker oder früher wahrgenommen werden (nach dem Motto: »Der könnte doch mehr, wenn er wollte«), während bei Mädchen auch heute noch Leistungen stärker auf Fleiß zurückgeführt werden, was im Umkehrschluss bedeuten könnte, dass bei Mädchen im Falle fehlender Anstrengung nicht so schnell auf ein ungenutztes Leistungspotenzial geschlossen wird.

Der Anteil von Underachievern unter den hochbegabten Schülerinnen und Schülern liegt bei mindestens 12 Prozent.

Wie sind Underachiever zu erkennen?

Underachievement wird zumeist als ein Phänomen aufgefasst, das sich *übergreifend* auf mehrere Leistungsbereiche erstreckt. Allerdings können Diskrepanzen auch in Teilbereichen auftreten, beispielsweise nur im mathematischen Bereich oder nur beim Fremdsprachenlernen. Während bei bereichsübergreifendem Underachievement die Diskrepanz zwischen allgemeiner Intelligenz und durchschnittlicher Schulleistung betrachtet wird, geht es beim bereichsspezifischen Underachievement um die Feststellung einer Diskrepanz zwischen bereichsspezifischen Fähigkeiten (mathematische oder sprachliche Intelligenz) und Leistungen in der entsprechenden Domäne.

Underachievement ist ein Phänomen, das den schulischen Kontext betrifft, für Lehrerinnen und Lehrer jedoch nicht einfach zu erkennen ist. Werden diese gebeten, hochbegabte Kinder in ihren Klassen zu benennen, machen sie dies stark von den Noten abhängig (Rost & Hanses, 1997). Prägnant formuliert heißt das Folgendes: In der Schule werden hochbegabte Kinder vorwiegend dann erkannt, wenn sie leistungsstark sind, ihre Noten also im Einser- oder Zweierbereich liegen. Liegt der Notendurchschnitt bei 2,5 oder schlechter, dann bemerken Lehrkräfte kaum noch, dass es sich um ein hochbegabtes Kind handelt. Hiermit soll keine Kritik an Lehrerinnen und Lehrern geübt werden, denn diese sind für die Einschätzung von (sichtbaren) Leis-

Wichtig ist, dass alle Bezugspersonen eines Kindes auf Unterschiede zwischen Potenzial und Leistung achten.

tungen und nicht für das Entdecken von Potenzialen ausgebildet. Es wird aber deutlich, wie wichtig es ist, dass alle Bezugspersonen eines Kindes auf bedeutsame Unterschiede zwischen Potenzial und Leistung achten. Dabei geht es nicht um Talententdeckung im Sinne von »Deutschland sucht das Superhirn«, sondern darum, psychische Belastungen für die betroffenen Kinder und deren Eltern zu vermeiden oder zumindest zu verringern.

In der Forschung werden vor allem folgende Identifizierungsmöglichkeiten beziehungsweise Kriterien angewendet (Butler-Por, 1993; Reis & McCoach, 2000):

- eine auffällige Diskrepanz zwischen allgemeinem IQ und einem globalen Schulleistungstest (wenn es um generelle Minderleistung geht);
- ein deutlicher Unterschied zwischen bereichsspezifischer Intelligenz (numerisches oder sprachliches Denken) und fachspezifischen Schulleistungstests.

Problematisch ist, dass eine Minderleistung auch in der Testsituation auftreten kann, wobei dies eventuell auf die gleichen Gründe zurückzuführen ist wie das Underachievement in der Schule. Entsprechende Sorgfalt bei der Interpretation der Testergebnisse und ein Abgleich mit den übrigen Informationen über das Kind sind unabdingbar, um zu vermeiden, dass ein Underachievement übersehen wird. In bestimmten Fällen ist es sinnvoll, ein Kind vor einer Testung zunächst durch professionelle Hilfe zu stabilisieren (beispielsweise dann, wenn starke Prüfungsangst vorliegt), damit es überhaupt die Möglichkeit hat, sein Potenzial zu zeigen. Für die Anwendung im pädagogischen Alltag empfiehlt Butler-Por (1993) die Beachtung folgender Kriterien zum Erkennen von Underachievern:

- Lehrereinschätzung: Dies kann allerdings wie oben aufgeführt problematisch sein, da Lehrkräfte Schwierigkeiten haben können, Underachiever zu erkennen, und häufig nicht über Informationen zu Umweltbedingungen des Kindes verfügen. Allerdings zeigen die diagnostischen Kompetenzen von Lehrkräften insgesamt eine große Streuung; es gibt also durchaus etliche Lehrkräfte, die sehr exakte Einschätzungen der Schülerfähigkeit vornehmen können;
- Unterschiede zwischen den Ergebnissen in Schulaufgaben beziehungsweise den Schulnoten eines Kindes und mündlichen Fragen oder Beiträgen. Dies ist beispielsweise dann von großer

Bedeutung, wenn das Underachievement auf Teilleistungsschwächen wie beispielsweise Lese-Rechtschreib-Schwierigkeiten zurückzuführen ist. Teilleistungsschwächen können bei hochbegabten Mädchen und Jungen ebenso auftreten, und ihre Häufigkeit ist dabei ungefähr vergleichbar mit der bei nicht Hochbegabten. Erschwerend kann sich hinsichtlich des Erkennens auswirken, dass viele Hochbegabte Probleme in diesem Bereich mit ihrer hohen Merkfähigkeit ausgleichen. Sie lernen zum Beispiel Wörter auswendig, ohne auf die zugrunde liegenden Regeln zurückgreifen zu können;

- Diskrepanz zwischen einem breiten, durch Lesen zu Hause erworbenen Wissen und der Leseleistung in der Schule, was beispielsweise auf Schulängste hinweisen kann;
- Bedeutsame Unterschiede zwischen vielerlei außerschulischen Interessen und mangelnder Lernfreude beziehungsweise Anstrengungsbereitschaft in Schulprojekten, was wiederum mit Ängsten, aber auch mit Schulunlust in Verbindung stehen kann.

Erfahrungen und Enttäuschungen

Auch wenn vielfältige Erklärungen für das Auftreten von Underachievement diskutiert werden, wird ein Aspekt relativ häufig und übereinstimmend genannt: Kinder, die erwartungswidrige Schulleistungen erzielen, haben eine jahrelange Entwicklung hin zu diesem Phänomen durchlaufen, in deren Verlauf sie gewissermaßen »gelernt« haben, unter ihren Möglichkeiten zu bleiben (Rimm, 2008). Hierbei spielt neben dem Kind selbst und seinen Erfahrungen, die es in Kindergarten und Schule macht, die Familie eine wichtige Rolle, vor allem die Aufmerksamkeit, die ein Kind von seinen Eltern beziehungsweise wichtigen familiären Bezugspersonen erhält. Interessanterweise gibt es dabei in Rimms Augen nicht nur ein »zu wenig«, sondern auch ein »zu viel«. Probleme können bei Letzterem daraus resultieren, dass Kinder selten die Notwendigkeit sehen, aktiv zu werden oder sich anzustrengen, wenn ihnen dies abgenommen wird. Auf der anderen Seite sei es häufig zu beobachten, dass sich Jungen und Mädchen in solchen Familienkonstellationen mit unrealistischen Erwartungen ihrer Eltern konfrontiert sehen und beispielsweise den Erfolg erreichen sollen, der ihren Müttern und Vätern verwehrt blieb.

Hinsichtlich des Zeitpunkts des ersten Auftretens sehen Baker und Mitarbeiter (1998) Underachievement vor allem als Problem in der 3. und 4. Klasse beziehungsweise der Sekundarstufe I, wenn die Anforderungen steigen und sich die Kinder zunehmend mit anderen vergleichen. Wie eine jahrelange Entwicklung hin zum Underachievement aussehen kann, veranschaulicht das Modell der Spirale der Enttäuschungen von Wieczerkowski und Prado (1993).

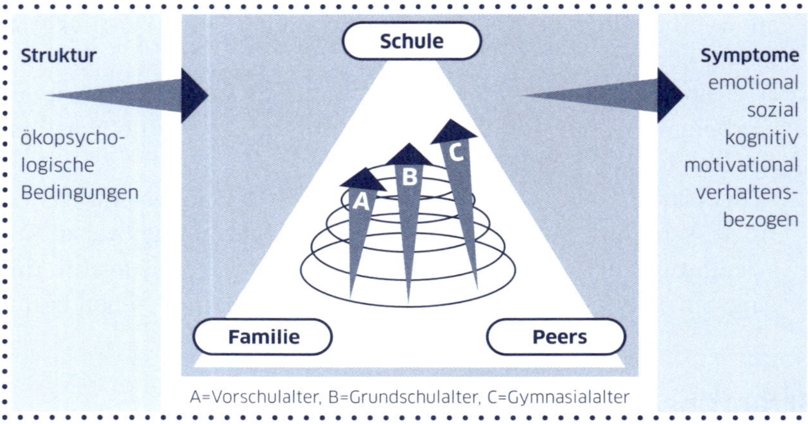

Spirale der Enttäuschungen

In diesem Modell wird angenommen, dass sich frustrierende Erlebnisse in Kindergarten und Schule bei einem hochbegabten Kind anhäufen und so die Entstehung von Underachievement begünstigen können. Die Spirale der Enttäuschungen bezieht sich bei Hochbegabten vor allem auf die Erfahrung einer *lang andauernden Unterforderung* in Kindergarten und Schule. Ständige Unterforderung oder schulische Langeweile werden in der Literatur als wesentliche Risikofaktoren für die Entwicklung von Underachievement bei Hochbegabten diskutiert. Für ein Kind, das zum Beispiel erste Lesefertigkeiten mitbringt und sich im Zahlenraum bis 100 auskennt, bieten sich bei Kindergarten- oder Schuleintritt wenig intellektuelle Herausforderungen. Das Kind erlebt eine ständige Diskrepanz zwischen seinen Fähigkeiten und den gestellten Anforderungen beziehungsweise Angeboten und muss sich einem Lerntempo anpassen, das ihm nicht entspricht. Dies kann zu fehlender Anpassungs- und Anstrengungsbereitschaft, Schulunlust und Langeweile führen (Fe-

Ständige Unterforderung oder schulische Langeweile sind Risikofaktoren für die Entwicklung von Underachievement bei Hochbegabten.

ger & Prado, 1998). Die geringe Herausforderung des Kindes und die Erfahrung, dass Erfolge ohne Anstrengung zu erreichen sind, können in der Folge zu einem Mangel an Arbeits- und Lernstrategien und zum Aufbau eines unrealistischen Selbstkonzepts (im Sinne einer Überschätzung der eigenen Fähigkeiten) führen. Üben, Konzentrationsfähigkeit, die Auseinandersetzung mit zunächst vielleicht unattraktiven Inhalten und eine disziplinierte Arbeitshaltung werden kaum gelernt. Für Misserfolge werden häufig externe Faktoren verantwortlich gemacht.

Langeweile kann aber nicht nur aufgrund von Unterforderung, sondern auch durch Überforderung entstehen. Deswegen empfiehlt es sich, deutliche Zeichen von Langeweile und Unterforderung oder auch Anstrengungsvermeidung nicht als Banalität zu übergehen, sondern mit dem Kind zu besprechen, was genau es als »langweilig« oder »zu schwer« erlebt. Diese Begriffe können Platzhalter für sehr unterschiedliche Zustände sein. Bei Unterforderung ist es in der Regel wenig hilfreich, vom Kind zu fordern, es möge sich an das Unterrichtstempo anpassen (auch wenn ein Kind zu einer solchen Anpassungsleistung zumindest phasenweise in der Lage sein sollte). Wenn die Anpassung an das für das Kind zu langsame Unterrichtstempo zu stark oder zu häufig erfolgen muss, kann dabei ein Teil der intrinsischen Motivation der Kinder (hier im Sinne der Freude am Lernen um seiner selbst willen) verloren gehen. Je früher eingeschritten wird, umso eher können diese negativen Folgen vermieden beziehungsweise wieder umgekehrt werden.

Spiralen der Enttäuschung können nach Wieczerkowski (1994) zu drei Verhaltensmustern führen:

- zu herausforderndem, störendem, aggressivem Verhalten im Unterricht;
- zu einer äußerlichen Anpassung an die Erfordernisse und Erwartungen der Schule;
- zu einem Rückzug auf psychosomatische Beschwerden.

Das erste Verhaltensmuster findet sich eher bei Jungen, das zweite und dritte eher bei Mädchen.

Als weitere Ursachen von Underachievement kommt eine Reihe von Faktoren infrage, darunter Teilleistungsstörungen, ADHS, Hörstörungen oder emotionale Probleme (Moon & Hall, 1998). Allgemein werden die folgenden drei Gruppen auslösender Faktoren benannt (Butler-Por, 1993; Hanses & Rost, 1998; Baker, Bridger et al., 1998):

Individuelle Faktoren

- McCoach und Siegle (2003) gehen davon aus, dass vor allem die *Motivation* des Kindes und die *fehlende Fähigkeit, sich angemessene Ziele zu setzen*, Underachievement bedingen.
- Feger (1995) nennt als Grund für eine Diskrepanz zwischen Begabung und Leistung ein *Defizit in Lern- und Arbeitstechniken*. Hochbegabte Kinder verfügen oft über ein hervorragendes Gedächtnis und meist bei Schuleintritt schon über ein überdurchschnittliches Wissen. Weil sie sich in den ersten Schuljahren nicht anzustrengen brauchen, entwickeln diese Kinder keine der Lern- und Arbeitstechniken, die spätestens mit dem Eintritt in die weiterführende Schule benötigt werden.
- Einen weiteren Erklärungsansatz liefert das *Konzept der erlernten Hilflosigkeit* von Seligman (1975). Diener und Dweck (1980) konnten in einer Studie zeigen, dass Kinder, die schulischen Misserfolg als ein für sie unkontrollierbares, negatives Ereignis einschätzten, in für sie belastenden Anforderungssituationen häufig ein sehr ungünstiges Arbeitsverhalten zeigten, das es ihnen unmöglich machte, ihr tatsächliches Leistungsvermögen umzusetzen. Sie hatten für sich also gelernt, dass sie auf das Ergebnis schulischer Anforderungen praktisch keinen Einfluss nehmen konnten. Dieser Erklärungsansatz lässt sich gut mit dem oben vorgestellten Modell der Spirale der Enttäuschungen in Verbindung bringen.

Familiäre Faktoren

- Verschiedene Charakteristika von Familien von Underachievern werden aufgeführt, so zum Beispiel *fehlende Organisation, fehlender Zusammenhalt, ausgeprägte Konflikte*. Außerdem seien sich die Eltern häufiger uneinig über Erziehungsziele und insbesondere in ihrer Einstellung gegenüber Leistung nicht konsequent. Zu großer *Leistungsdruck* könne ebenfalls zu Underachievement führen. Da die Entwicklung zum Underachievement jedoch individuell unterschiedlich verläuft, können insgesamt betrachtet keine generellen Einflussfaktoren aufgeführt werden.
- Rimm (2008) sieht Underachievement vor allem als *Folge ungünstiger Eltern-Kind-Interaktionen*. Diese könnten beispiels-

weise darin bestehen, dass Grenzen zwischen der Eltern- und der Kindrolle fehlen oder verschwommen sind. Insbesondere dann, wenn Kinder unerfüllte Wünsche ihrer Eltern erfüllen sollen, steige die Gefahr solcher ungünstiger Interaktionen.

Schulische Faktoren

- Zu den schulischen Faktoren gehören Lehrpläne, die kaum Variation beinhalten und zu dauerhafter *Unterforderung* führen können, ein *Missverhältnis zwischen pädagogischem Angebot und individuellem Lernstil,* zu hohe oder zu niedrige *Erwartungen* seitens der Lehrkraft an das Kind sowie der *Konformitätsdruck* unter Peers. Der letztgenannte Aspekt gilt möglicherweise besonders für heranwachsende hochbegabte Mädchen, die in Konflikt mit dem tradierten Frauenbild kommen, wenn sie in erster Linie akademisch erfolgreich sein wollen (Blackburn & Erickson, 1986; Butler-Por, 1993).

Baker und Mitarbeiter (1998) stellen fest, dass ein *multifaktorielles Modell,* das alle drei Bereiche mit einbezieht, Underachievement am besten erklärt. Im Modell dieser Autoren sind es die Lern- und Arbeitsfähigkeit des Kindes, die Erziehungsfertigkeiten der Eltern, die Lehrer-Schüler-Beziehung und die Qualität des Unterrichts, die bedeutsam zur Entstehung von Underachievement beitragen. Ein solch multifaktorielles Modell entspricht auch den Erfahrungen von Keller (1992) in der Beratung hochbegabter Underachiever. Wichtig ist, dass sich die jeweils spezifischen Ursachen von Fall zu Fall unterscheiden (können). Underachievement ist letztlich ein individuelles Phänomen, auch wenn es Entstehungsfaktoren gibt, die vielen Fällen gemeinsam sind.

Interventionsmöglichkeiten

Bislang liegt noch kein Trainings- oder Therapieprogramm vor, das sich als allgemein effektiv bei Underachievement erwiesen hat, was angesichts der Vielzahl möglicher Auslöser und ihrer individuellen Kombinationen nicht verwundert. Es gibt eine Reihe von Gründen, warum ein Kind sein Leistungsvermögen nicht umsetzt; entsprechend individuell sollte die jeweilige Intervention gestaltet sein (Reis & McCoach, 2000). In der Regel ist die Wahrscheinlichkeit einer positiven Veränderung dann am größten, wenn sowohl beim Kind selbst als auch in seinem familiären und schulischen Umfeld nach Ansatzpunkten gesucht wird und die Lösung mit dem Kind *und* seinen Eltern entwickelt sowie mit den weiteren Bezugspersonen des Kindes abgestimmt wird (Baker et al., 1998). Eltern sind nach unseren Erfahrungen deutlich stärker zur Mitarbeit motiviert, wenn sie spüren, dass dadurch die Effektivität der ausgewählten Intervention für das Kind erheblich steigt.

Auch wenn der Wunsch nach »einfachen Lösungen« verständlich ist, greifen diese bei Underachievement in der Regel zu kurz. So ist es beispielsweise nicht möglich, eine spezifische Schulform für hochbegabte Kinder zu empfehlen, die deren Leistungsprobleme lösen kann. Zudem erweist sich nach unseren Erfahrungen aus der Beratungsarbeit die Hoffnung mancher Eltern, alleine der Wechsel auf eine Spezialschule oder das Überspringen einer Klasse könnten die Leistungsprobleme lösen, in der Regel als illusorisch. Allerdings kann sich ein solcher Schritt als »Türöffner« erweisen, wenn er in ein sinnvolles Gesamtkonzept eingebettet ist. Eine große Rolle spielen in jedem Fall die Persönlichkeit der Lehrkraft und deren Fähigkeit, auf das Kind einzugehen (Feger, 1995). Ist diese Voraussetzung gegeben, dann kann es für ein Kind deutlich leichter sein, anstehende Lernaufgaben anzugehen, beispielsweise in Bezug auf die Entwicklung von Lern- und Arbeitstechniken.

Sowohl Peters und Mitarbeiter (2000) als auch Reis und McCoach (2000) weisen darauf hin, wie wichtig es für die Entwicklung des Selbstbewusstseins ist, die Ressourcen und Fähigkeiten des Kindes in den Fokus zu rücken. Diese Einschätzung bestätigt sich in unseren Erfahrungen in der Beratungsarbeit. In manchen Fällen ist bereits eine deutliche schulische Leistungsverbesserung zu beobachten, wenn das Kind bestätigt bekommt, dass es über einen klugen Kopf verfügt (was natürlich die Notwendigkeit des Lernens nicht ersetzt). So sinnvoll der Hinweis auf eine regelmäßige schulische Mitarbeit ist: In manchen Fällen geht es im ersten Schritt nur darum, das Selbstbewusstsein des Kindes wieder zu stabilisieren, und in solchen Situationen führt die bloße Forderung an das Kind, »sich halt einfach mehr anzustrengen«, nicht zum gewünschten Erfolg. So, wie sich ungünstige Überzeugungen zumeist über einen längeren Zeitraum aufgebaut haben, kann es eine Weile dauern, bis sich diese wieder verringern oder durch günstigere Überzeugungen ersetzt werden. Probleme dieser Art verschwinden in der Regel nicht von selbst, sondern setzen nicht zuletzt eine aktive Mitarbeit des betroffenen Kindes voraus.

Auf der Ebene des Kindes können Interventionen helfen, die Lern- und Arbeitsstrategien vermitteln oder das Selbstmanagement verbessern (Baker et al., 1998). Auf der Ebene der Familie können Informationen über Underachievement, eine Verbesserung der Organisation innerhalb der Familie sowie eine Beratung in Erziehungsfragen hilfreich sein; diese muss nicht unbedingt immer eine spezifische Hochbegabtenberatung sein, wenn eine Offenheit für das Thema Hochbegabung aufseiten der Beraterin beziehungsweise des Beraters gegeben ist. Auf der Ebene der Schule ist es sinnvoll, die Lehrer-Schüler-Beziehung zu verbessern und/oder die Schülerinnen und Schüler qualitativ mehr zu fordern. Ein bloßes Mehr erweist sich in der Regel als wenig hilfreich. Auf der anderen Seite ist auf den Einfluss hinzuweisen, den Kinder selbst auf eine Verbesserung der Situation haben können. In einigen Fällen erlebten wir die Bereitschaft der Kinder, sich stärker am Unterricht zu beteiligen, als Voraussetzung dafür, in den Genuss weitergehender Förderung durch die Schule zu kommen.

Die Effektivität von Interventionen kann gesteigert werden, wenn möglichst detaillierte Informationen über die Ausgangssituation und bisher erfolgte Lösungsversuche zugrunde gelegt werden. Die Vielzahl möglicher Ursachen legt es nahe, möglichst viele Informationsquellen – das heißt nicht nur Tests, sondern auch Einschätzungen verschiedener Bezugspersonen – zu berücksichtigen. Allerdings: Wenn eine große Anzahl von Daten erhoben wird, sollten diese am Ende auch in einem sinnvollen Konzept zusammengefasst werden. Erfolgt das nicht, kann ein Wust von Befunden eher verunsichern und lähmen. Zudem kann sich das Problem ergeben, dass nicht eindeutig geklärt werden kann, was Ursache und was Wirkung ist. Standen beispielweise fehlende Lern- und Arbeitstechniken am Beginn einer problematischen Schulkarriere oder sind sie eine Folge derselben? Dieses Vorgehen kann also unversehens in eine Sackgasse münden. Wenn demgegenüber die bisherigen Versuche einer Problemlösung betrachtet werden, ergeben sich zwei Chancen: Zum einen wird sichtbar, was bereits ausprobiert wurde und sich nicht als hilfreich erwiesen hat. Diese Dinge scheiden daher zunächst einmal als Problemlösung aus. (Interessanterweise ist dies nicht so trivial, wie es sich anhört. Wir alle halten mehr oder weniger stark an erfolglosen Verhaltensweisen fest; mehr dazu finden Sie im Kapitel 12 zur Lösungsorientierung.) Zweitens ergeben sich als Folge von Änderungsversuchen häufig kleine Verbesserungen, die im Alltag leicht übersehen werden. Wenn solche »Lichtblicke« identifiziert werden, können sie schrittweise ausgebaut werden (auch den zugrunde liegenden Gedanken der Frage nach Ausnahmen behandeln wir im Kapitel 12 ausführlicher).

Im Folgenden geben wir eine Übersicht über mögliche Interventionsansätze. Dabei soll es nicht darum gehen, einzelne Aspekte herauszugreifen, die isoliert eine schnelle Lösung erbringen. Sinnvoll erscheint vielmehr, ein Konzept zu erarbeiten, in das die einzelnen Ansätze beziehungsweise eine Auswahl von ihnen integriert wird. Wie oben bereits erwähnt, ist professionelle Unterstützung unabdingbar, um hochbegabten Underachievern helfen zu können. Die aufgeführten Punkte sollen als Anregung für eine passende Auswahl dienen.

Interventionsmöglichkeiten mit akademischem Schwerpunkt

Diese Interventionen haben einen präventiven Charakter (einen Überblick über Maßnahmen und die Wirksamkeit schulischer Begabtenförderung geben Vock, Preckel & Holling, 2007). Sie sind also vor allem dazu geeignet, zu vermeiden, dass sich die »Spirale der Enttäuschungen« zu drehen beginnt. Ist dieses bereits eingetreten und sind beim Kind Merkmale von Underachievement zu beobachten, werden akademische Interventionen alleine nicht mehr ausreichen. Konkret können die folgenden Optionen bedacht werden (ausführlich sind diese im Kapitel 10 zur Förderung beschrieben):

- Enrichment (Anreicherung des Lernstoffes), beispielsweise innere Differenzierung, Anleitung zur Selbstanreicherung des Unterrichts, Vertiefungskurse, Arbeitsgemeinschaften;
- Akzeleration (schnellere Bearbeitung des Lehrstoffs oder schnelleres Durchlaufen der Schule), beispielsweise das Überspringen einer Klasse;
- Förderunterricht, um Lücken zu schließen (kann unter Umständen Voraussetzung für ein Überspringen sein);
- Zusatzkurse für hochbegabte Kinder (innerhalb oder außerhalb der Schule);
- Teilnahme an Wettbewerben (eine Übersicht ist zum Beispiel in

der kostenlos im Internet angebotenen BMBF-Broschüre »Begabte Kinder finden und fördern« aufgeführt);
- gezielte Förderung durch die Eltern (Bereitstellen von Büchern, Computer, Museumsbesuche und Ähnliches); sinnvollerweise mit Anleitungen dazu, wie die Kinder in diesen Bereichen auch selbstständig Anregungen erhalten können, beispielsweise durch einen Büchereiausweis.

Interventionsmöglichkeiten mit psychologischem Schwerpunkt

Diese Interventionen sind dann angezeigt, wenn Underachievement bereits vorliegt. In diesem Fall kann es sinnvoll sein, psychologische Interventionen mit akademischen zu verknüpfen (beispielsweise eine außerschulische Förderung sowie Kurse zur Verbesserung der Arbeits- und Lerntechniken). Im psychologischen Bereich können folgende Ansätze in Erwägung gezogen werden:

- Kurse zur Förderung der Lern- und Arbeitsstrategien;
- Selbstmanagement-Ansätze (beispielsweise Attributionstrainings, die helfen können, ungünstige Ursachenzuschreibungen wie »Ich bin einfach zu dumm« zu verändern. Auf diese gehen wir im folgenden Kapitel ein);
- soziale Trainings: beispielsweise dann, wenn eine Mobbing-Problematik vorliegt. Manche klugen Kinder trauen sich aus diesem Grunde nicht mehr, ihre hervorragenden intellektuellen Fähigkeiten zu zeigen. In solchen Fällen kann auch ein Klassen- oder Schulwechsel erforderlich sein;
- McCoach und Siegle (2003) empfehlen Interventionen, welche die intrinsische und extrinsische Motivation des Underachievers verbessern. Der Schüler muss entweder an der Arbeit selbst interessiert sein oder an dem Ergebnis. Solche Interventionen sind allerdings vor allem dann Erfolg versprechend, wenn intellektuell angemessene schulische Fördermöglichkeiten angeboten werden;
- Eltern- bzw. Erziehungsberatung, unter anderem mit der Reflexion, welchen Wert die Eltern oder andere Erziehende Leistung zuschreiben, und die Frage betreffend, inwiefern Leistungsbemühungen des Kindes überhaupt gesehen werden;
- therapeutische Ansätze, besonders, wenn beim Kind oder im Familiensystem massive psychische Störungen zu beobachten sind.

Underachiever setzen sich häufig unrealistische Ziele (Rimm, 2008). Von daher erleben sie auch keine Herausforderungen, an denen sie lernen können, den Zusammenhang zwischen ihrem Einsatz und schulischen Leistungen einzuschätzen. Underachiever können dabei durchaus wettbewerbsorientiert sein, jedoch haben sie nicht gelernt, mit Niederlagen umzugehen, und weichen von daher realen Wettbewerbssituationen aus. Ein Ziel sollte deshalb sein, Kinder dahin zu bringen, dass sie Frustrationen erleben können, ohne sich als Verlierer zu fühlen. Typischerweise treten solche Lernmöglichkeiten häufig im Familienalltag auf, beispielsweise, wenn Kinder etwas nicht auf Anhieb können.

Underachiever setzen sich häufig unrealistische Ziele.

Dieser Lernprozess kann nach unserer Erfahrung in der Beratungspraxis dadurch unterstützt werden, dass Kinder üben, sich erreichbare Ziele zu setzen, weil damit Situationen für sie gestaltbar werden. Eventuelle Misserfolge werden dann nicht länger als willkürlich, ungerecht und unkontrollierbar erfahren. Die folgenden Orientierungspunkte können bei der Formulierung passender Ziele helfen:

- Klärung der Bedeutsamkeit des Zieles für das Kind: Klärung der Frage, welches Ziel für das Kind vorrangig ist (dabei ist es wichtig, zwischen eigener Bewertung und der des Kindes zu trennen).
- Erreichbarkeit des Zieles für das Kind: »Was kann ich tun, um dorthin zu kommen?« Eventuell ist es hilfreich, Teilschritte zu überlegen.
- Formulierung des Ziels in positiver Weise (d. h. durch Anwesenheit statt Abwesenheit von etwas): Günstig ist eine Formulierung wie: »Ich möchte mindestens einmal in der Woche ein anderes Kind zum Spielen einladen«, anstatt: »Ich möchte mich nicht mehr an allen Nachmittagen langweilen.«
- Beschreibung in konkreten Verhaltensweisen, beispielsweise: »Ich werde jeden Tag von mir aus die Hausaufgaben erledigen«, anstatt: »Ich möchte selbstständiger werden.«

Zum Ende dieses Kapitels greifen wir nochmals die Beschreibung der Situation von Maximilian auf, um zu verdeutlichen, wie die Begleitung eines Jugendlichen, dessen Verhalten deutliche Symptome von Underachievement aufweist, in der Praxis aussehen kann.

Maximilian

Im zweiten Kapitel stellten wir Maximilian vor, der einen deutlichen Unterschied zwischen seinem intellektuellen Potenzial und seinen Schulleistungen zeigte. Als er in die Beratung kam, war er akut versetzungsgefährdet. Anfangs war es vor allem wichtig, dass er Vertrauen entwickeln und über seine Ängste vor dem Sitzenbleiben sprechen konnte sowie über die Peinlichkeit, die dies für ihn mit sich bringen würde. Von diesen Gefühlen hatte er selbst seinen Eltern gegenüber bisher kaum geredet. Nachdem er angefangen hatte, sich gegenüber dem Berater zu öffnen, ging es zunächst darum, abzuklären, inwiefern er selbst den Wunsch hatte, in seiner jetzigen Klasse bleiben zu können. Auf die Frage reagierte er zunächst irritiert, weil er es gewohnt war, sich gegen Forderungen von außen mit sprachlicher Gewandtheit zu wehren, es bisher aber nicht gelernt hatte, eigene (positive) Ziele zu entwickeln. Nach kurzem Nachdenken kam er zu dem Schluss, dass er die Versetzung in die nächsthöhere Klasse schaffen wollte. Im nächsten Schritt ging es darum, seine Motivation in den Blick zu nehmen. Maximilian schätzte seine Bereitschaft, den erforderlichen Mehraufwand zu leisten, bei 50 Prozent ein. Einerseits wurde diese Bereitschaft gewürdigt, weil sie zeigte, dass es ihm nicht gänzlich egal war, wie es mit ihm in der Schule weitergehen würde. Auf der anderen Seite besprach der Berater mit Maximilian, dass diese 50 Prozent vermutlich nicht reichen würden, um das Klassenziel zu erreichen. An dieser Stelle wurden auch seine Eltern in das Gespräch einbezogen.

Auf die Frage, was ihr Wunsch in Bezug auf Maximilians weitere Schullaufbahn sei, antworteten Vater und Mutter sehr unterschiedlich. Herr B. brachte seine väterliche Sichtweise prägnant auf den Punkt: »Ich möchte, dass er Abitur macht, weil er sonst doch nur begrenzte berufliche Möglichkeiten hat.« Frau B. war hin- und hergerissen. Auf der einen Seite hatte sie in Bezug auf die Schullaufbahn ähnliche Wünsche wie ihr Mann, auf der anderen Seite war es ihr wichtig, dass Maximilian auch nicht zu viel schulischen Druck erleben würde. Auf die Frage, wann ihr Sohn solchem Druck ausgesetzt sei, antwortete sie: »Fast ständig.« Konkrete Beispiele und eine Alternative, um diesen Druck zu reduzieren, konnte sie allerdings nicht benennen. Es wurde deutlich, dass Maximilian von seinen Eltern unterschiedliche und zum Teil widersprüchliche Botschaften erhielt.

Bei Maximilian selbst zeigten sich in der diagnostischen Untersuchung neben der weit überdurchschnittlichen Intelligenz eine vergleichsweise hohe Angst vor Prüfungssituationen sowie eine ausgeprägte Tendenz, Anstrengungen in Bezug auf die Schule zu vermeiden. Maximilian selbst kam zu der Entscheidung, an diesen Punkten mit professioneller Unterstützung zu arbeiten.

Zudem erhielt er Nachhilfeunterricht, um die bestehenden Wissenslücken zu schließen. Diese Schritte zeigten nach einigen Wochen erste kleine Erfolge. Für Maximilian und seine Eltern war eine wichtige Erfahrung in diesem Zusammenhang, dass der erlebte Druck deutlich geringer wurde.

Maximilian konnte Anforderungen und den dafür erforderlichen Aufwand realistischer einschätzen, was, wiederum in kleinen Schritten, dazu führte, dass sein Selbstbewusstsein wieder stieg. Zur Reduzierung seiner Ängste nahm er an einem Entspannungstraining für Jugendliche teil.

Die Versetzung in die siebte Klasse schaffte er mit etwas Wohlwollen der Lehrerinnen und Lehrer, die seine Anstrengungen honorierten. Dort zeigten sich zum Halbjahr allerdings wieder Probleme, weil er sich von seiner Klassenlehrerin »extrem unverstanden« fühlte. Daraufhin sprachen seine Eltern in der Sprechstunde gegenüber der Lehrerin die Hochbegabung ihres Sohnes an, was den Konflikt allerdings noch verschärfte, weil diese nun bei Wissenslücken zu ihm sagte: »Von einem so klugen Schüler hätte ich deutlich mehr erwartet.«

Um zu vermeiden, dass der Konflikt vollends eskalierte, wechselte Maximilian daraufhin in eine Parallelklasse (da er den Kontakt zu seinen Freunden nicht gänzlich verlieren wollte). Dort konnte er nach einigen Wochen sein Notenniveau wieder verbessern, wobei es anfangs auch mit dem neuen Klassenlehrer zu Spannungen gekommen war. Als beide Eltern ihrem Sohn sehr deutlich gemacht hatten, dass sie einen erneuten Wechsel nicht für sinnvoll hielten, war Maximilian bereit, in einem klärenden Gespräch mit seinem Lehrer die bestehenden Konflikte zu lösen. Ironisch und auch selbstkritisch merkte er später zum Abschied gegenüber dem Berater an: »Zum Erwachsenwerden gehört offenbar auch, dass man lernt, wann man die Klappe aufreißt und wann man sie besser hält.«

Reflexion

- Wie denke ich über Häufigkeit und Ursachen des Schulversagens hochbegabter Schülerinnen und Schüler?
- Welche Hoffnungen und Wünsche habe ich in Bezug auf die schulische Laufbahn meines Kindes?
- Gibt es in der Schule Bereiche, bei denen ich glaube, dass mein Kind unter seinen Möglichkeiten bleibt? Wenn ja, welche sind das und woran mache ich das fest?
- Wo sehe ich Ansätze, einer solchen Entwicklung vorzubeugen oder diese wieder umzudrehen?
- Inwiefern gibt es möglicherweise Überschneidungen zwischen den Zielen, die ich für mich hatte und habe, und den Erwartungen, die ich an mein Kind richte?

6 Motivation: Brücke zwischen Potenzial und Umsetzung

Wenn Menschen von Motivation sprechen, haben sie meistens konkrete Situationen vor Augen, in denen sie selbst oder jemand anders voller Engagement an eine Aufgabe herangeht. Voller Bewunderung wird von Trainerinnen und Trainern gesprochen, die ihr Team dazu motivieren, in einem wichtigen Spiel alles aus sich herauszuholen. Und sehr kritisch werden umgekehrt Menschen betrachtet, die ihre Aufgaben »unmotiviert« erledigen (das gilt nicht nur für Fußballprofis). In manchen Workshops lernen Menschen, ihre Grenzen zu überschreiten, weil sie sich erhoffen, im Alltag dadurch mehr Antrieb für die Erledigung ihrer Aufgaben zu erlangen. Dabei kann der Eindruck entstehen, dass »Motivation« gleichsam etwas »Magisches« sei, das uns von außen zufließen kann.

Wenn wir uns in diesem Kapitel dem Thema Motivation widmen, wollen wir uns vor allem auf alltägliche Situationen konzentrieren. Wir beschreiben, wie Motivation wissenschaftlich beschrieben wird und welche Bedingungen eine Rolle dabei spielen, ob ein Mensch motiviert ist oder nicht. Bezogen auf die Kerninhalte dieses Buches wird es uns nicht darum gehen, dass hochbegabte Kinder auf jeden Fall motiviert sein müssen, herausragende Leistungen zu erbringen. Wir betrachten Motivation als einen Aspekt, der vor allem mit der Beziehung zu anderen Menschen sowie dem Selbstbild eines Menschen zu tun hat und insofern nicht isoliert davon betrachtet werden kann. So weisen Forschungsergebnisse darauf hin, dass Kinder dann beginnen, ihre Umgebung ausgiebig zu erkunden, wenn sie eine sichere Bindung an eine oder mehrere Bezugsperson(en) aufbauen konnten (Holodynski & Oerter, 2008). Von daher ist Leistungsexzellenz in unseren Augen auch kein »Selbstzweck«. Mit anderen Worten: Es geht uns nicht darum, Motivation instrumentell einzusetzen oder Tricks zu vermitteln, die ein Kind zu Dingen veranlassen, zu denen es keinen Bezug hat. Ideen zur Unterstützung der Motivation sollten nichts mit Manipulation zu tun haben (was von klugen Kin-

Motivation hat vor allem mit der Beziehung zu anderen sowie dem Selbstbild eines Menschen zu tun.

dern zudem in der Regel sehr schnell durchschaut wird). Wir denken, dass bei der Förderung das Kind selbst mit seinen individuellen Fähigkeiten und Bedürfnissen im Vordergrund stehen soll und kein in der Ferne liegendes Ziel wie zum Beispiel eine spezielle Karriere, was gerade für jüngere Kinder außerdem etwas sehr Abstraktes ist.

Auf der anderen Seite spricht vieles dafür, dass Menschen es als bereichernd und befriedigend erleben, wenn sie in bestimmten Aufgabenfeldern ihr Potenzial ausschöpfen können. Die Weiterentwicklung eigener Kompetenzen und damit zusammenhängende Fortschritte und Erfolgserlebnisse sind für Menschen (egal, ob klein oder groß) eine Bereicherung. Das Lernen an sich ist schon Belohnung, weil im Körper dabei der Botenstoff Dopamin ausgeschüttet wird, der positive Gefühle auslöst (Timm, 2009). Dieses positive Erleben kann sich indes verändern, wenn Kinder häufig negative Erfahrungen im Kontext des Lernens machen. Dennoch müssen Menschen grundsätzlich nicht dazu überredet oder »geschoben« werden, etwas Neues zu lernen. Unser Gehirn ist vielmehr auf Lernen angelegt und hat dafür quasi ein Belohnungssystem eingebaut.

Was ist Motivation?

Der Begriff Motivation beschreibt in der Psychologie alle Prozesse, die körperliche und psychische Vorgänge auslösen, aufrechterhalten und ihnen Richtung geben (Zimbardo & Gerrig, 1999). Einfacher ausgedrückt: Da, wo Menschen aktiv werden und der Ausgangspunkt dieser Aktivität über die Befriedigung körperlicher Grundbedürfnisse wie Atmen oder Schlafen hinausgeht, ist Motivation im Spiel. Wenn Menschen motiviertes Verhalten zeigen, sind die nachfolgenden drei Komponenten daran beteiligt (Schenk-Danzinger, 2002):

- Wert: Das angestrebte Ziel wird als »wertvoll« eingestuft (»Es ist für mich gut und wichtig, dass ich Fahrrad fahren kann«);
- Kognition beziehungsweise Erwartung: Ein Mensch stellt einen Bezug zu den Chancen der Zielerreichung her und berücksichtigt dabei beispielsweise frühere Erfahrungen (»Das habe ich schon einmal geschafft«);
- Emotion: Motiviertes Verhalten wird durch Gefühle beeinflusst, vor allem durch die Furcht vor einem möglichen Misserfolg oder aber die Hoffnung auf einen angestrebten Erfolg.

Während bei kleineren Kindern in Situationen, in denen sie sich mit bestimmten Anforderungen auseinandersetzen, der Wert- und der Gefühlsaspekt eine wesentliche Rolle spielen, ist bei Kindern im Übergang vom Vorschul- zum Schulalter auch der Kognitionsaspekt stärker zu beobachten. Kinder in diesem Alter beginnen einen Zusammenhang zwischen früheren Erfahrungen und aktuellem Verhalten herzustellen und diese Überlegungen in ihre Planung einzubeziehen. Ungefähr ein Jahr früher, also in der zweiten Hälfte des fünften Lebensjahres, entwickeln die meisten Kinder eine erste Vorstellung über ihre momentane Leistungsfähigkeit und wählen Aufgaben dementsprechend aus (Schenk-Danzinger, 2002).

Stapf (2010) weist darauf hin, dass viele hochbegabte Kinder offenbar früher als Gleichaltrige einen Zusammenhang zwischen der eigenen Anstrengung und dem erzielten Erfolg herstellen können. Das wiederum kann manchmal zu einer Überforderung im emotionalen Bereich führen, da die Hochbegabten in diesem Alter noch nicht gelernt haben, mit Frustrationen umzugehen (Anregungen, diese Fähigkeit im Familienalltag zu trainieren, finden Sie im Kapitel 10 zum Thema Förderung).

Nun aber wieder zurück zu der Frage, was unter Motivation zu verstehen ist. Wir haben bereits beschrieben, dass motiviertes Verhalten von drei Komponenten beeinflusst wird. Wie aber entsteht Motivation in einer konkreten Situation? Jeder Mensch hat unterschiedliche Motive, die ihn auf bestimmte Merkmale einer Situation reagieren lassen. Die Merkmale der Situation, sogenannte Anreize, sprechen also ein persönliches Motiv an, was dann zu motiviertem Verhalten führt. Motive lassen sich in verschiedene Kategorien einteilen, wie zum Beispiel:

- *Leistungsmotiv*: das Erreichen eines bestimmten Kompetenzstandards durch eigenes Handeln; der Standard kann dabei selbst gewählt oder von außen vorgegeben sein;
- *Anschlussmotiv:* hierbei geht es um soziale Zugehörigkeit;
- *Machtmotiv:* Einfluss, Macht, prosoziale Macht (Fürsorge) werden angestrebt;
- *Neugiermotiv:* die Entdeckung und Erkundung der Umwelt (vor allem ausgelöst durch neue und komplexe Anreize); dieses Motiv ist bereits in den ersten Lebensmonaten sichtbar (Holodynski & Oerter, 2008).

Diese Auflistung, die keinen Anspruch auf Vollständigkeit erhebt, verdeutlicht bereits, dass es sehr unterschiedliche Gründe gibt, aus denen heraus Menschen aktiv werden. Komplexer wird der Sachverhalt noch dadurch, dass wir die Motive eines Menschen nicht sehen, sondern nur indirekt erschließen oder erahnen können (diejenigen von Ihnen, die Krimis lesen oder anschauen, wissen, wie schwierig dieses Unterfangen sein kann). Für den betroffenen Menschen selbst kann sich die Schwierigkeit ergeben, dass verschiedene Motive einen inneren Widerstreit auslösen können. Um diesen Sachverhalt zu verdeutlichen, erzählen wir nachfolgend wieder die Eckpunkte eines Beratungsgesprächs nach.

Wiebke

Familie H. kommt mit ihrer knapp neunjährigen Tochter Wiebke in die Beratungsstelle. Nach Einschätzung ihrer Eltern sitzt Wiebke immer unbeteiligter im Unterricht und macht praktisch nichts von dem, was die Lehrerin den Kindern vorgibt. Obwohl sie eigentlich alles wisse, schreibe sie auch in den Klassenarbeiten Fehler, »als ob sie es mit Absicht macht«, so ihre Mutter. Wiebke wurde vor eineinhalb Jahren getestet und erzielte ein weit überdurchschnittliches Resultat im Intelligenztest. »Wir sagen ihr, dass sie doch eigentlich klug genug ist, um alles mit links zu machen, aber das hilft rein gar nichts. Jetzt sind wir uns nicht sicher, ob sie vielleicht nicht mehr so intelligent ist. Auf jeden Fall ist sie in der Schule zu nichts motiviert. Vielleicht sollte sie auf eine Spezialschule gehen.« Allerdings sei Wiebke in den Pausen sehr aktiv und spiele gerne mit den anderen Kindern aus ihrer Klasse.

Bevor wir weiter auf Wiebke eingehen, zunächst noch einige Informationen. Motivation kann, wie bereits beschrieben, aus verschiedenen Beweggründen heraus erwachsen. Folgt daraus, dass wir keinerlei Vorhersagen treffen können, zu welchem Zeitpunkt welches Motiv aktiviert wird? Es gibt Grund zu der Annahme, dass dies nicht der Fall ist. Innerhalb der großen Bandbreite von Motiven gibt es offenbar so etwas wie eine Hierarchie. Nach der Befriedigung körperlicher Grundbedürfnisse (beispielsweise nach Schlaf oder Nahrung) streben Menschen in der Regel zunächst nach Sicherheit und darauf aufbauend nach dem Gefühl von Zugehörigkeit und Angenommensein. Das nachfolgende Schema, das auf den Psychologen Maslow (1970) zurückgeht, verdeutlicht diese Abfolge.

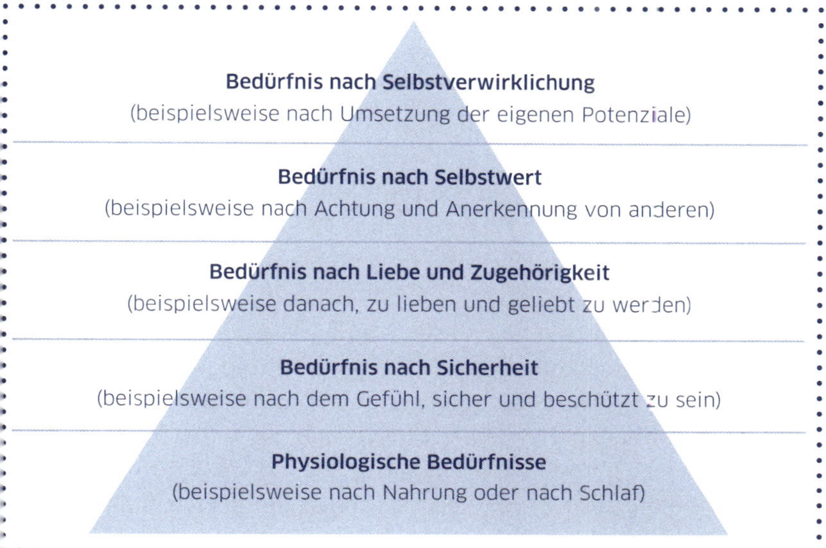

Bedürfnishierarchie nach Maslow[9]

Aus diesem Modell lässt sich unter anderem Folgendes ableiten: Wenn es darum geht, Motivation zu beeinflussen, gilt es zunächst zu bedenken, ob die grundlegenden Bedürfnisse eines Menschen befriedigt sind. So wird es schwerlich gelingen, einen Menschen zur Entfaltung seines Potenzials zu bewegen, wenn dieser sich beispielsweise unsicher oder ungeliebt fühlt. Die Aktivierung von Motiven folgt also typischerweise einer gewissen Ordnung. Der Einschub »typischerweise« ist mehr als ein Füllwort: Es gibt beeindruckende Beispiele von Menschen, die selbst angesichts widrigster Lebensumstände das Ziel der Selbstverwirklichung verfolgten. Das bedeutet, dass Maslows Modell zwar eine ungefähre Orientierung geben kann, wie die Aktivierung von Motiven aufeinander aufbaut, diese Abfolge jedoch nicht zwingend festgeschrieben ist. Zumindest manche Menschen können offenbar einzelne Stufen »überspringen«. Für die meisten wird die Hierarchisierung jedoch im Großen und Ganzen zutreffen. Doch welche Aussagen lassen sich für Situationen machen, in denen, von außen betrachtet, kein Motiv aktiviert ist?

Auch wenn es teilweise so aussieht: Nach unserer Auffassung sind Kinder selten tatsächlich unmotiviert (beziehungsweise amotiviert). Im Bereich der Motivationspsychologie wird von Amotiva-

Die Darstellung der Bedürfnishierarchie von Maslow (1970) lehnt sich an eine Abbildung von Myers (2005, S. 499) an.

tion gesprochen, wenn mit einer Handlung kein erkennbares Ziel verfolgt wird oder aber wenn sie einem unkontrollierten Impuls entspringt. Menschen erleben eine solche Situation beispielsweise dann, wenn sie entspannt am Strand liegen und rundum zufrieden sind. Allerdings kann an dieser Stelle eingewendet werden, dass das Erleben von Entspannung ja ebenfalls ein Ziel sein kann. Das Ganze ist mehr als begriffliche Haarspalterei: Wenn wir davon ausgehen, dass Menschen prinzipiell immer zu etwas motiviert sind, können wir annehmen, dass so etwas wie ein »Grundantrieb« stets vorhanden ist. Das gilt natürlich auch für Kinder. Wenn bei ihnen von Motivationslosigkeit gesprochen wird, liegt das Problem zumeist darin, dass ihre Motivation anders ausgerichtet ist, als andere Menschen, im obigen Fallbeispiel Wiebkes Eltern, sich das wünschen. Müttern und Vätern ist es beispielsweise häufig wichtig, dass ihre Kinder bei Klassenarbeiten ihre ganze Leistungsfähigkeit zeigen (mit anderen Worten: dass das Leistungsmotiv aktiv ist), wohingegen viele Mädchen und Jungen stärker motiviert sind, von den anderen Kindern gemocht zu werden, was bedeutet, dass bei ihnen vor allem das Anschlussmotiv aktiviert ist. Dieser Widerstreit der zwei Motive tritt offensichtlich bei vielen hochbegabten Kindern auf (Phillips & Lindsay, 2006) und war auch für Wiebke von großer Bedeutung – so stellte es sich im Beratungsgespräch heraus. Wahrgenommene Motivationslosigkeit kann insofern bedeuten, dass Menschen in einer Situation unterschiedliche Motive haben beziehungsweise verschiedene Ziele verfolgen. Das soll die Situation nicht schönreden, sondern vielmehr einen Ansatzpunkt für Veränderung aufzeigen. Motivation ist offenbar grundsätzlich vorhanden; es geht darum, mit dem Kind neue »Umsetzungskanäle« zu entwickeln.

Wenn sich die Motivation der Kinder verändern soll, kann es dafür ganz allgemein betrachtet zwei Gründe geben: Sie als Eltern (oder andere Bezugspersonen) wünschen sich ein anderes Verhalten, oder (beziehungsweise und) eine Handlung hat negative Auswirkungen für das Kind selbst. In dem Moment, in dem ein Kind zumindest einen dieser Aspekte erkennt, wird es mit hoher Wahrscheinlichkeit darüber nachdenken, ob es sein bisheriges Verhalten beibehalten will. Die Herausforderung besteht häufig darin, ein kluges Kind zum Nachdenken anzuregen, ohne ihm eine andere Sichtweise »überzustülpen«.

Die »Motivationslosigkeit« eines Kindes kann, wie wir eben gesehen haben, damit zusammenhängen, dass dieses gerade aus einem anderen Motiv heraus handelt, als Eltern das gerne hätten. Theoretisch einleuchtend, doch was heißt das für den Erziehungsalltag? Für die Praxis ist es gut, eine Art »Landkarte« im Kopf zu haben, um sich orientieren zu können. Zu diesem Zweck beschreiben wir nachfolgend einen kleinen Ausschnitt der theoretischen und praktischen Erkenntnisse zum Bereich Motivation. Wir beginnen mit einem Überblick zur Frage, inwiefern Hochbegabte »besonders« motiviert sind.

Hochbegabung und Motivation

Im Vergleich hochbegabter Grundschulkinder mit ihren durchschnittlich begabten Peers hinsichtlich ihrer Leistungsmotivation fanden sich in der bereits erwähnten Marburger Hochbegabtenstudie bedeutsame Unterschiede (beispielsweise hinsichtlich der Ängstlichkeit in Bewertungssituationen und der Leistungsmotivation) *zugunsten* der Hochbegabten (Rost, 1993c). In einer zweiten Phase der Datenerhebung dieser Untersuchung bewiesen die »stabil« hochbegabten Jugendlichen (also die, die sowohl in der Grundschule als auch im Jugendalter anhand der Testergebnisse als hochbegabt eingestuft wurden) einen höheren schulischen Ehrgeiz als ihre durchschnittlich begabte Altersvergleichsgruppe (Freund-Braier, 2000). Auch andere Studien zeigen diese Befunde. Hochbegabte sind in Leistungssituationen in der Regel anstrengungsbereiter, erleben dort weniger Angst und sie schätzen ihre intellektuelle Leistungsfähigkeit positiver ein als nicht Hochbegabte.

In einer Studie mit 143 hochbegabten australischen Highschool-Schülerinnen und -Schülern (Stufe 7) und 133 gleichaltrigen Peers, die eine Gesamtschule besuchten und dort durchschnittliche Leistungen erzielten, wies Chan (1996) ebenfalls bedeutsame Motivationsunterschiede zugunsten der Hochbegabten nach. Diese führten ihren schulischen Erfolg zudem stärker auf Anstrengung und ihren Misserfolg auf Mangel an Anstrengung zurück. Vallerand, Gagné, Senécal und Pelletier (1994) konnten in einem Vergleich zwischen 69 hochbegabten kanadischen Grundschülern (einer speziellen Förderklasse) und 66 nicht als hochbegabt identifizierten Peers (Durchschnittsalter 10;1 Jahre) zeigen, dass sich die Hochbegabten im Vergleich zu den nicht hochbegabten Mitschülerinnen und Mitschülern als kognitiv kompetenter und als stärker intrinsisch (innerlich) motiviert wahrnahmen. Die Auswahl von Studien ließe sich weiter fortführen. Die Befunde sind überwiegend konsistent und sprechen für eine höhere Leistungsmotivation und Anstrengungsbereitschaft Hochbegabter.

Fazit

Sind hochbegabte Kinder motivierter als durchschnittlich begabte Kinder? Die Antwort aus wissenschaftlicher Sicht lautet »Ja« – zumindest, was den Bereich Leistungsmotivation betrifft (für andere Motivationsbereiche liegt gegenwärtig noch keine so umfassende Datenbasis vor). Wenn repräsentative Vergleiche zwischen beiden Gruppen durchgeführt werden, fallen die Unterschiede eher *zugunsten* der Hochbegabten aus. Sie sind (als Gruppe betrachtet) weniger ängstlich in Situationen, in denen Leistungsanforderungen an sie gestellt werden, und weisen eine höhere intrinsische Motivation auf. Die Gruppenvergleiche schließen indes nicht aus, dass einzelne Kinder (zumindest in manchen Situationen) deutlich von diesem positiven Trend abweichen. Im folgenden Abschnitt wollen wir uns dementsprechend mit der Frage beschäftigen, welche Ansatzpunkte es für Eltern gibt, um die Motivation ihrer Kinder zu beeinflussen.

Hochbegabte Kinder sind zumeist leistungsmotivierter als durchschnittlich begabte Kinder.

Motivationsveränderung durch Einbindung und Selbstbestimmung

Ein umfassender Erklärungsansatz dafür, wie Menschen sich für Aufgaben motivieren und aus deren Erledigung Befriedigung ziehen können, ist die *Selbstbestimmungstheorie der Motivation* von Deci und Ryan (1993). In dieser Theorie werden drei (angeborene) Grundbedürfnisse angegeben, die erfüllt sein müssen, damit ein Mensch aus sich heraus aktiv wird (das heißt »intrinsisch« motiviert ist):

- *Soziale Eingebundenheit:* Kindern ist es wichtig, sich als Bestandteil einer Gemeinschaft zu erleben. Das gilt in erster Linie für die Familie, betrifft aber auch Kindergarten, Schule oder Sportverein etc.

- *Kompetenz:* Kinder wollen sich als kompetent erleben (»Das habe ich hinbekommen«). Situationen, in denen Kinder diese Erfahrung gemacht haben, bestärken ihre Motivation.
- *Autonomie:* Kinder haben das Bedürfnis nach Mitbestimmung, Wahlfreiheit sowie nach dem Erleben von Sinnhaftigkeit bei dem, was sie tun. So macht es für Kinder beispielsweise einen Unterschied, ob sie an der Wahl der Schule beteiligt sind oder ob sie bei der Wahl eines Ausflugsziels mitreden dürfen. Kinder können dann die Erfahrung machen, dass ihre Meinung ernst genommen wird (was natürlich nicht heißt, dass Entscheidungen in der Familie überwiegend von den Kindern getroffen werden sollen).

Im Folgenden beschreiben wir, welche Ansatzpunkte zur Motivationsbeeinflussung sich aus dieser Theorie ableiten lassen, und beginnen diesen Abschnitt mit Anregungen zur Stärkung des Gefühls des *Eingebundenseins.*

Das Gefühl des Eingebundenseins

Die Grundidee ist, dass ein Kind sich als integriertes Mitglied seiner Familie (oder der Schulgemeinschaft etc.) fühlen möchte. Von daher können ihm die Bedürfnisse anderer Familienmitglieder nicht egal sein (auch wenn es so aussieht). Wenn ein Kind auf Bedürfnisse anderer nicht eingeht, können zwei Aspekte hierfür ursächlich sein: 1. Es sieht diese nicht, oder 2. Die Beziehung zu dem jeweiligen Familienmitglied ist gerade belastet. Ansatzpunkte zur Motivationsbeeinflussung in diesem Zusammenhang können folgendermaßen aussehen:

- Zu 1: Das Kind übersieht ein Bedürfnis eines Elternteils. Teilweise gehen wir davon aus, dass unser Gegenüber sehen (oder zumindest erahnen) müsse, was wir gerade brauchen oder uns wünschen. Dies ist jedoch generell nicht so einfach und für jüngere Kinder insofern kompliziert, als sie erst lernen müssen, sich in andere Menschen hineinzuversetzen (diese Fähigkeit wird meist in der Übergangsphase vom Kindergarten- zum Schulkind sichtbar). Sich als sozial eingebunden zu erleben setzt indes voraus, die Bedürfnisse anderer Menschen erkennen und darauf eingehen zu können. Diese Lernaufgabe können Eltern und andere nahe Bezugspersonen erleichtern, indem sie ihr Bedürfnis als eindeutige Information formulieren, zum Beispiel: »Mein Wunsch ist, dass wir an der Tür unsere Straßenschuhe ausziehen, damit ich nicht jeden Tag saugen muss.« (Auf die kommunikativen Umsetzungsmöglichkeiten gehen wir ausführlicher in den Kapiteln 11 und 13 ein.)

- Zu 2: Das Kind zögert, weil die Beziehung zum jeweiligen Familienmitglied belastet ist. Ist das Verhältnis zu einem Menschen angespannt, erscheint es nicht als anspornende oder bereichernde Vorstellung, diesem einen Wunsch zu erfüllen (»Wieso soll ich dir etwas Gutes tun, du machst das ja auch nicht«). In einigen Fällen kommen Kinder in eine »Zwickmühle«: Einerseits mögen sie den jeweiligen Menschen, andererseits ärgern sie sich noch über etwas, was dieser gesagt oder getan hat. In solchen Situationen ist es hilfreich, den inneren Konflikt des Kindes wertschätzend aufzugreifen, sodass sich dieser im besten Falle auflösen und das Kind wieder handlungsfähig werden kann: »Du weißt gerade nicht, ob du mir diesen Wunsch erfüllen kannst, weil du noch an unseren Streit von vorhin denkst. Und weil das so heftig war, fällt es dir schwer, meine Entschuldigung anzunehmen.«

Kompetenzerleben

Der zweite Ansatzpunkt zur Motivationsbeeinflussung im Sinne der Selbstbestimmungstheorie ist das *Kompetenzerleben* eines Menschen. Prägnant formuliert: Wer sich als kompetent erlebt, wird sich eher für eine Tätigkeit (wie beispielsweise das Spielen eines Instrumentes) begeistern können (das heißt wissenschaftlich: intrinsische Motivation aufbauen). Das Kompetenzerleben ist natürlich durch verschiedene Möglichkeiten zu beeinflussen.

Ein »Knackpunkt« bei begabten Kindern ist häufig, dass sie sich Ziele setzen, die sie nicht erreichen können. Das ist sehr demotivierend. Hier kann es, auch im Hinblick auf die Steigerung des Kompetenzerlebens, sinnvoll sein, eine Tätigkeit oder einen Lernprozess in Teilschritte zu untergliedern und dem Kind zu helfen, kleine eigene Erfolge zu erkennen. Zur Veranschaulichung könnte das Bild einer Treppe dienen. So kann ein Kind Fortschritte erleben und auch ein Gefühl dafür entwickeln, wie schnell oder langsam diese zu erreichen sind. Folgende Fragen sind in diesem Zusammenhang hilfreich:

- »Wenn du dir eine Treppe mit zehn Stufen vorstellst, bei der die erste Stufe den Zeitpunkt beschreibt, als du noch gar nichts vom kleinen Einmaleins konntest, und die zehnte Stufe den Zeitpunkt, an dem du dieses Einmaleins ganz gelernt haben wirst, wo stehst du jetzt gerade?«
- »Wie hast du es geschafft, auf die [fünfte] Stufe zu kommen?«
- »Was müsste passieren, damit du eine Stufe höher kommst?«
- »Was kannst du dafür tun?«

Wenn äußere Anforderungen und innere Möglichkeiten eines Menschen harmonieren, das heißt, wenn Menschen sich einerseits herausgefordert fühlen und andererseits die Gewissheit haben, die Aufgabe erfüllen zu können, kann ein Zustand eintreten, der als *Flow-Erlebnis* bezeichnet wird. In diesem Zustand gehen Menschen quasi ganz in ihrer Tätigkeit auf, was sie als beglückend erleben. Die meisten Menschen haben diesen Zustand vermutlich schon erlebt, viele jedoch zufällig. Offenbar ist es erlernbar, sich diesem Zustand systematisch anzunähern (Csikszentmihalyi & Csikszentmihalyi, 1995). Wichtig ist, ein Gespür dafür zu entwickeln, welche Balance zwischen Anforderung und erlebten eigenen Fähigkeiten am besten für das Erleben des Flows geeignet ist. Dieser Aspekt verweist darauf, dass es auch für Hochbegabte nicht immer reizvoll ist, sich mit sehr großen Anforderungen auseinanderzusetzen, da diese einem solchen Aufgehen in der Aufgabe im Weg stehen können.

Autonomieerleben

Wie oben erwähnt, kann ein Kind beispielsweise aufgrund häufiger Frustrationserlebnisse oder starker elterlicher Kontrolle zu der Einschätzung kommen, keinen Einfluss auf das Ergebnis seiner Bemühungen zu haben, und zwar auch, wenn es Positives erlebt. In diesem Zusammenhang kann ein Zuviel an Fürsorge also hinderlich sein (sosehr Kinder diese an anderer Stelle schätzen). Bei zu viel Fürsorge sieht ein Kind sich selbst selten als Auslöser eines Erfolgs oder eines für es erstrebenswerten Zustandes. So erlebten wir beispielsweise häufiger, dass Kinder, die zu uns in die Beratung kamen, sich über gute Noten wenig bis gar nicht freuen konnten, weil sie (teilweise zu Recht) zu der Einschätzung gelangt waren, dass diese vor allem dem Konto der Eltern gutzuschreiben waren (»Den Einser in Kunst habe ich meinen Eltern zu verdanken – die haben das Modell fertig gebaut, als ich nicht weiterkam«). Wissenschaftlich ausgedrückt: Diese Kinder hatten wenig *Selbstwirksamkeitserwartung* entwickelt.

Der Zusammenhang mit der Motivation besteht darin, dass Menschen, die sich als wenig selbstwirksam erleben, auch wenig Sinn darin sehen, sich Problemen zu stellen; sie gehen ja davon aus, diese sowieso nicht lösen zu können. Die Herausforderung für Eltern besteht an dieser Stelle darin, ihren Kindern einerseits Freiräume zum Erleben von Autonomie zu geben und sie andererseits dabei nicht zu überfordern. Kinder können auf diese Weise ein Gespür dafür entwickeln, welche Aufgaben (mit welchen Anforderungsniveaus) zu ihnen passen und wie sie es anstellen können, diese Aufgabenstellungen bearbeiten zu dürfen. Die nachfolgenden Punkte können als Orientierung dienen:

- Welche Themen oder Aufgaben sind für dich gerade wichtig?
- Was kannst du in dem Bereich schon, was möchtest du verändern?
- Gab es schon einmal eine ähnliche Situation, in der du Aufgaben bearbeiten konntest, die dir gut gefallen haben?
- Wenn ja: Wie hast du das geschafft?

Unter dem Aspekt des Autonomieerlebens stellt sich für manche von Ihnen vermutlich auch die Frage nach einem sinnvollen Maß an Freiheit für das Kind, beispielsweise in Bezug auf eigene Entscheidungen. Wir behandeln die Frage nur kurz, weil es hierfür umfangreiches Material gibt, das der Psychologe Klaus Schneewind und sein Team entwickelt und unter dem Titel »Freiheit in Grenzen« veröffentlicht haben. Ein Kerngedanke besteht darin, das Konzept der autoritativen Erziehung (auf die wir im ersten Kapitel schon eingegangen sind) für den Alltag umsetzbar zu machen. Bezogen auf die Frage nach einem sinnvollen Maß an Freiheit lautet die Antwort insofern: Kinder brauchen beides, die Erfahrung von Freiräumen und das Erleben von verbindlichen Grenzen. Naturgemäß wird der Anteil der Begrenzungen mit zunehmenden Alter kleiner, während die Freiräume anwachsen. Ein angemessener Umgang mit Freiräumen muss jedoch gelernt werden, auch das ist eine wichtige Aussage des Konzepts »Freiheit in Grenzen«.

Leistungsmotivation

Bisher haben wir uns mit dem Bereich Motivation im Allgemeinen befasst. In diesem Abschnitt wenden wir uns einem speziellen Ausschnitt zu, nämlich dem Umgang mit *Leistungsanforderungen*. Hierfür haben wir ein Modell ausgewählt, mit dem man erklären kann, wieso Menschen unterschiedlich motiviert an gleiche Anforderungssituationen herangehen.

Das Ausmaß der Leistungsmotivation hängt unter anderem davon ab, wie sich Menschen subjektiv die Ursachen ihrer Erfolge und Misserfolge erklären. Diese Ursachenzuschreibungen werden in der Psychologie Attributionen genannt. Ein wichtiges Modell, das Unterschiede und Veränderungen in der Motivation eines Menschen in Zusammenhang mit seinen individuellen (und wie gesagt rein subjektiven) Erklärungsmustern beschreibt, ist das sogenannte Attributionsmodell von Weiner (1976). In diesem Modell wird zwischen zwei Erklärungsdimensionen unterschieden, und zwar der Stabilität und dem Ort der Kontrolle.

		Dimension Stabilität	
		Stabil	**Variabel**
Dimension Ursache/ Ort der Kontrolle	**Intern**	**Attribution auf innere stabile Merkmale** (hier: fehlende Begabung): »Ich bin zu dumm dafür …«	**Attribution auf innere veränderliche Merkmale** (hier: mangelnder Fleiß): »Ich habe nicht genügend gelernt.«
	Extern	**Attribution auf äußere stabile Merkmale** (hier: zu hohe Aufgabenschwierigkeit): »Die Fragen in der Schulaufgabe sind immer viel zu schwer.«	**Attribution auf äußere veränderliche Merkmale** (hier: Zufall): »Zufällig haben wir die Schulaufgabe in einem anderen, ganz unangenehmen Raum geschrieben.«

Verdeutlichung des Attributionsmodells von Weiner (1976) am Beispiel »Erhalt einer schlechten Schulnote«

Der Aspekt der Stabilität betrifft in diesem Zusammenhang die Frage, inwiefern ein Mensch eine Situation als stabil beziehungsweise unveränderlich oder aber als variabel einschätzt. Als Ort der Kontrolle wird die Überzeugung eines Menschen beschrieben, wo die entscheidende Einflussgröße auf den Verlauf eines Ereignisses liegt.

Sieht er diese in seiner Person (»Das habe vor allem ich bewirkt«), spricht man wissenschaftlich von einer internen Zuschreibung. Sieht er sie außerhalb seines Einflusses, bezeichnet man dies als externe Kontrollüberzeugung. In der Kombination beider Dimensionen ergibt sich das Schema, das wir am Beispiel des Erhalts einer schlechten Schulnote verdeutlichten.

Verschiedene Attributionen wirken sich unterschiedlich förderlich auf die Motivation eines Menschen aus. Wenn die Ursache für einen Misserfolg außerhalb der eigenen Person verortet und/oder als stabil eingeschätzt wird, besteht aus Sicht der betroffenen Person wenig Aussicht, ein erlebtes negatives Ergebnis zukünftig zu vermeiden oder ein positives Erlebnis wieder herstellen zu können. Dies kann beispielsweise der Fall sein, wenn ein Ereignis mit einem Zufall erklärt wird. Als Folge wird ein Mensch auch wenig Motivation aufbringen, sich aktiv für das erneute Eintreten des Ereignisses zu engagieren oder an einer Veränderung zu arbeiten. Wenn indes die eigene Einflussmöglichkeit und die Veränderbarkeit bezüglich eines Ereignisses gesehen werden, sieht die Motivationslage häufig anders aus: Die eigene Anstrengung ist Erfolg versprechend nach dem Motto »Wenn ich mehr lerne, kann ich eine bessere Note erzielen. Das probiere ich aus«.

Wie eine Ursachenzuschreibung bei einem Erfolgserlebnis aussehen kann, verdeutlicht das nachfolgende Beispiel, bei dem ein Kind von seiner Musiklehrerin für sein Vorspiel gelobt wurde.

		Dimension Stabilität	
		Stabil	**Variabel**
Dimension Ursache/ Ort der Kontrolle	**Intern**	**Attribution auf innere stabile Merkmale** »Ich bin halt musikalisch begabt.«	**Attribution auf innere veränderliche Merkmale** »Ich habe in den letzten Wochen auch regelmäßig geübt.«
	Extern	**Attribution auf äußere stabile Merkmale** »Sie gibt uns immer so leichte Stücke, die kann jeder.«	**Attribution auf äußere veränderliche Merkmale** »Sie hatte einen guten Tag, da hat sie uns tatsächlich mal gelobt.«

Verdeutlichung des Attributionsmodells von Weiner (1976) am Beispiel »Lob für Musikvorspiel«

Auch in diesem Fall sind interne Attributionen eher günstig für die weitere Motivation. Während die intern-stabile Attribution auf Begabung den Selbstwert unterstützen kann, zeigt die intern-variable Attribution zudem auf, wie in Zukunft die eigene Leistung positiv beeinflusst werden kann. Um die theoretische Einführung etwas praxisbezogener darzustellen, haben wir vier kurze Szenen entwickelt, in denen Sie entscheiden können, welche Ursachenzuschreibung beziehungsweise Attribution das jeweilige Kind vorgenommen hat (die Lösungen finden Sie am Ende dieses Kapitels).

Übungsbeispiele zu Attributionen

1. Kathrin hat in einer Mathearbeit eine Eins geschrieben. Sie sagt: »Ich bin so froh, dass ich immer gut aufgepasst habe, sonst wäre das wohl nur ein Dreier geworden.«
   - ○ a) intern stabil ○ b) intern variabel
   - ○ c) extern stabil ○ d) extern variabel

2. Thorben hat beim Fußballspiel zwei Tore geschossen. Sein Kommentar: »Ich glaube, dass ich kaum noch trainieren muss – ich bin einfach talentiert.«
   - ○ a) intern stabil ○ b) intern variabel
   - ○ c) extern stabil ○ d) extern variabel

3. Chiara ist seit Jahren Klassenbeste. Voller Stolz sagt sie: »Ich bin einfach schlau. Da brauche ich doch kaum zu lernen.«
   - ○ a) intern stabil ○ b) intern variabel
   - ○ c) extern stabil ○ d) extern variabel

4. Hendrik wurde von seiner Lehrerin getadelt, weil er zum wiederholten Male die Hausaufgaben unvollständig bearbeitet hatte. Daraufhin antwortet er: »Wenn meine Eltern mich auch nie daran erinnern, die zu machen, kann ich die Aufgaben einfach nicht komplett haben.«
   - ○ a) intern stabil ○ b) intern variabel
   - ○ c) extern stabil ○ d) extern variabel

Attributionen von Kindern lassen sich verändern. Im ersten Schritt ist es wichtig, sich darüber klar zu werden, wie ein Kind sich typischerweise Erfolge und Misserfolge erklärt. Auch wenn kein Mensch das immer in der gleichen Weise tut, finden sich in der Regel klare Muster. Keine Attribution ist für sich genommen verkehrt. Gibt es jedoch eine Festlegung auf bestimmte Erklärungen, kann das ungünstige Auswirkungen haben.

Generell ist es hilfreich, wenn Menschen bei Ereignissen einen »internen« Anteil sehen, das heißt, wenn sie davon ausgehen, dass sie selbst Einfluss auf Erfolge und Misserfolge nehmen können. Bei Erfolgen ist es angemessen, dass gerade kluge Kinder diese auch mit einem stabilen inneren Anteil erklären (»Ich bin eben schlau« oder »Mathe kann ich gut«). Allerdings kann eine zu absolute Festlegung auf diesen Anteil aus zwei Gründen ungünstig sein: Zum einen kann sie mit einem zu »stabilen Selbstbild« einhergehen, d. h. dass Kinder jede Leistungssituation als Beweis oder auch Test für ihre hohen Fähigkeiten ansehen und höheren Anforderungen aus dem Weg gehen, weil sie bei einem Scheitern zu dem Schluss kommen müssen, dass ihr Selbstbild fehlerhaft ist. Der zweite problematische Aspekt einer ausschließlichen Erklärung von Erfolgen durch Begabung liegt darin, dass in diesem Fall Lernen und Üben überflüssig würden (was zumindest auf weiterführenden Schulen auch für hochbegabte Kinder nicht der Fall ist).

Auch bei Misserfolgen sollten Kinder einen inneren variablen Anteil erkennen können, um einen Ansatzpunkt für ein besseres Ergebnis bei der nächsten ähnlichen Anforderung (beispielsweise einer Klassenarbeit) zu haben. Unproblematisch ist nach unserer Erfahrung, wenn Kinder im ersten Moment eine äußere (externe) Ursache benennen (»Die Aufgaben waren zu schwer« oder »zu unfair«). Dies kann ein Versuch sein, das angeschlagene eigene Selbstwertgefühl zu »reparieren«. Ungünstig ist nur, wenn ein Kind bei dieser Erklärung stehen bleibt.

Eltern haben verschiedene Einflussmöglichkeiten zur Veränderung der Attributionen ihrer Kinder. Ein wirkungsvoller Ansatz besteht darin, in einem Feedback gezielt den Aspekt aufzugreifen, den ein Kind gerade übersieht, beispielsweise: »Ich freue mich über diese Note von dir besonders, weil ich mitbekommen habe, dass du dafür regelmäßig gelernt hast«, oder: »Auch wenn du mit dem Bild nicht so zufrieden bist, gefällt mir, dass du etwas gezeichnet hast, was du vorher noch nie probiert hast.« Dabei wird nicht nur das Ergebnis, sondern auch der Entstehungsprozess gewürdigt. So wie Eltern Erfolge und Misserfolge ihrer Kinder kommentieren, können sie dies auch für sich selbst tun und da, wo es passend ist, laut denken: »Ich würde gern einmal bei einem Marathonlauf mitmachen. Auch wenn ich regelmäßig Sport treibe und mich fit fühle, werde ich mich dafür intensiv vorbereiten müssen, damit ich durchhalte.« Damit setzen Mütter und Väter ihre Modellwirkung ein und helfen

Kindern, deren eigene Attributionen zu verändern. Weitere Anregungen zur Beeinflussung der Attributionen finden Sie im dreizehnten Kapitel.

Um ein Missverständnis zu vermeiden, das wir manchmal in den Elterntrainings KLIKK® erleben: Die Grundzüge des Attributionsmodells liefern keine Strategien, mit denen sich Motivation aus dem Nichts heraus erzeugen lässt. Die Basis der Motivationsunterstützung ist die Selbstbestimmung. Das bedeutet, dass eine tragfähige Beziehungsebene zu nahen Bezugspersonen sowie ausreichende Freiräume zur Entwicklung von Autonomie- und Kompetenzerleben als »Fundament« anzusehen sind. Und: Das Erbringen von Leistung sollte nicht Voraussetzung für das Erleben von Wertschätzung der eigenen Person sein (nach dem Motto: Du bist wertvoll, weil oder wenn du gute Noten schreibst). Zum Abschluss dieses Kapitels soll das Beispiel von Clara zeigen, wie Eltern mit ihrem Kind über leistungsbezogene Ursachenzuschreibungen ins Gespräch kommen können.

Clara

Clara schrieb im Deutschaufsatz nach mehreren Vieren eine Zwei. Vorher hatte sie mehrere Nachmittage dafür geübt. Sie konnte sich über die gute Note jedoch nicht recht freuen, weil sie meinte, der Lehrer habe diesmal ein viel zu leichtes Thema gewählt (also eine externe und variable Ursachenzuschreibung). Deswegen werde sie auch für die nächste Klassenarbeit nicht mehr üben.

Ihren Eltern gelang es im ersten Schritt, das Gefühl ihrer Tochter aufzufangen. Nachdem Clara ihre Frustration aussprechen konnte (»Dafür hätte ich ja gar nichts machen müssen«), war sie deutlich zugänglicher. Ihre Mutter, Frau G., regte daraufhin ein Gedankenexperiment an: »Angenommen, du lernst tatsächlich gar nicht für die nächste Arbeit, welche Note wirst du vermutlich bekommen?« Clara entgegnete nach kurzem Überlegen: »Eine Drei oder Vier.« »Und mit welcher Note wärst du so richtig zufrieden?« »Mit einem Zweier oder Einser«, antwortete die Tochter spontan. »Wenn ich dich richtig verstehe, hast du eine klare Vorstellung von dem Notenbereich, mit dem du zufrieden bist«, fasste Frau G. zusammen. »Und um diesen Bereich zu erreichen, ist offenbar auch Lernen erforderlich. Wenn du tatsächlich nicht lernen und dann in der nächsten Klassenarbeit einen Dreier oder Vierer bekommen würdest, wärst du selbst unzufrieden.« Clara hatte aufmerksam zugehört: »Ja, stimmt.«

Claras Mutter griff diese Zustimmung auf: »Und zu wie viel Prozent bist du bereit, für diese Noten etwas zu lernen, wenn 0 ›wirklich gar nichts‹ bedeutet und 100 ›so viel, wie du jemals für eine Klassenarbeit gelernt hast‹?« Diesmal dachte Clara länger nach, bevor sie ihre Einschätzung (65 Prozent) formulierte. Frau G. fragte noch einmal nach: »Okay, und wie könnten diese 65 Prozent konkret aussehen?« Claras Antwort kam diesmal relativ schnell: »Na ja, zweimal eine halbe Stunde eine Textzusammenfassung schreiben.«

Claras Mutter konnte dieses Gedankenexperiment so stehen lassen (»Auch wenn ich mir zweimal auf die Zunge beißen musste, weil ich nicht sicher war, ob meine Tochter irgendetwas machen würde«). Tatsächlich setzte sich Clara an zwei Nachmittagen vor der Klassenarbeit an den Schreibtisch und verfasste eine Zusammenfassung von zwei kurzen Kapiteln aus ihrem Lieblingsbuch (»Zwar nur zwanzig Minuten, aber dafür aus freien Stücken«).

Beim zweiten Mal bat sie von sich aus darum, dass ihr Vater sich den von ihr geschriebenen Text durchlas. Der gab ihr den Tipp, zwei Sätze umzuformulieren (»Das konnte sie auch gut annehmen«). Das Ergebnis war letztlich eine Zwei minus. Claras Mutter fasste die Situation erleichtert zusammen: »Die Zwei war knapp, aber das war egal, weil unsere Tochter stolz auf das Ergebnis war und diesmal den Eindruck hatte, dass sie selbst einen entscheidenden Beitrag dazu geleistet hatte. Für mich als Mutter war entlastend, dass Clara sich über ihr Notenziel klar wurde und erkannt hat, dass sie einen wichtigen Einfluss darauf hat, ob sie dieses Ziel erreicht oder nicht.«

In diesem Beispiel hat Frau G. es geschafft, ihre Tochter zum Nachdenken anzuregen, und in diesem Prozess konnte Clara für sich erkennen, dass sie beim Nichtlernen maximal eine Drei erreichen würde, mit der sie nicht zufrieden wäre. Wohlgemerkt: Es geht an dieser Stelle nicht um eine nett verpackte Manipulationstechnik, um Clara dazu zu bringen, die Vorstellungen der Eltern zu erfüllen (die mit einer Drei durchaus zufrieden gewesen wären). Claras Mutter und Vater schafften es vielmehr, ihrer Tochter einen Rahmen zu geben, in dem diese ihren eigenen Maßstab und ihre Einflussmöglichkeit erkennen konnte. Genau das ist ein entscheidender Punkt des Attributionsmodells: Wenn Menschen eine Einflussmöglichkeit dafür sehen, ein Ziel zu erreichen, das ihnen wichtig ist, entwickeln sie Motivation. (Ein weiteres Beispiel dafür, wie Eltern Einfluss auf die Motivationslage ihrer Kinder nehmen können, finden Sie im dreizehnten Kapitel.)

Zum Abschluss dieses Abschnittes noch die Auflösungen des kleinen Attributionsquiz von oben: 1b, 2a, 3a, 4c.

Reflexion

- Wann bin ich besonders motiviert und was ermöglicht mir das (beispielsweise äußere Anreize oder mein innerer Maßstab)?
- Wo ist mein Kind besonders motiviert und wie entwickelt es an dieser Stelle Motivation?
- Wo kann ich meinem Kind zutrauen, dass es selbst Verantwortung für kleine Bereiche (wie beispielsweise das Packen des Schulranzens) übernimmt (und sich damit als kompetent und autonom erlebt)?
- Welche Bedeutung haben Leistungen (in der Schule oder in anderen Bereichen) in meinen Augen und wie habe ich bisher mein Kind dazu bewegt, Leistungsanforderungen zu erfüllen?
- Wo erlebe ich, dass ich die Motivation meines Kindes beeinflussen kann, wenn wir gut im Kontakt miteinander sind?

7 Stress bei Eltern und ihren hochbegabten Kindern

Wieder so ein Thema, das polarisieren kann. Während manche Eltern uns in den Gesprächen erzählten, dass ihre hochbegabten Kinder sie doppelt so sehr fordern wie deren Geschwister (»Wenn ich alle Fragen beantworten würde, hätte ich abends einen Knoten in der Zunge«), berichteten andere Mütter und Väter, dass die hohe Intelligenz auch eine Erleichterung sein kann. »Wenn wir mit unserem Sohn eine Regel durchsprechen, mag das in der Situation länger dauern als bei anderen Kindern. Danach funktioniert es im Alltag aber meistens problemlos. Ich glaube, unterm Strich ist der Zeitaufwand zum Aufstellen von Familienregeln bei uns geringer als in anderen Familien«, so die Mutter eines hochbegabten Jungen.

So selbstverständlich der Begriff »Stress« in unserem Sprachgebrauch ist, so vergleichsweise jung ist er in der Psychologie. Das Konzept »Stress« wurde hier 1950 durch den ungarisch-kanadischen Mediziner Hans Selye eingeführt und steht bei ihm für Anspannungen und Anpassungszwänge, die seelischen oder körperlichen Druck auslösen können. Ursprünglich stammt das Wort Stress aus dem Bereich der Materialprüfung und beschreibt hier Verformungen aufgrund der Spannung, der ein Material ausgesetzt ist.

Verschiedene Untersuchungen und auch unsere Eindrücke in der Beratungsarbeit aus den letzten zehn Jahren deuten darauf hin, dass Menschen in unserer Gesellschaft einen Stresszuwachs erleben. Dieser Anstieg ist nicht nur auf den beruflichen Bereich begrenzt, sondern betrifft auch das Familienleben. Fachleute gehen davon aus, dass zunehmend unsicher werdende Arbeitsverhältnisse sich negativ auf das Familienleben auswirken, vor allem dann, wenn Stressbewältigungsstrategien fehlen und Konflikte so eskalieren können. Und nicht zuletzt wird im Familienalltag klar, dass auch Kinder Stress erleben; vielfach in der Schule, aber auch im Kontakt mit ihren Eltern oder Geschwistern (Rogge, 2005).

In diesem Kapitel beschäftigen wir uns vor allem mit Situationen, die zu Stresserleben im Familienalltag führen können, und damit, welche Bewältigungsmöglichkeiten es hierfür gibt. Wir beginnen wieder mit einer kurzen theoretischen Einführung in das Themengebiet und stellen dann den Zusammenhang zur Hochbegabung her. Im Weiteren geht es dann auch um einen Überblick über Bewältigungsmöglichkeiten, welche wir vertieft im dreizehnten Kapitel besprechen.

Worum geht es?

Ein unangenehmes Stressempfinden (»Disstress«) entsteht, wenn Anforderungen *subjektiv* als zu hoch empfunden werden, zu lange andauern oder aber bei einer Kombination von beidem (Wagner-Link, 2001). Ein individuell passendes Anforderungsniveau wird dagegen als anregend und angenehm empfunden (die Bezeichnung hierfür lautet: »Eustress«). Im Weiteren ist mit der Bezeichnung »Stress« immer Disstress gemeint. Ein solcher Zustand kann, wie wir nachfolgend sehen werden, auch dann erlebt werden, wenn die Anforderungen subjektiv zu niedrig sind, also bei andauernder Unterforderung. Wir sehen von daher, dass Stressbewältigung zu kurz greifen kann, wenn sie nur pauschal Anforderungen reduziert.

Der Begriff Stress bezeichnet einen Zustand und nicht die Ursache desselben (Wagner-Link, 2004). Situationen sind nicht per se Stress auslösend, sondern erlangen diesen Charakter durch die individuelle Bewertung eines Menschen. Natürlich gibt es Gegebenheiten oder Anforderungen, die mit deutlich höherer Wahrscheinlichkeit mit Stress in Verbindung gebracht werden als andere. Soziale Isolation in Kindergarten oder Schule oder täglich wechselnde berufliche Anforderungen seien hier als Beispiele genannt. Generell werden Auslöser von Stress als Stressoren bezeichnet. Die drei wesentlichen Klassen von Stressoren sind kritische Lebensereignisse (wie beispielsweise ein Unfall), Entwicklungsaufgaben (das könnte der Schuleintritt des ältesten Kindes sein) und tägliche Widrigkeiten wie beispielsweise das Verpassen der U-Bahn (Bodenmann, 2000).

Situationen sind nicht per se Stress auslösend, sondern erlangen diesen Charakter durch die individuelle Bewertung eines Menschen.

In der Vergangenheit wurde vor allem den kritischen Lebensereignissen eine große Bedeutung beigemessen. Heute geht man davon aus, dass die täglichen Widrigkeiten (»daily hazzles«) insgesamt betrachtet ein stärkeres Gewicht als Stressauslöser haben (Lohaus,

Domsch & Fridrici, 2007). Der Schriftsteller Charles Bukowski beschreibt dies folgendermaßen: »Es sind nicht die großen Dinge, die einen Menschen ins Irrenhaus bringen ... nein, es sind die ständig wiederkehrenden kleinen Tragödien ... nicht der Tod des geliebten Menschen, sondern der Schnürsenkel, der reißt, wenn man es sehr eilig hat« (zitiert nach Myers, 2005, S. 675).

Menschen erleben in vergleichbaren Situationen (das heißt: bei ähnlichen Stressoren) unterschiedlich viel Stress, was noch einmal unterstreicht, dass nicht die Anforderung alleine das Ausmaß der Belastung bestimmt. Ein Modell, welches diese Unterschiede erklären kann, stellen wir nachfolgend vor. Es besagt im Wesentlichen, dass das Erleben von Stress Folge eines Bewertungsprozesses ist, der in der Person selbst abläuft (und dieser kann von Person zu Person eben unterschiedlich verlaufen).

Wie Stresserleben entsteht

Zur Beschreibung der Entstehung von Stress gibt es verschiedene Erklärungsansätze. Relativ häufig wird in aktuellen Untersuchungen das Stressmodell von Lazarus (Lazarus & Folkmann, 1984) eingesetzt, das bereits seit den 1960er-Jahren als richtungweisend angesehen wird. Dieses Modell kann das unterschiedliche Erleben von Stress in ähnlichen Situationen erklären: Eine objektive Anforderung wird durch die subjektive Bewertung zur Belastung. Die Bewertung erfolgt dabei in zwei Schritten: Zunächst wird die Anforderung eingeschätzt, entweder als angenehm-positiv, irrelevant oder Stress auslösend. In einem zweiten Schritt werden nachfolgend die eigenen Bewältigungsressourcen beurteilt. Stresserleben ist vor allem dann zu erwarten, wenn die eigenen Bewältigungsmöglichkeiten in einer subjektiv Stress auslösenden Situation als unzureichend eingeschätzt werden. Die möglichen inneren Bewertungsprozesse veranschaulicht die nachfolgende Abbildung am Beispiel »Eine Rede halten« (in der wir die Einschätzung als irrelevant – »Das betrifft mich nicht« – der Übersichtlichkeit halber weggelassen haben.

Unser Stresserleben hängt wesentlich davon ab, wie wir Anforderungen einschätzen.

Wir haben bereits erwähnt, dass auch zu geringe Anforderungen Stresserleben auslösen können. Das mag auf den ersten Blick überraschen. Sowohl Über- als auch Unterforderungen können jedoch dazu führen, dass ein Mensch ein Ungleichgewicht zwischen äußeren Anforderungen und eigenen Kompetenzen (oder allgemeiner: zwischen äußeren Reizen und innerem Bedürfnis nach Stimulation) erlebt. Letztlich könnte man indes auch hier argumentieren, dass es sich um eine Überforderungssituation handelt, zum Beispiel dann, wenn Kinder nicht gelernt haben, mit Unterforderung umzugehen. An den beiden Bewertungsschritten, die zu dieser Einschätzung führen (Bewertung der Anforderung sowie Beurteilung der eigenen Bewältigungsmöglichkeiten), kann angesetzt werden, um das Stresserleben zu reduzieren, worauf wir im dreizehnten Kapitel noch ausführlicher eingehen. Doch zunächst wollen wir in den nächsten beiden Abschnitten das Thema Stress in den Gesamtkontext dieses Buches einordnen.

Anforderung	1. Bewertung in Bezug auf Relevanz für eigenes Wohlbefinden	2. Bewertung in Bezug auf Bewältigungs-ressourcen	Erleben
Rede halten	**Angenehm-positiv** »Endlich kann ich zeigen, was ich weiß/kann.«	»Schaffe ich locker!«	**Zuversicht**
	Stressrelevant »Das ist eine große Anforderung für mich. Mal schauen, ob ich das hinbekomme.«	**Positiv** »Wird schon klappen. Habe ich beim letzten Mal auch geschafft.«	**(vorsichtige) Zuversicht**
		Negativ »Das werde ich nicht schaffen!«	**Stress**

Mögliche individuelle Bewertungsschritte in Lazarus' Modell am Beispiel »Eine Rede halten«.

Stress bei Kindern

Erleben auch Kinder Stress, und wie äußert sich dieser bei ihnen? Der erste Teil dieser Frage lässt sich eindeutig bejahen. Auch Kinder erfahren Stress, vielleicht sogar in einem stärkeren Ausmaß, als wir Erwachsene uns das vorstellen. In einer Untersuchung von Lohaus aus dem Jahr 1990 mit 342 Kindern zwischen acht und achtzehn Jahren zum Thema Stress (zitiert nach Lohaus, Domsch & Fridrici, 2007, S. 12–14) kannten *alle* befragten Mädchen und Jungen den Begriff. Rund drei Viertel der Kinder zwischen sieben und elf Jahren bejahten die Frage, ob sie selbst Stress hätten. Die befragten Mädchen und Jungen gaben an, dass sie bei Stress körperliche Symptome wie Kopf- und Bauchschmerzen, Schlafprobleme oder Appetitlosigkeit erlebten. Gerade für jüngere Kinder haben Eltern eine große Bedeutung, wenn es darum geht, über das eigene Stresserleben reden zu können. Dies ist insofern wichtig, als viele Kinder im Grundschulalter in dieser Studie der Auffassung waren, dass sie selbst nichts gegen ihr Stressempfinden tun konnten.

Auch Kinder erfahren Stress, vielleicht sogar in einem stärkeren Ausmaß, als wir Erwachsene uns das vorstellen.

Die Pädagogin Julia Rogge (2005) weist darauf hin, dass Kinder in zweifacher Hinsicht von Stress betroffen sind: zum einen durch Anforderungen, die an sie selbst gestellt werden, und zum anderen durch den Umgang mit Stress, den sie bei ihren Eltern erleben. Diese Begegnung mit dem Stress ihrer Mütter und Väter kann übrigens auch eine wichtige Chance enthalten. Wenn Kinder erleben, dass ihre Eltern mit den Anforderungen ihres Lebens konstruktiv umgehen können, gibt ihnen das ein wichtiges Vorbild (nach dem Motto: »Mit Anforderungen kann ich fertig werden«, oder vielleicht sogar: »Es kann Spaß machen, sich Anforderungen zu stellen«). Insofern kommen die Ideen zur gelungenen Stressbewältigung, die Sie für sich umsetzen, auch Ihren Kindern zugute.

Darüber hinaus haben Eltern noch eine weitere wichtige Einflussmöglichkeit, um das Stresserleben ihrer Kinder zu reduzieren, wie eine Studie von Lang (1985; zitiert nach Lohaus, Domsch & Fridrici, 2007, S. 19) zeigt. In dieser Untersuchung mit 2048 Kindern im Alter von acht bis zehn Jahren zeigte sich, dass das elterliche Erziehungsverhalten der bedeutsamste Stressor in der Familie war. Positiv formuliert: Die Mädchen und Jungen, die von ihren Eltern gelobt, unterstützt und nur wenig gestraft wurden, gaben ein hohes familiäres Wohlbefinden an. Dieses positive Gefühl wurde auch dadurch unterstützt, dass Mütter und Väter sich Zeit nahmen, um sich mit ihren Kindern zu beschäftigen.

Die Ausführungen in diesem Abschnitt gelten für alle Kinder. Möglicherweise denken sich manche von Ihnen: »Und wie ist das dann mit dem Stresserleben bei hochbegabten Kindern?« Mit dieser Frage beschäftigen wir uns im nächsten Abschnitt. Ein Beispiel dafür, wie Eltern ihre Kinder bei der Stressbewältigung unterstützen können, finden Sie im dreizehnten Kapitel.

Stress und hohe Begabung: Gibt es einen Zusammenhang?

Die Frage, ob hochbegabte Kinder mehr Stress als ihre durchschnittlich begabten Peers erleben, wird in wissenschaftlichen Kreisen nach wie vor kontrovers diskutiert (Preuss & Dubow, 2004). Teilweise wird davon ausgegangen, dass hochbegabte Kinder mehr Stress erleben, oder aber, dass sich deren Stresserleben aus anderen Quellen speist. Genannt werden hier zum Beispiel ein von außen gesetzter Druck, perfekt zu sein, das Gefühl, anders und/oder unverstanden zu sein, oder Ungeduld bei Problemen, die nicht schnell zu lösen sind (z. B. Janos, Fung & Robinson, 1985).

Der dabei hergestellte Zusammenhang zwischen der intellektuellen Hochbegabung eines Kindes und dem damit korrespondierenden (spezifischen) Stress lässt sich allerdings wissenschaftlich nicht eindeutig belegen. Belege für die Annahme eines höheren Stresserlebens wurden häufig an stark ausgelesenen Stichproben oder in Einzelfallstudien gewonnen (Silverman, 2002). In Leistungssituationen erleben viele hochbegabte Kinder im Durchschnitt sogar weniger Stress als nicht hochbegabte Kinder. In der Fachliteratur findet sich jedoch immer wieder die Aussage, dass hochbegabte Kinder mit einigen spezifischen alltäglichen Stressoren konfrontiert sind, die sich so für andere Kinder eher nicht stellen. Einige der öfter genannten Aspekte behandeln wir nachfolgend im Überblick.

- *Asynchrone intraindividuelle Entwicklung:* Bei diesem Konzept wird davon ausgegangen, dass Kinder, die intellektuell dem durchschnittlichen Entwicklungsstand ihrer Altersstufe um Jahre voraus sind, in anderen Entwicklungsbereichen altersentsprechend durchschnittlich entwickelt sind und aufgrund dieser intraindividuellen Entwicklungsdiskrepanzen sozialen und/oder emotionalen Stress erleben (Silverman, 1993). Diese Annahme ist allerdings umstritten. Verschiedene Studien mit hochbegabten Kindern, wie zum Beispiel die berühmte Terman-Studie, belegen eher einen Entwicklungsvorsprung intellektuell Begabter auch im sozialen und emotionalen Bereich.
- *Fehlende soziale Kompetenzen:* Dieser Punkt wird oft genannt, ihm wird aber auch widersprochen: Preuss und Dubow (2004) kamen in einer in den Vereinigten Staaten durchgeführten Studie zu dem Ergebnis, dass die als hochbegabt identifizierten Kinder der fünften und sechsten Klassenstufe von ihren Lehrern

als sozial und schulisch besser angepasst eingeschätzt wurden als eine durchschnittlich begabte Vergleichsgruppe des gleichen Alters. Im Selbstbericht der Kinder zeigte sich zudem, dass die Hochbegabten mehr Problemlösetechniken einsetzten als die Kontrollgruppenkinder (wobei hochbegabte Mädchen gegenüber gleich befähigten Jungen über eine größere Auswahl an Bewältigungsmöglichkeiten verfügten). Soziale Kompetenz wiederum kann das Stresserleben reduzieren. Eine Erklärung für diesen Zusammenhang bietet die sogenannte *Puffer-Hypothese* an (Cohen & Wills, 1985), in der empirisch begründet davon ausgegangen wird, dass soziale Unterstützung negative Effekte potenziell Stress auslösender Ereignisse »abpuffern« kann. Die Einschätzung, dass hochbegabte Kinder insgesamt eher als sozial kompetent einzustufen sind, wird von Stapf (2010) und Freeman (1979) geteilt. Ob diese Kompetenz in sozialen Beziehungen umgesetzt werde, hänge »in erheblichem Maße vom jeweiligen Partner ab« (Stapf, 2010, S. 46).

- *Perfektionismus*: Teilweise wird Perfektionismus als Risikofaktor für das Stresserleben Hochbegabter thematisiert. Das Konzept des Perfektionismus wurde in der Vergangenheit unterschiedlich eingeordnet. Während Maslow (1970) Perfektionismus als »gesunden« Teil menschlicher Entwicklung ansieht, stuft beispielsweise Burns (1980, 1984) Perfektionismus als destruktiv ein. Bransky, Jenkins-Friedman und Murphy (1987; zitiert nach Schuler, 2002, S. 72) unterscheiden zwischen Perfektionismus, der Menschen anspornt, und Perfektionismus, der Menschen lähmt. Nach dem aktuellen Forschungsstand charakterisiert diese Unterscheidung Perfektionismus am besten. So zeigte sich in etlichen Untersuchungen, dass sich die beiden Komponenten adaptiver (»gesunder«) Perfektionismus und maladaptiver (»neurotischer«) Perfektionismus klar unterscheiden lassen (beispielsweise Frost, Heimberg, Holt, Mattia & Neubauer, 1993; Stumpf & Parker, 2000). Adaptiver Perfektionismus ist dabei gekennzeichnet durch Freude am Streben nach exzellenter Leistung und hohen Zielen bei gleichzeitiger Wahrnehmung und Akzeptanz eigener Grenzen und flexibler Zielanpassung bei Misserfolgserlebnissen. Maladaptive Perfektionisten hingegen kennen und akzeptieren ihre eigenen Leistungsgrenzen nicht, stellen daher unrealistisch hohe Erwartungen an sich selbst und akzeptieren keine Fehler. Während adaptiver Perfektionismus oft in Zusammenhang mit

einem positiven Selbstwert und Erfolgszuversicht steht, ist maladaptiver Perfektionismus gekennzeichnet von einem geringen Selbstwertgefühl bei Angst vor Fehlern und Misserfolg.
Die Forschungsbefunde zu Perfektionismus bei Hochbegabten sind gemischt. In der Mehrzahl der Untersuchungen zeichnet sich jedoch ab, dass Hochbegabte sich im Vergleich zu nicht Hochbegabten durch höhere Perfektionismuswerte auszeichnen, wobei diese sich überwiegend dem adaptiven Perfektionismus zuordnen lassen (Gräf, 2007). Das Hauptthema dabei ist der Wunsch, das persönlich Beste zu erreichen. Perfektionismus ist damit für die meisten Hochbegabten eine Ressource und kein spezifischer Stressor. Die Untersuchungsbefunde zeigen jedoch auch, dass eine (kleinere) Teilgruppe Hochbegabter maladaptive perfektionistische Tendenzen zeigt. Diese Gruppe erlebt einen hohen persönlichen und von außen an sie herangetragenen Leistungsdruck, dem sie sich nicht gewachsen fühlt. Maladaptive Perfektionisten koppeln ihren Selbstwert an das Erreichen von Leistungszielen. Da sie diese häufig unrealistisch hoch ansetzen, kann sich so ein Teufelskreis ergeben mit der Konsequenz, dass diese Personen Handlungen zu lange aufschieben, dauerhaft vermeiden oder Symptome mit Krankheitswert entwickeln. Maladaptiver Perfektionismus kann daher ein Stressor für Hochbegabte sein, er ist in dieser Gruppe jedoch seltener (!) anzutreffen als bei nicht Hochbegabten.

- *Sensibilität/Overexcitability*: Im dritten Kapitel dieses Buches haben wir uns diesem Thema ausführlich gewidmet, deswegen an dieser Stelle nur eine kurze Übersicht. Die bislang vorhandenen Befunde deuten darauf hin, dass Overexcitability und intellektuelle Hochbegabung in keinem systematischen Zusammenhang stehen. Anders ausgedrückt: Besondere Sensibilitäten können bei Hochbegabten auftreten, sind jedoch nicht typisch für sie.
- *Höchstbegabung*: Manche Fachleute, wie beispielsweise Hollingworth (1942), gehen davon aus, dass Kinder, die eine extreme Ausprägung der Hochbegabung zeigen und somit als »höchstbegabt« gelten können (üblicherweise wird diese Bezeichnung ab einem IQ von 145 und größer verwendet), besondere Belastungen erleben (z. B. soziale Isolation, extreme Asynchronien). Die Überprüfung dieser Frage gestaltet sich deswegen schwierig, weil Höchstbegabung per Definition äußerst selten anzutreffen ist (ein Mensch unter 1000 seiner Altersgruppe erzielt einen IQ von 145).

Janos (1983, zitiert nach Grossberg & Cornell, 1988, S. 267) fand in einer Untersuchung an 32 höchstbegabten Kindern (IQ höher als 164) und 49 »moderat Hochbegabten« (IQ 120 bis 140) keine signifikanten Unterschiede zwischen den Gruppen: Auch in der Gruppe der »Höchstbegabten« korrelierte der IQ negativ mit dem Auftreten von Verhaltensproblemen, was bedeutet, dass das Ansteigen der (gemessenen) Intelligenz mit einem Absinken der (per Fragebogen erfassten) Probleme einherging. Dieser Befund deckt sich mit den Aussagen von Freeman (1979). Von einer besonderen Belastung aller höchstbegabten Kinder ist somit nach dem gegenwärtigen Kenntnisstand nicht auszugehen.

- *Dauerhafte schulische Unterforderung*: Im fünften Kapitel haben wir bereits die »Spirale der Enttäuschung« vorgestellt. Sie beschreibt etwas vereinfacht das Erleben hochbegabter Mädchen und Jungen bei dauerhafter Unterforderung. Als Folge dieser Erfahrung können sich bei diesen Kindern massive Probleme wie Schulunlust einstellen. Die Probleme können sich beim Übertritt auf die weiterführende Schule nochmals verstärken, weil die Kinder nun mit höheren Anforderungen konfrontiert sind, mit denen sie jedoch – beispielsweise aufgrund fehlender Arbeitsstrategien – nicht angemessen umgehen können (Wittmann, 2003; Lohaus, Domsch & Fridrici, 2007). Schulische Unterforderung kann damit ein spezifischer Stressor für hochbegabte Kinder sein, der sich allerdings vor allem dann negativ auswirkt, wenn diese Unterforderung dauerhaft ist.
- *Furcht vor Vorurteilen und Stigmatisierung* (Coleman & Cross, 2000): Für einige Hochbegabte ist die Vorstellung, andere Menschen könnten von ihren hohen Fähigkeiten wissen, offenbar bedrohlich. Vereinfacht gesagt, besagt dieses Modell, dass Hochbegabte den Wunsch nach »normalen« sozialen Kontakten haben und befürchten, dass diese nicht oder nur eingeschränkt möglich sein werden, wenn sie als hochbegabt »stigmatisiert« sind, weswegen sie versuchen, diese Information möglichst zurückzuhalten. Nach gegenwärtigem Stand ist diese Sorge bei einigen, jedoch nicht bei allen Hochbegabten anzutreffen.
- *Hochbegabung als Stressor für die Familie*: Manche Wissenschaftlerinnen und Wissenschaftler (beispielsweise Hackney, 1981) gehen davon aus, dass die Hochbegabung eines Kindes in besonderer Weise Stress für seine Familie erzeugen kann. Dabei wird die ausgeprägte Fähigkeit als ein Stressor gesehen, der so-

wohl auf das System einwirkt als auch von ihm beeinflusst wird (ausführlicher behandeln wir diese Aspekte im folgenden achten Kapitel). Verstärkt werde das Stresserleben teilweise dann, wenn ein begabtes Kind in die Schule komme (May, 1994). Gauck (2007) fand indes in ihrer Studie keine Belege für ein höheres Stresserleben von Eltern mit hochbegabten Kindern im Vergleich zu Müttern und Vätern von durchschnittlich begabten Kindern, die ebenfalls Beratungsstellen aufsuchten, sowie im Vergleich zu einer Kontrollgruppe ohne Beratungsbedarf. Die Autorin erklärt diese Befunde mit einem möglicherweise höheren Intelligenz- und Bildungsniveau der Eltern der hochbegabten Kinder, das sich als Bewältigungsressource bemerkbar machen könne. Diese Ergebnisse stehen in Einklang mit den Resultaten von Tettenborn (1996), die in ihrer Untersuchung keine bedeutsamen Unterschiede in der Wahrnehmung der eigenen Familie zwischen »Hochbegabten-« und »Normalbegabtenfamilien« fand.
- *Hochbegabte Kinder aus Minoritätengruppen oder bildungsfernen Familien*: Nach gegenwärtigem Stand müssen wir davon ausgehen, dass hochbegabte Kinder aus diesen Familien in einer besonderen Weise belastet sein können, weil sie häufiger die Erfahrung machen, dass ihre Bezugspersonen ihren Fragen und Fähigkeiten mit Unverständnis begegnen, als dies in Familien mit einem höheren Bildungsstand der Fall sein wird (Feger, 1988). Wohlgemerkt: Im Fähigkeitsunterschied alleine liegt noch nicht das Problem. Eine große Belastung erlebt das Kind vor allem dann, wenn diese Diskrepanz mit einer geringen Offenheit für seine Bedürfnisse oder mit fehlenden Unterstützungsmöglichkeiten einhergeht.

Als Fazit dieser kurzen Übersicht (die wiederum keinen Anspruch auf Vollständigkeit erhebt) lässt sich festhalten, dass es zwar Stressoren gibt, die in besonderer Weise zum Stresserleben Hochbegabter beitragen können, diese jedoch weniger sind, als manche Ratgeber vermuten lassen. Zudem heißt »spezifischer Stressor« nicht, dass alle hochbegabten Menschen in gleicher Weise durch diesen belastet sind. Hochbegabung ist damit nicht mit einer höheren Stressanfälligkeit verbunden, spezifische Herausforderungen können sich jedoch in der Interaktion mit der Umwelt ergeben (beispielsweise dauerhafte Unterforderung, mangelnde Anerkennung

Hochbegabung ist nicht mit einer höheren Stressanfälligkeit verbunden.

vorhandener Fähigkeiten, vermutete Vorurteile). Nach derzeitigem Forschungsstand gibt es keine Belege dafür, dass hochbegabte Kinder und Jugendliche generell stärker belastet sind als ihre durchschnittlich begabten Peers (Lohaus, Domsch & Fridrici, 2007).

Methoden der Stressbewältigung

Die vielen möglichen Auslöser und Verstärker von Stress werfen natürlich die Frage auf: »Was kann ich tun, um Stress zu verringern?« Glücklicherweise gibt es eine Reihe von Bewältigungstechniken. Einige von ihnen wenden Sie vermutlich schon an, vielleicht, ohne sich dessen bewusst zu sein. Eine erste grobe Einordnung der Bewältigungsmöglichkeiten lässt sich anhand der folgenden Unterscheidung treffen:

- Kurzfristige oder emotionsfokussierte Methoden: Stressreaktionen werden reduziert oder beseitigt (Beispiel: Entspannungstechniken). Dies ist vor allem sinnvoll bei zeitlich begrenzten Belastungen wie beispielsweise Prüfungssituationen.
- Langfristige oder problemfokussierte Methoden: Hier ist das Ziel die Beseitigung der Ursache des Stresserlebens (beispielsweise durch die Überprüfung eigener Perfektionsansprüche).
- Eine weitere Unterscheidung lässt sich dahingehend treffen, ob primär die Auslöser von Stress (Stressoren) reduziert oder aber der Umgang damit verändert werden soll. Im KLIKK®-Konzept verfolgen wir den Ansatz, an beiden Punkten Veränderungen zu bewirken. Dazu haben wir zum einen Ideen zusammengetragen, die präventiv wirken. Sie sollen dazu beitragen, dass die Situationen im Familienalltag, in denen Stress erlebt wird, weniger werden. Ergänzend dazu wollen wir Anregungen geben, um mit Situationen, die möglicherweise belastend sein können, anders als in der Vergangenheit umzugehen. Dazu könnte beitragen, dass Mütter und Väter sich ihrer Kompetenzen stärker bewusst werden. Dementsprechend haben wir im Folgenden eine Sammlung dessen zusammengestellt, was sich in Familien, die am Elterntraining KLIKK® teilgenommen haben, bereits bewährt hat. Die Strategien der Stressbewältigung können verschiedenen Inhaltsbereichen zugeordnet werden, dem Verhalten, den Einstellungen oder der Umwelt:

Stressreduzierung im Bereich Verhalten

Hier geht es um Verhaltensweisen, die Stressreaktionen verringern können.

- Eigenes Verhalten reflektieren: Wenn ein Kind beispielsweise negative Reaktionen erfährt, weil es mit seinen Antworten in der Schule »herausplatzt«, kann es sich überlegen, welche anderen Möglichkeiten es hat, sein Wissen anzubringen. Oder wenn andere ein Kind nicht verstehen, weil es für sie zu viel oder zu kompliziert redet, dann kann das Kind üben, anders (das heißt: verständlicher) mit ihnen zu reden. Umgekehrt kann das Kind dazu angeregt werden, nach Situationen zu suchen, in denen es gut mit den anderen Kindern beziehungsweise mit den Lehrkräften ausgekommen ist.
- Das Kind kann üben, sich gedanklich nur auf eine Aktion zu einem Zeitpunkt einzustellen.
- Eltern können zusammen mit dem Kind nach geeigneten Entspannungstechniken suchen.
- Rollenmodell sein: Eltern können Rollenmodelle sein und dem Kind zeigen, wie sie selbst mit beanspruchenden Situationen konstruktiv umgehen (»Der Vortrag, den ich morgen halten soll, liegt mir im Magen. Ich werde mir meine Stichworte noch einmal in Ruhe durchlesen, das hat mir beim letzten Mal geholfen«).

Stressreduzierung im Bereich Einstellung

»Einstellung« bezieht sich in diesem Zusammenhang auf die Frage, ob ein Mensch das Gefühl hat, selbst Kontrolle über die Auswirkungen seines Handelns zu haben, oder ob er die Kontrolle darüber außerhalb seiner selbst sieht.

- Situationen neu bewerten: dem Kind anbieten bzw. es anleiten, seine eigene Einschätzung in Bezug auf potenziell Stress auslösende Situationen zu überprüfen (ein Beispiel hierfür finden Sie im dreizehnten Kapitel).
- Situationsvariationen erzeugen: das Kind anregen, die Stress auslösende Situation gedanklich durchzuspielen und sich zu überlegen, wie diese Situation positiv zu bewältigen ist beziehungsweise wo eine solche Situation in der Vergangenheit *keinen* Stress ausgelöst hat.

- Eigene Ansprüche prüfen: Als Eltern in konkreten Situationen überprüfen, was wann wie wichtig ist (beispielsweise: Was ist mir wichtig, wenn wir Besuch bekommen, und wo kann ich »fünf gerade sein lassen«?).

Stressreduzierung im Bereich Umwelt

»Umwelt« bezieht sich in diesem Zusammenhang auf Stress reduzierende Merkmale in der Umgebung einer Person.

- Die Umgebung beziehungsweise den äußeren Rahmen stressreduzierend gestalten, beispielsweise mit folgenden Fragen:
  - »Wie können wir die Aufteilung unserer Wohnung ändern, sodass jeder einen Platz hat, an dem er für sich sein kann?«
  - »Wie sollte der nächste Urlaub ablaufen, sodass für alle Familienmitglieder etwas dabei ist?«
- Eine Umgebung verlassen, um eine neue aufzusuchen: Wenn alle Änderungsversuche nicht fruchten, kann es sinnvoll sein, einen Kontext, der Stress auslöst, zu verlassen und einen anderen, passenderen zu suchen (im lösungsorientierten Ansatz, den wir im zwölften Kapitel vorstellen, wird angeregt, etwas Neues auszuprobieren, wenn sich das bisherige Vorgehen offensichtlich nicht bewährt):
  - Bleiben beispielsweise alle Versuche, ein Kind in der aktuellen Klasse angemessen zu fördern, erfolglos, kann es sinnvoll sein, das Springen in die nächsthöhere Klasse zu erwägen (diese Option beschreiben wir im zehnten Kapitel ausführlicher).
  - Ähnliches gilt natürlich auch für Ihre Situation als Eltern. Manche Mütter und Väter entdeckten für sich, dass die wirkungsvollste Möglichkeit, ihren Stress zu reduzieren, darin bestand, sich eine neue Arbeitsstelle zu suchen.
  - Wenn eine Wohnung so ungünstig geschnitten oder laut gelegen ist, dass es dadurch immer wieder zu Stress und Auseinandersetzungen in der Familie kommt, könnte ein gut geplanter Wohnungswechsel für Entlastung sorgen.

Wohlgemerkt: Diese Ideen sind dann angebracht, wenn tatsächlich Lösungsversuche in der bisherigen Umgebung unternommen wurden und diese nicht gefruchtet haben. Um einen guten Start im neuen Kontext zu haben, sollte zudem überlegt werden, welche in dividuelle Einflussmöglichkeit der betroffene Mensch hat und welche individuellen Bedürfnisse berücksichtigt werden sollten (beispielsweise: Inwiefern kann ein Kind selbst dazu beitragen, dass das Springen in eine höhere Schulklasse oder aber der Wechsel auf eine andere Schule gelingt? Wie kann ich als erwachsener Mensch Einfluss darauf nehmen, dass der Arbeitsplatzwechsel gelingt, und welche Bedürfnisse der einzelnen Familienmitglieder gilt es zu bedenken, damit ein Umzug Entlastung bringt?)

Nicht zuletzt erleben Eltern natürlich Stress, weil sie davon ausgehen, dass sie für eine optimale Förderung ihrer Kinder sorgen müssen, damit diese eine Chance auf dem Arbeitsmarkt haben. Auch wenn manche Prognosen Grund zu Besorgnis liefern mögen: In diesem Falle hilft es, den eigenen Zeithorizont wieder mehr auf die Gegenwart zu richten. Generell sind Vorhersagen über Zeiträume von zehn oder zwanzig Jahren mit einer großen Ungenauigkeit behaftet, sodass es wenig sinnvoll ist, Förderung und Schulwahl detailliert daran auszurichten. Ein Vorschulkind beispielsweise mit dem Chinesischunterricht beginnen zu lassen, damit es später bessere Berufschancen hat, halten wir für bedenklich (etwas anderes ist es natürlich, wenn ein Kind den Wunsch nach geistigem Input geäußert und dies den Ausschlag für den Unterricht gegeben hat). Letztlich gehen wir davon aus, dass es am sinnvollsten ist, auf die aktuellen Bedürfnisse und Fähigkeiten des jeweiligen Kindes sowie die aktuellen Möglichkeiten seines Umfeldes zu achten.

Ein anderer wesentlicher Stressfaktor für Eltern besteht darin, dass viele Mütter und Väter sich mittlerweile ihrer erzieherischen Einflussmöglichkeiten sehr bewusst sind und dadurch ein großes Verantwortungsgefühl ihrem Kind gegenüber erleben. Teilweise wird diese Verantwortung auch als Druck erfahren. Wir gehen auch deswegen im zehnten Kapitel noch ausführlicher auf die Möglichkeiten und Grenzen der Förderung innerhalb der Familie ein. Mütter und Väter können vieles, aber nicht alles leisten – und das müssen sie auch nicht. Manchmal kann es gerade für Kinder eine wichtige Lernmöglichkeit sein, wenn sie erleben, dass ihnen die Lösung eines Problems nicht abgenommen wird (und ihre Bezugspersonen das hierfür erforderliche Vertrauen in das Kind setzen können). Nicht zuletzt hoffen wir, dass Eltern sich ihrer eigenen Kompetenzen sowie derer ihrer Kinder wieder stärker bewusst werden, sodass sie sich leichter von unberechtigten Forderungen abgrenzen können.

Wenn wir nun die drei Inhaltsbereiche Verhalten, Einstellungen und Umwelt mit kurz- und langfristigen Stressbewältigungsmöglichkeiten kombinieren, ergibt sich ein Sechsfelderschema, das nachfolgend abgebildet ist. Dieses Schema haben wir im Elterntraining KLIKK® genutzt, um die Stressbewältigungsmöglichkeiten, die sich im Familienalltag der teilnehmenden Mütter und Väter bereits bewährt haben, zu sammeln. Wenn Sie möchten, können Sie Gleiches für sich tun.

Die folgende Auflistung ist als Ergebnissammlung und Anregung zu verstehen und nicht als Empfehlung, diese Ideen genau so zu übernehmen. Ein Schulwechsel beispielsweise sollte sorgfältig abgewogen werden, um zu vermeiden, dass Probleme »mitgenommen« beziehungsweise neue Probleme kreiert werden.

Bewältigungskompetenzen Bereich Verhalten Bewältigung kurzfristig	**Bewältigungskompetenzen Bereich Verhalten Bewältigung langfristig**
Durchschnaufen, ruhig bleiben. Aus der Situation gehen. Störendes Verhalten ignorieren. Termine verschieben. Konsequenzen von Handlungen aufzeigen beziehungsweise sich selbst verdeutlichen. Die Kinder bekommen in diesem Jahr zu Weihnachten gleichwertige Geschenke (dies könnte auch eine langfristige Lösung werden).	Zeitplanung überarbeiten, Freiräume einplanen. Regelmäßig Sport treiben. Rituale einführen (beispielsweise beim Zubettgehen). Einen »Familienrat« einführen, in dem wichtige Themen besprochen werden. Das Kind bei der Entwicklung seiner Sozialkompetenz unterstützen (beispielsweise durch Übertragen kleiner Aufgaben). Begehrte Gegenstände der ganzen Familie schenken.
Bereich Einstellung Bewältigung kurzfristig	**Bereich Einstellung Bewältigung langfristig**
Gedankliches Durchspielen von Situationen mit positivem Ausgang. An vergangene Situationen denken, in denen eine Anforderung erfolgreich bewältigt wurde. Reframing (in der konkreten Situation). Dies könnte beispielsweise so aussehen: »Mein Gegenüber erkennt mein Bedürfnis gerade nicht«, anstelle von: »Es ist ihm/ihr egal, wie es mir gerade geht.« (Das Reframing behandeln wir	Das eigene Bild von Hochbegabung reflektieren und eventuell verändern. Auf Einigkeit der Eltern im Erziehungsverhalten hinarbeiten. Prioritäten neu ordnen (»Was ist mir in unserem Familienleben wichtig?«). Die Kinder zur Selbstständigkeit erziehen. Kompromissfähigkeit entwickeln. Verantwortung (altersangemessen) an das Kind abgeben.

im zwölften Kapitel ausführlicher).	Bewertung des Kindes in Bezug auf die Zuneigung der Eltern aufgreifen: »Du hast die Befürchtung, dass ich deinen Bruder lieber mag als dich.«
Bereich Umwelt **Bewältigung kurzfristig**	**Bereich Umwelt** **Bewältigung langfristig**
Alternativen vorgeben (beispielsweise: »Wir haben jetzt noch Zeit, gemeinsam ein Spiel zu spielen, oder ich lese euch noch ein Kapitel aus dem Buch vor«). Belohnungssysteme ausprobieren für einzelne Anforderungen wie beispielsweise das abendliche Zähneputzen. Das Kind zu bestimmten Zeiten bei anderen Bezugspersonen unterbringen. Einen Kurzurlaub oder Ausflug machen. Für kleine »Glanzpunkte« im Alltag sorgen, beispielsweise einen Blumenstrauß (»einfach so«) oder eine schöne Kerze.	Raumverteilung in der Wohnung neu ordnen, Räume neu streichen. Schul- oder Klassenwechsel. Neue Arbeitsstelle suchen beziehungsweise Arbeitszeiten und Aufgabengebiete neu verhandeln. Verschiedene »Nutzungsordnungen« für unterschiedliche Räume vereinbaren (beispielsweise: »Spielzeug liegt nur in deinem Raum auf dem Boden herum«). »Netzwerk« mit anderen Eltern kluger Kinder aufbauen. Unterschiedliche Aufstehzeiten planen, um die Badnutzung zu entspannen. Regelmäßige Aufräumzeiten vereinbaren. Abendregelung: Trennung zwischen dem Zeitpunkt des Ins-Bett-Gehens und der Uhrzeit, ab der die Eltern ungestört sind (bei geringem Schlafbedürfnis des Kindes).

Sammlung bewährter Stressbewältigungsstrategien von KLIKK®-Teilnehmerinnen und -Teilnehmern

Eigene Grenzen aufzeigen

Ergänzend zur Sammlung bewährter Stressbewältigungsansätze hier noch eine weitere Idee, die wir auch im Elterntraining vermitteln. Eltern erleben unter anderem dann Stress in der Familie, wenn ihre Bedürfnisse nicht gesehen oder ignoriert werden. Auf der anderen Seite herrscht bei vielen Müttern und Vätern Unsicherheit, ob und wie eigene Grenzen gegenüber dem Kind verdeutlicht werden können. Rogge (2006) beschreibt diesen Sachverhalt folgendermaßen: »Obgleich viele Eltern, viele Erzieher, viele Lehrer von der Notwendigkeit der Grenzziehung gefühlsmäßig überzeugt sind, herrscht darüber im Alltag eine enorme Handlungsunsicherheit.

Weil man das vermeintlich ›Beste‹ für das Kind will, meinen offenbar viele, dies schließe aus, Grenzen zu setzen. Welch ein Irrtum! So herrscht denn in manchen Eltern-Kind-Beziehungen eine ›lange Leine‹ vor. Eltern dulden und erdulden so lange, bis es – im wahrsten Sinne – knallt« (S. 10).

Das Aufzeigen von Grenzen durch Eltern ist nicht nur notwendig, um Überforderung und Stress zu vermeiden (»Nach so einem Gespräch mit unserer Tochter fühle ich mich wie ausgelutscht, aber ich mag sie in ihrem Wissensdurst auch nicht bremsen«), sondern gibt dem Kind auch Handlungssicherheit. Zudem haben solche klaren Verhaltensweisen durch Eltern wiederum Modellfunktion für das Verhalten des Kindes. Nur: Wie kann man Grenzen aufzeigen? Wenn möglich: wertschätzend und zugleich eindeutig (»Ich finde deine Fragen spannend. Nach einer Stunde bin ich jetzt allerdings erschöpft und brauche erst mal eine Pause«). Wertschätzung vermeidet unnötige Konflikte auf der Beziehungsebene, Eindeutigkeit, dass Bedürfnisse schlichtweg übersehen werden. Eine Möglichkeit, zugleich eindeutig und wertschätzend Grenzen zu kommunizieren, sind die sogenannten Ich-Botschaften, die wir im Kapitel 11 zum Thema »wertschätzende Kommunikation« vorstellen.

Das Aufzeigen von Grenzen durch Eltern ist notwendig, um Überforderung und Stress zu vermeiden, und es gibt dem Kind Handlungssicherheit.

Reflexion

- In welchen Situationen erlebe ich Stress in meiner Familie?
- An welchen Punkten schätze ich mein Stresserleben in der Familie als veränderbar ein, und wo kann ich mir das (zumindest derzeit) nicht vorstellen?
- In welchen Situationen unseres Familienlebens ist mir eine Stressreduzierung besonders wichtig?
- Welche Arten von familiärem Stress bringe ich mit der Hochbegabung meines Kindes in Verbindung?
- In welchen Situationen erlebt mein Kind Stress?
- Wo gelingt es uns als Familie bereits, stressige Situationen zu bewältigen? Welchen Beitrag leisten die einzelnen Familienmitglieder dazu?
- Vielleicht möchten Sie die Stressbewältigungsmöglichkeiten, die sich in Ihrem Familienalltag bereits bewährt haben, sammeln.

8 Familien mit hochbegabten Kindern: Irgendwie anders?

In Familien mit hochbegabten Kindern wird am Frühstückstisch Einsteins Relativitätstheorie diskutiert. Am Abend stellen die Kinder dann die antiken Philosophen in kurzen Referaten vor, bevor die Familie den Tag mit einer gemeinsamen Hausmusik ausklingen lässt. Oder aber: Besucherinnen und Besucher kommen schon seit Jahren nicht mehr, weil die hochbegabten Kinder schonungslose Wahrheiten aussprechen (»Den Witz hast du schon bei den letzten drei Besuchen erzählt, ohne dass jemand gelacht hat«). Verzweifelt berichten Eltern von wöchentlichen Anrufen der Lehrkräfte ihrer Kinder, die sich über deren ungebührliche Verhaltensweisen beschweren. Gemeinsame Mahlzeiten der Familie beginnen grundsätzlich mit Verspätung, da vorher grundlegende Eckpunkte des Zusammenlebens ausdiskutiert werden müssen – und zwar so lange, bis die Kinder gewonnen haben. Fakt oder Fiktion? Auf den folgenden Seiten wollen wir dies klären.

In diesem Kapitel beschäftigen wir uns mit der Frage, inwiefern sich das Zusammenleben von Eltern mit hochbegabten Kindern und Eltern mit nicht hochbegabten Kindern unterscheidet. Zunächst beschreiben wir den Forschungsstand, dann führen wir auf, welche Anregungen für den Familienalltag sich hieraus ergeben. Dabei geht es als Erstes um die Betrachtung der Familie als Ganzes und anschließend um das Verhältnis von Geschwistern in »Hochbegabtenfamilien«. Als Einstieg haben wir wieder eine kurze Fallschilderung ausgewählt.

Martin

Familie G. wendet sich an eine Beratungsstelle zum Thema Hochbegabung; sie wünscht sich eine Testung und Beratung hinsichtlich ihres neunjährigen Sohnes Martin. Dieser ist seiner Lehrerin aufgefallen, weil er einerseits viel wisse und andererseits sehr ernst wirke, »irgendwie gar nicht kindlich«. Die Lehrkraft habe daraufhin die Eltern in einem gemeinsamen Gespräch ermahnt, ihr Kind nicht zu sehr mit Erwartungen zu überfrachten, damit dieses seine Kindheit noch genießen könne. Überzogene Erwartungen habe sie in ihrer zwanzigjährigen Berufslaufbahn als Lehrerin bei Familien mit klugen Kindern häufig erlebt. Martins Eltern sind seitdem sehr verunsichert. Frau G. beschreibt dies zum Einstieg des Gesprächs so: »Wir haben doch versucht, ihn vom Lesenlernen abzuhalten, aber er hat es sich trotzdem beigebracht. Und wenn er etwas gefragt hat, haben wir ihm natürlich eine Antwort darauf gegeben.« Das Gefühl der Verunsicherung wird bei den Eltern noch dadurch verstärkt, dass sich Martins jüngerer Bruder Michael seit einigen Monaten immer mehr zurückzieht und beklagt, dass es immer nur um Martin gehe. Die Leistungen des jüngeren Sohnes, der die zweite Klasse besucht, seien so sehr zurückgegangen, dass die Schule angeregt habe, ihn in die erste Klasse zurückzuversetzen. Martin hingegen findet seinen kleinen Bruder im Moment vor allem »kindisch« und lehnt es meistens ab, mit ihm zu spielen, »weil der so lange braucht, bis er etwas kapiert«.

Aus der Forschung: Familien mit hochbegabten Kindern

Wenn Sie sich verschiedene Familien vorstellen, wird es Ihnen nicht schwerfallen, spontan einige Unterschiede zu beschreiben. So wird in einer Familie großer Wert auf gemeinsame Mahlzeiten gelegt, während dies in einer anderen Familie eher die Ausnahme darstellt. In Familie A wird möglicherweise darauf geachtet, dass alle Aktivitäten gut geplant sind, während Familie B solche gerne spontan umsetzt. Die Familie hat eine große Bedeutung im Leben eines Kindes, nicht zuletzt deswegen, weil Kinder für ihr Aufwachsen darauf angewiesen sind, Bindungen zu engen Bezugspersonen aufbauen zu können. In der Regel bieten Familien einen solchen Rahmen. Dieser Aspekt gilt für alle Kinder, unabhängig von ihrer Begabung.

Die Resultate der Münchener Hochbegabtenstudie, in der ein Hauptaugenmerk auf die Entwicklung der Hochbegabung in Wechselwirkung zwischen einer Person und ihrer Umwelt gelegt wurde, deuten nach Ansicht von Heller (2001) darauf hin, dass der Anpassungsprozess zwischen Eltern und Kindern in Familien mit hochbegabten Kindern anders abläuft als in Familien mit durchschnittlich begabten Kindern. Im Rahmen der Untersuchung waren in den Hochbegabtenfamilien vergleichsweise geringe Zusammenhänge zwischen Aspekten des Familienklimas wie beispielsweise der Leistungsorientierung und Merkmalen des Kindes (hier im Sinne von Leistungsstreben) zu beobachten. Heller zufolge spricht einiges für die Vermutung, »dass die Persönlichkeitsentwicklung besonders begabter Kinder weniger stark von den untersuchten Familienaspekten abhängt, als es bei durchschnittlich begabten Schülern der Fall ist« (S. 324). Zudem hält er es für wahrscheinlich, dass hochbegabte Kinder sich durch ein besonderes Geschick auszeichnen, eine Anpassung der familiären Umwelt an ihre Bedürfnisse herbeizuführen. An der genannten Studie wird allerdings die methodische Umsetzung der untersuchten Fragestellungen kritisiert, sodass genaue Aussagen über die Wechselwirkung zwischen Person und Umwelt nicht möglich seien (vgl. beispielsweise Tettenborn, 1996). Solche Einschätzungen erfordern unter anderem eine Befragung zu mehreren Zeitpunkten.

Generell ist bis heute in der Hochbegabtenforschung umstritten, ob es tatsächlich systematische Unterschiede zwischen Familien mit hochbegabten Kindern im Vergleich zu Familien mit durchschnittlich begabten Kindern gibt. Viele Studien, die von besonderen Merkmalen oder Bedürfnissen der Hochbegabtenfamilien berichten, beruhen wiederum auf ausgelesenen Stichproben (beispielsweise Kinder, die an einem Förderprogramm teilnehmen) oder wurden ohne Kontrollgruppen aus Familien mit durchschnittlich begabten Kindern durchgeführt und liefern deshalb keine repräsentativen Aussagen. Eine Ausnahme stellt die Untersuchung von Tettenborn (1996) dar, die im Rahmen der Marburger Hochbegabtenstudie (vgl. Rost, 1993a) untersuchte, ob sich das Familienklima in Familien mit hochbegabten Kindern bedeutsam von dem in Familien mit durchschnittlich begabten Kindern unterscheidet. Die Autorin erfasste die Wahrnehmung relevanter Merkmale des Familiensystems aus der Sicht der Kinder wie auch der Eltern mit standardisierten Fragebögen. Tettenborn fand in dieser Befragung keine signifikanten Unterschiede zwischen Hochbegabtenfamilien und Familien mit durchschnittlich begabten Kindern hinsichtlich der Einschätzung des jeweiligen Familiensystems durch die Eltern sowie durch die Kinder. Nach dieser generellen Betrachtung soll es nun um eine detailliertere Beschäftigung mit einzelnen Familienmerkmalen gehen, denn hier könnte es ja immer noch Unterschiede geben.

Repräsentative Studien zeigen keine höhere Problembelastung von Hochbegabtenfamilien.

Weitere Befunde zu Familien mit hochbegabten Kindern

Familien mit hochbegabten Kindern haben häufig einen vergleichsweise hohen sozioökonomischen Status (Benbow & Stanley, 1980/81; Tettenborn, 1996), das heißt, die Eltern weisen zumeist einen höheren Bildungsstand auf und erzielen entsprechende Einkommen. Inwiefern hier ein ursächlicher Zusammenhang zur Hochbegabung der Kinder besteht, kann nicht gesagt werden. Allerdings ist belegt, dass hochbegabte Kinder mit höherer Wahrscheinlichkeit »erkannt« werden, wenn sie aus Familien mit einem höheren Bildungsstand kommen (Rost & Albrecht, 1985), und dass damit die Wahrscheinlichkeit steigt, eine entsprechende Förderung zu erhalten. Dieser Aspekt könnte einerseits schulische Unterforderungserlebnisse kompensieren und andererseits dazu beitragen, dass sich ein vorhandenes Potenzial entfaltet beziehungsweise die hohe Begabung eines Kindes noch »sichtbarer« wird. Im besten Falle wird für das Kind somit also ein positiver Verstärkungskreislauf in Gang gesetzt.

Für Peterson (1977) gibt es vier Möglichkeiten, durch die die Anwesenheit eines hochbegabten Kindes das gesamte Familiensystem beeinflussen kann:

- Wettstreben unter den Familienmitgliedern;
- Eifersucht unter den Geschwistern;
- Unsensibilität gegenüber der unterschiedlichen Wahrnehmung von Hochbegabung der Familienmitglieder;
- mangelnder Respekt für die Unterschiede der Personen.

Bei dieser Auflistung bleibt offen, inwiefern diese Aspekte wirklich spezielle Problemauslöser in Hochbegabtenfamilien oder lediglich Varianten weitverbreiteter Konfliktpunkte sind.

Hackney (1981) ging der Frage nach, inwiefern in Hochbegabtenfamilien andere Strukturen anzutreffen sind als in Familien mit durchschnittlich begabten Kindern. In einer Studie mit Eltern von Kindern im Grundschulalter kam er zu dem Ergebnis, dass es den Müttern und Vätern hochbegabter Kinder schwerfiel, Unterschiede zwischen der Eltern- und der Kindrolle zu definieren. Diese Eltern erlebten es als problematisch, zu entscheiden, ob das Kind als Kind oder als Erwachsener behandelt werden sollte. Ferner berichteten sie von Ängsten, dem Gefühl von Verantwortung und auch Schuldgefühlen, die aus der Tatsache erwuchsen, ein hochbegabtes Kind zu haben. Allerdings fehlt in dieser Untersuchung der Vergleich zu

Familien mit durchschnittlich begabten Kindern. Zudem besuchten die Kinder der befragten Eltern Förderprogramme für hochbegabte Kinder, sodass ihre Eltern möglicherweise besonders für das Thema Hochbegabung sensibilisiert waren und aus diesem Vorwissen vielleicht auch spezielle Schlüsse zogen.

Loeb und Jay (1987) kamen in ihrer Untersuchung zu dem Ergebnis, dass die Mütter hochbegabter Kinder sprachlicher Kommunikation einen deutlich höheren Stellenwert zuschrieben als Mütter durchschnittlich begabter Kinder und dass sie die Unabhängigkeit ihrer Töchter und Söhne höher bewerteten als deren Gehorsam. Allerdings könnte dies ein generelles Merkmal von Familien mit einem höheren sozioökonomischen Status sein, sodass offenbleibt, inwiefern die genannten Merkmale des Erziehungsverhaltens tatsächlich charakteristisch für Mütter hochbegabter Kinder sind.

Die Ergebnisse einer Längsschnittstudie von Gottfried, Gottfried, Bathurst, und Guerin (1994, zitiert nach Stapf, 2010, S. 167–168) zeigen, dass die untersuchten hochbegabten Kinder von früher Kindheit an von ihren Eltern anregende Aktivitäten forderten. In derselben Studie gaben die Eltern der Hochbegabten an, dass sie diese Aktivitäten eher bremsten, beispielsweise aus Angst, dass ihre Kinder sich in der Schule langweilen würden. Benbow (1990) fand bei 84 Prozent der untersuchten Eltern hochbegabter Kinder eine Beschreibung des eigenen Erziehungsstils als kindorientiert, flexibel, anregend, konsistent und demokratisch. Viele Eltern erwarten von ihren hochbegabten Kindern hohe Bildungsabschlüsse (Loeb & Jay, 1987; Tettenborn, 1996). Charakteristisch für Familien mit hochbegabten Kindern scheint zudem zu sein, dass das Erzielen von Leistung positiv bewertet wird (Stapf, 2010). Tomlinson-Keasey und Little (1990, zitiert nach Reichle, 2004, S. 30–31) konnten anhand einer Reanalyse (also einer erneuten Auswertung mit neuen Verfahren) der Daten der bereits erwähnten Terman-Studie zeigen, dass familiärer Zusammenhalt, liebevolle elterliche Zuwendung und intellektuelle Stimulation aussagekräftige Vorhersagemerkmale für gute schulische Leistungen der Kinder sind. Von daher ergibt sich kein Widerspruch zwischen einem liebevollen Eingehen auf das Kind und dem Formulieren leistungsbezogener Erwartungen an dieses.

Cornell und Grossberg (1987) untersuchten mögliche Wechselwirkungen zwischen Merkmalen des familiären Zusammenlebens im Sinne des Familienklimas und den Selbststeuerungsfähigkeiten der Kinder. Diese Kompetenzen wurden mit verschiedenen Fragebögen aus der Sicht der Kinder selbst sowie ihrer Eltern und ihrer Lehrer erhoben. Das Ergebnis ihrer Studie mit 83 Kindern im Alter von sieben bis elf, die alle an Förderprogrammen für hochbegabte Kinder teilnahmen: Es gibt einen Zusammenhang zwischen konkreten Merkmalen des Familienklimas (Zusammenhalt, Offenheit und Konfliktneigung) und selbstbezogenen Kompetenzen der Kinder (Selbstkontrolle, Selbstwertgefühl und Angsterleben). Da die Studie die Daten nur zu einem Zeitpunkt erhob, lässt sich allerdings nicht sagen, was Ursache und was Wirkung ist. So könnten die Merkmale des Familienlebens die Kompetenzen der Kinder gefördert haben; dies ist aber auch umgekehrt denkbar. Am wahrscheinlichsten ist nach aktuellem Stand der Familienforschung ein wechselseitiger Beeinflussungsprozess.

Zur Frage, ob ein Kind hochbegabt ist, zeigen sich übrigens in vielen Fällen Unterschiede in den Einschätzungen der Eltern. Häufiger sind Väter an diesem Punkt skeptisch, selbst wenn ihr Kind in einem Förderprogramm für begabte Kinder ist. Im ungünstigen Fall kann dies zu Problemen auf der Paarebene führen (Keirouz, 1990). Beruhigend mag an dieser Stelle die Erkenntnis wirken, dass es keine Forschungsergebnisse gibt, die belegen, dass Eltern von hochbegabten Kindern sich häufiger scheiden lassen als Mütter und Väter von durchschnittlich begabten Kindern (Tettenborn, 1996). Unsere Erfahrungen aus der Beratungsarbeit decken sich mit Tettenborns Aussage. Eine Anmerkung noch zu der vermeintlich herausgehobenen Rolle, die hochbegabten Kindern in ihrer Familie zuweilen zugeschrieben wird: Wenn sich eine solche nachweisen lässt, dann vor allem in Familien mit zwei Kindern, in denen ein Kind hochbegabt ist und das andere nicht (Cornell, 1983; zitiert nach Keirouz, 1990, S. 58).

Zur Frage, ob ein Kind hochbegabt ist, gibt es oft Unterschiede in den Einschätzungen der Eltern. Häufiger sind Väter an diesem Punkt skeptisch.

Geschwister

Hochbegabtenfamilien als Ganzes betrachtet sind offenbar viel »normaler«, als dies zuweilen angenommen oder dargestellt wird. Doch wie sieht es mit den Geschwisterkonstellationen in diesen Familien aus? In der Beschreibung der Familie zu Beginn dieses Kapitels schien ja zwischen den beiden Brüdern eine große Rivalität zu bestehen und der ältere Bruder schien sich dem jüngeren Bruder überlegen zu fühlen. Das kommt sicherlich in vielen Familien vor, auch völlig unabhängig davon, ob die Kinder hochbegabt sind. Martins und Michaels Eltern waren jedoch zusätzlich verunsichert, ob eventuell tatsächlich intellektuelle Fähigkeitsunterschiede zwischen ihren Kindern gegeben waren. Herr G. brachte die Situation auf den Punkt: »Ich war mir zwischendurch manchmal nicht mehr sicher, ob beide gleich schlau sind, und das wird Michael gemerkt haben, sosehr ich das auch verbergen wollte.« Schließlich entschlossen sich die Eltern, auch ihren jüngeren Sohn testen zu lassen. Frau G.: »Am Morgen vor der Testung war ich so aufgeregt wie vor meiner Führerscheinprüfung.« Das für beide überraschende Ergebnis: Beide Kinder lagen im Bereich der oberen zwei Prozent ihrer Altersgruppe, erzielten also weit überdurchschnittliche Intelligenztestergebnisse, die sich nur unbedeutend voneinander unterschieden. Dieses Resultat wirkte auf die Eltern entlastend und trug in der Folge dazu bei, dass sich auch das Verhältnis zwischen den beiden Kindern wieder deutlich entspannte.

Wir gehen übrigens nicht davon aus, dass eine Testung im Fall einer Geschwisterrivalität immer der beste Weg ist, da sich hierdurch neue Probleme ergeben können, insbesondere dann, wenn eine unglückliche Kopplung zwischen Testergebnis und elterlicher Aufmerksamkeit oder auch Wertschätzung erfolgt. Ein Testergebnis bezieht sich immer nur auf einen Teilausschnitt der intellektuellen Fähigkeiten und nicht auf die Intelligenz eines Menschen. Das Spektrum menschlicher Fähigkeiten ist breit und darf nicht auf Intelligenzaspekte reduziert werden. Wenn allerdings Eltern sehr verunsichert sind, wie dies in unserer Familienschilderung der Fall war, kann eine Testung sinnvoll sein. Mit einem Testbefund können dann sowohl Unter- als auch Überforderung eines Kindes besser vermieden werden. Die Durchführung eines Intelligenztests alleine wird bereits bestehende Probleme indes nicht lösen. Ein Test kann immer nur eine konkrete diagnostische Fragestellung beantworten, nicht mehr und nicht weniger (vgl. Kapitel 4). Frau G. sagte nach der Testung ihrer Kinder: »Es ist nicht die Tatsache, dass sie hochbegabt sind, sondern die Sicherheit, dass wir in etwa wissen, wo sie stehen, und dass wir Anregungen erhalten haben, wie wir ihnen individuell gerecht werden können.«

Im Folgenden wollen wir in einem Überblick erkunden, ob das, was Martin und Michael erlebt haben, »typisch« für Geschwister in

Hochbegabtenfamilien ist. Das Verhältnis von Geschwistern durchläuft verschiedene Phasen, die von größerer oder geringerer Nähe, aber auch von einem Mehr oder Weniger an Rivalität gekennzeichnet sind (Papastefanou, 2002). Das gilt für alle Familien. Doch inwiefern unterscheidet sich die Beziehung zwischen Geschwistern, wenn zumindest eines der Kinder hochbegabt ist? Silverman (1993) berichtet, dass Geschwister eines hochbegabten Kindes sich als zurückgesetzt erleben können, da sich die Eltern manchmal stark auf das intellektuell herausragende Kind konzentrieren. Lapidot-Berman und Oshrat (2009) führen aus, dass nicht hochbegabte Geschwister das Verhältnis zu ihren weit überdurchschnittlich intelligenten Brüdern und Schwestern häufig als weniger unterstützend erleben als Geschwister in Familien, in denen die Kinder ein vergleichbares Fähigkeitsniveau aufweisen. Durchschnittlich begabte Geschwister von Hochbegabten haben häufiger ein niedrigeres Selbstkonzept, zeigen größere Ängstlichkeit als ihre hochbegabten Brüder und Schwestern (Keirouz, 1990) und schätzen diese als weniger unterstützend ein als durchschnittlich begabte Geschwister mit einem gleich befähigten Geschwister (Lapidot-Berman & Oshrat, 2009). Dieser ungünstige Befund scheint vor allem dann aufzutreten, wenn Eltern Fähigkeitsunterschiede zwischen ihren Kindern innerhalb der Familie betonen (Cornell & Grossberg, 1987). Auf der anderen Seite berichten hochbegabte Erwachsene, dass sie in ihrer Kindheit eine deutliche Bevorzugung ihrer Geschwister wahrgenommen hätten, die nicht als hochbegabt identifiziert worden waren (Yewchuk & Schlosser, 1996).

Die bisherigen Forschungsergebnisse deuten darauf hin, dass hochbegabte Kinder häufiger die Erstgeborenen in ihrer Familie sind. Dies wird unter anderem damit erklärt, dass sie mehr Zeit alleine mit ihren Eltern verbringen (und dadurch mehr Förderanreize erhalten können) und später, nach der Geburt von Geschwistern, bei diesen eine Art »Tutorfunktion« übernehmen. Allerdings weisen einzelne Studienresultate zur Geburtsposition Hochbegabter auch andere Ergebnisse aus (Tettenborn, 1996). So ist es auch denkbar, dass Zweit- oder Drittgeborene durch ihr älteres Geschwisterkind herausgefordert sind und diesem »nacheifern« wollen. Viele Eltern berichteten uns in Beratungsgesprächen, dass ihre jüngeren Kinder bestimmte »Meilensteine« ihrer Entwicklung (beispielsweise das Sprechenlernen) im Vergleich zu ihren älteren Geschwistern früher erreichten.

Die Frage, ob es mehr hochbegabte Jungen als Mädchen gibt, lässt sich verneinen (was in analoger Weise auch für Männer und Frauen gilt). Es wird angenommen, dass unterschiedliche Begabungsschwerpunkte bei den Geschlechtern durch gesellschaftliche Erwartungen zumindest verstärkt werden (Holling & Kanning, 1999). Problematisch in Bezug auf den Aspekt der Geschwisterrivalität ist, dass ein Teil der Eltern offenbar nach wie vor ein stärkeres Augenmerk auf die intellektuelle Förderung ihrer Söhne legt, als sie dies bei ihren Töchtern tun, wie es die Ergebnisse von Elbing und Heller (1996) ausweisen, die die Daten einer Beratungsstelle zum Thema Hochbegabung auswerteten. Relativ konstant werden in Hochbegabtenberatungsstellen ungefähr doppelt so viele Jungen wie Mädchen vorgestellt.

Es gibt gleich viele hochbegabte Mädchen wie Jungen.

Cornell und Grossberg (1987) kommen zu dem Schluss, dass sich vor allem dann Probleme für die Geschwister hochbegabter Kinder ergeben, wenn die Eltern Unterschiede zwischen ihren Kindern deutlich herausstellen. Das taten die Eltern von Martin und Michael nicht, was dazu beigetragen haben dürfte, dass sich die Geschwisterrivalität relativ schnell wieder auf ein »Normalmaß« einpendelte. Konflikte zwischen Geschwistern treten in praktisch allen Familien mit mehreren Kindern auf und sind vor allem dann ein Problem, wenn Einzelne oder die gesamte Familie darunter leiden.

In der Zusammenfassung ergibt sich die Einschätzung, dass das, was Familie G. erlebt hat, offenbar auch von vielen anderen Eltern hochbegabter Kinder so berichtet werden könnte. Das betrifft sowohl die Einschätzung von außen (»überzogene Erwartungen«) als auch die Entstehungsgeschichte einer verstärkten Geschwisterrivalität. Uns erscheint an dieser Stelle wichtig, zu betonen, dass es nicht die Hochbegabung eines Kindes an sich ist, die zu diesen Schwierigkeiten führen kann, sondern die Art und Weise, wie damit umgegangen wird. Auch wenn sich in manchen Fällen vielleicht wirklich intellektuelle Fähigkeitsunterschiede zwischen Geschwistern herausstellen, ist es für die Kinder wichtig, dass sie sich als Personen in gleichem Maße wertgeschätzt fühlen. So banal dieser Satz klingt, so oft war doch genau dieser Aspekt der Auslöser, wenn es um Geschwisterrivalität in Familien ging, in denen zumindest ein Kind hochbegabt war. Neben dem Aspekt gleicher Behandlung steckt übrigens noch ein weiterer Gedanke in unserem kleinen Plädoyer, nämlich der, dass Wertschätzung erst einmal unabhängig von den intellektuellen Fähigkeiten eines Menschen ist. Doch nun wieder zurück zum Geschwisterthema. Wir haben es oft erlebt, dass Geschwister sich aus eigener Initiative unterschiedliche Interessensnischen gesucht haben und sich insofern ein Stück weit »aus dem Weg gingen«. In den meisten Fällen ist dies eine sinnvolle Vorgehensweise, um nicht dem anderen Geschwisterkind in dessen Kompetenzbereich »hinterherzulaufen« (außer wenn ein Kind dies tut, weil es sich für »zu dumm« hält, etwas auszuprobieren, das es an sich reizen würde).

Merkmale eines förderlichen Familienklimas

Zum Abschluss dieses Kapitels noch eine kurze Ausführung zur Frage, was ein förderliches Familienklima ausmacht. Für das Verhältnis der Familienmitglieder zueinander sind offenbar vor allem die Teilaspekte bedeutsam, die der sogenannten *Beziehungsdimension* zugeordnet werden. Dabei ist ein »positiv-emotionales Klima« besonders wichtig für unterstützende und wertschätzende Beziehungen innerhalb von Familien. Das bedeutet konkret, dass in der Regel ein offener und wertschätzender Kommunikationsstil gepflegt wird, dass verbindliche Regeln vereinbart werden und Konflikte so gelöst werden, dass die Familienmitglieder dies in den meisten Situationen als konstruktiv erleben. Zugleich ist die Rolle der Eltern für die Kinder klar erkennbar – also im Kern das, was wir zu Beginn dieses Buches über den autoritativen Erziehungsstil ausgeführt haben. Wie Sie als Eltern dazu beitragen können, ein positiv-emotionales Klima in Ihrer Familie zu pflegen oder zu verstärken, beschreiben wir ausführlich im elften Kapitel.

Reflexion

- Was schätze ich an unserer Familie beziehungsweise unserer Familiensituation?
- Was soll sich in unserer Familie beziehungsweise unserer Familiensituation ändern?
- Wo sehe ich in meiner aktuellen Familiensituation Parallelen und wo Unterschiede zu meiner Herkunftsfamilie?
- Welche Rolle spielt die Hochbegabung meines Kindes in unserer Familie?
- Welche Rolle spielt die Hochbegabung unter den Geschwistern?

9 Das Bild des Kindes von sich selbst

Hochbegabte Kinder sollten angesichts ihrer Fähigkeiten ein sehr positives Bild von sich haben. Sie machen schon in jungen Jahren die Erfahrung, dass sie ihren Gleichaltrigen kognitiv überlegen sind und können daraus Bestätigung ziehen – so könnte man meinen. Auf der anderen Seite wird aber auch die Ansicht vertreten, dass Hochbegabte weniger selbstbewusst sind, beispielsweise deswegen, weil sie in einer Vielzahl von Situationen die Erfahrung machen, nicht der Norm und den Erwartungen ihrer Umwelt zu entsprechen. Das Bild eines Menschen von sich selbst wird in der Psychologie auch als Selbstkonzept bezeichnet und als ein wichtiger Teil der Persönlichkeit aufgefasst. Doch was ist dieses Selbstkonzept, woraus speist es sich und welche Rolle spielt die Hochbegabung dabei? Und um es gleich noch etwas komplizierter zu machen: In unterschiedlichen Lebensbereichen kann man unterschiedliche Bilder seiner selbst haben. So kann ein Kind sich beispielsweise in Bezug auf seine künstlerischen Fähigkeiten positiv einschätzen, im sportlichen Bereich aber eher negativ.

Wir beschäftigen uns in diesem Kapitel also mit einem Thema, das kontrovers diskutiert wird und für Mütter und Väter von großer Bedeutung ist. Zur Veranschaulichung fügen wir hier eine Mailanfrage ein, die verdeutlicht, welche Hilflosigkeit Eltern erleben können, wenn ihr Kind in seinem Selbstbild verunsichert ist, was sich zum Beispiel in einem geringen Zutrauen zu den eigenen Fähigkeiten oder einem geringen Selbstwertgefühl zeigen kann.

Tanja

Guten Tag,
im Mai 2006 ließen wir unsere Tochter Tanja bei Ihnen an der LMU München testen. Sie besuchte damals die erste Klasse und übertraf mit ihrem Testwert nahezu 99 Prozent der Altersvergleichsgruppe. Momentan sind wir wirklich ratlos, was unsere Tochter betrifft. Tanja besucht seit September 2006 die 2. Klasse. Ein Überspringen wurde von der Schulleitung abgelehnt, da sie als

zu unsicher eingeschätzt wurde (und immer noch wird). Konkret bedeutet das zum Beispiel, dass sie in neuen Situationen zunächst einmal lange beobachtet und praktisch nie von sich aus auf fremde Kinder zugeht (obwohl sie später eigentlich immer positive Erfahrungen mit diesen macht). Ihre mündliche Beteiligung bei für sie neuen Lehrkräften tendierte in den ersten Wochen gegen null. Allerdings erhält Tanja im Fach Mathematik seit dem Vorliegen des Testberichts besondere Förderung. In der 1. Klasse bekam sie von der Klassenlehrerin den Recheninhalt der 2. Klasse vermittelt, und in der aktuellen Klasse bekommt sie nun die Aufgaben der 3. Klasse (wobei sie sich immer noch beschwert, dass diese so einfach seien wie Aufgaben aus der 1. Klasse). Sie hat aber nach wie vor massive Probleme in Bezug auf ihr Selbstvertrauen, trotz der verstärkten Förderung. Häufig sieht sie alles komplett negativ und sagt, dass sie »zu blöd« für alles sei.

Manchmal hilft ein Lob von unserer Seite, manchmal blockt sie dann total ab. Andere Versuche von unserer Seite, sie aufzubauen, sind bisher gänzlich gescheitert. Tanja ist im Basketballverein und spielt wirklich gut. Sie schätzt sich jedoch auch hier als »furchtbar schlecht« ein, weil es zwei Spielerinnen gebe, die deutlich besser als sie seien (obwohl diese älter sind als Tanja). In der Schule hält sie sich sehr zurück und meldet sich so gut wie nie. Die Frage nach dem »Warum«, beantwortet sie so, dass sie einerseits die Antworten kenne und damit zufrieden sei und andererseits nichts Falsches sagen wolle. Was sollen wir machen?

Auch die Lehrerin weiß nicht, wie sie Tanja aus der Reserve locken kann. Es geht so weit, dass sie sogar die Rechenaufgaben der 3. Klasse mittlerweile sehr langsam löst und vor sich hin träumt. Mittlerweile sagt ihr die Lehrerin, dass sie wieder die Rechenaufgaben aus der 2. Klasse bearbeiten müsse, wenn sie so weitermache. Immer wenn sie diese »Drohungen« von ihrer Lehrerin wahrnimmt, ist Tanja völlig verzweifelt und fühlt sich in ihrem negativen Selbstbild bestätigt. Was genau da bei ihr passiert, kann sie nicht oder kaum in Worte fassen. Wir verstehen das nicht, weil Tanja die Rechenaufgaben zu Hause ja problemlos lösen kann. Mittlerweile sinken ihre Leistungen in der Schule jedoch deutlich ab. Ihr Verhalten wird von Lehrerseite immer positiv gewürdigt: Sie ist pünktlich, hält sich an alle Regeln, hat viele Freunde und ist sehr hilfsbereit. Aber bezüglich ihres Selbstwertgefühls sind die Probleme so massiv, dass wir nicht wissen, wie wir sie hier bestärken können. Wenn Sie uns hierfür einen Tipp geben können, wären wir Ihnen wirklich sehr dankbar.

Mit freundlichen Grüßen,
Ihre Familie M.

Um die Mail beantworten zu können, müssen wir die bereits eingangs erwähnten drei Fragen klären:

- Was versteht man unter Selbstkonzept?
- Welche (möglichen) Zusammenhänge bestehen zur Hochbegabung?
- Welche Möglichkeiten zur Unterstützung des Selbstkonzeptes oder des Bildes, das man von sich selbst hat, gibt es?

In dieser Reihenfolge werden wir die Fragen im Folgenden behandeln.

Selbstkonzept: Worum geht es?

Ganz allgemein bezieht sich das Selbstkonzept auf das Bild der eigenen Person. Im Alltag sprechen wir häufiger von Selbstbewusstsein oder Selbstwert. Dies sind aber nur Teilbereiche des Selbstkonzeptes, wie wir später noch beschreiben werden. Doch sind diese Teilbereiche offenbar wichtig, ansonsten wären sie nicht so populär. Mit dem Begriff *Selbstbewusstsein* wird im Alltagsverständnis in der Regel ausgedrückt, dass Menschen ein positives Bild ihrer Person und ein sicheres Auftreten im Kontakt mit anderen Menschen haben. Zudem zeigt der Wortteil »Bewusstsein« an, dass es hierbei um die Kenntnis eines Menschen von sich selbst geht (Kügerl, 2006). Vereinfacht ausgedrückt: Selbstbewusste Menschen wissen, wer sie sind, akzeptieren sich mit ihren Stärken, aber auch ihren Schwächen, und können damit souverän umgehen. Unter Selbstbewusstsein ist dann, wenn wir den Aspekt des Bewusstseins stärker betonen, nicht mehr nur ein positives Bild eines Menschen von sich selbst zu verstehen, sondern auch eine gute Kenntnis der eigenen Merkmale und Fähigkeiten und der Möglichkeiten und Grenzen, die sich daraus für die eigene Lebenssituation ergeben.

Dennoch wird ein hohes Selbstbewusstsein allgemein als wünschenswert angesehen. Was heißt das? Die gute Kenntnis der eigenen Situation, Stärken, Schwächen oder Vorlieben soll von positiven Gefühlen gegenüber der eigenen Person und von Akzeptanz und Zuversicht hinsichtlich der eigenen Möglichkeiten begleitet sein. Ein »hohes« Selbstbewusstsein meint somit auch ein positives Selbstwertgefühl und eine positive Wahrnehmung der eigenen Person. Ein positives Bild der eigenen Person zu haben ist ein grundlegendes Bedürfnis. Wir entwickeln deshalb verschiedene Mechanismen, um uns dieses Bedürfnis zu erfüllen. Interessanterweise handelt es sich hierbei teilweise auch um verzerrende Mechanismen, die dazu führen, dass wir unsere eigenen Leistungen und Einflussmöglichkeiten im Vergleich mit anderen Menschen tendenziell überschätzen (in der Fachsprache wird dafür der Begriff »overconfidence bias« verwendet). Diese Wahrnehmungsverzerrungen wirken sich, wenn sie ein bestimmtes Maß nicht überschreiten, offenbar positiv auf die jeweilige Person aus. Forschungsergebnisse zeigen, dass diese Personen zufriedener mit ihrem Leben sind und auf Mitmenschen glaubwürdiger wirken als solche Menschen, die diese Überschätzung nicht zeigen (Myers, 2005).

Menschen möchten ein positives Bild von sich haben und greifen dazu auf verschiedene Strategien zurück.

Ein niedriges Selbstwertgefühl oder ein schonungslos realistisches Bild der eigenen Person korreliert hingegen mit psychischen oder sozialen Problemen beziehungsweise mit schlechten Leistungen (Schütz, 2003). Zudem gehen extrem positive Selbstbewertungen häufig mit aggressiven Verhaltensweisen gegenüber anderen Menschen einher. Die populärwissenschaftliche These, dass Menschen, die sich selbst akzeptieren, auch andere Menschen eher positiv sehen (»Nur wer sich selbst liebt, liebt auch andere«), ließ sich in Studien bisher nicht stützen (Schütz, 2003). Optimal für das eigene Wohlbefinden ist somit ein positives, aber dennoch realistisches Selbstbild, das von Akzeptanz gegenüber sich selbst geprägt ist und mit der Fähigkeit einhergeht, eigene Stärken und Schwächen nach außen hin kommunizieren zu können.

Wohlgemerkt reden wir bei dem etwas positiv »eingefärbten« Selbstbild von einer Einschätzung, die ein Mensch selbst trifft (und zwar in einem Maße, das es ihm immer noch ermöglicht, sich in seiner Umwelt gut zurechtzufinden). Wenn Eltern oder andere Bezugspersonen von außen Erwartungen an ein Kind richten, die dieses überfordern, zeigen sich auf Dauer negative Auswirkungen. Diese äußeren Erwartungen werden nach einer Zeit vom Kind verinnerlicht, was die Sache noch komplizierter macht. Menschen, die in ihrer Kindheit derartige Erfahrungen gemacht haben, berichten als Erwachsene teilweise, dass sie sich selbst über Erfolge nicht freuen könnten, weil es in ihnen eine innere Instanz (so etwas wie einen »inneren Kritiker«) gebe, der diese Leistungen immer wieder abwerte (Potreck-Rose, 2010).

Einhergehend mit einer leichten Überschätzung eigener Fähigkeiten, neigen übrigens die meisten Menschen dazu, Zeit und Aufwand von Projekten zu unterschätzen (Myers, 2005). Im Großen registrieren wir dies häufiger bei Bauprojekten, im Kleinen beispielsweise bei der Fertigstellung von Buchmanuskripten. Auch diese Verzerrung kann von Vorteil sein, um bestimmte Projekte überhaupt »anzugehen«. Wenn sie aber dazu führt, dass Vereinbarungen wieder und wieder »nachgebessert« werden müssen, führt dies zu Konflikten – im beruflichen wie privaten Umfeld. Vergleichbare Erfahrungen machen auch Kinder in ihren Bereichen.

Zum Aufbau des Selbstkonzeptes

Unter fachlicher Perspektive wird das Ganze etwas komplizierter. Hier wird Selbstbewusstsein als ein Teilbereich des generellen Bildes aufgefasst, das Menschen von sich selbst haben. Dieses wird, wie bereits beschrieben, als *Selbstkonzept* bezeichnet. Das Selbstkonzept wird dabei häufig definiert als die Selbstwahrnehmung einer Person, die durch die Erfahrungen mit der jeweiligen Umwelt und durch die jeweiligen Interpretationen dieser Erfahrungen durch die Person gebildet wird (Shavelson, Hubner & Stanton, 1976).

Man geht davon aus, dass das Selbstkonzept hierarchisch aufgebaut ist, wobei sich auf der höchsten Ebene das allgemeine Selbstkonzept befindet. Das allgemeine Selbstkonzept stellt quasi ein Gesamtbild dar und umfasst globale Bewertungen der eigenen Person (beispielsweise: eine gute Meinung von sich haben, im Großen und Ganzen mit sich zufrieden sein). Damit kommt das allgemeine Selbstkonzept unserer Vorstellung von Selbstbewusstsein ziemlich nahe.

Das Selbstkonzept ist jedoch nicht nur global, sondern kann für verschiedene Lebensbereiche durchaus unterschiedlich ausfallen (beispielsweise: »Ich bin zwar nicht gut in Mathe, aber sehr beliebt«). Daher finden sich im Modell auf einer spezifischeren, das heißt auf bestimmte Bereiche bezogenen Ebene unterschiedliche Facetten des Selbstkonzepts. Vier davon zeigt Abbildung 10 (nach Moschner & Dickhäuser, 2006, S. 687). Das Selbstkonzept einer Person ist damit mehrdimensional und schließt sowohl positive als auch negative Aspekte gleichermaßen mit ein.

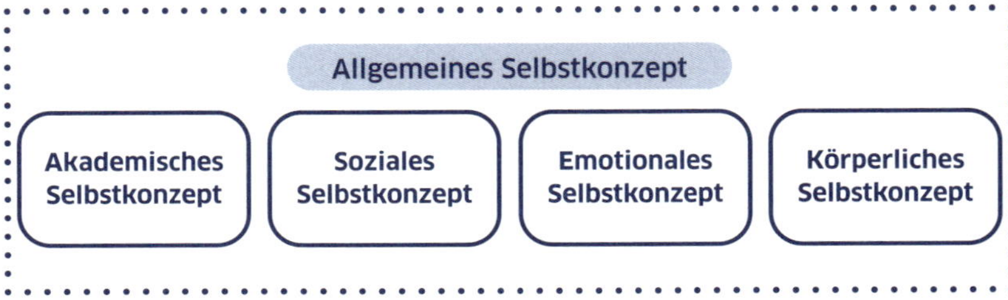

Hierarchisch und mehrdimensional: das Selbstkonzept

- Das *akademische Selbstkonzept* umfasst vor allem die Einschätzung der eigenen leistungsbezogenen oder schulischen Fähigkeiten. In diesem Bereich kann außerdem nach fachspezifischen Aspekten unterschieden werden, beispielsweise zwischen dem Bild von den eigenen Fähigkeiten im Fach Deutsch oder Mathematik. Gerade die Fähigkeitsselbstkonzepte in diesen beiden Fächern können bei einem Menschen erheblich voneinander abweichen, wobei es den meisten Schülerinnen und Schülern offenbar gelingt, diese fachspezifischen Selbsteinschätzungen in einem Fähigkeitsbild ihrer Person in Bezug auf die Anforderungen der Schule zu integrieren (Rost, Dickhäuser, Sparfeldt & Schilling, 2004). Eine solche Einschätzung könnte folgendermaßen aussehen: »Ich kann insgesamt die Aufgaben in der Schule ohne große Anstrengungen lösen. Rechnen kann ich superschnell. Wenn wir einen Aufsatz schreiben sollen, muss ich schon länger überlegen, um eine gute Geschichte hinzubekommen.«
- Das *soziale Selbstkonzept* umfasst das Bild, das Menschen von sich in Bezug auf den Kontakt mit anderen haben. Es lässt sich beispielsweise noch ausdifferenzieren hinsichtlich des Verhältnisses eines Kindes zu seinen Eltern oder zu Gleichaltrigen.
- Das *emotionale Selbstkonzept* beschreibt, vereinfacht gesagt, welche Gefühle ein Mensch als typisch für sich selbst einschätzt (beispielsweise: »Ich bin ein fröhlicher Mensch«). In diesen Teilaspekt wird manchmal auch das *Selbstwertgefühl* eingeordnet, das beschreibt, mit welchen Gefühlen das Bild der eigenen Person verbunden ist (Wild, Hofer & Pekrun, 2006).
- Zu guter Letzt umfasst das *körperliche Selbstkonzept* die Einschätzung der eigenen körperlichen Erscheinung, die unter anderem das Aussehen und die eigene Attraktivität betrifft.

Die Entwicklung des Selbstkonzeptes

Das Selbstkonzept oder das Selbstbild einer Person entsteht vor allem durch Erfahrungen mit der jeweiligen Umwelt und deren Interpretationen durch die Person selbst oder andere Personen. Generell »lernen« also Menschen das Bild von sich im Lauf ihrer Entwicklung. Die Quellen des Selbstwissens sind dabei jedoch vielfältig (Filipp & Mayer, 2005). Dazu gehören unter anderem das »Lernen« aus der Beobachtung der Wirkung des eigenen Verhaltens, direkte Merkmalszuschreibungen durch andere (»Du bist sehr gewissenhaft«), indirekte Merkmalszuschreibungen, die man auch für sich selbst trifft (z. B. Schlussfolgerungen aus dem Verhalten anderer: »Der erklärt mir das so ausführlich, also muss er mich für ziemlich dumm halten«), mit zunehmendem Alter auch soziale Vergleiche mit anderen und komplexere selbstreflexive Prozesse wie der Vergleich der eigenen Person mit sich selbst früher oder der Abgleich mit fremden und eigenen Werten und Idealen.

Eine wichtige Erfahrungsquelle sind Rückmeldungen zur eigenen Person durch Bezugspersonen. Wertschätzende Rückmeldungen durch andere wirken sich – vereinfacht gesagt – positiv aus (»Ich bin ein wertvoller Mensch«), wenig wertschätzende dagegen negativ (»Ich mache immer alles falsch«). Auf die Rolle des Lobens bzw. darauf, wie man richtig lobt, gehen wir später in diesem Kapitel noch ein. Rückmeldungen können nonverbal durch Mimik und Gestik ausgedrückt werden (beispielsweise in Form von Zurücklächeln oder -winken) oder aber verbal durch Sprache (»Ich bin stolz auf dich«). Auf den großen Einfluss, den Kommunikation auf das Selbstbewusstsein eines Menschen hat, und auf die Gestaltungsmöglichkeiten, die Eltern und andere Bezugspersonen an dieser Stelle haben, gehen wir zum Ende dieses Kapitels ausführlicher ein. Die Verarbeitung von Rückmeldungen unserer Umwelt wird mit dem Älterwerden immer komplexer und zunehmend mit eigenen, inneren Bewertungen abgeglichen. So werden beispielsweise Informationen leichter erinnert, wenn Menschen sie in einen positiven Bezug zu ihrem Selbstbild setzen können.

Die Aufmerksamkeit, die man bei anderen Menschen erzeugt, wird dabei von den meisten von uns überschätzt (dafür wird in der Fachsprache der Begriff »Spotlight-Effekt« verwendet). Selbst wenn Ihnen (oder Ihren Kindern) im Restaurant der Teller mit lautem Getöse zu Boden fällt, wird das in der Regel von anderen Menschen deutlich weniger stark registriert, als Sie befürchten (Myers, 2005). Dieses (hoffentlich entlastende) Beispiel zeigt zugleich, wie wichtig vermeintliche oder tatsächliche Bewertungen anderer Menschen für unser Selbstbewusstsein sind.

Ab dem zweiten Lebensjahr entwickeln Kinder eine sogenannte Selbstrepräsentation (Filipp & Mayer, 2005). Sie können sich selbst damit gewissermaßen als ein »Objekt« (also eigenständig) sehen und sich so auch mit bestimmten Begriffen bezeichnen, wie beispielsweise »Ich heiße Peter« oder »Ich bin ein Junge« (Oerter, 2008). Je älter Kinder werden, umso differenzierter und stabiler wird ihr Selbstkonzept.

Idealerweise lernen Kinder parallel zur Entwicklung des Selbstbildes auch, für sich zu beurteilen, was sie benötigen, um zufrieden zu sein oder sich angemessen herausgefordert zu fühlen. Bei den meisten Kindern ist ein (leichtes) Absinken ihres Selbstkonzeptes zu beobachten, wenn sie älter werden. In vielen Fällen scheint das bei genauerer Betrachtung vor allem den schulischen sowie den körperlichen Bereich zu betreffen. Gleichzeitig nähern sich die Selbsteinschätzungen der Kinder und die Einschätzungen anderer Personen einander immer mehr an (Filipp & Mayer, 2005). Insofern ist dieses Absinken in der Regel kein dramatischer »Einbruch«, sondern eher Ausdruck eines stärkeren Abgleichs der eigenen Perspektive mit der anderer Menschen.

Im Hinblick auf Geschlechterunterschiede finden sich in vielen Studien keine Differenzen im allgemeinen Selbstkonzept zwischen Jungen und Mädchen. Wenn sie sich zeigen, dann jedoch zumeist zugunsten der Jungen (Feingold, 1994). Unterschiede gibt es allerdings in spezifischen Bereichen der Selbstkonzepte, so zum Beispiel zugunsten der Jungen in Mathematik und zugunsten der Mädchen in sprachlichen Fächern. Generell werden die Unterschiede zwischen Mädchen und Jungen mit zunehmendem Alter größer. Horstkemper (1987; zitiert nach Schütz, 2003, S. 32) kam in einer Längsschnittuntersuchung zu dem Ergebnis, dass dabei schulische Erfahrungen eine wichtige Rolle spielen. Auf der einen Seite sind Mädchen im Durchschnitt gleichaltrigen Jungen in den schulischen Leistungen überlegen, auf der anderen Seite sind sie offenbar stärker von Zuwendung und Bestätigung durch Lehrkräfte abhängig. Das könnte auch erklären, warum ihr Selbstbewusstsein mit zunehmenden Alter im Vergleich zu Jungen stärker absinken kann, da die Beziehungen zwischen Schülerinnen und Schülern sowie ihren Lehrkräften auf weiterführenden Schulen zumeist weniger eng sind als in der Grundschule.

Wie bereits oben beschrieben, spielen bei der Ausbildung des Selbstkonzeptes Rückmeldungen durch Bezugspersonen eine wichtige Rolle. Hinzu kommen sogenannte »soziale« Vergleiche. Diese beziehen sich auf Vergleiche, die wir selbst (oder auch andere für uns) mit anderen Menschen oder Gruppen vornehmen. Vergleichen wir uns selbst, dann zumeist mit solchen Menschen, die uns in für uns wichtigen Punkten ähnlich sind (beispielsweise Geschlecht, Alter etc.). Generell sind derartige Vergleichsprozesse äußerst komplex und können ein tatsächliches Feedback (»Die Lehrerin hat gesagt, dass ich die Aufgaben von allen Kindern am schnellsten gelöst habe«) oder auch eine nur vorgestellte Rückmeldung betreffen (»Ich glaube, sie war mit den anderen Aufsätzen zufriedener als mit meinem«). Zudem kann sich der Vergleich auf eine ganze Gruppe (»Ich war die Beste in der ganzen Klasse«) oder einen einzelnen Menschen (»Diesmal war ich besser als Annika«) beziehen. Vergleiche können sich aber nicht nur auf andere Personen, sondern auch auf die eigene Person zu einem anderen Zeitpunkt beziehen. Hierbei spricht man dann von »temporalen« Vergleichen (beispielsweise: »Vor drei Monaten konnte ich das noch nicht!«). Temporale Vergleiche geben einem Menschen das Gefühl für die eigene Kontinuität und helfen damit, ein einheitliches Selbstbild aufzubauen.

Zusammenfassend kann das Selbstkonzept eines Menschen als Gesamtbild, das dieser Mensch von sich hat, verstanden werden. Teilaspekte davon sind das allgemeine Selbstkonzept (welches dem Alltagsverständnis von Selbstbewusstsein recht nahe kommt) sowie auf verschiedene Lebensbereiche bezogene Facetten (akademisches, soziales, emotionales oder körperliches Selbstkonzept). Dieses Bild entwickeln Kinder und Jugendliche im Verlauf ihrer Entwicklung durch Erfahrungen, das heißt vor allem durch Rückmeldungen, die sie von ihren Mitmenschen bekommen, sowie durch eigene Vergleiche mit diesen. Je älter Kinder werden, umso realistischer und differenzierter wird in der Regel ihr Selbstkonzept.

Hochbegabung und Selbstkonzept

In diesem Abschnitt beschreiben wir nun, welche Zusammenhänge zwischen den Themenbereichen Hochbegabung und Selbstkonzept bestehen, und greifen damit eine Eingangsfrage dieses Kapitels wieder auf. Dabei sind nach den Ergebnissen der Vorbefragung von Eltern für dieses Buch vor allem zwei Fragen von Interesse: Sind hochbegabte Kinder in irgendeiner Weise »besonders« – zum Beispiel besonders selbstbewusst? (das kann ein Mehr oder Weniger im Vergleich zu durchschnittlich begabten Kindern sein), und: Übt die Hochbegabung einen besonderen Einfluss auf das Selbstkonzept der Kinder aus?

Die hohe intellektuelle Begabung ist offenbar Teil des (akademischen) Selbstkonzeptes vieler hochbegabter Kinder und Jugendlicher. Das akademische Selbstkonzept ist daher, entsprechend der tatsächlich höheren intellektuellen Leistungsfähigkeit, bei Hochbegabten in der Regel höher ausgeprägt als bei durchschnittlich Begabten. Im Grundschulalter scheint dies auch das Selbstwertgefühl der meisten hochbegabten Mädchen und Jungen positiv zu beeinflussen (Rost, 1993b). Und: Hochbegabte Jugendliche übertreffen ihre durchschnittlich begabten Peers auch im allgemeinen Selbstkonzept bedeutsam. Im Marburger Hochbegabtenprojekt zeigte sich dabei allerdings, dass sich die hochbegabten Jugendlichen bezüglich der wahrgenommenen Beliebtheit bei den Gleichaltrigen (als Facette des sozialen Selbstkonzeptes) etwas niedriger einschätzten als die durchschnittlich Begabten (wobei die Einschätzungen beider Gruppen im positiven Bereich lagen; Rost & Hanses, 2000). Diese Ergebnisse lassen sich gut in Einklang bringen mit einer Studie, die Colangelo und Assouline (1995; zitiert nach Fiebig, 2004, S. 285–286) mit 563 begabten Schülerinnen und Schülern der Klassenstufen drei bis elf durchführten. Insgesamt schätzen die befragten Kinder sich positiv ein, wobei das Selbstwertgefühl der meisten Kinder mit zunehmendem Alter abnahm (eine Entwicklung, die auch bei vielen nicht hochbegabten Kindern zu beobachten ist). Am deutlichsten war dieses Absinken bei begabten Mädchen auf der weiterführenden Schule zu beobachten. Manche Untersuchungen weisen darauf hin, dass hochbegabte Jugendliche selbst offenbar ein positives Bild von ihren hohen Fähigkeiten haben, aber gleichzeitig befürchten, dass ihre Peers diese eher negativ einschätzen (Kerr, Colangelo & Gaeth; zitiert nach Fiebig, 2004, S. 286). Die

Hochbegabung eines Kindes hat also einen überwiegend positiven Einfluss auf das Selbstkonzept des Kindes in verschiedenen Altersstufen, wobei im Kontakt mit Gleichaltrigen durchaus eine etwas kritischere Einschätzung der eigenen sozialen Position entstehen kann.

Hinsichtlich der Familienkonstellation ist festzustellen, dass Geschwister von Hochbegabten häufiger ein niedrigeres Selbstkonzept aufweisen, worauf wir im letzten Kapitel schon eingegangen sind. Wir haben dort auch verdeutlicht, dass diese Unterschiede nicht »naturgegeben« sind, sondern dass Eltern diesbezüglich sehr wohl Einflussmöglichkeiten haben.

Die Hochbegabung hat einen überwiegend positiven Einfluss auf das Selbstkonzept des Kindes.

Als ein weiterer wichtiger Einflussfaktor auf das Selbstkonzept ist die Teilnahme an Fördermaßnahmen zu nennen. Für etliche Fördermaßnahmen sind positive Auswirkungen auf das Selbstkonzept dokumentiert (Hoogeveen, van Hell & Verhoeven, 2009). Darauf gehen wir genauer im Kapitel 10 zum Thema »Förderung« ein.

Möglichkeiten zur Unterstützung eines positiven Selbstbildes

Wenn Sie sich an die E-Mail erinnern, mit der wir dieses Kapitel begonnen haben, helfen die bisherigen Ausführungen vermutlich noch nicht viel weiter. Wir wollen deswegen nun in einem Überblick verschiedene Ansatzpunkte beschreiben, die dafür geeignet sind, das Selbstbild eines Kindes zu unterstützen.

Selbstbewertung und Selbstwert

Allgemein wird davon ausgegangen, dass das Selbstkonzept und damit auch das Selbstwertgefühl eines Menschen als Folge eines inneren und äußeren Bewertungsprozesses entsteht (Storch & Riedener, 2009). Vereinfacht gesagt geht es darum, wie ein Mensch selbst ein Ergebnis oder eine Handlung beurteilt und wie andere Menschen diesen Aspekt einschätzen. Menschen mit einem eher geringen Selbstwertgefühl schauen zuerst auf die äußere Bewertung durch andere und ordnen sie dann innerlich ein. Vorteilhafter ist die umgekehrte Reihenfolge, also zuerst die eigene Bewertung und danach der Abgleich mit der Bewertung anderer. Hierzu haben wir ein Beispiel dokumentiert.

Franziska

Franziska, die die sechste Klasse eines Gymnasiums besucht, hält sich selbst für eine eher schwache Schülerin. Sie geht davon aus, dass ihre Lehrer ihr nicht viel zutrauen, und macht ihre Einschätzung daran fest, dass sie Klassenarbeiten häufig mit der Bemerkung »Mal wieder ein knapper Dreier« zurückbekommt. Sie findet, dass die Lehrer eigentlich recht haben, da sie seit der Grundschulzeit keine besseren Noten mehr erzielt hat. Wenn ihre Eltern sie ermutigen, mehr zu lernen, weil sie der Meinung sind, dass sie ihr Potenzial nicht ausschöpfe, lehnt sie das als sinnlos ab. Auf die Frage, mit welchen Noten sie selbst zufrieden sei, zuckt sie mit den Schultern. Franziskas Eltern berichten, dass das Selbstbewusstsein ihrer Tochter in den letzten zwei Jahren deutlich gesunken sei.

Tom

Tom, ein Klassenkamerad von Franziska, sagt wiederum von sich, er sei zufrieden, wenn er zumindest befriedigende Noten erziele (»Das kann ich auch, wenn ich will«). Wenn er hinter seinen Erwartungen zurückleibt, trifft ihn das zwar, die schlechteren Noten haben aber längerfristig keinen negativen Einfluss auf sein Selbstwertgefühl sowie sein eigenes Bild seiner mathematischen Fähigkeiten. Als sein Mathematiklehrer vor Kurzem bei einer Frage von Tom die Augen verdrehte und sagte: »Du bist eben nicht für Mathe gemacht«, konterte er selbstbewusst: »Wenn Sie mir die Aufgabe noch mal erklären, könnten wir zumindest den Versuch machen, Ihre These zu widerlegen.« Zu seinem besten Freund sagt er hinterher: »Ich weiß schon, dass es zu einem Mathestudium bei mir nicht reichen wird, aber einen Dreier kann ich auf dem Zeugnis schaffen. Das reicht mir.«

Eine Veränderung der ungünstigen Bewertungsabfolge von »außen → innen« in die selbstwertdienlichere Bewertung des »innen → außen« kann trainiert werden. Die Bewertungsabfolge entscheidet mit darüber, mit welchem »Leistungsniveau« Kinder und Jugendliche in einem Bereich zufrieden sind. Der Begriff »Leistungsniveau« ist deswegen in Anführungszeichen gesetzt, weil es nicht nur um schulische Leistungen geht, sondern eher um persönliche Ziele (die eben auch, aber nicht nur den schulischen Bereich betreffen). Wir sprechen an dieser Stelle von Leistung, weil wir an das vorangegangene Beispiel anknüpfen und wissen, dass schulische Leistungen für die meisten Kinder eine wichtige Rolle für ihr Selbstbild spielen.

Storch und Riedener (2009) beschreiben, dass eine selbstwertdienliche Bewertung in der Regel in drei Schritten abläuft. Im ersten Schritt geht es darum, dass ein Kind einen eigenen Maßstab dafür entwickelt, mit welchem Ergebnis es zufrieden sein könnte (beispielsweise: »Mit welcher Note in der nächsten Klassenarbeit bist du zufrieden?«, oder: »Wie sollte sich das Klavierstück anhören, damit du damit zufrieden bist?«). Im nächsten Schritt wird dieser eigene Maßstab mit der Einschätzung anderer Menschen abgeglichen (beispielsweise: »Sind meine Eltern auch zufrieden, wenn ich eine Drei in der Klassenarbeit habe?«, oder: »Wann hört sich das Musikstück in den Ohren meiner Klavierlehrerin gut an?«). Abschließend werden diese Rückmeldungen mit dem eigenen Maßstab abgeglichen, der dann beibehalten oder eventuell leicht verändert wird (»Meine Eltern sagen, ich hätte das Zeug zu einem Zweier in Mathe. Darüber denke ich noch mal nach«). Diese Skizze beschreibt natürlich einen Idealzustand; dieser muss nicht minutiös eingehalten werden, sondern soll Ihnen eine wichtige Voraussetzung der »Selbstwertpflege« verdeutlichen. Es ist wichtig, dass Kinder einen Gütemaßstab für ihre Leistung entwickeln, also einschätzen können, was ihren Möglichkeiten und den Erwartungen und Anforderungen der Umwelt entspricht. Ein solcher Gütemaßstab kann dabei durchaus unterschiedlich ausfallen, je nachdem, ob man ihn nach sozialen, temporalen oder inhaltlichen Gesichtspunkten festlegt. So kann beim Spielen eines Klavierstückes ein Kind zwar finden, dass es deutlich besser als seine Mitschüler spielt (sozialer Maßstab), dennoch aber mit sich selbst unzufrieden sein, da es sich in der letzten Woche nicht verbessert hat (individueller Maßstab aus temporalem Vergleich), und dabei gleichzeitig stolz darauf sein, eine bestimmte Kompetenzstufe beim Vorspiel geschafft zu haben (inhaltliches Kriterium). Die Vielfalt dieser möglichen Maßstäbe zu kennen und zu nutzen wirkt sich auf das eigene Selbstbild in der Regel positiv aus.

Vom statischen und vom dynamischen Selbstbild

Die amerikanische Psychologin Carol Dweck (2009) führt aus, dass Forschungsergebnisse eine grundlegende Unterscheidung zwischen einem »statisch« beziehungsweise einem »dynamisch« ausgerichteten Selbstbild eigener Fähigkeiten nahelegen. Menschen, die ein statisches Bild eigener Fähigkeiten haben, gehen davon aus, dass Fähigkeiten stabil angelegt und durch eigene Anstrengung oder Lernen (kaum) zu verändern sind (»Man ist halt schlau oder eben nicht«). Bei einer solchen Sichtweise wird in jeder Prüfungssituation das grundlegende Potenzial einer Person getestet, was diese unter erheblichen Druck setzen kann. Mit anderen Worten: Obwohl die Prüfung nur einen Teilaspekt der Fähigkeiten erfasst (und diese zudem veränderbar sind!), fühlt sich ein Mensch mit einem statischen Selbstbild eigener Fähigkeiten in seiner ganzen Persönlichkeit erfasst und bewertet. Das Fazit dieser Menschen lautet in etwa: »Wenn ich schlecht abschneide, stimmt mit mir als Person etwas nicht.«

Umgekehrt gehen Menschen mit einem dynamischen Selbstbild eigener Fähigkeiten davon aus, dass Fähigkeiten durch Lernen veränderbar sind. Von daher sehen sie Misserfolg nicht als ein Scheitern ihrer Person an, sondern als Anstoß zu größerem und intensiverem Einsatz. Der Bezug zu den Inhalten dieses Buches besteht darin, dass auch Fähigkeiten wie Intelligenz Teil eines dynamischen oder stabilen Fähigkeitsbildes sind. Je nach Sichtweise ist dann ein Intelligenztestergebnis oder eine schulische Leistung eine »Momentaufnahme« (dynamisch) oder der Beleg für eine unveränderliche Tatsache (stabil; siehe dazu auch Kapitel 4 zum Erkennen von Hochbegabung).

Eine Veränderung von einem statischen zu einem dynamischen Selbstbild eigener Fähigkeiten ist möglich, braucht aber einige Zeit. Hierfür ist es unter anderem hilfreich, wenn variable Anteile an Erfolgen oder Misserfolgen herausgestellt werden (beispielsweise die Vorbereitung auf eine Klassenarbeit, in der ein Kind eine gute Note erzielte, oder aber die Möglichkeit, einen solchen Einsatz zu leisten, um eine schlechtere Note bei der nächsten Prüfung zu verbessern). Ungünstig wirkt sich ein Lob aus, das vor allem auf die Intelligenz eines Menschen abzielt (»Toll, wie schnell du diese Aufgabe gelöst hast. Du bist wirklich sehr schlau!«). Menschen vermeiden nach einem solchen Lob nämlich häufig höhere Anforderungen, weil ein Scheitern als Hinweis dafür gewertet werden könnte, dass das ursprüngliche Kompliment ein Irrtum war, der betreffende Mensch also gar nicht überdurchschnittlich intelligent ist. Unterstützend ist demgegenüber, wenn Eltern ihren Kindern vorleben können, dass Fehler Hinweise auf Veränderungs- oder Verbesserungsmöglichkeiten enthalten (»Den Text verstehe ich so nicht. Ich werde mal die Fremdwörter im Lexikon nachschlagen, dann könnte es leichter werden«) und keine unabwendbaren Defizite anzeigen (»Ich bin halt zu blöd dafür«). Letztendlich kommt es auf eine gelungene Integration statischer und dynamischer Aspekte an. Zum Beispiel wirkt es sich günstig auf das eigene Lernen oder den Umgang mit Fehlern aus, wenn sich ein Kind eine angemessen hohe Fähigkeit zuschreibt, dabei aber weiß, dass diese Fähigkeit erst über Anstrengung zu Leistung und Erfolg führt.

Hilfreich für die Bewältigung von und den konstruktiven Umgang mit Fehlern ist auch das Erleben von Selbstwirksamkeit. Mit diesem Begriff wird die Erwartung von Menschen beschrieben, durch eigenes Verhalten ein Ziel erreichen oder zumindest ein gewünschtes Ereignis beeinflussen zu können. Wenn Kinder schon früh die Möglichkeit haben, etwas selbst auszuprobieren, wirkt sich das positiv auf ihre Selbstwirksamkeitsüberzeugung aus (Stichwort »Fördern durch Fordern« im Sinne von dosierten Diskrepanzen zwischen bisherigen Leistungen und Anforderungen). In gleicher Weise wirken erfolgreiche Bewältigungserfahrungen oder aber die Beobachtung von Menschen, die eine Aufgabe erfolgreich bewältigen konnten (Köller & Möller, 2006). Auch die Bewältigung von Problemen oder Fehlern kann sich positiv auf das Selbstwertgefühl eines Kindes auswirken: So gesehen sind Probleme oder Fehler eine wertvolle Chance zur Steigerung des Selbstbewusstseins. Für viele mag das paradox klingen, da die meisten von uns gelernt haben, dass Probleme und Fehler etwas Schlechtes sind, das es zu vermeiden gilt. Ein konstruktiver Umgang mit beiden ist jedoch ein wichtiges Lernziel. Konkrete Anregungen zur Erreichung dieses Lernziels finden Sie im Kapitel 12 zum Thema Lösungsorientierung.

Familie und Selbstbild

Das familiäre Umfeld hat einen wichtigen Einfluss auf die Entwicklung des Selbstkonzepts von Kindern. So lassen sich beispielsweise positive Auswirkungen eines harmonischen Familienlebens oder einer deutlichen familiären Orientierung nachweisen. Für Jugendliche spielt zudem ihre Wahrnehmung der Qualität der elterlichen Beziehung eine wichtige Rolle (Schütz, 2003). Virginia Satir (2004) kommt anhand ihrer praktischen Erfahrung als Familientherapeutin zu dem Schluss, dass der Selbstwert eine Persönlichkeitseigenschaft sei, die vor allem innerhalb der Familie »gelernt« werde. Würden Verschiedenheiten der Familienmitglieder geschätzt, Fehler toleriert und Regeln flexibel gehandhabt, wirke sich das förderlich aus. Eine entscheidende Rolle spiele dabei eine offene und authentische Kommunikation. »Kommunikation ist der Maßstab, mit dem zwei Menschen gegenseitig den Grad ihres Selbstwertes messen, und sie ist auch das Werkzeug, mit dem dieser Grad für beide geändert werden kann.« (Satir, S. 39). Wenn Kinder in ihrer Familie positive Erfahrungen mit wertschätzender, offener und authentischer Kommunikation machen können, haben sie die Chance, Rückmeldungen naher Bezugspersonen in ihr Selbstkonzept einzubauen und zugleich zu erkennen, dass es auch Unterschiede geben kann (»Meiner Mutter gefällt das Gedicht – ich bin damit nicht zufrieden« … oder auch umgekehrt). Eine solche Art der Kommunikation bietet Eltern also die Möglichkeit, Einfluss auf das Selbstbild ihrer Kinder zu nehmen.

Das familiäre Umfeld hat einen wichtigen Einfluss auf die Entwicklung des Selbstkonzepts von Kindern.

Hier ergibt sich insofern ein Bezug zur Hochbegabung, als sich das weit überdurchschnittliche Fähigkeitsniveau bei vielen Kindern in einem früh zu beobachtenden kompetenten Umgang mit Sprache äußert (Stapf, 2010; Buch, Sparfeldt & Rost, 2006), sodass diese Kinder das »Sprach-Werkzeug« nutzen, um ihre Eindrücke und Erlebnisse zu verarbeiten. Umgekehrt ist das angemessene Sprechen mit Kindern auch eines der stärksten (kognitiven) Förderinstrumente, das Eltern zur Verfügung steht (Freeman, 2000; Perleth, 2006). Dies unterstreicht noch einmal, dass das Bild des Kindes von sich selbst im Kontakt mit anderen Menschen entsteht (und sich darin auch verändern kann). Wie Eltern in einer selbstwertdienlichen Weise mit ihren Kindern sprechen können, beschreiben wir im elften Kapitel.

Lob

Carol Dweck (2009) betont, dass Lob sich für ein Kind dann positiv auswirkt, wenn die Rückmeldung sich auf *Prozesse* (beispielsweise Üben zum Erlernen des Fahrradfahrens oder eines Musikinstrumentes) bezieht und dabei auch die Anstrengung würdigt. Wenn Lob sich demgegenüber auf relativ stabile Eigenschaften wie Intelligenz oder Begabung bezieht, besteht die Gefahr, dass Kinder Aufgaben oder Tätigkeiten vermeiden, wenn sie die Gefahr des Scheiterns mit sich bringen. Der Hintergrund: Ein Misserfolg könnte die einmal getroffene (»stabile«) Aussage infrage stellen (nach dem Motto: »Ich bin ja gar nicht schlau, talentiert etc.«).

Aus der praktischen Erfahrung in Beratungen und Trainings noch eine weitere Anmerkung zum Loben: Auf den ersten Blick ist ein Lob eine wirkungsvolle Option, um das Selbstbewusstsein eines Menschen zu steigern. Überall da, wo es funktioniert, ist es auch sinnvoll, dieses Vorgehen beizubehalten. Für die Eltern, die mit dem Loben ihrer Kinder jedoch negative Erfahrungen gemacht haben, sei hier angemerkt, dass Lob in manchen Fällen einen paradoxen Effekt hat. So kann es bei Kindern zu einer Verunsicherung führen, wenn sie beispielsweise von ihren Lehrkräften für die Beantwortung von Fragen gelobt werden, die sie für leicht halten (nach dem Motto: »Der kann mir ja nicht viel zutrauen, wenn er mich dafür schon lobt«). Um diesen nicht beabsichtigten Effekt zu vermeiden, ist es wichtig, das Fähigkeitsniveau einer Schülerin oder eines Schülers beim Aussprechen eines Lobes mit zu berücksichtigen (Rheinberg, 2006). Konkret geht es darum, Kinder vor allem dann zu loben, wenn eine Aufgabe für sie auch wirklich eine Herausforderung ist. Diese Anregung ist also vor allem dann von Bedeutung, wenn Sie die Erfahrung machen, dass ein Lob von Ihnen bei Ihrem Kind den beschriebenen paradoxen Effekt hat.

Zudem scheinen manche hochbegabten Kinder relativ früh zu begreifen, dass ein Lob in der Regel ein hierarchisches Gefälle ausdrückt (es kommt wohl eher selten vor, dass ein Angestellter seinen Vorstandschef für dessen »tolle Rede« auf der Hauptversammlung lobt). Wenn die Kinder sich dagegen wehren, ist es hilfreich, dass Eltern statt eines klassischen Lobes beschreiben, was das Verhalten oder die Fähigkeit ihres Kindes in diesem Moment bei ihnen auslöst (beispielsweise: »Ich habe mich riesig über das Gedicht gefreut, das du mir zum Geburtstag geschrieben hast«). Der Unterschied: Diese Beschreibung drückt ein Gespräch »auf Augenhöhe« aus. Und auch an dieser Stelle kann es nützlich sein, wenn Eltern ihre Modellfunktion einsetzen, um zu verdeutlichen, dass widersprüchliche Gefühle

Kinder sollten vor allem dann gelobt werden, wenn eine Aufgabe für sie auch wirklich eine Herausforderung ist.

bei Menschen, die ein Lob erhalten, durchaus normal sein können: »Ich habe mich richtig gefreut, dass den anderen Eltern das Musikstück für die Weihnachtsfeier so gut gefallen hat – und ein bisschen peinlich war es mir in dem Moment auch. So konnte ich einfach nur ›Danke‹ sagen.«

Der Familientherapeut Jesper Juul und die Familientherapeutin Helle Jensen (2009) beschreiben einen engen Zusammenhang zwischen dem Selbstwertgefühl eines Menschen und seiner Integrität (was in etwa das Gefühl meint, als Person für sich selbst und seine Umgebung verantwortlich zu sein und gelernt zu haben, diese Verantwortung auch übernehmen zu können). Hierzu passend fanden wir eine Aussage von Oseola McCarthy (zitiert nach Myers, 2005, S. 603), die uns beeindruckt hat: »Heute wird ja viel von Selbstwertgefühl gesprochen. Für mich ist das etwas Unverzichtbares. Wenn du stolz auf dich sein willst, musst du etwas tun, worauf du stolz sein kannst« (Oseola McCarthy, Waschfrau aus Mississippi, die der dortigen Universität 150.000 Dollar spendete).

Im Folgenden schildern wir, wie die Entwicklung von Tanja vom Anfang dieses Kapitels weiterging, und beginnen mit unserer Antwortmail.

Tanja

Liebe Familie G.,
vielen Dank für Ihre Mail. Ich freue mich, von Ihnen zu hören! Zu Ihrer Frage versuche ich gerne, ein paar Ansatzpunkte zu beschreiben. Beim Lesen hat sich mir die Frage gestellt, wo der Zusammenhang zwischen der schulischen Situation von Tanja und ihrem Selbstbewusstsein ist. Vordergründig schaut es ja so aus, dass sie allen Grund hätte, stolz auf sich zu sein, was jedoch offensichtlich nicht der Fall ist. Ihre Versuche als Eltern, sie hiervon zu überzeugen, haben sich Ihren Schilderungen nach bisher nicht (oder nur teilweise) als erfolgreich erwiesen. Von daher überlege ich, inwiefern Tanja für sich einen Maßstab hat, ab dem sie zufrieden sein und somit aus erzielten Leistungen Bestätigung ziehen kann (beziehungsweise, wie dieser Maßstab aussieht).

Wenn sie sich beispielsweise häufig Ziele setzt, die für sie derzeit nicht zu erreichen sind, erlebt sie Frustrationen, die sich wiederum negativ auf ihr Selbstbild auswirken. Insofern könnten Tanjas Äußerungen, sie sei »zu blöd« dieses innere Erleben ausdrücken. Möglicherweise bleiben die Selbstwertprobleme von daher nicht trotz, sondern wegen der Förderung bestehen. Mit anderen Worten: Ich halte es für sinnvoll, gemeinsam mit Tanja zu überlegen, welche Art von weiterführenden Aufgaben für sie unterstützend sein könnte (und zwar im Moment vorrangig zur Steigerung ihres Selbstbewusstseins).

In einem ersten Schritt wird es hilfreich sein, Tanja gefühlsmäßig aufzufangen (beispielsweise: »Du kannst dich gar nicht freuen, wenn dein Trainer dich lobt, weil du der Meinung bist, dass andere Kinder viel besser werfen können als du«) und ihr damit zugleich die Möglichkeit zu bieten, einen eigenen Maßstab zu entwickeln. Wenn Sie das Gefühl haben, gut mit ihr in Kontakt zu sein, könnten Sie gemeinsam Anhaltspunkte entwickeln, aus denen Tanja Selbstbewusstsein entwickeln kann (beispielsweise: »Was könntest du tun, auf das du hinterher stolz wärst?«, oder: »Mit welchen Dingen, die du im letzten Monat gemacht hast, bist du [zumindest ein bisschen] zufrieden?«).

Beim Loben könnte es sinnvoll sein, darauf zu achten, in welchen Situationen sich das Lob positiv auswirkt und wo Tanja eher abblockt. Wenn Sie hier eine gewisse Systematik erkennen, ergibt sich ein Ansatzpunkt dafür, wo das Loben beibehalten (oder sogar ausgebaut) werden kann und wo Sie es andererseits lieber weglassen. Generell ist zu empfehlen, beim Loben die Anstrengung zu betonen, die Tanja geleistet hat (unabhängig vom Ergebnis), und weniger auf ihre Fähigkeiten (nach dem Motto: »Du bist doch schlau.«) abzuzielen. Der Hintergrund: Diese Form des Lobens führt oft zu einem sogenannten »stabilen Selbstbild eigener Fähigkeiten«. Darunter ist zu verstehen, dass Menschen sich Erfolge und Misserfolge vor allem durch ihre (stabilen) Fähigkeiten erklären. Das Problem dabei: Jeder Misserfolg stellt in dieser Sichtweise die eigene Fähigkeit infrage, weswegen Menschen mit diesem Selbstbild häufig größere Anforderungen vermeiden. Eventuell würde ich auch an ein gemeinsames Gespräch mit Ihnen, Ihrer Tochter und der Lehrerin denken, in dem diese Tanja sagen könnte, dass sie ihre Fähigkeiten zwar sieht, ihr aber trotzdem etwas anderes geben muss, damit sie beschäftigt ist, wenn sie die Aufgaben der dritten Klasse nicht macht. Wenn sich diese Punkte als nicht ausreichend oder nicht umsetzbar erweisen, würde ich daran denken, eine Beratungsmöglichkeit zu suchen, um das Thema mit Unterstützung einer dritten Person angehen zu können (schon deswegen, weil es dadurch leichterfällt, etwas Neues auszuprobieren). Zudem hätten Sie als Eltern damit auch die Chance, eine weitere Einschätzung zu hören und damit hoffentlich mehr Sicherheit zu erlangen. Eventuell finden Sie dort auch Kursangebote, die Kinder dabei unterstützen, ihr Selbstbewusstsein zu steigern. Ich hoffe, dass diese Ideen Ihnen ein wenig weiterhelfen. Wenn Sie möchten, halten Sie mich gerne auf dem Laufenden.

Beste Grüße, Ihr D. Arnold

Wie es weiterging: Familie G. konnte tatsächlich ein Gespräch mit der Klassenlehrerin führen, bei dem auch Tanja zeitweise anwesend war. Hierbei wurde deutlich, dass die Lehrerin Tanjas Fähigkeiten und auch ihre Unterforderung sehr wohl sah. Allerdings nahm sie auch einen starken Wunsch nach Zugehörigkeit zur Klassengemeinschaft wahr und äußerte die Befürchtung, dass Tanja sich durch die Extraaufgaben zunehmend herausgestellt fühle. In gemeinsamer Absprache wurde daraufhin beschlossen, diese Förderung vorerst einzustellen. Als Alternative durfte Tanja für einige Monate an einem naturwissenschaftlichen Experimentierkurs teilnehmen, der von einer Elterninitiative veranstaltet wurde. Hier lernte sie ein gleichaltriges Mädchen kennen, das sich ebenfalls für Mathematik und Technik interessierte, was Tanja Sicherheit zu geben schien. Zusätzlich nahm Tanja für mehrere Monate an einem Trainingskurs für Kinder teil, in dem es darum ging, eigene Stärken zu entdecken und diese selbstbewusst vertreten zu können. Nach rund 12 Wochen lehnte sie es allerdings mit folgender Begründung ab, weiterhin an den Gruppentreffen teilzunehmen: »Ich bin stark genug und manche von den anderen Kindern sind mittlerweile nur noch Angeber. Mir reicht's.«

Ihr Zutrauen in ihre schulischen Fähigkeiten (also das sogenannte akademische Selbstkonzept) stabilisierte sich zusehends. Tanja bearbeitete weiterhin die gleichen Aufgaben wie die anderen Schülerinnen und Schüler ihrer Klasse. Ihr Notenniveau bewegte sich nach einer Übergangsphase von rund einem halben Jahr (Tanja besuchte mittlerweile die dritte Klasse) fast durchgehend im sehr guten Bereich (nur im Fach Religion hatte sie eine Zwei, weil der Lehrer ihre Fragen »zu vorlaut« fand). Daraufhin bot die Schule an, die Möglichkeit des Überspringens der vierten Klasse mit dem nahe gelegenen Gymnasium zu besprechen, wenn Tanja und ihre Eltern es wünschten. Nach reiflicher Überlegung wurde dieser Schritt umgesetzt. Tanja besucht mittlerweile die sechste Klasse eines Gymnasiums und fühlt sich auf der neuen Schule wohl. Ihr Selbstbewusstsein hat sich so weit stabilisiert, dass sie mit der Rolle, die Jüngste in ihrer Klasse zu sein, gut umgehen kann. In für sie neuen Situationen reagiert sie zwar immer noch zurückhaltend, kann mittlerweile jedoch häufiger auch von sich aus auf andere Kinder zugehen. Aufgrund ihrer guten Noten wurde Tanja nach der fünften Klasse angeboten, in eine Förderklasse für Hochbegabte zu wechseln, was sie jedoch ablehnte, weil sie die gerade neu geknüpften Freundschaften nicht aufgeben wollte. Ihre Eltern akzeptierten diese Entscheidung und sind damit insgesamt zufrieden, auch wenn sie manchmal den Eindruck haben, »dass Tanja noch etwas mehr herausgefordert werden könnte«.

Reflexion

- Welche Rolle spielt aus meiner Sicht die Hochbegabung für das Selbstbild meines Kindes?
- In welchen Bereichen zeigt mein Kind mehr, in welchen weniger Selbstbewusstsein? Wie erkläre ich mir diese Unterschiede?
- Wie denke ich selbst über Intelligenz und Hochbegabung – als etwas Statisches oder als etwas Dynamisches?
- Welche Erfahrung habe ich mit dem Loben meines Kindes gemacht?
- Wie versuche ich üblicherweise, das Selbstbewusstsein meines Kindes zu unterstützen? Was habe ich noch nie ausprobiert?

10 Förderung

»Förderung Hochbegabter ist doch ein Luxus, den wir uns in Zeiten leerer Kassen nicht mehr leisten können. Die sind sowieso schon privilegiert, was wollen die denn noch?«, oder aber: »Für schwächere Kinder wird so viel getan, warum tun wir nicht auch was für kluge Kinder?« So oder so ähnlich kann eine Diskussion über das Thema beginnen, das wir in diesem Kapitel behandeln. Hochbegabtenförderung ist in der öffentlichen Wahrnehmung keine Selbstverständlichkeit, umso mehr sollte sie (fachlich) begründbar sein. Plakative Forderungen wie »Hochbegabte brauchen Hilfe« schüren zwar kurzfristig Emotionen, wirken aber bei einer genaueren Betrachtung der Gesamtgruppe Hochbegabter überzogen. Die meisten hochbegabten Mädchen und Jungen brauchen nicht mehr Hilfe als ihre durchschnittlich begabten Altersgenossen (manche sogar weniger), sodass sich dieses »Argument« als ungeeignet erweist. Damit ist die Frage nach einer adäquaten Förderung kluger Kinder natürlich nicht ad acta gelegt. Wir greifen die Kontroverse um das Thema Hochbegabtenförderung später in diesem Kapitel nochmals auf, wobei wir dieses facettenreiche Thema in all seinen Aspekten hier nur anreißen können. Uns geht es in diesem Elternhandbuch auch nicht darum, eine wissenschaftliche Debatte zu führen. Vielmehr möchten wir Ihnen für diese Debatte Anregungen geben, die helfen sollen, den eigenen Standpunkt zu klären und ihn begründen zu können.

In vielen Beratungsgesprächen mit Eltern ist die Frage nach einer angemessenen Förderung von zentraler Bedeutung. Auch wenn dieses Anliegen absolut nachvollziehbar ist, haben wir im Lauf der Jahre doch teilweise unrealistische Erwartungen bei den Eltern wahrgenommen. Sofern schon Probleme mit dem Kind aufgetreten waren, hofften Mütter oder Väter beispielsweise, dass diese mit einer angemessenen Förderung von selbst verschwinden würden. Ganz so einfach gestaltet sich die Lösung nach unserer Erfahrung indes nicht. Wenn ein Kind massive Schwierigkeiten hat, Freunde zu finden, lassen sich diese nicht alleine dadurch lösen, dass es intellektuell stärker herausgefordert wird. Jedoch kann ein solcher

Schritt die Bewältigung der anstehenden Lernaufgabe einleiten und die Motivation dafür wecken; insofern können Begegnungen mit intellektuell gleich begabten Peers den Aufbau sozialer Kontakte erleichtern. Entlastend wirkt hierbei zum Beispiel das Erlebnis, mit seinem Wissensdurst sowie den manchmal altersuntypischen Interessen und Fragen nicht gänzlich allein zu sein. Andererseits treten Besonderheiten im Sozialverhalten eines klugen Kindes oft auch dann auf, wenn es sich unter anderen klugen Kindern befindet, wie wir in entsprechenden Trainings immer wieder beobachten konnten. Konkret: Haben hochbegabte Kinder in Kindergarten oder Schule Schwierigkeiten im Kontakt mit Gleichaltrigen, verschwinden diese nicht einfach, wenn sie mit anderen Hochbegabten zusammen sind – auch wenn dort mehr Verständnis für die eine oder andere Besonderheit herrschen mag. Ein Vater kommentierte seine Einsicht mit der Analogie: »Eigentlich nachvollziehbar. Wenn ich Zahnschmerzen habe, hilft mir auch kein Vitaminpräparat.«

Bei der Frage nach der Auswahl von Förderangeboten geht es also nicht zuletzt darum, deren Ziele sowie die jeweiligen Umsetzungsmöglichkeiten zu klären. Um Ihnen dabei zu helfen, wollen wir in diesem Kapitel einen möglichst breiten Überblick über verschiedene Förderansätze geben. Zuvor möchten wir Sie jedoch dazu anregen, Ihren jetzigen Stand anhand folgender Punkte kurz zu reflektieren:

- Auf welche Inhalte zielt die derzeitige Förderung meines Kindes in der Hauptsache ab?
- Durch welche Angebote und Aktivitäten versuche ich, diese Ziele zu erreichen?
- Mit welchen Ansätzen habe ich in der Familie beziehungsweise in Institutionen besonders gute Erfahrungen gemacht?

An dieser Stelle wäre es besonders spannend, auf Ihre Antworten direkt eingehen zu können. Da dies leider nicht möglich ist, greifen wir auf unsere Erfahrungen aus Beratungen und Elterntrainings zurück. Interessanterweise ist es hier oft so, dass Eltern beim Thema Förderung schnell an Angebote außerhalb der Familie denken (also vor allem Kindergarten, Schule oder spezielle Vereine). Insofern überrascht es wenig, dass dieser Bereich auch den meisten Raum in den Kapiteln mancher Bücher zum Thema der Förderung Hochbegabter einnimmt (was Ursache und Wirkung ist, mag dahingestellt bleiben). Wir fassen Förderung indes weiter auf und denken insbesondere auch an die Anregungen, die Kinder innerhalb ihrer Familie, also vor allem von Eltern oder Geschwistern, aber auch von weiteren Verwandten wie beispielsweise Großeltern erhalten. Förderung erfolgt vor allem im Kontakt und in der Begegnung mit Bezugspersonen. Dieser Punkt mag banal klingen, seine Bedeutung wird uns jedoch immer wieder deutlich, wenn wir den – zuweilen dramatischen – Auswirkungen beim Ausbleiben einer solchen einfühlsamen Begleitung begegnen. Dem Aspekt der Förderung innerhalb der Familie widmen wir somit einen eigenen Abschnitt, den Sie am Ende dieses Kapitel finden.

Möglicherweise vermissen Sie noch eine Antwort auf die Frage nach dem Ziel der Förderung hochbegabter Mädchen und Jungen: Förderung sollte in unseren Augen darauf abzielen, dass Kinder in ihrer ganzen Persönlichkeitsentwicklung unterstützt werden und es ihnen und damit auch ihrer Umgebung gut geht. Wichtig sind dabei die Chance, die eigenen Möglichkeiten zu entfalten, sowie die Umsetzung der individuellen Begabung. Bevor wir uns mit konkreten Ideen zur Umsetzung dieses Grundgedankens beschäftigen, widmen wir uns aber der Frage nach der Legitimation der Förderung Hochbegabter, die wir eingangs aufgeworfen haben.

Förderung sollte darauf abzielen, dass Kinder in ihrer ganzen Persönlichkeitsentwicklung unterstützt werden und es ihnen und auch ihrer Umgebung gut geht.

Wie gerecht kann Förderung sein?

»Begabungsförderung ist ein Menschenrecht. Die individuelle Förderung kommt grundsätzlich zu kurz«, so Detlef H. Rost, einer der renommiertesten deutschen Hochbegabungsforscher (2001, zitiert nach von Krafft & Semke, 2004, S. 11). Wohlgemerkt spricht er nicht von *Hoch*begabungsförderung, sondern formuliert seine Forderung offener. Zudem prangert er einen Missstand an, der alle Kinder betrifft. Damit sind wir wieder bei dem Aspekt vorhandener Mittel beziehungsweise der Frage, wie diese gerecht verteilt werden können. Um es auf den Punkt zu bringen: Eine vollkommen gerechte Aufteilung ist wohl ein nicht erreichbares Ideal. Von daher favorisieren wir Ansätze, die möglichst vielen Kindern gerecht werden. Letztlich eine pragmatische Entscheidung.

Im Rahmen der Diskussion über die Förderung Hochbegabter wird häufig argumentiert, es sei gerecht, Hochbegabten die gleichen Chancen zur Entfaltung ihres Potenzials zu geben wie anderen Kindern. Dem stimmen wir zu. Chancengleichheit bedeutet indes nicht, allen Kindern gleiche Angebote zu machen. In diesem Zusammenhang wird häufig der amerikanische Psychologe Paul F. Brandwein zitiert: »Nichts ist ungerechter als die gleiche Behandlung Ungleicher.« Eine völlig identische Behandlung aller ließe sich auch nicht mit den rechtlichen Rahmenbedingungen unseres Schulsystems vereinbaren: Einerseits gilt in Deutschland die Schulpflicht, andererseits ist das Recht auf Persönlichkeitsentfaltung per Grundgesetz garantiert. In Kombination ergibt sich daraus ein Anrecht auf eine Förderung, die den eigenen Fähigkeiten entspricht und das jeweilige Kind dabei unterstützt, diese zu entwickeln und entfalten (Fels, 1999). Da sich Fähigkeiten unterscheiden, kann die konkrete Umsetzung der Gewährung gleicher Chancen je nach Vorbedingung der Kinder sehr unterschiedlich aussehen.

Wenn Mädchen oder Jungen sich beispielsweise schwertun, Lesen und Schreiben zu lernen, weil ihnen in ihrem bisherigen Leben wenig Leseförderung zuteil wurde, dann wird ihnen eine kostenlose Lesefibel für alle Kinder der ersten Klassen wenig helfen. Insofern kann es vor dem Hintergrund begrenzter Mittel gerecht sein, in bestimmten Situationen vor allem schwächeren Kindern zu helfen, damit sie überhaupt dem Unterricht folgen können. Gerechtigkeit würde sich in diesem Fall daran orientieren, wie bedürftig Kinder sind. Ein solcher Ansatz wird natürlich ungerecht, wenn es nur noch darum geht, schwächere Kinder an das Durchschnittsniveau einer Klasse heranzuführen, denn dann würde das Anrecht leistungsstärkerer Kinder ignoriert. Förderung nach Bedürftigkeit kann sich also als eine Sackgasse erweisen und zu Verteilungsrivalitäten zwischen verschiedenen Gruppen führen (nach dem Motto: »Wer ist bedürftiger?«). Zudem ist diese Form der Begründung rechtlich überflüssig, wie weiter oben in diesem Abschnitt schon beschrieben (ein Anrecht besteht auch ohne eine besondere Form der Bedürftigkeit). Das Ausmaß der Förderung, die ein Kind erhält (beziehungsweise erhalten muss, um seine Fähigkeiten zu entfalten) kann sich, wie oben beispielhaft umrissen, unterscheiden, ohne dass dies per se ungerecht ist.

Vor dem Hintergrund eines Anspruchs aller Kinder auf eine individuell angemessene Förderung einerseits und eines begrenzten Bildungsetats andererseits muss es also darum gehen, Verteilungs- und Förderkonzepte zu entwickeln, die geeignet sind, eine individuelle Form der Gerechtigkeit herzustellen beziehungsweise sich ihr maximal anzunähern. Wir können an dieser Stelle nur auf den pädagogisch-psychologischen Aspekt eingehen und klammern die gesellschafts- und bildungspolitische Seite aus.

Wenn das Ziel verfolgt wird, alle Kinder gemäß ihren unterschiedlichen Begabungen und Bedürfnissen zu fördern, erweist sich ein individualisierender Ansatz als sinnvoll, den man auch gut mit dem Begriff der Passung in Verbindung bringen kann (Stapf, 2010). Dabei geht es im Kern darum, dass die Anforderungen der Umwelt in Übereinstimmung mit den Voraussetzungen eines Kindes stehen. Diese Vorgehensweise setzt die Bereitschaft sowie die strukturellen und persönlichen Möglichkeiten voraus, auf verschiedene Kinder individuell einzugehen: ihre Potenziale einzuschätzen und zu überlegen, wie diese bestmöglich zur Entfaltung gebracht werden können. In diesem Sinne zielt die Förderung Hochbegabter wie jede andere Förderung auch darauf ab, Kinder in ihrer jeweiligen Einzigartigkeit in den Blick zu nehmen, und braucht so gesehen keine andere Begründung als Förderung generell. Gerade im schulischen Kontext kann die Hochbegabtenförderung jedoch wertvolle Impulse für einen guten Umgang mit Diversität (Verschiedenheit) geben. Unterschiede zwischen Kindern sind normal, und ein Eingehen auf diese stellt kein gesellschaftliches Privileg dar, sondern ist eine wesentliche Grundlage der schulischen Förderung aller. Bei der Hochbegabtenförderung stellt sich natürlich die Frage, wie stark die Anpassung bei der schulischen Förderung sein muss. Um es gleich vorwegzunehmen: Auch hier gilt es, Vielfalt zuzulassen, denn es gibt kaum eine Fördermaßnahme, die für alle Hochbegabten gleichermaßen geeignet wäre. Hochbegabte Kinder zeichnen sich durch eine große Heterogenität aus, nicht nur in ihren jeweiligen Begabungen, sondern auch in ihren Interessen, Lernbedürfnissen und -vorlieben. Individuelle Förderung bestärkt diese Heterogenität und verstärkt sie sogar teilweise. Grundsätzlich ist daher bei jeder Förderung wichtig, dass sie den Kindern die Erfahrung vermittelt, in jedem Fall wertvoll zu sein – egal, was die Kinder in welchen Bereichen leisten.

Um ein bisschen aus dem Nähkästchen zu plaudern: Wir haben an diesem Kapitel lange gearbeitet und gefeilt. Immer wieder fielen uns Aspekte zum Thema Förderung ein, die wir noch einfügen wollten (»Die Idee ist noch wichtig«, »Diesen Aspekt müssen wir noch behandeln«). Dennoch werden die folgenden Seiten nicht alle Ihre Fragen beantworten. Es bleibt also eine Unvollständigkeit – nicht verwunderlich angesichts dieses komplexen Themas. Was hat das mit Ihrer Situation zu tun? Wir wissen aus den Beratungsgesprächen, dass gerade der Wunsch nach einer angemessenen Förderung unter Eltern und Fachkräften »en vogue« ist und diese enorm unter Druck setzen kann. Maier (2010) schreibt beispielsweise von einem »Fördermarathon«, dem sich viele Eltern und auch Fachkräfte aussetzen.[10] Dabei kann einem durchaus die Puste ausgehen. Wir vertreten die Auffassung, dass es bei der Förderung immer auch darum geht, sich auf das Machbare zu begrenzen, auch im Sinne von »Weniger ist mehr«. Ob Anregungen und Angebote für Kinder hilfreich sind und sie in ihrer Entwicklung unterstützen, hängt nicht zuletzt davon ab, ob sie von Eltern (beziehungsweise anderen Bezugspersonen) gut zu leisten und von den Mädchen und Jungen selbst gut zu verarbeiten sind. Und: Förderung kann und muss nicht perfekt, sondern passend sein.[11] Wir hoffen, dass dieser Aspekt auch beim Lesen erfahrbar wird. Wie so oft in diesem Buch wollen wir Ihnen einen Überblick vermitteln, aus dem Sie sich das auswählen, was für Sie passend und umsetzbar ist. Und im Sinne der Ressourcenorientierung möchten wir schon an dieser Stelle darauf hinweisen, dass Sie vermutlich bereits einiges realisieren, ohne es explizit geplant zu haben und zu merken.

Förderung kann und muss nicht perfekt, sondern passend sein.

Eckpunkte gelingender Förderung

Individuelle Förderung zielt vor allem darauf ab, dem *einzelnen* Kind gemäß seinen Begabungen gerecht zu werden. Darauf sind wir im vorangehenden Abschnitt bereits eingegangen. Auf der anderen Seite gibt es ein eher instrumentalisiertes Verständnis von Förderung, nach dem einzelne Menschen vor allem in die Lage versetzt werden sollen, ihre Potenziale *für die Gesellschaft* nutzbar zu machen. Auf den ersten Blick tut sich hier eine Polarität auf – hier in-

10 Julia Maier bezieht sich in ihrem Fachartikel auf Krippenkinder. Wir denken, dass sich ihre Beschreibungen auch auf Eltern älterer Kinder übertragen lassen.

11 Wir übertragen an dieser Stelle ein Bonmot von Gerd F. Müller (mündlich: 2005).

dividueller Nutzen, dort der Nutzen für das Gemeinwohl. Wir sind der Auffassung, dass die beiden Kategorien sich nicht ausschließen, sondern sich idealerweise ergänzen. Wenn Förderung von individuellen Begabungen, Interessen und Bedürfnissen aus gedacht wird (und insofern auf die einzelnen Kinder eingeht), erwachsen daraus mit großer Wahrscheinlichkeit die Bereitschaft und auch das Bedürfnis, die erworbenen Fähigkeiten auch für andere Menschen einzusetzen, so unsere Überzeugung und auch Erfahrung.

Förderung sollte der Entwicklung der gesamten Persönlichkeit dienen und von daher sowohl auf Stärken als auch auf Schwächen abzielen; Menschen lassen sich weder auf das eine noch auf das andere reduzieren. Ein Kind ist weder »der kluge Kopf« noch »der schüchterne Zuschauer«, sondern gerade die Einheit dieser beiden und noch zahlreicher anderer Aspekte. Von daher ist sinnvolle Förderung nicht auf einzelne Bereiche begrenzt, sondern berücksichtigt möglichst viele Kompetenzen des Kindes. Dies gilt insbesondere für die Förderung junger Kinder. Ältere Kinder oder Jugendliche haben manchmal schon spezifischere Interessen und damit ihren Begabungsbereich für sich entdeckt. Um dort Außergewöhnliches zu leisten, ist eine Konzentration auf diesen einen Bereich beziehungsweise auf einige wenige Bereiche erforderlich. Wie dies aussehen kann, beschreiben wir weiter unten im Abschnitt zur Erlangung von Expertise.

Förderung kann sowohl in der Familie selbst als auch außerhalb erfolgen (das heißt in Institutionen wie Kindergarten und Schule, in Vereinen, aber natürlich auch überall sonst im Kontakt mit anderen Menschen), und idealerweise sind unterschiedliche Fördermaßnahmen aufeinander abgestimmt. So ist es zum Beispiel für ein Kind schwierig, wenn es zu Hause sehr strikte Vorgaben erfährt und zugleich eine sehr liberale Schule besucht, die auf eigenständiges Handeln der Kinder setzt. Uns geht es in diesem Kapitel daher darum, Ihnen einen Überblick sowohl zu institutionellen als auch zu Fördermöglichkeiten in der Familie zu geben, damit Sie am Ende besser einschätzen können, ob und wie diese Bereiche harmonieren.

Die Beziehung zählt

Manche von Ihnen haben sich vielleicht schon gewundert, warum das Kapitel über das Thema Förderung erst relativ weit hinten in diesem Buch behandelt wird. Ein wesentlicher Grund ist, dass wir zunächst einige hierfür erforderliche Grundlagen schaffen wollten. Förderung erfolgt nicht im »luftleeren« Raum. Das heißt in unserer Lesart, dass sie zum einen immer in Interaktionen, also im Zusammenspiel zwischen mehreren Menschen, abläuft und zum anderen an bestimmte Voraussetzungen gebunden ist.

Förderung findet immer in und auf der Basis von Beziehungen statt. Es macht einen Unterschied, ob ein Kind ein gutes und vertrauensvolles Verhältnis zu Erzieherinnen und Erziehern beziehungsweise Lehrerinnen und Lehrern hat oder nicht. Von daher entscheidet die Qualität der Beziehung zwischen Kind und Bezugsperson maßgeblich über Nutzen und Erfolg der Förderung. Der erste Schritt gelingender Förderung besteht insofern darin, mit einem Kind so in Kontakt zu treten, dass es seinem Gegenüber mit Offenheit begegnen kann. Wohlgemerkt: Hier geht es nicht um ein pädagogisches »Zuckerl«, sondern um ein grundlegendes psychisches Bedürfnis, das wir alle haben. Wir können uns auf neue Erfahrungen dann am besten einstellen, wenn wir parallel die Erfahrung machen, dass wir als Person nicht infrage gestellt werden. Anregungen zur Beziehungsgestaltung finden Sie kurz zusammengefasst im unten stehenden Abschnitt zur Förderung in der Familie und ausführlicher im Kapitel 11 zum Thema »Kommunikation«.

Förderung findet immer in und auf der Basis von Beziehungen statt.

Ein anderer wichtiger Wirkfaktor gelingender Förderung liegt, wie schon gesagt, in einer guten Passung zwischen Menschen und Maßnahmen. Für hochbegabte Kinder sind ein hohes Leistungsmotiv und häufig auch ein ausgeprägtes Autonomiestreben zentral. So haben einige dieser Kinder bereits im Vorschulalter ein höheres Bedürfnis danach, bei Entscheidungen angehört oder an Lösungen beteiligt zu werden, als Altersgleiche, die durchschnittlich begabt sind (Urban, 2004). In der bekannten Marburger Hochbegabtenstudie (Rost, 1993b), die wir im zweiten Kapitel ausführlicher beschrieben haben, zeigte sich beispielsweise, dass hochbegabte Viertklässlerinnen und Viertklässler tendenziell weniger autoritätsabhängig von ihren Eltern sind als durchschnittlich begabte Altersgleiche. Auch in unserer Beratungsarbeit begegneten wir hochbegabten Kindern, die sich durch ein sehr hohes Bestreben nach Eigenständigkeit und eigenen Entscheidungen auszeichneten.

Die Leistungsmotivation des Kindes kann durch entwicklungsangemessene Herausforderungen aufgegriffen werden: Diese können im engeren Sinne aus Leistungsanforderungen, im weiteren aber beispielsweise auch aus der Bewältigung sozialer Anforderungen bestehen. Leistungsmotivation und Autonomiestreben sind bei einem Kind natürlich nicht getrennt voneinander zu denken. Wie im sechsten Kapitel zum Thema Motivation beschrieben, entwickeln Kinder aus sich heraus Motivation, wenn sie sich als kompetent, sozial eingebunden und autonom erleben. Eine passende Möglichkeit, das Autonomiestreben der Kinder aufzugreifen, bietet der lösungsorientierte Ansatz, den wir in Kapitel 12 vorstellen.

Jedes Kind hat ein Recht auf Förderung

Bei jeder Form von Förderung geht es nicht zuletzt um die Frage, ob die äußeren Rahmenbedingungen es überhaupt ermöglichen, individuell auf einzelne Kinder einzugehen. Solche Rahmenbedingungen sind beispielsweise die personelle Ausstattung, die Qualifizierung der anbietenden Personen wie auch der inhaltliche Rahmen eines Angebotes. Das gilt für Kinder aller Begabungsniveaus, und von daher kann die Diskussion um eine angemessene Förderung Hochbegabter diesen grundlegenden Aspekt in das öffentliche Bewusstsein bringen (ausführlicher hierzu: Koop & Welzien, 2009). Gerade, wenn über integrative Förderkonzepte geredet wird, werden Projekte, die zunächst vornehmlich im Hinblick auf Hochbegabte eingerichtet wurden, mit hoher Wahrscheinlichkeit auch anderen Kindern zugutekommen (beispielsweise über eine Verringerung der Gruppengrößen im Kindergarten, eine intensivere Zusammenarbeit mit Eltern, eine bessere Ausstattung mit Lernmaterialien oder ein verstärktes Arbeiten in Projekten). Damit ein solcher Effekt eintreten kann, ist nach unserer Erfahrung Folgendes wichtig:

- Projekte zur Förderung Hochbegabter sollten von vornherein so ausgelegt sein, dass sie mit anderen Angeboten der Einrichtung (Kindergarten oder Schule) gut verknüpft werden können.
- Ihre Durchführung sollte nachhaltig geplant sein. Wenn ein Angebot nach einer zumeist aufwendigen Einführung aufgrund fehlenden Geldes oder zu knappen Personals wieder eingestellt werden muss, erzeugt das Frustration bei allen Beteiligten.
- Die Teilnahme an herausfordernden Angeboten oder Kursen ist möglichst nicht ausschließlich an formale Kriterien (beispielswei-

se ein bestimmtes Testergebnis) gebunden, sondern es wird anhand unterschiedlicher Indikatoren über die Fähigkeit oder Möglichkeit eines Kindes zu einer aktiven Teilnahme entschieden.
- Auch wenn es nach unserer Auffassung vertretbar und auch sinnvoll ist, dass begabtere oder interessiertere Kinder zu bestimmten Zeiten für sich alleine arbeiten können oder in begabungshomogenen Gruppen gefördert werden, sollte darauf geachtet werden, dass diesen Angeboten kein exklusives Label angeheftet wird.
- Die Mischung macht's: Die Förderung Hochbegabter kann teilweise auch im regulären Gruppen- oder Klassenverband erfolgen.
- Die Förderung zielt auch darauf ab, Kinder in die Lage zu versetzen, sich selbst Anregungen zu suchen und so ihre Förderung aktiv mitzugestalten.

Werden diese Aspekte berücksichtigt, muss Hochbegabtenförderung in Bildungseinrichtungen nicht auf Kosten anderer Kinder gehen. Unserer Erfahrung nach kann sie vielmehr als eine Art Türöffner sowohl für eine intensivierte individuelle Förderung der Kinder fungieren als auch für die Motivation bei Erzieherinnen und Lehrkräften, sich weiterzubilden. Ebenso kann sie einen lebendigen Diskurs über Bildungsqualität in der eigenen Einrichtung anstoßen, beispielsweise eine Reflexion darüber, wie Förderung im jeweiligen Kindergarten beziehungsweise in der jeweiligen Schule umgesetzt wird und wo es Verbesserungsmöglichkeiten gibt. Und das kommt allen Kindern zugute. Umfassende Konzepte für eine entsprechende Begabtenförderung in der Grundschule haben Steenbuck, Quitmann und Esser (2011) herausgegeben.

Förderung und Individualität

Wie weiter oben bereits ausgeführt, muss jede Fördermaßnahme zu den individuellen Voraussetzungen und Bedürfnissen des Kindes passen. Es gilt, den jeweiligen Entwicklungsstand und die Fähigkeiten zu betrachten. So sollte ein Kind auch selbst ein bestimmtes Maß an Leistungsmotivation entwickelt haben, das es in die Lage versetzt, schulische Ergebnisse zu erzielen, die bei Lehrerinnen und Lehrern die Bereitschaft entstehen lassen, über weiterführende Angebote nachzudenken. Dieser Gedanke mag provozierend klingen, wenn wir nicht vorausschicken würden, dass wir es natürlich für wünschenswert halten, dass jedes Kind gemäß seiner Begabung gefördert werden sollte. Wenn wir über Förderung in einem Buch für Eltern kluger Kinder sprechen, wird es jedoch in der Regel um Aufgaben gehen, die über das übliche Anforderungsniveau hinausgehen.

Weitere Voraussetzungen aufseiten des Kindes sind die Aspekte Selbstbewusstsein und soziale Kompetenz. Wenn ein Kind wie Tanja, über die wir im Kapitel 9 zum Thema Selbstkonzept berichtet haben, durch anspruchsvollere Aufgaben im Klassenverband eher verunsichert wird, hat eine an sich sinnvolle Förderoption in diesem speziellen Fall ihr Ziel verfehlt. Das Kind verfügt in dem Moment nicht über die Stabilität (das Selbstbewusstsein), dieses Angebot anzunehmen. Auch wenn ein Kind nicht über ausreichende soziale Kompetenzen verfügt, um sich an die schulischen Spielregeln zu halten, wird es den meisten Lehrerinnen und Lehrern schwerfallen, weitergehende Förderangebote zu realisieren. Und zwar nicht aus verletztem pädagogischem Stolz, wie manchmal in diesem Zusammenhang behauptet wird, sondern vor allem deshalb, weil es schlichtweg nicht oder kaum möglich ist. Wenn die Interaktion einer Lehrkraft vor allem darin besteht, ein Kind an das Einhalten von Grundregeln wie beispielsweise das Ausredenlassen zu erinnern, bleibt irgendwann keine Zeit mehr für andere förderbezogene Interaktionen.

Diese kurze Auflistung soll verdeutlichen, dass Förderung durch Lehrkräfte oder andere in einem gewissen Umfang auch vom Verhalten des jeweiligen Kindes abhängt.

Förderung, soviel es geht?

Förderangebote sollten in ein sinnvolles Gesamtkonzept eingebettet sein. Damit meinen wir gerade nicht die Erstellung eines ausgefeilten Stundenplans; vielmehr sollten einerseits die Fähigkeiten und Wünsche eines Kindes in den Blick genommen und andererseits diese mit den Möglichkeiten und Bedürfnissen seiner Bezugspersonen abgeglichen werden. So kann unter anderem vermieden werden, dass Eltern eines hochbegabten Kindes aufgrund der gut gemeinten Förderung desselben irgendwann »aus dem letzten Loch pfeifen« oder aber die Geschwister zu kurz kommen, weil zeitliche und materielle Ressourcen ungleich aufgeteilt werden.

Förderangebote sollten in ein sinnvolles Gesamtkonzept eingebettet sein.

Anke

Familie B. kommt mit ihrer Tochter Anke in die Beratung. Anke ist neun Jahre alt und besucht die dritte Klasse einer Grundschule. Frau B. ist diplomierte Chemikerin, ihr Mann arbeitet in der IT-Branche. Der jüngere Sohn Marcel besucht mit seinen knapp sechs Jahren den Kindergarten und wird in wenigen Monaten eingeschult. Zum Gespräch sind beide Eltern anwesend. Es wird deutlich, dass Frau und Herr B. die Entwicklung ihrer Kinder aufmerksam und engagiert verfolgen. Da sowohl Mutter als auch Vater in verantwortlichen Positionen arbeiten, ist ihre Freizeit knapp bemessen.

Beiden ist es wichtig, diese Zeit vor allem mit ihren Kindern zu verbringen. Im Verlauf des Gesprächs wird deutlich, dass die Eltern dennoch die Befürchtung haben, Anke und Marcel nicht ganz gerecht zu werden. So ist mit der Testung der Tochter für sie auch die Sorge verbunden, dass aus einem sehr hohen Ergebnis die Empfehlung abgeleitet würde, die Förderung der Tochter nun zu intensivieren. Zögernd berichtet Frau B., sie habe sich schon überlegt, in diesem Fall ihre Berufstätigkeit aufzugeben. Herr B. ergänzt, dass die Familie auch bereit wäre, an einen anderen Wohnort zu ziehen, wenn es dort eine bessere Schule für die Kinder gäbe. Auf die Frage, was sich dann im Familienalltag ändern würde, antworten beide, dass es den Kindern vermutlich gefiele, wenn die Mutter mehr Zeit für sie hätte. Bei der Nachfrage, welche Auswirkungen ein solcher Schritt für die Eltern hätte, fasst sich Frau B. ein Herz und antwortet: »Also, ganz ehrlich, ich würde meinen Beruf vermissen, und ich fürchte, dies würden die Kinder irgendwie merken. Das wäre keine wirklich gute Lösung.«

Wie schon beschrieben: Förderung erfolgt innerhalb eines Familien*systems*. Wie in einem Mobile geht es dabei darum, die Bedürfnisse der einzelnen Familienmitglieder in Balance zu bringen. Da sich die Bedürfnisse und Interessen der Kinder im Verlauf ihrer Entwicklung verändern, kann das keine statische Entscheidung sein. In gewisser Weise gilt dies auch für Eltern. Eine Lösung, die zu Kindergartenzeiten passend war, muss vermutlich überarbeitet werden, wenn die Kinder in die Grundschule kommen, und spätestens dann wieder, wenn sie die weiterführende Schule besuchen, und so weiter.

Sie merken es bereits: Uns ist bei der Beschäftigung mit der Frage nach einer angemessenen Förderung von Kindern wichtig, dass dabei auch die Bedürfnisse und Grenzen von Eltern Beachtung finden. So wünschenswert es ist, dass Kinder gefördert werden (und das gilt für alle Kinder): Die nachhaltigste und wichtigste Förderung geschieht in den ersten Jahren vor allem im Kontakt mit nahen, verlässlichen Bezugspersonen. Und dafür braucht es Muße und Zeit. Eltern, die gestresst und überfordert sind, werden sich nur begrenzt auf diese Begegnungen einlassen können. Überzogene Anforderungen an Mütter und Väter werden die Qualität der Beziehung zu ihren Kindern schwerlich verbessern.

Der erste Ansatz für die Pflege von Beziehungen besteht im Schaffen von Möglichkeiten, in denen Begegnung stattfinden kann. Dafür braucht es ein Minimum an freier Zeit und möglichst wenige Erwartungen und Vorgaben, wie diese Begegnungen zwischen Eltern und Kindern ablaufen sollen (auf weitere Möglichkeiten, die Beziehungen in Familien zu bestärken und zu verbessern, gehen wir in den Kapiteln 11 zum Thema Kommunikation und 12 zur Lösungsorientierung ein). Auch wenn Eltern für die Entwicklung ihrer Kinder natürlich wichtig sind, können sie nicht alles kontrollieren, und sie müssen nicht alle Förderanregungen selbst bereitstellen. Wichtige Lernerfahrungen bestehen bereits darin, dass sich Kinder Situationen suchen, in denen sie neue Kompetenzen lernen können. Häufig geschieht dies nebenbei.[12] Will ein jüngeres Kind beispielsweise bei den »Großen« im Fußball mitspielen, trifft den Ball aber nicht, kann der Anreiz, in die Gruppe aufgenommen zu werden, das Training seiner motorischen Fertigkeiten motivieren. Wenn wir Erwachsene eine ähnliche Situation bewusst herstellen (»Heute üben wir das Ballfangen«), ist die Lernaufgabe vermutlich weniger reizvoll. Je besser Eltern und Kinder im Kontakt sind, umso leichter erfolgt Förderung quasi nebenbei. Wir denken beispielsweise an Paul, der bereits im Vorschulalter eine Vielzahl von Kräutern und deren Wirkung kannte, weil er es liebte, seinem Vater bei der Gartenarbeit zu helfen. Pauls Vater hatte entdeckt, dass er selbst nach der Arbeit wunderbar entspannen konnte, wenn er Unkraut jätete. Sein Sohn war eher zufällig dazugekommen, weil er sehen wollte, »was Papa da draußen macht«. Er genoss dann vor allem, eine halbe Stunde ungestörter Zeit mit seinem Vater verbringen zu können (»Noch nicht mal das Telefon hört man im Garten«). Allmählich wuchs dann auch bei ihm die Neugier, welche Pflanzen er herauszupfen konnte und welche nicht. Wie in diesem Beispiel beschrieben, kann Förderung in der Familie eine besondere Kom-

12 Donata Elschenbroich beispielsweise beschreibt in ihrem Buch *Die Dinge* (2010) die Fülle von Lern- und Lebenserfahrungen, die Kinder in der Begegnung mit Alltagsgegenständen machen können.

ponente beinhalten: die Privatzeit (siehe auch Webb et al., 2007). Kinder können Zeit mit ihren Eltern »bekommen«, ohne dass sie dafür etwas leisten müssen, was sich positiv auf ihr Selbstbild auswirkt und Rivalitäten unter Geschwistern reduzieren kann. Zudem erfahren sie, wie es ist, sich ganz auf einen anderen Menschen oder eine Aktivität einzulassen – etwas, das hilft, Konzentrationsfähigkeit aufzubauen.

Bei all den Ausführungen zu den Voraussetzungen von Förderung ist es uns auch wichtig, den Eindruck zu vermeiden, dass Förderung an einen langen Katalog von Forderungen an das Kind geknüpft sein soll (nach dem Motto: »Wenn du endlich gelernt hast, die Kästchen schön auszumalen, dann können wir darüber reden, ob du kniffligere Aufgaben bekommst«). Ein solches Vorgehen könnte zu einer echten emotionalen Überforderung und damit zu einer dauerhaften Frustration aufseiten des Kindes führen (was langfristig ein Absinken der Motivation im Sinne einer erlernten Hilflosigkeit bewirken kann, wie im Kapitel 5 zum Thema Underachievement schon ausgeführt). Wir hoffen vielmehr auf eine Annäherung, bei der es manchmal auch darum geht, einem Kind durch ein kleines Entgegenkommen die Möglichkeit zu bieten, eine anstehende Lernaufgabe zu bewältigen; manchmal ist es sinnvoll, den vermeintlich zweiten Schritt vor dem ersten zu machen. Durch ein Mehr an intellektueller Förderung alleine wird dieser Lernschritt in der Regel jedoch nicht bewältigt. Teilweise merken Kinder selbst, welcher Lernschritt als Nächstes für sie ansteht. Uns fällt hierzu Fabian ein, der seine Eltern wie auch die Fachkräfte verunsicherte, weil er im Kindergarten monatelang am liebsten in der Bauecke spielte, während seine Eltern vor allem auf eine Förderung seiner mathematischen Fähigkeiten gehofft hatten. Je mehr Fabian in diese Richtung angeregt (er selbst würde vermutlich sagen: »gedrängt«) wurde, umso reizvoller war die Bauecke für ihn. Eher beiläufig, beim Tischdecken, half er den Erwachsenen, die Situation aufzulösen: »Mit Zahlen kenne ich mich schon ziemlich gut aus. Aber so hohe Türme wie die anderen Jungs kann ich noch nicht bauen. Das möchte ich lernen. Ich erschrecke mich oft so, wenn der Turm zusammenfällt. Jetzt habe ich gelernt, dass die anderen Kinder sich dann einfach die Ohren zuhalten.« Nach einigen Wochen hatte er sein »Turmziel« erreicht und konnte sich wieder anderen Themen zuwenden. Dabei half ihm, dass sowohl seine Eltern als auch der Kindergarten ihm diesen Freiraum gewährt hatten.

Orientierungspunkte

Zum Abschluss dieses Abschnitts wollen wir Ihnen noch die Gelegenheit bieten, für sich die Eckpunkte eines individuellen Rahmenkonzeptes zu entwickeln. Dazu bieten wir Ihnen die folgenden Leitfragen an:

- Wo macht es mir besondere Freude, mein Kind zu fördern (und umgekehrt: wo meinem Kind)?
- Bei welchen gemeinsamen Aktivitäten bin ich mit meinem Kind gut im Kontakt?
- Worauf zielt die Förderung meines Kindes vor allem ab (geht es beispielsweise darum, gut durch die Schule zu kommen oder gar schon um berufliche Optionen oder »einfach« um die Entfaltung seiner/ihrer Potenziale)?
- Woran erkenne ich, welche Förderangebote für mein Kind passen und welche nicht?
- Auf welche Lernschritte der letzten Monate ist mein Kind besonders stolz? Und wie hat es dieses Kompetenzniveau erreicht?
- Welche Förderbereiche würde ich gerne noch ausbauen, und wie könnte das aussehen?
- Wo liegen Stärken meines Kindes und wo aktuelle Defizite? Wo liegen Interessengebiete meines Kindes, und wie können diese zum Abbau von Schwächen genutzt werden (Beispiel: Wenn ein Kind gerne Labyrinthaufgaben löst, kann dies zur Übung der Feinmotorik genutzt werden).
- Wo sehe ich Bereiche, in denen mein Kind sich selbst Anregungen aus seiner Umwelt holt? Wie könnte diese Fähigkeit eventuell noch ausgebaut werden?
- Welche Aktivitäten kommen den Interessen möglichst vieler Familienmitglieder entgegen? Beziehungsweise: Wie können Aktivitäten so gestaltet werden, dass sich sowohl Eltern als auch Kinder dabei wohlfühlen?
- Welche Hinweise zu hilfreicher Förderung kommen von Bezugspersonen wie Erzieherinnen und Lehrkräften?
- Welche Signale kommen vom Kind selbst (beispielsweise Interesse an Dinosauriern, Zahlen, Buchstaben, am Lernen von Roller- oder Fahrradfahren oder am Spielen/Nichtstun)?
- Wo kann Förderung in alltägliche Aktivitäten eingebaut werden (Einkaufen, Kochen, Haushaltsaktivitäten etc.)?

Expertise: Die Fähigkeit zu herausragenden Leistungen

Auch wenn wir in diesem Handbuch den Schwerpunkt auf eine positive Beziehungsgestaltung zwischen Eltern und Kindern legen und davon ausgehen, dass bereits im alltäglichen Kontakt in der Familie wichtige Entwicklungsanregungen gegeben werden, wollen wir den Aspekt einer gezielten Hinführung zu einem hohen Kompetenzniveau nicht aussparen. Förderung kann auch darauf abzielen, dass Kinder ihre Fähigkeiten *in einem bestimmten Bereich* in herausragende Leistungen umsetzen. In der Fachsprache wird für das Erreichen eines solchen Niveaus der Begriff *Expertise* verwendet.

Förderung kann auch darauf abzielen, dass Kinder ihre Fähigkeiten in einem bestimmten Bereich in herausragende Leistungen umsetzen.

In der Expertiseforschung interessiert vor allem, welche Faktoren zum Erreichen eines hohen Leistungsniveaus beitragen. Eine Untersuchung von Gruber, Weber und Ziegler (1996; zitiert nach Ziegler, 2004, S. 135) weist auf die folgenden fünf wichtigen Punkte hin:

- ein hohes eigenes Anspruchsniveau in Bezug auf Leistungen;
- die Wertschätzung hoher Leistungen;
- das Zutrauen in die eigene Leistungsfähigkeit;
- gute Lerntechniken sowie
- eine hohe Leistungsmotivation (dieser Faktor hat die größte Bedeutung).

Die Umsetzung dieser Aspekte erfordert in der Regel einen fachlich guten Unterricht sowie eine sich daraus entwickelnde intensive und langjährige Übungsphase. Als Faustregel gilt hier, dass Menschen, die Expertise erreicht haben, zuvor mindestens 10.000 Stunden im jeweiligen Bereich geübt haben (Ziegler, 2004).

Wenn wir davon ausgehen, dass ein Mensch pro Tag zwischen zweieinhalb und drei Stunden für diese Übung investiert, ergibt sich ein Zeitraum von rund zehn Jahren. Daraus lässt sich ableiten, dass der Faktor Üben (die sogenannte Deliberate Practice) eine entscheidende Rolle bei der Umsetzung eines hohen Potenzials spielt. Während die ersten Schritte auf dem Weg zum Erwerb von Expertise in der Regel spielerisch erfolgen (ein Kind ist beispielsweise fasziniert vom Klavierspiel eines Elternteils und fängt durch Ausprobieren an, den Zusammenhang zwischen dem Drücken der Tasten und dem

Erklingen der Töne zu entdecken), setzt die eigentliche Deliberate Practice eine zunehmend stärkere Organisation des Lernprozesses voraus. Hierbei geht es um ein regelmäßiges, hoch konzentriertes Üben, das auf eine stetige Verbesserung abzielt und daher anstrengungsintensiv ist. Diese Form der Kompetenzsteigerung setzt eine professionelle Anleitung und Begleitung voraus.

Im Prozess des Expertiseerwerbs müssen zwei Anforderungen bewältigt werden: zum einen die Strukturierung des Lernprozesses und zum anderen die Aufrechterhaltung der Motivation des Kindes (Gruber, 2006). Aufgrund der langen Zeitspanne, innerhalb derer die Übungspraxis erfolgt, ist eine intensive Kooperation des Kindes unabdingbar. Mit anderen Worten: Es erscheint fragwürdig und wenig erfolgversprechend, ein Kind, das hierzu keine Bereitschaft zeigt, über Jahre zu derart intensivem Üben zu drängen. Selbst wenn dies in Bezug auf die Leistungssteigerung für einen begrenzten Zeitraum gelingen mag, sind negative Auswirkungen auf der Beziehungsebene wahrscheinlich. Bei Kindern, die in einer solchen Form an die Deliberate Practice herangeführt wurden, ist die Wahrscheinlichkeit zudem groß, dass sie ihre Übungsanstrengungen im Jugendalter reduzieren oder ganz einstellen. Ein positiver Ansatz zum Wecken von Motivation kann darin bestehen, dass Eltern ihren Kindern ihre eigene Begeisterung für ein Themengebiet im Alltag vorleben und durch ihr Beispiel Interesse wecken. Bei einem solchen Vorhaben ist aber immer zu bedenken, inwieweit die Interessen der Eltern sich mit den Wünschen der Kinder vereinbaren lassen.

Hier ist gerade bei hochbegabten Kindern ein sorgfältiges Abwägen erforderlich. Denkbar ist nämlich nicht nur, dass Mütter oder Väter ihre Kinder zu einem zeitlichen Engagement drängen, das diese nicht oder nur bedingt wollen, sondern auch der umgekehrte Fall. Wir erlebten einige Gespräche mit ratlosen Eltern, deren Töchter oder Söhne eine vierte Fremdsprache oder diverse Arbeitsgemeinschaften parallel belegen wollten. Da es auf die Frage nach dem Sinn des jeweiligen Vorhabens keine pauschale Antwort gibt, empfehlen wir für den Fall, dass Sie selbst sich in einer vergleichbaren Situation befinden und dadurch verunsichert sind, Kontakt mit einer qualifizierten Hochbegabungsberatungsstelle aufzunehmen (Adressen finden Sie beispielsweise auf der Homepage der Karg-Stiftung). Hier besteht die Möglichkeit, Ihre Situation individuell aufzugreifen und so eine passende Lösung zu erarbeiten.

Auf welche Weise die Umsetzung eines hohen Potenzials in entsprechende Leistungen von äußeren und inneren (also in der Person liegenden) Faktoren beeinflusst wird, verdeutlicht das Hochbegabungsmodell von Heller, das wir im zweiten Kapitel dieses Buches vorgestellt haben. Hellers Modell zeigt zudem auf, dass für einen optimalen Förderertrag Umwelt- und Personenmerkmale zusammenpassen müssen (Schneider & Stumpf, 2006). Wenn in einer Klasse beispielsweise der Lehrstoff sehr gut vermittelt werden kann (Heller nennt dies in seinem Modell Instruktionsqualität), ein Schüler oder eine Schülerin jedoch eine geringe Leistungsmotivation oder hohe Prüfungsangst aufweist, wird der individuelle Profit ebenso gering ausfallen wie im umgekehrten Fall (hohe Motivation, geringe Instruktionsqualität). Dies gilt nicht nur für das Lernen in der Schule, sondern für alle Förderprozesse, so auch für die Deliberate Practice. Wieder wird deutlich, dass es bei Förderung nicht nur darum gehen kann, sich auf den eigentlichen Begabungsbereich zu konzentrieren, sondern dass auch andere Persönlichkeitsbereiche in den Blick zu nehmen sind. Zudem sollte die Lernumwelt auf den Lernprozess abgestimmt sein. Nicht zuletzt aus diesem Grund stellt sich beispielsweise für viele Kinder, die Spitzensport betreiben wollen, ab einem gewissen Alter die Frage, ob sie auf ein spezielles Sportinternat wechseln sollen.

Auch wenn hochbegabte Kinder also nicht automatisch Expertise erwerben, haben sie doch insofern bessere Voraussetzungen, als sie in der Regel erstens leistungsmotivierter als nicht hochbegabte Kinder sind, zweitens leichter und effektiver lernen, drittens dieses erworbene Wissen effizienter organisieren und viertens es bei Bedarf leichter wieder abrufen können.

Förderung in Institutionen: Ein Überblick

In den nächsten Abschnitten beschreiben wir verschiedene Förderoptionen in Kindergarten und Schule sowie deren Wirksamkeit. Die Auflistung ist nach den Bildungsbereichen, in denen die Förderung erfolgt, geordnet. (Weitere Angaben zu Fördermöglichkeiten im Kindergarten finden Sie auch in Kapitel 5 der schon erwähnten, kostenlos im Internet erhältlichen BMBF-Broschüre »Begabte Kinder finden und fördern«.) Über schulische Fördermöglichkeiten und deren Wirksamkeit informieren ausführlich Vock, Preckel und Holling (2007).

Förderung im Kindergarten

Hochbegabte Kinder sollten schon im Kindergarten gefördert werden, darüber herrscht weitgehend Einigkeit (beispielsweise: Rohrmann & Rohrmann, 2005; Stapf, 2010). Wie das am besten erfolgen kann, wird an vielen Stellen erprobt (u. a. Schenker, 2009). Auch wenn sich die Konzepte unterscheiden, wird von den meisten Autorinnen und Autoren übereinstimmend betont, dass die genaue Beobachtung der Kinder eine wesentliche Voraussetzung für eine gelingende Förderung ist. Wie am Beispiel von Fabian weiter oben in diesem Kapitel beschrieben, ist dies unabdingbar dafür, dass die Angebote im Kindergartenalltag zu den aktuellen Bedürfnissen eines Kindes passen.[13]

In Institutionen ist es hilfreich, wenn solche Beobachtungen hochbegabter Kinder und deren Dokumentation beschreibend erfolgen und möglichst im Team besprochen werden (Schulz, 2009). Der Hintergrund: Kinder mit einer hohen Intelligenz kommen im Gruppenalltag teilweise auf Ideen, die über den üblichen Rahmen hinausgehen. So könnte ein Kind vorschlagen, die Bau- mit der Bastelecke zu tauschen, damit beim Hinausgehen in den Garten niemand mehr über die Bauklötze der neben der Terrassentür spielenden Kinder stolpert. Derart kreative Ideen lesen sich natürlich gut in einem Buch wie diesem, im Gruppenalltag können sie jedoch anstrengend sein und bei fehlender Reflexion dazu führen, dass solche Kinder in ein negatives Raster (beispielsweise: »Besserwisser«, oder: »Das Kind fordert so viel«) gesteckt werden.

Gegenwärtig liegen für den Kindergartenbereich ausgearbeitete und auf ihre Wirksamkeit überprüfte Förderkonzepte für Hochbegabte noch in deutlich geringerer Zahl vor als für den schulischen Kontext. Unserer Erfahrung nach haben sich die beiden folgenden Punkte als zentral erwiesen: die Schaffung eines Klimas, das anregend für alle Kinder wirkt, und die verständliche und wertschätzende Vermittlung von »Spielregeln«.

Zu einem anregenden Klima gehören:[14]

- Angebote an Lernspielen, die in den Altersangaben über die Kin-

13 Eine Vielzahl theoretischer Erkenntnisse und praktischer Anregungen hierfür bietet das Buch *Begabung wagen* von Koop, Schenker, Müller, Welzien und der Karg-Stiftung (2010).

14 Diese Punkte wurden und werden beispielsweise im Rahmen eines Projektes zur Integration hochbegabter Kinder im Kindergarten St. Achaz in München mit Erfolg umgesetzt.

dergartenstufe hinausgehen (mit entsprechenden Anleitungen für die Kinder, sich Schritt für Schritt in diese einzuarbeiten).

- Die »Erlaubnis« (verbal und nonverbal), dass die Kinder sich mit Buchstaben und Zahlen beschäftigen dürfen, wenn sie es möchten (und dass sie es *nicht* müssen, wenn sie nicht wollen).
- Alters- und fähigkeitsgemischte Gruppen (damit sich Kinder entsprechend ihren Fähigkeiten und Interessen gegenseitig inspirieren können).
- Projektarbeit: die Behandlung eines Themas über einen längeren Zeitraum hinsichtlich verschiedener Aspekte (wie beispielsweise »Kunst« in Bezug auf Farben, verschiedene Ausdrucksformen wie Gemälde, Bildhauerei, Bezüge zu anderen Kunstformen wie Musik oder Tanz, verschiedene Epochen etc.), bei der die Kinder auch Materialien von zu Hause mitbringen dürfen (beispielsweise Bücher oder Spiele).
- Die Übertragung kleinerer Aufgaben an die Kinder (beispielsweise das »Patenamt« für die neuen Kinder in der Eingewöhnungsphase).

Verständlich und wertschätzend vermittelte »Spielregeln« schaffen einen klaren Rahmen für die Kinder. Für viele hochbegabte Kinder bedeuten diese Regeln Sicherheit, weil sie erfahren, dass auf ein Mindestmaß an Gerechtigkeit geachtet wird. Wenn Erzieherinnen und Erzieher Gruppenregeln klar und zum richtigen Zeitpunkt auch wiederholt erläutern, ist es leichter, sich an diese zu halten (»Wenn ihr mit dem Spiel fertig seid, räumt ihr es wieder ein und stellt es in das Regal. So können andere Kinder gleich damit spielen und müssen nicht erst alles sortieren«). Regeln sind ein Trainingsfeld für den Umgang miteinander, und natürlich werden auch Versuche vorkommen, die Regeln »auszuhebeln«.

Regeln sind ein Trainingsfeld für den Umgang miteinander, und natürlich werden auch Versuche vorkommen, die Regeln »auszuhebeln«.

Ein wesentlicher Vorteil der Förderung in einer regulären Einrichtung, die nicht ausschließlich für hochbegabte Kinder gedacht ist (also ein integratives Vorgehen) besteht darin, dass eine Etikettierung mit dem Label »hochbegabt« vermieden werden kann. Inwiefern ein solcher »Stempel« ungünstig sein kann, haben wir im Kapitel 4 über die Begabungsdiagnostik beschrieben. So können spezifische Hochbegabtenangebote beispielsweise überhöhte Erwartungen bei Eltern verstärken. Eine gelingende integrative Förderung setzt voraus, dass pädagogische Fachkräfte für den Entwicklungsstand aller Kinder sensibilisiert sind und darauf eingehen können. Sie werden bestimmte »altersunangemessene« (aber entwicklungsangemessene!) Spiele oder Aktivitäten für Kinder öffnen, wenn diese zeigen, dass sie damit umgehen können. Im Vergleich zur Grundschule zeichnet sich der Kindergarten gerade durch mehr »Freiheitsgrade« und Gestaltungsmöglichkeiten gegenüber der mehr durch Lehrpläne, Richtlinien und Leistungsbeurteilungen eingeschränkten Schule aus. Wenn diese Freiheiten genutzt werden, ermöglicht die Zeit im Kindergarten hochbegabten Mädchen und Jungen viele positive und entwicklungsförderliche Erfahrungen.

Förderung in der Schule

Grundsätzlich kann im schulischen Bereich zwischen Fördermaßnahmen des beschleunigten Lernens (*Akzeleration*) und des vertieften Lernens (*Enrichment*) unterschieden werden, wobei diese sich idealerweise ergänzen. Zudem kann danach unterschieden werden, ob die Förderung im regulären Klassenverband oder in Form zeitweiser oder dauerhafter Separation von Begabungsgruppen erfolgt. Die folgende Tabelle gibt einen kurzen Überblick über einige Fördermaßnahmen. Die gängigsten dieser Optionen beschreiben wir im Folgenden ausführlicher.

Überblick über schulische Fördermöglichkeiten durch beschleunigtes und/oder vertieftes Lernen

Akzeleration (beschleunigtes Lernen)	**Enrichment (vertieftes Lernen)**	**Kombination von Akzeleration & Enrichment (Spezielle Klassen und Schulen)**
Vorzeitige Einschulung Altersgemischte Klassen und flexible Eingangsstufe Überspringen von Klassen (individuell oder in Gruppen) Teilunterricht in höheren Klassen	Individualisierung Arbeitsgemeinschaften Wahl zusätzlicher (Leistungs-) Kurse Bundes- und landesweite Schülerwettbewerbe Kooperationen mit Universitäten und Wirtschaftsunternehmen Schüleraustauschprogramme	Intensivkurse Akzelerierte Klassen (»Schnellläuferklassen«) Schulen mit zweisprachigen Zügen Spezialschulen und Schulen mit Hochbegabtenklassen Frühstudium

Akzeleration

Die Bezeichnung Akzeleration darf nicht als »künstliche« Beschleunigung der Entwicklung der Schülerin oder des Schülers missverstanden werden. Es geht vielmehr darum, sie oder ihn auf einem entwicklungsangemessenen Niveau zu unterrichten, also einem Niveau, das Motivation und Fähigkeiten entspricht. Entsprechend versteht man unter Akzeleration all diejenigen Fördermaßnahmen, die zu einer schnelleren Bearbeitung des Lernstoffs und häufig auch einem schnelleren Durchlaufen der Schule führen. Entweder wird der Unterricht an sich »beschleunigt« (dies ist jedoch nur bei stark individualisiertem Unterricht oder in Spezialklassen für Hochbegabte praktikabel), oder der Schüler durchläuft den regulären Unterricht in einem schnelleren Tempo. Akzeleration kann bereits bei Schuleintritt stattfinden, indem ein Kind zu einem früheren Zeitpunkt in die Schule geht, als es regulär vorgesehen ist (*vorzeitige Einschulung*). Die zweite wichtige akzelerative Fördermaßnahme ist das Überspringen von Schulklassen. Das Springen betrifft in der Regel einzelne Kinder, in Ausnahmefällen auch Gruppen von Kindern oder ganze Klassen. Eine weitere akzelerierende Maßnahme ist die Teilnahme am Unterricht höherer Klassen in einzelnen Fächern. Der Vollständigkeit halber: Auch die Verkürzung der gymnasialen Schulzeit auf acht Jahre (G8) wurde ursprünglich als Fördermaßnahme für besonders leistungsfähige Schülerinnen und Schüler konzipiert (Vock, Preckel & Holling, 2007; mittlerweile ist sie in vielen Bundesländern als schulisches Angebot für alle Schülerinnen und Schüler am Gymnasium eingeführt worden).

Enrichment

Enrichment bezieht sich auf eine Förderung, in der Themen oder Fächer des Lehrplans vertieft oder breiter bearbeitet werden, als im regulären Unterrichtsprogramm vorgesehen. Eine vertiefende Maßnahme kann in einer weiterführenden Aufgabenstellung im regulären Klassenverband, aber auch in der Teilnahme an speziellen Arbeitsgemeinschaften oder Wettbewerben bestehen. Das Ziel des Enrichments besteht generell darin, die Angebote des allgemeinen Lehrplans durch weitergehende Inhalte oder Fragestellungen zu ergänzen und somit anzureichern (Vock et al., 2007). Beispiele für Enrichment-Angebote sind:

- *Innere Differenzierung*: Wo es möglich ist, werden unterschiedlichen Schülerinnen und Schülern unterschiedliche Aufgaben angeboten, die ihrem Fähigkeits- und Wissensstand entsprechen. Diese Form von Förderung kann individuell oder in Gruppen (beispielsweise in Form von Projektarbeit) erfolgen.

- *Pullout-Programme*: Hier werden (je nach Auswahlverfahren) besonders begabte oder besonders leistungsstarke Schülerinnen und Schüler zu bestimmten Unterrichtszeiten (einzelne Stunden bis hin zu einem ganzen Schultag) aus dem regulären Klassenverband herausgenommen und in speziellen Kursen gemeinsam unterrichtet.
- *Arbeitsgemeinschaften und Plus-Kurse*: In manchen Bundesländern können begabte beziehungsweise leistungsstarke Kinder an solchen Angeboten teilnehmen. Bisher werden in diesen AGs und Kursen überwiegend naturwissenschaftliche Themen behandelt.
- *Deutsche Schülerakademie*: Schülerinnen und Schüler der gymnasialen Sekundarstufe I oder II nehmen an zweiwöchigen Kursen mit wissenschaftlichen oder musischen Inhalten teil, die in den Schulferien stattfinden.

Was die Wissenschaft zu den Auswirkungen schulischer Förderung sagt

Zusammengefasst zeigen Studien positive Auswirkungen sowohl von Akzeleration als auch von Enrichment, insbesondere dann, wenn bei der Umsetzung die Fähigkeiten und Bedürfnisse des Kindes sowie die Möglichkeiten und Grenzen der Schule berücksichtigt und aufeinander abgestimmt werden. Die folgenden Ausführungen fassen Befunde zusammen, die bei Vock, Preckel und Holling (2007) ausführlich beschrieben werden.

Auswirkungen von Akzelerationsmaßnahmen

Insgesamt werden akzelerierende Maßnahmen eher selten angewandt; das gilt für Deutschland wie auch für andere Länder (beispielsweise Österreich, USA). Die Befürchtungen sind vielfältig und reichen von Leistungseinbußen und Wissenslücken über Überforderung durch Zusammensein mit älteren Kindern bis hin zu Stress, Angst, Depressionen und Burn-out. Zu oft werden dabei allerdings die negativen Auswirkungen von »Nichtakzeleration« übersehen, die beispielsweise in einer nachlassenden Motivation oder einer geringeren Erfolgszuversicht bestehen können. Die vorhandenen Ergebnisse wissenschaftlicher Studien unterstreichen eher positive Auswirkungen der Akzeleration begabter Schülerinnen und Schüler auf deren soziale und emotionale Situation sowie ihre Leistungen:

- Auswirkungen auf den sozial-emotionalen Bereich: Steenbergen-Hu und Moon (2010) fassten in einer sogenannten Metaanalyse (einer Übersichtsarbeit, in der viele verschiedene Befunde aus einzelnen Untersuchungen integriert werden) 38 Einzelstudien zu Auswirkungen schulischer Akzeleration zusammen. Hier ging es also um die gemeinsamen Effekte unterschiedlicher Akzelerationsmaßnahmen. Von Interesse war neben den Auswirkungen im Leistungsbereich auch die Entwicklung im sozial-emotionalen Bereich. Im sozialen Bereich wurde beispielsweise der Reifegrad der akzelerierten Schülerinnen und Schüler durch Lehrkräfte eingeschätzt, der emotionale Entwicklungsstand wurde unter anderem durch das Selbstkonzept erfasst. Die Gruppe der Kinder, die ihre Schullaufbahn schneller durchliefen oder bestimmte Punkte zu früheren Zeitpunkten erreichten (Akzelerierte), wurde mit einer Gruppe gleich befähigter Mädchen und Jungen verglichen, die keine Akzeleration erfahren hatten. Der Vergleich im sozial-emotionalen Bereich fiel zugunsten der Akzelerierten aus. »Soziale Effekte« werden beispielsweise durch Lehrereinschätzungen in Bezug auf soziale Fertigkeiten oder das Einnehmen einer Führungsrolle erfasst. »Emotionale Effekte« werden zum Beispiel durch Fragen zum Selbstkonzept einer Schülerin beziehungsweise eines Schülers (ausführlicher hierzu im Kapitel 9 zum Selbstkonzept) oder über Einschätzungen der Eltern hinsichtlich der Unabhängigkeit oder Kreativität der Kinder gemessen.
- Zum Überspringen von Klassen als Akzelerationsmaßnahme zeigen die bisher vorliegenden Studien aus dem deutschen Raum überwiegend positive Auswirkungen im sozialen Bereich (Reitmajer, 1989; Prado & Schiebel, 1996; Heinbokel, 2001). Hier ist beispielsweise das Gefühl, in der aktuellen Klasse angenommen zu sein, zu nennen, das bei den Schülerinnen und Schülern nach dem Überspringen zunahm (Heinbokel, 2001). Die positive Einschätzung des Überspringens wird von einer weiteren (kleinen) Studie aus dem bundesdeutschen Raum bestätigt, die von Henze und Kollegen (2005) vorgelegt wurde. Wie im neunten Kapitel erwähnt, wirkt sich das Überspringen von Klassen zu-

meist positiv auf das allgemeine Selbstkonzept aus. Zum sozialen Selbstkonzept fallen die Ergebnisse weniger eindeutig aus. Gerade direkt nach dem Springen kann es hier zu einem Absinken kommen (was auch nachvollziehbar ist, wenn wir uns vergegenwärtigen, dass die Kinder in eine neue Gruppe älterer Kinder kommen). Häufig wird nach einer gewissen Zeit das Ausgangsniveau wieder erreicht (bei Mädchen zumeist schneller als bei Jungen). Insgesamt also kein Hinderungsgrund, jedoch ein Punkt, der im Blick behalten werden sollte. Ein gut geplantes Springen wird sich in den meisten Fällen förderlich auf das Selbstkonzept des Kindes auswirken. Wenn dieser Schritt jedoch unter ungünstigen Rahmenbedingungen erfolgt (beispielsweise wenn eine Entscheidung unter Zeitdruck oder ohne Einbeziehung des Kindes erfolgt), kann sich auch der gegenteilige Verlauf zeigen. Probleme nach dem Springen traten in Studien selten, und wenn, dann häufiger bei Jungen auf. Allerdings kann aus methodischen Gründen kein ursächlicher Zusammenhang zwischen der Beobachtung von Problemen bei den Kindern und dem Springen hergestellt werden, da denkbar ist, dass diese vorher schon vorhanden waren oder auch ohne Springen aufgetreten wären (eine entsprechende Kontrolle fehlte in den bisher verfügbaren Studien zumeist).

- Hinsichtlich der Auswirkungen der vorzeitigen Einschulung muss derzeit noch überwiegend auf Studien aus dem englischsprachigen Raum zurückgegriffen werden. Diese weisen aber darauf hin, dass eine vorzeitige Einschulung höher begabter Kinder im sozial-emotionalen Bereich in der Regel mehr positive als negative Auswirkungen hat. Für einige dieser Kinder wirkte sich dieser Schritt offenbar vorbeugend im Hinblick auf spätere Verhaltensprobleme aus, wie der Vergleich mit gleich befähigten, aber regulär eingeschulten Kindern zeigte (Proctor, Feldhusen & Black, 1988, zitiert nach Vock et al., 2007, S. 62).
- Auswirkungen auf den Leistungsbereich: Auch hier fallen die Ergebnisse überwiegend positiv aus. Die bereits erwähnte Metaanalyse von Steenbergen-Hu und Moon (2010) kommt zu eindeutigen Resultaten: Die Leistungsentwicklung der Akzelerierten übertrifft die der Vergleichsgruppe. Am deutlichsten tritt dieser Vorsprung zutage, wenn mit Kindern der gleichen Altersgruppe verglichen wird. Der Leistungsvorsprung der Akzelerierten fällt größer aus, wenn ein späterer Zeitpunkt des Bil-

dungsweges betrachtet wird (beispielsweise wenn der Vergleich zu Beginn des Studiums erfolgt), was darauf hinweist, dass sich die Vorsprünge über die Zeit ausbauen. In den meisten Untersuchungen zur Akzeleration fanden sich keine oder nur geringfügige Verschlechterungen der Noten bei den akzelerierten Schülerinnen und Schülern. Leistungsprobleme oder Klassenwiederholungen kamen nur sehr selten (und dann teilweise auch in Zusammenhang mit anderen Ereignissen wie beispielsweise der Scheidung der Eltern) vor. Deutlich positive Effekte auf die schulische Leistung fanden sich auch für die fachspezifische Akzeleration (bei der beispielsweise ein Sechstklässler am Mathematikunterricht der 8. Klasse teilnimmt), den klassenstufenübergreifenden Unterricht in bestimmten Fächern oder für das sogenannte »curriculum compacting«. Wenn er oder sie die Unterrichtsinhalte beherrscht, wird der Schüler bzw. die Schülerin hier vom Unterricht freigestellt und kann die gewonnene Zeit für individuelles Lernen innerhalb oder außerhalb des Klassenzimmers einsetzen. Beim Überspringen in einzelnen Fächern sollte nach unseren Erfahrungen aus der Beratungsarbeit allerdings bedacht werden, wie ein solcher Schritt langfristig umgesetzt werden kann. Wenn ein Schüler oder eine Schülerin beispielsweise in der Grundschule den Mathematikunterricht der nächsthöheren Klassenstufe besuchen darf, stößt dieser Schritt dann an seine Grenzen, wenn das Kind in die vierte Klasse kommt und der Besuch der fünften Klasse mit einem Schulwechsel verbunden wäre (sodass ein Teilunterricht in dieser Klassenstufe organisatorisch kaum noch zu bewerkstelligen ist).

Akzeleration unterstützt die Schülerinnen und Schüler in ihrer Leistungsentwicklung.

- Auch die vorzeitige Einschulung geht in der Regel mit einer positiven Entwicklung im Leistungsbereich einher. Hier muss allerdings einschränkend angemerkt werden, dass diese Aussage nur für Kinder gilt, die aufgrund ihrer (zumindest) überdurchschnittlichen intellektuellen Fähigkeiten für einen früheren Eintritt in die Schule ausgewählt wurden. Erfolgte die vorzeitige Einschulung aus anderen Gründen, so zeigten sich in einigen Fällen auch negative Entwicklungen im Leistungsbereich (zusammenfassend: Vock et al., 2007). Besteht hier Unsicherheit, ist vor einer vorzeitigen Einschulung eine Intelligenztestung sinnvoll.

Auswirkungen von Enrichmentprogrammen

Der Wert von Enrichmentmaßnahmen liegt vor allem in der Förderung der Lernfreude und Motivation.

Die Anzahl wissenschaftlicher Studien zu Enrichmentprogrammen ist weitaus geringer als die für Akzelerationsmaßnahmen. Viele Angebote sind bisher nicht ausreichend oder gar nicht auf ihre Wirksamkeit hin überprüft worden. Eine allgemeine Aussage über die Effektivität von Enrichmentmaßnahmen ist daher schwierig. Es zeichnet sich jedoch ab, dass ihr Wert vor allem in der Förderung der Lernfreude und Motivation liegt: Wichtig ist dabei die Erfahrung, mit ähnlich Befähigten gemeinsam zu lernen.

- Auswirkungen auf den sozial-emotionalen Bereich: Entgegen der häufig geäußerten Befürchtung, dass spezielle Förderangebote Hochbegabte in der Schule isolieren oder gar stigmatisieren, sind die Auswirkungen der Teilnahme an Enrichmentprogrammen in der Regel zumindest neutral, häufig sogar positiv. Dieser Effekt tritt dann besonders deutlich auf, wenn innerhalb der Angebote auch soziale Kompetenzen vermittelt werden. Die folgenden drei Abschnitte fassen die entsprechenden Ausführungen von Vock et al. (2007, S. 96–98) zusammen:
- Metaanalysen von Vaughn, Feldhusen und Asher (1991) sowie Rogers (1991) bezüglich der Auswirkungen von Pullout-Programmen auf soziale Beziehungen innerhalb der Klasse zeigten *insgesamt keine* Verschlechterung; negative Entwicklungen zeigten sich lediglich vereinzelt. So berichtete ein kleiner Teil der befragten Schülerinnen und Schüler in einer Untersuchung in Israel (Rosemarin, 2001), dass sie nicht mehr an derartigen Programmen teilnehmen wollten, weil sie befürchteten, Unterrichtsstoff oder wichtige Ereignisse in ihrer Klasse zu verpassen und so in Folge in eine Außenseiterrolle zu kommen. Der Großteil der teilnehmenden Kinder äußerte sich allerdings auch hier zufrieden, was auch für deren Eltern zutraf.
- Wichtig scheint zu sein, dass die Lehrkräfte das Thema sozialer Beziehungen in der Pullout-Gruppe besprechen und zudem in der Herkunftsklasse des Kindes über das Programm informieren. Ein Gewinn für die begabten Kinder besteht vor allem in den Bekanntschaften und Freundschaften zu Mädchen und Jungen mit ähnlichen Interessen und Fähigkeiten, die sie in den Kursen knüpfen können. Ähnliches gilt für die Teilnahme an Angeboten der Deutschen Schülerakademie. Hier zeigten sich langfris-

tige positive Effekte vor allem für den sozialen und emotionalen und weniger für den Leistungsbereich. Die meisten berichteten zudem, dass die Teilnahme zu einer Klärung beziehungsweise Festigung des Studienfachwunsches beigetragen habe.

- Auswirkungen auf den Leistungsbereich: Für Pullout-Programme lassen sich positive Auswirkungen auf die Leistungsentwicklung und Kreativität insbesondere dann nachweisen, wenn ein Bezug zu den regulären Unterrichtsinhalten besteht und die Stoffvermittlung auf kognitiv anspruchsvolle Art und Weise erfolgt (Vock et al., 2007). Ähnliches gilt für die Teilnahme an Angeboten der Deutschen Schülerakademie, die Effekte zeigten sich allerdings nur kurzfristig. Die Teilnehmerinnen und Teilnehmer konnten nach dem Besuch des Kurses gezieltere Lerntechniken anwenden und verfügten über ein tiefer gehendes Verständnis der Lerninhalte. Auch für spezielle AGs und Kurse fanden sich in Studien positive Effekte auf soziale Fähigkeiten und Beziehungen, Arbeitstechniken, Interesse und Lernmotivation.

Auswirkungen des Besuchs von Spezialklassen

Mittlerweile gibt es in den meisten Bundesländern Gymnasien, die spezielle Förderklassen für Hochbegabte anbieten. Bei der Auswahl für die Klassen wird in der Regel nicht nur auf die Intelligenz der Bewerberinnen und Bewerber geachtet, sondern auch auf andere Merkmale wie Leistungsmotivation und Schulleistungen.

- Auswirkungen auf den sozial-emotionalen Bereich: Bei der Einschätzung der Auswirkungen des Besuchs von Spezialklassen müssen wir uns kurz mit zwei Konzepten beschäftigen, die in diesem Zusammenhang von Bedeutung sind: dem *Big-Fish-Little-Pond-Effekt* (BFLP-Effekt) sowie dem *Basking-in-Reflected-Glory-Effekt* (BIRG-Effekt). Der BFLP-Effekt beschreibt Folgendes: Hochbegabte Kinder in Klassen mit einer normalen Leistungsbreite erleben sich in der Regel leistungsmäßig als deutlich überlegen (bildlich ausgedrückt: als großen Fisch im kleinen Teich). Wechseln sie in eine Spezialklasse, verändert sich der Bezugsrahmen, und sie sind plötzlich von lauter »großen Fischen« umgeben. Zumindest zu Beginn des Besuchs einer Spezialklasse, doch häufig auch dauerhaft, sinkt dadurch bei den meisten Schülerinnen und Schülern die Einschätzung der eigenen Fähigkeiten, also das sogenannte akademische Selbstkonzept (die Kinder schätzen sich hier also kritischer ein, wobei ihre mittlere Einschätzung häufig immer noch über der durchschnittlich Begabter liegt). Quasi als »Gegenspieler« zum BFLP-Effekt wirkt sich der BIRG-Effekt aus, der eine Aufwertung des eigenen Fähigkeitsselbstkonzeptes aufgrund der Auswahl für eine Spezialklasse beschreibt (»Ich bin eine gute Schülerin/ein guter Schüler, weil ich die Fähigkeit habe, diese Klasse zu besuchen«). Erste Untersuchungen mit speziellen Hochbegabtenklassen an deutschen Gymnasien zeigen, dass sich beide Effekte anfänglich die Waage halten, langfristig das Fähigkeitsselbstkonzept der Begabten aber sinkt. Gleichzeitig berichten die Kinder jedoch von weniger Langeweile in der Schule, höherem schulischem Interesse und einer verbesserten Einstellung zur Schule.

- Auswirkungen auf den Leistungsbereich: In den meisten Studien zu dieser Fragestellung werden deutliche positive Auswirkungen des Besuchs von Spezialklassen auf die Leistungsentwicklung der jeweiligen Schülerinnen und Schüler nachgewiesen (Vock et al., 2007). In vielen Untersuchungen zeigen sich ein höheres Leistungsniveau in Spezialklassen sowie eine positivere Leistungsentwicklung als in regulären Klassen. Dies bedeutet jedoch nicht, dass der Notendurchschnitt in den Begabtenklassen besser ausfällt, da Lehrerinnen und Lehrer in der Regel die einzelnen Klassen als Bezugsnorm verwenden (die Einschätzung erfolgt also anhand der Frage, wie eine Leistung innerhalb der jeweiligen Klasse einzuordnen ist). Oft werden daher in der Oberstufe, in der die Abiturnote ja immer näher rückt, die Schülerinnen und Schüler aus den Begabtenklassen wieder in das reguläre Kurssystem integriert. In unseren eigenen Studien finden wir auch Hinweise auf positive Effekte für die Intelligenzentwicklung der Schülerinnen und Schüler in den Spezialklassen. Intelligenz ist eben zu einem gewissen Maß auch bildungsabhängig.

Anregungen zur Umsetzung schulischer Förderung

An dieser Stelle wollen wir die schulischen Förderoptionen nicht nur vorstellen, sondern Ihnen auch ein paar Orientierungspunkte geben, wie diese ganz praktisch realisiert werden können. Folgende Punkte haben sich sowohl in Bezug auf Akzeleration als auch auf Enrichment als hilfreich erwiesen:

- Bei der Umsetzung bewährt sich ein *kooperatives Vorgehen*, das heißt, die Schritte werden mit dem Kind, seinen Eltern und den beteiligten Lehrkräften abgestimmt und umgesetzt. Dabei sollte darauf geachtet werden, dass die angedachten Maßnahmen von allen Beteiligten befürwortet werden und auch tatsächlich realisierbar sind: Weniger kann auch hier deutlich mehr sein.

Ein kooperatives Vorgehen ist wichtig, d. h., die Schritte werden mit dem Kind, seinen Eltern und den beteiligten Lehrkräften abgestimmt und umgesetzt.

- Sinnvoll ist auch, Kinder an dem Auswahlprozess (bezüglich einer Förderoption oder einer Schule) zu beteiligen. Als ungefähre Orientierung ein Erfahrungswert: Allerspätestens zum Ende der Grundschulzeit haben die meisten hochbegabten Kinder, mit denen wir gearbeitet haben, ein Mitentscheidungsrecht eingefordert, vorher wollten sie auf jeden Fall gehört werden. Oft hatten sie eigene Entscheidungskategorien, die ihre Eltern überraschten. Wir denken hier zum Beispiel an ein Mädchen in Bayern, das wir Saskia nennen. Saskia suchte sich nach einem Umzug ihre neue Grundschule danach aus, dass die Schülerinnen und Schüler im Schulgebäude keine Hausschuhe tragen mussten – ebenso wie die Lehrkräfte. Auf das Argument ihrer vorherigen Grundschulrektorin, dass es eben unterschiedliche Rollen gebe, hatte Saskia entgegnet: »Meinetwegen. Ich sehe aber nicht, was das mit den Schuhen zu tun hat. Straßenschuhe von Erwachsenen machen doch im Zweifelsfall mehr Dreck als die von Kindern, weil die größere Schuhgrößen tragen.« Zu Hause sagte sie zu ihrer Mutter: »Genau da fängt die Ungerechtigkeit an, die verkaufen uns Kinder doch für dumm. Und dann sollen wir ein buntes Plakat malen zum Thema Mitentscheiden in der Schule.« Neben der Wertschätzung, die Kinder erfahren, wenn wir uns ihre Beweggründe anhören, können sie uns dabei helfen, die eigene Position von Zeit zu Zeit zu überdenken.
- In Bezug auf akzelerierende Schritte ist ebenfalls auf ein sinnvolles Gesamtkonzept zu achten. Die Auswahl der Kinder, für die ein solcher Schritt infrage kommt, sollte neben der Feststellung eines zumindest überdurchschnittlichen intellektuellen Niveaus auch berücksichtigen, inwiefern das angedachte schulische Angebot und die Fähigkeiten und Interessen des Kindes zusammenpassen. Dabei kann es in einzelnen Bereichen Lernaufgaben für die Schülerin oder den Schüler geben (beispielsweise das Nachholen bestimmter Wissensinhalte), allerdings sollte in diesem Fall genau überlegt werden, ob und wie ein Kind bestehende

Defizite aufholen kann. Die Vorstellung, dass sich solche Schwächen alleine durch die vorzeitige Einschulung beziehungsweise das Überspringen »auflösen«, erwies sich leider in praktisch allen uns bekannten Fällen als Illusion.

- Wenn das Überspringen genutzt werden soll, um beim Kind Motivation für einen bestimmten Lernschritt zu wecken, hat es sich in der Praxis bewährt, wenn dies mit der Schule abgesprochen wird. Was erwarten die Lehrkräfte? Bis wann soll das springende Kind die Schreibschrift, den Mathematikstoff oder Ähnliches erlernt haben? Wie hoch ist die Toleranzschwelle der aufnehmenden Lehrkraft, wenn ein Kind sich noch schwertut, mit Frustrationen umzugehen? Hier können sich die Vorgehensweisen von Schule zu Schule unterscheiden. Für viele Kinder ist ein Nachlernen nach dem Springen reizvoll (so ist der Eindruck stärker, wirklich einmal herausgefordert zu sein). Wenn vorab Schulstoff vorgelernt wird, sollte bedacht werden, ob das springende Kind auf diese Weise überhaupt noch einen Niveauunterschied beim Eintritt in die höhere Klasse erlebt (weil es den Stoff schon beherrscht). Ergänzend noch ein Erfahrungswert aus der Beratungspraxis mit Grundschülern zur Andauer der Herausforderung: Die meisten Grundschulkinder, die wir während des Springens begleitet haben, erzählten uns, dass sie für vier bis sechs Wochen stärker herausgefordert waren. Zu einem vergleichbaren Ergebnis kommt Heinbokel (2001).
- Hinsichtlich der inneren Differenzierung haben sich in der Beratungspraxis aus der Sicht von Schülerinnen und Schülern zwei »Wirkfaktoren« als bedeutsam erwiesen: Die *Anerkennung*, die das Kind durch seine Bezugspersonen (hier also Lehrkräfte) erfährt, sowie deren *Offenheit* für die Bedürfnisse des Kindes und dessen Ideen. Anerkennung kann sich auf vergleichsweise kleine Situationen beziehen, beispielsweise die Rückmeldung, dass das häufige Melden des Kindes registriert wird (auch wenn ein entsprechend häufiges Aufrufen des Schülers nicht möglich ist) und die Beiträge den Unterricht bereichern. Offenheit für die Ideen der Schülerin beziehungsweise des Schülers meint natürlich nicht, dass alle Ideen umgesetzt werden (können), sondern gleicht eher einem Brainstorming, in dem zunächst mögliche Ansatzpunkte zur Verringerung von Unterforderung gesammelt werden, ohne dass eine Bewertung vorgenommen wird. Dadurch, dass in einem passenden Moment Raum gegeben wird für eine

Sammlung der Ideen des Kindes, erfährt es Wertschätzung. Darüber hinaus können die gesammelten Informationen wertvolle Anknüpfungspunkte für die Entwicklung konkreter Förderansätze geben, beispielsweise das Verfassen kleiner Geschichten durch das Kind oder die Bearbeitung von komplexeren Lernaufgaben. Ein Junge, den wir hier Robert nennen, war mit seinen Eltern zu einem Beratungs- und Diagnostiktermin in die Beratungsstelle an der Münchner Universität gekommen und von den Testaufgaben hellauf begeistert. Gerne hätte er noch mehr dieser Aufgaben bearbeitet. Als wir ihm sagten, dass wir ihm diesen Wunsch leider nicht erfüllen könnten, war er kurzzeitig enttäuscht und fing dann an, nachzudenken. Nach einigen Minuten beteiligte er sich wieder am gemeinsamen Gespräch: »Ich habe mir gerade überlegt, dass den meisten Kindern aus meiner Klasse Rätselaufgaben ähnlich viel Spaß machen wie mir. Dann bin ich darauf gekommen, dass ich mir immer dann, wenn ich mit den ›normalen‹ Aufgaben in der Schule fertig bin, solche Rätsel ausdenken kann. Ich rede mal mit unserer Klassenlehrerin, ob sie mir am Freitag zum Abschluss der Woche zehn Minuten Zeit gibt, dann würde ich mit der ganzen Klasse Rätselaufgaben machen.« Wir wissen leider nicht, ob die Lehrerin sich auf diesen Vorschlag eingelassen hat – Roberts Idee gefällt uns auf jeden Fall sehr.

- Sinnvoll ist, dem Kind selbst konkrete Ideen an die Hand zu geben, um Situationen, in denen es Aufgaben schneller löst als seine Mitschülerinnen und Mitschüler, konstruktiv nutzen zu können. Hierzu erlebten wir sehr unterschiedliche Variationen. Manche Kinder schaffen es, den Lernstoff mit anderen Themen, die für sie spannender sind, zu verknüpfen. Ein Junge beispielsweise spielte (zuerst im Kopf und später mit Erlaubnis der Lehrerin auch auf Papier) beim Lernen des Alphabets eine Art »Stadt, Land, Fluss«. Zu jedem Buchstaben, den die Klasse lernte (und die er alle schon beherrschte), überlegte er sich, welches Land, welche Stadt, welcher Beruf und welches Tier ihm einfielen. Originell war auch die Idee eines Mädchens, das in jeder Stunde zählte, wie oft die Lehrkraft »Äh« sagte, und darüber eine Statistik führte. Ein Lehrer, der das zufällig bemerkte (und mit Humor nahm), bat um die Aufzeichnungen für seine Stunden, um seine »Formkurve« zu überprüfen. Andere Kinder wiederum durften in der freien Zeit malen oder Geschichten schreiben. Wichtig war in der Grundschule für fast alle, dass die Lehrkräfte ihr »O. K.«

gegeben hatten und sie selbst im Klassenverband durch diese Beschäftigungen nicht allzu sehr auffielen. Auch wenn sich diese Beschreibung schön liest: Die meisten Kinder sind auf Dauer unzufrieden, wenn Förderung sich *nur* auf Selbstanreicherung beschränkt. Um dies zu vermeiden, sollte darauf geachtet werden, dass es zumindest zeitweise auch angemessene Anforderungen für Hochbegabte gibt.

Fazit

Aus einer festgestellten Hochbegabung leitet sich nicht automatisch *eine* spezielle Förderoption ab. Sowohl die Umsetzung einer Fördermaßnahme als auch deren Ablehnung kann positive wie negative Auswirkungen haben, sodass eine gut begründete und Erfolg versprechende Entscheidung nur im Einzelfall getroffen werden kann. Wenn ein zumindest überdurchschnittlich begabtes Kind in den Genuss gut geplanter Fördermaßnahmen kommt, ist damit zu rechnen, dass dieser Schritt sich positiv auswirkt.

Aus einer festgestellten Hochbegabung leitet sich nicht automatisch eine spezielle Förderoption ab.

Generelle Empfehlungen wie jene, hochbegabte Kinder in jedem Fall eine Schulklasse überspringen zu lassen, teilen wir nicht. Eine solche pauschale Aussage lässt wichtige Voraussetzungen (beispielsweise die Einstellung von Kind, Eltern und Schule zu diesem Schritt) außer Acht, was einen günstigen Verlauf des Springens durchaus gefährden kann. In diesem Zusammenhang sei noch angemerkt, dass Hochbegabte natürlich auch das Recht haben, auf spezielle Förderangebote zu verzichten.

Natürlich ist Förderung wichtig für Kinder, das sollte in den bisherigen Ausführungen deutlich geworden sein. Kinder zu fördern zielt auf die Entwicklung der Gesamtpersönlichkeit und nicht nur auf die Entfaltung des intellektuellen Potenzials ab. Wenn eine angemessene Förderung dauerhaft ausbleibt, kann dies zu sehr ungünstigen Entwicklungsverläufen führen, wie wir beispielsweise im fünften Kapitel zum Thema Underachievement ausgeführt haben. Nichtsdestotrotz ist Förderung natürlich nicht auf die schulischen (oder damit nah verwandten) Bereiche beschränkt. Deswegen soll es im nächsten Abschnitt um Fördermöglichkeiten im Familienalltag gehen.

Förderung im (Familien-)Alltag

In diesem Abschnitt behandeln wir die Frage, welche Fördermöglichkeiten es innerhalb der Familie gibt. Prinzipiell sind die Optionen natürlich unbegrenzt. Um eine gewisse Systematik zu erhalten, stellen wir Ihnen zunächst ein paar grundlegende Gedanken vor. Was macht Förderung in der Familie aus? Eltern haben ganz besondere Möglichkeiten, ihre Kinder zu fördern, die andere Bezugspersonen (in Institutionen) so nicht haben. So zielt dieser Abschnitt vor allem darauf ab, diese Ressource wahrnehmen und bewusst nutzen zu können. Wir orientieren uns dabei an vier Punkten:

Eltern haben ganz besondere Möglichkeiten, ihre Kinder zu fördern.

- Wie kann die Beziehung zwischen Eltern und Kindern positiv gestaltet werden?
- Wie können die Kompetenzen der Kinder konstruktiv aufgegriffen werden?
- Was sind aktuelle Fragen und Interessen der Kinder und wie können diese mit altersentsprechenden Entwicklungsschritten verknüpft werden?
- Wie sind die Bedürfnisse der Kinder mit den Möglichkeiten der Eltern in Einklang zu bringen?

An erster Stelle einer Förderung in der Familie steht der Aufbau einer vertrauensvollen und sicheren Bindung zwischen Eltern und Kindern. Diese Erfahrung ist die Basis aller weiterführenden Beziehungserfahrungen und damit auch die Voraussetzung für die Wirksamkeit von Förderangeboten. Forschungsprojekte zeigen übereinstimmend, dass junge Kinder vor allem dann ihre Umgebung erkunden, wenn sie ein Vertrauensverhältnis zu ihren Eltern und anderen Bezugspersonen aufbauen konnten, das ihnen Rückhalt und Sicherheit gibt. Fehlt dies, sind Kinder vor allem damit beschäftigt, das Gefühl der Unsicherheit zu kompensieren. Bindung entsteht über das verlässliche und einfühlsame Eingehen der Eltern auf die Signale ihrer Kinder.

An erster Stelle einer Förderung in der Familie steht der Aufbau einer vertrauensvollen und sicheren Bindung zwischen Eltern und Kindern.

Konkrete Anregungen für die Beziehungspflege mit älteren Kindern finden Sie im Kapitel 11 im Abschnitt »Wertschätzende Kommunikation«. Der zentrale Gedanke ist hier folgender: Eine achtungsvolle und eindeutige Kommunikation hilft Kindern, ein positives und zugleich realistisches Selbstbild zu entwickeln. Gleichzeitig fördert sie eine tragfähige Beziehung zwischen Eltern und Kindern. Von manchen Eltern wird der Begriff »wertschätzend« missverständlich mit »nachgiebig« gleichgesetzt, doch läuft Wertschätzung ohne klare und realistische (manchmal auch kritische) Rückmeldungen Gefahr, beliebig und wirkungslos zu werden. Zugleich überfordert sie Kinder, weil ihnen wichtige Informationen fehlen, beispielsweise dann, wenn ihr Verhalten bei anderen Menschen zu negativen Gefühlen oder Reaktionen führt. Das gilt für alle Kinder, egal, ob sie hochbegabt sind oder nicht.

Kurz gesagt: Alles, was dazu beiträgt, mit seinem Kind eine sichere Bindung und im Weiteren eine wertschätzende Beziehung aufzubauen, ist von großem Wert für die Entfaltung des Kindes und insofern ein wichtiger Förderaspekt (Bauer, 2006; Hüther, 2008). Und: Förderung findet gerade auch in Beziehungserfahrungen statt. Warum also nicht die Vermittlung von Mengen und Zahlen in das gemeinsame Backen von Plätzchen oder Kuchen mit Mutter oder Vater einbetten? Auf dem Weg zum Kindergarten können die Treppenstufen von der Wohnung zur Straße abgezählt werden. So wird beispielsweise die Zahl »zwanzig« nebenbei auch gleich körperlich erfahrbar (»Bei zwanzig Treppenstufen kann ich mich noch mit Papa unterhalten, bei vierzig schnaufen wir beide schon«). Eine feinmotorische Förderung macht viel mehr Spaß, wenn Mutter und Sohn gemeinsam Weihnachtssterne basteln oder Ostereier für die Großeltern bemalen, als wenn das Kind abstrakte Schwungübungen in einem Aufgabenheft erledigt.

Eine zweite grundlegende Umsetzungsmöglichkeit der Förderung im Familienalltag besteht in der Anwendung der lösungsorientierten Inhalte, die wir in Kapitel 12 dieses Buches vorstellen. Diese zielen darauf ab, dass Menschen ihre Kompetenzen erkennen und anwenden können. Wiederum geht es um die Entwicklung eines angemessenen Selbstbildes. Hochbegabte Mädchen und Jungen haben dabei mindestens eine ausgeprägte Stärke, nämlich ihre hohe Denk- und Lernfähigkeit, die sie in vielen verschiedenen Situationen anwenden können. Dies fällt umso leichter, je positiver diese Ressource gesehen wird. Beim Aufbau eines solchen Selbstbildes können Eltern ihren Kindern besonders effektiv helfen.

Was ist noch als familienspezifische Fördermöglichkeit zu sehen? Kinder lernen nicht zuletzt dadurch, dass sie sich erfolgreich

Verhaltensweisen von Vorbildern »abschauen«. Solche Modelle sind häufig Mütter und Väter (ob sie das wollen oder nicht). Eltern erleben dies nicht immer positiv. Mütter und Väter berichteten uns in Beratungsgesprächen immer wieder von ihrem Erschrecken, wenn sie ungeliebtes eigenes Verhalten bei ihren Kindern wiederentdeckten (»Ausgerechnet meine Rechthaberei hat er sich abgeschaut«). Die Modellwirkung können Eltern jedoch auch bewusst nutzen, um ihren Kindern bestimmte Lernerfahrungen zu erleichtern. Wenn es Mädchen oder Jungen beispielsweise schwerfällt, mit eigenen Fehlern umzugehen, kann es diesen Lernprozess erleichtern, wenn sie sehen können, dass ihre Mütter oder Väter ebenfalls mit vergleichbaren Anforderungen umgehen müssen. Wenn es für Sie passend ist, können Sie dieses Erleben für Ihre Kinder deutlich sichtbar machen, beispielsweise dadurch, dass Sie in solchen Situationen laut denken: »Es ist mir peinlich, dass ich vergessen habe, meinem Bruder zum Geburtstag zu gratulieren. Ich weiß ja, wie großen Wert er darauf legt. Ich überlege gerade, wie ich das wiedergutmachen kann. Als Erstes werde ich ihn heute Abend anrufen, mich bei ihm entschuldigen und mir bewusst Zeit zum Telefonieren nehmen. Vielleicht finde ich dann noch ein gutes Buch, das ich ihm schicken kann. Ich bin mir sicher, das freut ihn.« Im Alltag kann eine solche Beschreibung auch kürzer ausfallen. Und noch ein Erfahrungswert: Kluge Kinder reagieren häufig »allergisch«, wenn diese Beschreibungen zusätzlich pädagogisch »aufbereitet« werden (»Siehst du, Mama/Papa kennt solche Situationen auch«).

In vielen Situationen im Familienalltag können hochbegabte Kinder Verantwortung übernehmen; man kann sie beispielsweise in die Erstellung eines Albums, Gedichts oder Vortrags für eine Familienfeier oder die Planung eines Ausflugs einbeziehen. Die vielen Fragen nach der Entstehung und Größe der besuchten Stadt können im Vorfeld recherchiert werden, sodass das Kind selbst eine kurze Einführung geben kann, wenn es das möchte. Gelingt eine solche Umsetzung, so kann dies auf mehreren Ebenen zu Entlastung führen: Eltern können zumindest vorübergehend aus der Rolle als »wandelndes Lexikon« aussteigen. Das Kind wiederum erlebt sich als kompetent und kann sein Selbstwirksamkeitsgefühl ausbauen. Und nebenbei: Das Ganze darf auch Freude machen! Auch wenn dieses konkrete Beispiel für Sie vielleicht nicht passt, ist das Prinzip auf andere Situationen übertragbar und könnte sich dort bewähren.

Wenn Kinder älter werden, kann Förderung im Familienalltag darin bestehen, dass sie kleinere oder größere eigene Verantwortungsbereiche übernehmen. Übrigens: Wir sind nicht der Auffassung, dass Förderung den Kindern immer und in jedem Moment Spaß machen muss. Das Erlernen neuer Kompetenzen ist zumindest zeitweise mit Frustrationen und unangenehmer Anstrengung verbunden – und den Umgang damit zu erlernen ist Teil des Förderprozesses. Zudem wäre es eine unrealistische Forderung an Eltern, für ein ununterbrochenes Wohlfühlen ihrer Kinder sorgen zu müssen. Förderung wird mit Anstrengungen verbunden sein, darf und sollte aber auch Freude bereiten und stolz machen (beispielsweise, weil die Kinder es schaffen, das leidige Zubettgehen jetzt innerhalb der vereinbarten Zeit zu bewerkstelligen). Auch wenn wir an dieser Stelle kleinlich wirken: Wir unterscheiden hier zwischen Freude und Spaß. »Freude« schließt die Möglichkeit einer vorangehenden Anstrengung ein, »Spaß« nach aktuellem Verständnis eher aus. Und wenn Sie sich die Momente in Ihrem Leben anschauen, auf die Sie langfristig stolz sind, werden einige dabei sein, die mit Anstrengung verbunden waren.

Förderung ist mit Anstrengungen verbunden. Sie darf und sollte aber auch Freude bereiten und stolz machen.

Auch im Sinne des autoritativen Ansatzes, den wir als Rahmenkonzept gewählt haben, halten wir es für sinnvoll, Forderungen an Kinder zu formulieren. So ist es durchaus angemessen, dass bereits Kindergartenkinder lernen, sich an Spielregeln zu halten, und dass Eltern die Lust am gemeinsamen Spiel verlieren, wenn ihre Töchter und Söhne diese nach eigenem Ermessen verändern (eine Mutter hierzu: »Das Spiel hätte irgendwann ›Ich ärger mich‹ heißen können. Als ich unserem Sohn irgendwann gesagt habe, dass ich seine Variationen zwar anfangs witzig fand, es mir jetzt aber keinen Spaß mehr mache, war das irgendwie befreiend. Mittlerweile können wir wieder so miteinander spielen, dass es uns beiden gefällt«).

Ungünstig wirkt es sich aus, wenn Förderung in der Familie Schulstoff vorwegnimmt (Alvarez, 2007). Hier hat es sich nach unserer Erfahrung bewährt, den Wissensdurst des Kindes zumindest teilweise »umzulenken«. Ein sehr gelungenes Beispiel zur Veranschaulichung: Die Eltern eines Erstklässlers überlegten, wie sie den Wunsch ihres Sohnes aufgreifen sollten, Rechenaufgaben der dritten und vierten Klasse zu lösen. Sie kamen auf die Idee, sich gemeinsam der Entstehungsgeschichte der Zahlen zu widmen. So war es in der Familie wochenlang Thema, wann Menschen zum ersten Mal mit Zahlen operiert hatten, und vor allem, wie diese Idee entstanden sein könnte. Nach diversen Museumsbesuchen war eine kleine Dokumentation fertig, von der der Junge auch in seiner Klasse mehrmals berichten durfte. In späteren Klassen eignete er sich das binäre Zahlensystem an, übersetzte die für ihn »babyleichten« Aufgaben des Schulunterrichts in das System von null und eins und machte sie so für sich interessanter.

An dieser Stelle könnte sich bei manchen von Ihnen die Frage stellen, ob Förderung in der Familie nicht vor allem darin besteht, eine letztlich unzureichende Förderung in der Schule auszugleichen. Offen gesagt: In manchen Fällen wird es tatsächlich darauf hinauslaufen. Das ist natürlich nicht befriedigend. Dennoch wird es, wenn diese Situation eintritt, die für das Kind beste Option sein. Dies schließt natürlich nicht aus, nach Verbesserungsmöglichkeiten im schulischen Kontext zu suchen und sich entsprechend zu engagieren. Wir denken jedoch, dass sich im günstigeren Fall die beiden Bereiche Familie und Schule gegenseitig befruchten können. Ein gut entwickeltes Selbstwirksamkeitsgefühl erleichtert es Kindern, herausfordernde Aufgaben in der Schule »anzupacken« oder mit ungewohnten und neuen Situationen kompetent umzugehen. Eine gut entwickelte Frustrationstoleranz wird eine ebenso positive Wirkung entfalten. Umgekehrt ist ein Kind, das in der Schule angemessene Herausforderungen erlebt, im familiären Kontext in der Regel deutlich ausgeglichener als beim Ausbleiben solcher Förderung. So kann im günstigen Fall ein positiver Kreislauf in Gang gesetzt werden. Weitergehende Anregungen für einen konstruktiven Umgang mit der Institution Schule finden Sie im zwölften Kapitel.

Wie sich die Situation der Familie aus dem Beispiel am Anfang dieses Kapitels weiterentwickelte, lösen wir gerne auf. Anke erwies sich anhand der Testergebnisse tatsächlich als hochbegabt. Das weit überdurchschnittliche Testergebnis stand in Einklang mit einer hohen (Leistungs-)Motivation und entsprechenden Schulnoten. Das »Erschrecken« der Eltern hielt sich glücklicherweise in Grenzen, da im Beratungsgespräch der Umgang mit diesem Resultat thematisiert worden war. Letztlich lief es weder auf eine Berufsaufgabe der Mutter noch auf einen Umzug der Familie hinaus. Nach einer entsprechenden Vorbereitung übersprang Anke die vierte Klasse der Grundschule und erlebte einen guten Start im Gymnasium. Hier war sie zunächst zwei Jahre unauffällig. Als sich dann Symptome von Unterforderung zeigten, konnten diese durch die Teilnahme am schulischen Wettbewerb *Jugend forscht* aufgefangen werden. Anke engagierte sich zudem in der Theater-AG der Schule und später in einer Jugendgruppe ihrer Kirchengemeinde. Als Teenager meinte sie rückblickend, sie sei froh gewesen, dass ihre Eltern »nicht so einen Wind« um ihre Hochbegabung (und die ihres Bruders, welche sich später herausstellte) gemacht hätten. Andererseits schätzte sie auch die schulischen und außerschulischen Angebote, die ihr halfen, ihren Wissensdurst zu stillen. In diesem Fall war es von großem Vorteil, dass von schulischer Seite angemessene Unterstützung vorhanden war und die Familienmitglieder einen Weg gefunden hatten, der die Bedürfnisse aller berücksichtigte.

Möglichkeiten und Grenzen der Förderung durch Eltern

Zum Abschluss des Kapitels ein zentraler Punkt für jede Familie: Wie können die Bedürfnisse des Kindes mit den Möglichkeiten der Eltern in Einklang gebracht werden? Um das Beispiel des oben erwähnten Mobiles noch einmal aufzugreifen: Letztendlich geht es darum, eine passende Balance für alle Familienmitglieder zu finden. Hierzu gehören eine realistische Bestandsaufnahme Ihrer Möglichkeiten und Ziele sowie die Erkundung der Bedürfnisse Ihrer Kinder. Viele Eltern, denen wir in unserer Beratung begegneten, erlebten es als befreiend, dass sie ihre eigenen Grenzen in diesem Zusammenhang ernst nehmen und äußern konnten.

Wochenenden, die für Sie als Mutter oder Vater vor allem darin bestehen, Ihre Söhne oder Töchter zu diversen Kursen, Musik- oder Sportveranstaltungen zu fahren, mögen für die Kinder schön sein, werden für Sie aber auf Dauer vermutlich Stress bedeuten. Wir halten es daher für sinnvoll, wenn Sie dies früh genug deutlich machen und Ihren Kindern einen realistischen Rahmen setzen (»Ich kann mir vorstellen, dich zu einer Aktivität zu fahren, mehr schaffe ich auf Dauer nicht, weil mir dann die Erholung fehlt«). Der Auswahlprozess kann Kindern helfen, sich über ihre Prioritäten klar zu werden (»Was ist mir gerade am wichtigsten?«). In manchen Fällen war es auch für die Kinder entlastend, wenn sie anfingen, sich auf bestimmte Aktivitäten zu konzentrieren (und so freie, unverplante Zeit hatten, was unserer Erfahrung nach manchmal deutlich zu kurz kommt).

Der Vollständigkeit halber sei noch erwähnt, dass natürlich die

Bedürfnisse aller Kinder in einer Familie wichtig sind, unabhängig davon, ob sie hochbegabt sind oder nicht (manchmal war das in Beratungsgesprächen nicht klar). Und zu guter Letzt der Satz, den wir schon mehrfach in diesem Kapitel erwähnt haben: Weniger kann auch bezüglich der organisierten Aktivitäten oder Förderung im Familienalltag mehr sein. Und: Ausnahmsweise verzichten wir in diesem Kapitel auf die abschließenden Reflexionen, da wir diese bereits dem ersten Drittel dieses Kapitels beigefügt haben.

TEIL 3

Praktische Ideen für den Familien- und Schulalltag

11 Der KLIKK®-Ansatz I: Kommunikation

Wir haben in diesem Buch bisher viele Grundlageninformationen zu verschiedenen Themenbereichen behandelt, was hoffentlich schon eine ganze Reihe von Fragen beantwortet hat. In diesem und den folgenden Kapiteln schildern wir nun sehr praxisbezogen, wie diese Grundlagen im Umgang und in der Kommunikation mit Kindern aufgegriffen werden können.

Den hier beschriebenen Ansatz haben wir im Elterntraining KLIKK® (Kommunikations- und Lösungsstrategien für die Interaktion mit klugen Kindern) entwickelt. Er besteht aus zwei »Grundbausteinen«, die sich wechselseitig positiv beeinflussen: der wertschätzenden Kommunikation sowie der Lösungsorientierung. »Grundbausteine« meint dabei eigenständige Themenbereiche, die Ideen zur Problembewältigung bereitstellen (in der Praxis haben sich die beiden Ansätze jeweils einzeln schon in anderen Trainings sowie in Beratung und Therapie bewährt).

Im Elterntraining wie auch hier beginnen wir mit der Darstellung der Ideen zum Inhaltsbereich Kommunikation. Dahinter steht die Überlegung, dass wir im Reden Beziehungen herstellen beziehungsweise vertiefen können – oder aber auch das Gegenteil bewirken, nämlich Sprachlosigkeit und Konflikte. Wie immer wir es auch anstellen, eines können wir offenbar nicht: der Kommunikation aus dem Weg gehen. Wenn es schon unvermeidlich ist, auf irgendeine Art zu kommunizieren, dann erscheint es sinnvoll, diese Tätigkeit so auszuüben, dass alle Beteiligten davon profitieren. Zudem sind tragfähige Beziehungen zu unseren Mitmenschen die Grundlage dafür, dass wir uns gegenseitig beeinflussen können.

Wir verwenden im KLIKK®-Ansatz eine Kombination bereits bewährter Methoden, die nach unseren Erfahrungen aus Beratungsgesprächen wie auch Trainings dazu geeignet ist, die hohe Intelligenz begabter Kinder ressourcenorientiert aufzugreifen. Dabei zielen wir vor allem auf die hohen sprachlichen Fähigkeiten ab, die viele dieser Kinder auszeichnen. Prägnant formuliert: Indem Eltern in der hier beschriebenen Weise reden, würdigen sie die Kompetenzen ihrer

Kinder und schaffen zugleich einen Rahmen, in dem diese zur Lösung von Problemen genutzt werden können. Die Inhalte können natürlich auch im Kontakt mit Kindern anderer Begabungsniveaus genutzt werden; allerdings haben wir dort die Erfahrung gemacht, dass dies in der Altersstufe, auf die wir uns in diesem Handbuch beziehen, häufiger zu Überforderungen führt. Somit ist bei einer Vielzahl der nicht hochbegabten Kinder eine deutliche Vereinfachung erforderlich. Im Gegensatz dazu erlebten die meisten hochbegabten Kinder, die wir kennenlernten, die hohe sprachliche Dichte als eine positive Herausforderung, die unter anderem dazu führte, dass sie sich stärker am Gespräch beteiligten.

Der Entwicklung des KLIKK®-Ansatzes liegt die Annahme zugrunde, dass eine hohe Begabung eine Ressource (ein Potenzial) ist, die für viele verschiedene Anforderungen in alltäglichen Situationen genutzt werden kann. Ein Teil der klugen Kinder tut dies vermutlich von selbst, ohne dass es dafür besonderer Unterstützung bedarf. Manchmal kann es aber helfen, wenn Menschen von außen Unterstützung geben können, sei es, weil Informationen fehlen, oder auch, weil diese ungünstig »verarbeitet« werden. Hierzu ein kurzes Beispiel:

Marvin

Marvin geht in die zweite Klasse und kann sich sprachlich sehr geschickt ausdrücken. Wenn er vom letzten Museumsbesuch erzählt, ist seine Klassenlehrerin begeistert, weil er Haupt- und Nebensätze geschickt kombinieren kann. An geeigneten Stellen verwendet er auch Fremdwörter. Seine Mitschülerinnen und Mitschüler verstehen dann jedoch häufig nur »Bahnhof« und sagen zu ihm: »Du bist doof.« Traurig und verzweifelt sagt Marvin dann zu seiner Mutter: »Die anderen Kinder mögen mich nicht.«

Was ist passiert? Marvin hat seine hohe Begabung genutzt, um sich einen ausgefeilten Sprachschatz anzueignen. Was er übersieht oder noch nicht weiß (und das meinen wir mit »fehlenden Informationen«) ist, dass andere Kinder in seinem Alter in diesem Bereich vermutlich noch nicht so weit sind. Wenn er mit ihnen auf diese Weise spricht, erzeugt er das Gefühl von Unzulänglichkeit. Um dies zu kompensieren, »drehen sie den Spieß um« und finden Marvin »doof«. Um Marvin zu helfen, mit solchen für ihn verletzenden Situationen umzugehen, konnten wir ihm verdeutlichen, was bei den anderen Kindern in der Beispielsituation passierte, wenn er sich in einer sprachlich differenzierten Weise ausdrückte: »Wenn du Wörter verwendest, die die anderen Kinder noch nicht kennen, verstehen sie dich nicht und sind enttäuscht.« Mit dieser Information fand Marvin eine passende Lösung. Er erkannte, dass er »mehrere Sprachen lernen musste« (so ähnlich drückte er sich aus), und formulierte sinngemäß, dass er über eine Ausdrucksform für Erwachsene, eine für Gleichaltrige und eine für seine Schwester (die drei Jahre jünger ist als er) verfügen wolle. Gesagt, getan: Innerhalb eines Dreivierteljahres war er in allen drei Bereichen so weit, dass er nur noch selten auf Unverständnis stieß (und wenn es ihm doch passierte, dann wusste er relativ schnell, wie er an der Situation etwas ändern konnte).

Was Eltern in vergleichbaren Situationen tun können, beschreiben wir nachfolgend. Wir möchten Anregungen vermitteln, wie Kommunikation in Familien mit klugen Kindern aussehen kann, so dass das Miteinander und das Gefühl des Wertes der eigenen Person gestärkt werden, und verwenden dafür die Bezeichnung wertschätzende Kommunikation. Zunächst stellen wir einige Aspekte vor, die generell für eine gelingende Kommunikation wichtig sind. Dass wir diese relativ konkret in Gesprächssequenzen umsetzen, ist nicht im Sinne eines »Patentrezeptes« misszuverstehen. Vielmehr entsprechen wir damit dem Wunsch vieler Eltern, die wir vor dem Schreiben dieses Buches befragt haben. Wir hoffen, dass Sie dadurch die Möglichkeit erhalten, Ihr eigenes »Drehbuch« zu schreiben beziehungsweise es zu optimieren. Drehbuch meint so viel wie eine Vorabskizze, wie Sie sich in bestimmten, für Sie herausfordernden Familiensituationen verhalten wollen, was Sie also sagen und tun wollen. Manche Sätze mögen dabei etwas künstlich klingen, handelt es sich doch um »Prototypen«, die Sie auf Ihre Ausdrucksweise hin anpassen können.

Die wertschätzende Kommunikation stärkt das Miteinander und das Gefühl des Wertes der eigenen Person.

Kommunikation: Worum geht es?

Kommunikation ist ein Verschlüsselungs- und Entschlüsselungsprozess, der im Wesentlichen die drei Kanäle *Inhalt, Stimmlage* und *Mimik* betrifft. Der Kommunikationsprozess lässt sich in zwei

Komponenten unterteilen: den bei einer Person ankommenden und den von ihr ausgehenden Anteil. Durch diese beiden Aspekte ist ein Mensch mit seiner Umgebung »vernetzt« (Kriz, 2004) beziehungsweise in ihr verankert. Generell ist davon auszugehen, dass vor allem junge Kinder stark auf die nonverbalen Kanäle Stimmlage und Mimik achten. Bestehen Differenzen zwischen den gesendeten Botschaften auf den jeweiligen Kanälen, führt dies zu Verwirrung beim Empfänger (unabhängig vom Alter), wie die nachfolgende Abbildung verdeutlicht. Eine solche widersprüchliche Nachricht wird *inkongruent* genannt.

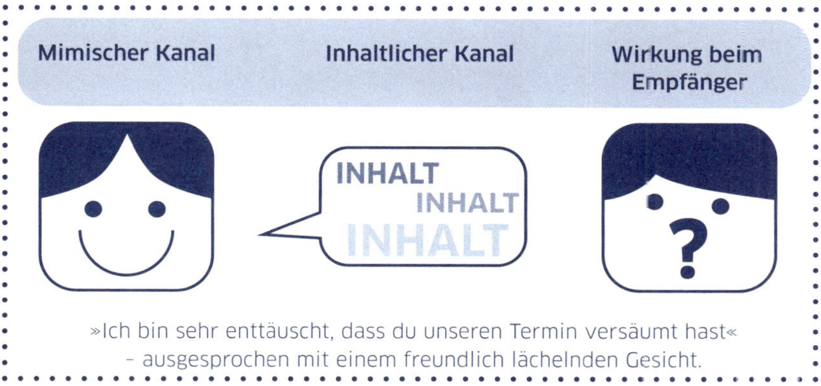

Beispiel für eine inkongruente Nachricht

Oft entspringen inkongruente Nachrichten einer inneren Zerrissenheit der sprechenden Person. Die Gefahr des Missverstehens ist dann groß, wenn diese eigentlich *zwei* Botschaften ausdrücken möchte (beispielsweise: »Ich freue mich, dass du den Mut hast, gegenüber deiner Lehrerin deine Meinung zu vertreten«, und: »Wenn du sie in jeder Stunde dreimal vor den anderen verbesserst, fürchte ich, dass sie sich von dir belehrt fühlt«). In solchen Fällen ist es sinnvoll, die beiden Aussagen nebeneinanderzustellen und nicht zu versuchen, sie in einen Satz zu packen. Ansonsten besteht die Gefahr, dass eine schwer verständliche »Doppelbotschaft« herauskommt. Diese produziert Verwirrung und verhindert zudem, dass sich die positive, das heißt vor allem beziehungsfördernde Wirkung einer wertschätzenden Kommunikation entfalten kann (böse Zungen behaupten, eine unklare Kommunikation könne gar nicht wertschätzend sein, weil Wertschätzung beinhalte, dass sich die sprechende Person um Eindeutigkeit bemühe).

Verwirrungen oder Missverständnisse, die die zwischenmenschliche Kommunikation behindern, können aber auch auf einer anderen Ebene passieren. Um dies zu verdeutlichen, greifen wir auf ein Kommunikationsmodell des Psychologen Friedemann Schulz von Thun zurück (Schulz von Thun, 2001). Dieses Modell besagt, dass jede sprachliche Äußerung vier Bedeutungsseiten hat, und zwar unabhängig davon, ob dies von der sprechenden Person beabsichtigt ist oder nicht. Die folgende Grafik stellt diese vier Seiten dar.

Die vier Seiten einer Nachricht

Im Folgenden verdeutlichen wir die Anwendung des Modells anhand des Beispielsatzes »Es ist fünf nach acht«, wobei wir annehmen, dass es sich um die Aussage eines Lehrers gegenüber einem Schüler handelt. In der nachfolgenden Übersicht ist beispielhaft skizziert, welchen Schwerpunkt die zuhörende Person auf der jeweiligen Ebene des Vier-Seiten-Modells heraushören könnte. Mit anderen Worten: Konzentriert sich eine zuhörende Person auf die Sachebene, wird sie vor allem die Information über die Uhrzeit heraushören, bei einer Konzentration auf die anderen Ebenen die entsprechend aufgeführten anderen Aspekte.

Sachebene	Die sachliche Information des Sprechers, also die Information über die Uhrzeit.
Appellebene	Die vom Sprecher gewünschte Verhaltensänderung beim Adressaten der Nachricht, also ein pünktliches Erscheinen zum Unterricht.
Beziehungsebene	Die Information darüber, wie Sprecher und Adressat zueinander stehen (hier vermutlich in einem hierarchischen Verhältnis im Sinne von: »Ich bin in der Position, dich auf dein Zuspätkommen aufmerksam machen zu können«).
Selbstoffenbarungsebene	Das, was der Sprecher über sich selber sagt (im Beispielfall könnte es eine Aussage sein im Sinne von: »Es beleidigt mich, wenn du zu meinem Unterricht zu spät kommst«).

Ein weiteres Beispiel verdeutlicht, wie die Anwendung des Modells dabei helfen kann, die Entstehung von Missverständnissen zu verstehen und diese leichter wieder aufzulösen.

Jonas

Jonas, ein sechsjähriger Erstklässler, kommt nach Hause und sagt zu seinem Vater: »Heute haben wir wieder nur bis zehn gerechnet.« Darauf antwortet sein Vater in bester Absicht: »Du musst doch auch die Situation der Lehrerin sehen, die hat dreißig unterschiedliche Kinder vor sich und nicht jedes kann so gut rechnen wie du.« Das überzeugt Jonas nicht, denn mit einem »Papa, du verstehst mich eh nicht« verschwindet er laut türenknallend in seinem Zimmer.

Das Missverständnis in dieser Situation besteht vor allem darin, dass Jonas in seiner Aussage einen Schwerpunkt auf die Selbstoffenbarungsebene legte, welcher übersetzt ungefähr so lauten könnte: »Ich bin gerade sehr enttäuscht, weil wir im Rechnen immer noch nicht weiter sind. Es fällt mir schwer, noch länger auf die wirklich spannenden Aufgaben zu warten.« Die Antwort des Vaters legt dagegen ihren Schwerpunkt auf die Appellebene und plädiert für Verständnis, welches Jonas in dem Moment offensichtlich nicht aufbringen kann.

Das vorgestellte Kommunikationsmodell kann Missverständnisse natürlich nicht vermeiden, wohl aber die Klärung bei ihrem Auftreten erleichtern. So könnte sich Jonas' Vater, nachdem seine

Frustration angesichts der Reaktion seines Sohnes abgeklungen ist, anhand des obigen Schemas verdeutlichen, wo der »Knackpunkt« im Gespräch mit Jonas lag. Zudem hätte er die Möglichkeit, die Enttäuschung seines Sohnes aufzugreifen, indem er auf dessen Selbstoffenbarungsbotschaft eingeht (»Du bist sehr enttäuscht, weil du dir so sehr wünschst, dass ihr weiterrechnen dürft, und die Lehrerin das nicht erlaubt«).

Aus dem Kommunikationsmodell der vier Seiten einer Nachricht lässt sich zusammengefasst Folgendes ableiten: Reine Informationen, die nur einen einzigen Aspekt enthalten (beispielsweise die Sachinformation), gibt es nicht. Der Sender legt vielmehr einen Schwerpunkt auf eine der Aussageebenen, aber die anderen Ebenen sind ebenfalls immer mit enthalten. Geschickt ist es, möglichst häufig mit »vier Ohren« zu hören, das heißt, auf alle vier möglichen Aussageebenen in der Nachricht des Senders zu achten. Ein weiterer wichtiger Aspekt: Die Nachricht wird vom Empfänger möglicherweise mit einem anderen Bedeutungsschwerpunkt gehört, als vom Sender beabsichtigt. Diese mögliche Quelle von Missverständnissen lässt sich am oben beschriebenen Modell gut verdeutlichen: Sprechende und zuhörende Person geben demselben Satz unterschiedliche Bedeutungsschwerpunkte.

Solche Missverständnisse entstehen in Familien häufig dann, wenn in Konfliktsituationen ein Familienmitglied auf der Sachebene argumentiert, während ein anderes bereits eine Störung auf der Beziehungsebene wahrnimmt. In Bezug auf Familien mit hochbegabten Kindern fallen uns verschiedene Beispiele von Sachdiskussionen ein, in die Eltern sich mit ihren Kindern verstrickten, während in ihnen zugleich das Gefühl wuchs, das Kind missachte sie. Das Missverständnis bestand also darin, dass die Kinder sich in einer spannenden Sachdiskussion wähnten, während die vermeintlich sachlichen (und vermutlich zunehmend genervt klingenden) Aussagen der Eltern im Kern auf Störungen auf der Beziehungsebene hinwiesen.

Situationen dieser Art können besonders leicht zu den genannten Missverständnissen führen, weil das sachliche Argumentieren von den Kindern als Einladung zu einer Art »geistigem Schachspiel« missverstanden werden kann, so zumindest der Eindruck anhand der Erfahrungsberichte. Für viele Eltern war es hilfreich, nachvollziehen zu können, was bei ihren Kindern in solchen Situationen abläuft – die vorangehenden Abschnitte haben das hoffentlich verdeutlicht. Wenn sie dem Kind dann rechtzeitig verdeutlichten – und zwar eindeutig und wertschätzend – , dass sie im Gespräch irritiert waren, können sie einen Konflikt vermeiden.

Kommunikation und hohe Begabung: Wo ist der Zusammenhang?

Hohe sprachliche Fähigkeiten zeichnen viele, wenngleich nicht alle klugen Kinder aus, darauf haben wir in früheren Kapiteln schon hingewiesen. Dieses überdurchschnittliche Kompetenzniveau wird von ihren Eltern häufig ambivalent erlebt: Einerseits macht es vieles leichter, wenn Erklärungen schnell verstanden werden, andererseits können Diskussionen ausufernd und kräfteraubend sein. Wir möchten Müttern und Vätern passende Ideen an die Hand geben, mit deren Hilfe die hohen sprachlichen Fähigkeiten der Kinder als Ressource genutzt werden können. Ein solch ressourcenorientierter Blick ist nicht von einem Tag auf den anderen zu entwickeln und meint auch nicht, die Eloquenz der Kinder fortan durch die rosa Brille zu betrachten. Es geht vielmehr darum, die verbalen Fähigkeiten der Kinder in einer Weise aufzugreifen, die für *alle* Familienmitglieder befriedigend ist.

Wir möchten Müttern und Vätern Ideen an die Hand geben, um die hohen sprachlichen Fähigkeiten vieler hochbegabter Kinder ressourcenorientiert aufzugreifen.

Das hohe sprachliche Kompetenzniveau ist nach unserer Erfahrung bei vielen begabten Kindern mit zwei Aspekten gepaart: Zum einen mit einem Selbstbild, das ungefähr lauten könnte: »Ich habe einen klugen Kopf, der selber gute Lösungen finden kann.« Ein hohes Zutrauen in die eigenen intellektuellen Fähigkeiten zeichnet viele hochbegabte Kinder aus (Rost, 1993c). Und zum anderen scheinen viele dieser klugen Kinder die geistige Durchdringung von Sachverhalten als Herausforderung zu erleben. Dieser »Vorliebe« kann mit der weiter unten im Abschnitt »Wertschätzende Begleitung hochbegabter Kinder« vorgestellten Begleitung entsprochen werden. Kinder können auf diese Weise achtungsvolle Rückmeldungen über ihre eigenen Gefühle und Handlungen sowie Informationen über die Wünsche und Bedürfnisse ihrer Mitmenschen erhalten. Und sie können mit den Ideen der Lösungsorientierung, die wir im nächsten Kapitel beschreiben, dabei unterstützt werden, eigene Lösungen für Probleme zu finden.

Nachdem wir in den vorangegangenen Abschnitten einige generelle Merkmale einer gelingenden Kommunikation beschrieben haben, sollen jetzt die wichtigsten Aspekte der bereits angesprochenen wertschätzenden Kommunikation umrissen werden.

Wertschätzende Kommunikation

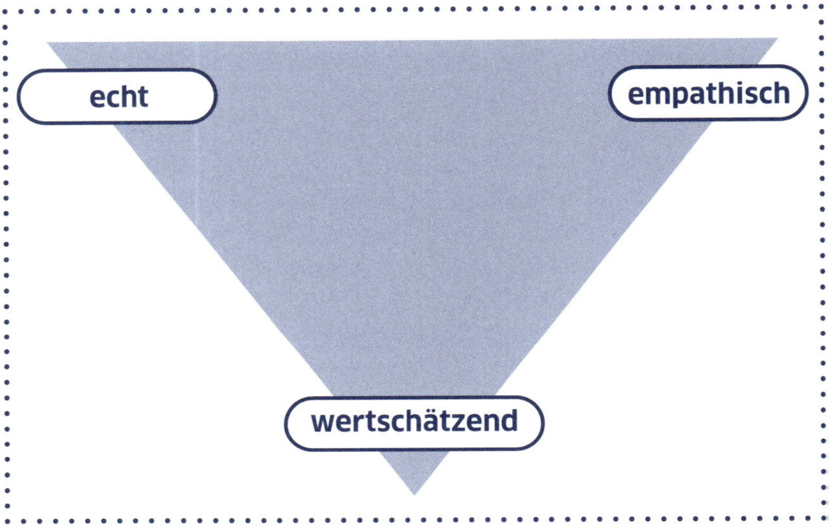

Drei Merkmale einer wertschätzenden Kommunikation

Hier sehen Sie ein Modell, das aussieht wie ein Vorfahrt-Gewähren-Schild. Das Bild zeigt wichtige Eckpunkte der wertschätzenden Kommunikation: *Echtheit, Empathie* (Einfühlungsvermögen) sowie *Wertschätzung.* Diese Punkte wurden von Carl Rogers identifiziert und in ihrer Wirksamkeit empirisch belegt (Rogers, 1972). Mit anderen Worten: Menschen erlebten in seinen Untersuchungen eine Beratung vor allem dann als hilfreich, wenn sie bei ihren Beraterinnen und Beratern die drei eben genannten Merkmale wahrgenommen hatten. Wenn es darum geht, das Verhältnis zwischen Eltern und Kindern zu verbessern, lassen sich diese Ergebnisse aus der Therapie- und Beratungsforschung auch auf den Familienalltag übertragen (Cedar & Levant, 1990; Müller, Hager & Heise, 2001). Ein positives Gefühl tritt bei Kindern ein, wenn die sprechende Person die drei oben genannten Aspekte in ausreichend hoher Ausprägung vermitteln kann. Dabei geht es weder um unsensible Direktheit noch um aufgesetzte Freundlichkeit, sondern um ein Verhalten, das von Kindern als einfühlsam und wertschätzend, andererseits aber auch als echt erlebt wird.

Jesper Juul, der bekannte dänische Familientherapeut, fasst seine langjährigen Erfahrungen zum Aspekt Echtheit (er verwendet den Begriff »Authentizität«) folgendermaßen zusammen (2008): »Und mehr als einmal bestand meine Hilfe darin, einen Elternteil oder beide zu einem authentischeren Kontakt mit den Kindern zu bewegen. Immer wieder hat es dann sowohl mich als auch die Eltern überrascht, wie viele der Konflikte sich praktisch in Luft auflösten, wenn es den Eltern gelang, sich so persönlich wie möglich auszudrücken« (S. 76). Doch wie funktioniert das, authentisch zu sein? Wir können zumindest ein paar Eckpunkte aufführen, die sich des Öfteren bewährt haben. Vorweg eines: Echtheit ist nichts Statisches, sondern kann auch und gerade bedeuten, sich seiner Widersprüche bewusst zu sein. Echtheit hat insofern viel mit Bewusstheit und auch mit Mut zu tun. Gerade gegenüber Kindern kann Echtheit allerdings nicht heißen, eigene Widersprüche ungefiltert auszuleben, weil dies zu einer Überforderung bei Kindern führt. Viele Eltern berichten uns, dass sie sich dann als »echt« erleben, wenn sie sich tatsächlich auf einen Kontakt mit ihren Kindern einlassen, wenn sie deren Fragen an sich heranlassen und versuchen, diese so ehrlich wie möglich zu beantworten. Und genauso sprachen wir mit Müttern und Vätern, die sich als authentischer erlebten, seitdem sie sich zugestanden, eigene Grenzen gegenüber ihren Kindern aufzuzeigen. Ein Vater formulierte dies folgendermaßen: »Seitdem ich von mir nicht mehr verlange, alles toll und wichtig zu finden, was mein Sohn sagt, ist unser Verhältnis noch mal deutlich besser geworden. Und er nimmt jetzt das, was ich sage, deutlich ernster.«

Die Form der Kommunikation hat entscheidenden Einfluss darauf, wie die Beziehungsqualität innerhalb der Familie erlebt wird. Wenn die Mitglieder offen, eindeutig und wertschätzend miteinander reden, kommen sie sich näher und sind eher bereit, auf die Bedürfnisse der anderen einzugehen. Die wertschätzende Kommunikation ist nachweislich dafür geeignet, die von den Eltern wahrgenommene Beziehungsqualität in Familien mit hochbegabten Kindern zu verbessern (Arnold, 2010). Das an sich ist schon von Vorteil, doch werden manche von Ihnen vielleicht sagen, dass es

Echtheit hat viel mit Bewusstheit und auch mit Mut zu tun.

Ihnen auch darum geht, mehr Einfluss auf Ihre Kinder nehmen zu können. Hierfür ist es jedoch erforderlich, dass eine tragfähige Beziehung vorliegt. Erziehung basiert sozusagen auf Beziehung.

Aktives Zuhören und Ich-Botschaften

Die eigene Situation kann am besten in den Blick genommen werden, wenn ein Mensch von außen wertschätzende Rückmeldungen erhält. Dazu ist ein sprachliches »Werkzeug« hilfreich, das als *aktives Zuhören* bezeichnet wird. Aktives Zuhören besteht zum einen im Zuhören und zum anderen darin, dem anderen zu signalisieren, dass man zugehört und verstanden hat. Letzteres erfolgt über das Formulieren von Aussagesätzen, die das wiedergeben, was der Gesprächspartner gerade erlebt, und zwar auch auf der Gefühlsebene. Somit erfährt ein Mensch einerseits Verständnis und hat zugleich die Möglichkeit, eigene Bewertungen wie beispielsweise »Ich bin zu blöd, um diese Aufgabe zu lösen« zu überprüfen.

Aktives Zuhören

Im Idealfall beschreibt das aktive Zuhören Sätze, die dem Gegenüber »aus der Seele« sprechen. Dazu ist es erforderlich, auch die Gefühle des Gesprächspartners aufzugreifen und auszusprechen, beispielsweise: »Du bist gerade ganz enttäuscht, dass du die Aufgabe nicht lösen konntest.« So kann ein Kind die Erfahrung machen, dass es von seinen nahestehenden Bezugspersonen verstanden wird – und das ist ein zentrales Bedürfnis von Menschen. In Situationen, in denen Menschen bereits Unsicherheit erleben, sind Fragen eher ungeeignet, weil sie genau dieses Gefühl verstärken können. Deswegen sind in solchen Momenten Aussagesätze zumeist hilfreicher.

Die Beispielsätze in diesem Buch sind bewusst so formuliert, dass ein wichtiger Unterschied markiert wird: Die sprechende Person nimmt Anteil am Erleben des Adressaten, erfährt die Situation aber insgesamt aus einer anderen Position. Gerade für kleinere Kinder kann es wichtig sein, zu spüren, dass ihre Eltern sich in ihre (Gefühls-)Situation hineinversetzen können und auf der anderen Seite nicht so stark davon betroffen sind, wie sie selbst das gerade erleben: »Meine Mutter kann meine Angst spüren, auch wenn sie selbst nicht so ängstlich ist. Dann kann ich meinen Mut wiederentdecken.«

Um die Auswirkungen des eigenen Verhaltens auf andere Menschen einschätzen zu können, benötigt ein Kind Informationen, die den Zusammenhang zwischen dem eigenen Handeln und dem Erleben davon betroffener Menschen beschreiben. Dafür ist ein anderes sprachliches »Werkzeug« passend, das als *Ich-Botschaft* bezeichnet wird.[15] Diese Botschaften sind dann hilfreich, wenn es darum geht, die Effekte von Verhaltensweisen für die eigene Person oder stellvertretend für andere Menschen deutlich zu machen. Ein Beispiel in Bezug auf das eigene Erleben: »Ich war sehr erleichtert, als du angerufen hast und sagtest, dass du später kommst.« Die Situation einer anderen Person könnte folgendermaßen verdeutlicht werden: »Wenn du in der Schule die Lösung hineinrufst, ohne aufgerufen zu sein, empfinden das andere Kinder vermutlich als unfair.«

Ich-Botschaften

Sie sind das Pendant zum aktiven Zuhören, und zwar insofern, als sie einem Gesprächspartner Informationen über den momentanen Gefühlszustand des Sprechers geben. Das Hören dieser Botschaft ermöglicht Kindern, auch die Bedürfnisse anderer Menschen angemessen zu berücksichtigen. Gerade für Kinder, die sich beim Einfühlen in andere Menschen schwertun, ist diese Gesprächstechnik eine wirkungsvolle Unterstützung.

Bei der Beschreibung der momentanen Verfassung spielen Gefühle eine große Rolle (»Ich bin erleichtert, stolz, frustriert, traurig, ...«). Sofern ein Zusammenhang mit Verhaltensweisen des Kindes besteht, kann dieser beschreibend deutlich gemacht werden: »Wenn du mich beim Telefonieren unterbrichst, verliere ich den roten Faden, und das ist mir peinlich.« Durch diese Gefühlsinformationen können rein sachliche Diskussionen (beispielsweise über Gesprächsregeln oder das Für und Wider des Aufräumens) vermieden werden. Indem sie eine Ich-Botschaft formulieren, legen Eltern gemäß dem oben dargestellten Modell von Schulz von Thun den Schwerpunkt ihrer Aussage auf die Selbstoffenbarungsebene.

Damit kann im Verhältnis zwischen Eltern und Kindern etwas wirksam werden, was wir in etwa »soziale Motivation« nennen können. Darunter ist zum einen das Bedürfnis nach Gemeinschaft aufzufassen, das auch als Soziabilität bezeichnet wird. Aus diesem Bedürfnis heraus erwachsen selbstbezogene Gefühle wie Stolz, aber

15 Die Bezeichnungen »Ich-Botschaft« und »aktives Zuhören« gehen auf Thomas Gordon (vgl. Gordon, 1999) zurück und sind in seinem Buch *Familienkonferenz* nachzulesen.

auch Scham, und auf der anderen Seite soziale Gefühle wie Hilfsbereitschaft (Rauh, 2008). In diesem Zusammenhang kann beim Kind ein Wunsch entstehen, der in etwa folgendermaßen lauten könnte: »Ich tue etwas, weil ich möchte, dass es dir gut geht.« Menschen sind als Beziehungswesen im Normalfall daran interessiert und darauf angewiesen, dass es ihren wichtigen Bezugspersonen gut geht. Wissenschaftlich ausgedrückt: Kinder sind darauf angewiesen, verlässliche Bindungen zu nahen Bezugspersonen aufbauen zu können, und die Erfahrungen wirken das ganze Leben lang nach (was nicht ausschließt, dass frühkindliche negative Beziehungserfahrungen später in einem gewissen Umfang kompensiert werden können). Dieses Bedürfnis nach positiven Bindungen führt bei Kindern in der Regel dazu, dass sie sich mit zunehmendem Alter auch damit beschäftigen, was sie zum Wohlbefinden von Eltern und anderen nahen Menschen beitragen können. Um Missverständnisse zu vermeiden: Wir reden von einem Bedürfnis von Kindern und nicht von der möglichen Erwartung von uns Erwachsenen, dass Kinder Verantwortung für unsere Gefühlslage übernehmen.

An dieser Stelle wird im Elterntraining manchmal die Frage gestellt, wie sich die beschriebene Form sozialer Motivation von Manipulation abgrenzen lässt. Hier kann wieder das Modell der vier Seiten einer Nachricht für Klarheit sorgen. Wenn der Schwerpunkt einer Nachricht auf der Appellseite liegt, ist die Gefahr der Manipulation größer. Mit anderen Worten: Der sprechenden Person geht es dann zumeist weniger darum, sich dem Adressaten zu öffnen, als vielmehr, diesen zu bestimmten Verhaltensweisen zu bringen. Dies ist häufig der Fall, wenn sich Menschen bestimmte Änderungen wünschen, jedoch nicht den Mut aufbringen, diesen Wunsch als solchen zu formulieren. Dies kann dann zu Aussagen wie den folgenden führen: »Du könntest mich sehr glücklich machen, wenn du dich mehr um deine Schwester kümmern würdest«, oder: »... wenn du bessere Noten hättest.« Manchmal kam hier von Eltern der Einwand, diese Formulierung drücke doch schon den Wunsch aus. Indirekt ist das tatsächlich der Fall. Der »Knackpunkt« liegt nach unserer Erfahrung darin, dass in den Beispielaussagen die Verantwortung für den Wunsch nicht mehr bei der sprechenden Person liegt, sondern beim Adressaten. Genau hier setzt für die meisten Menschen das Gefühl ein, manipuliert zu werden. Für die Kindperspektive kann dieser feine und doch zentrale Unterschied ungefähr so formuliert werden: »Wenn ihr euch etwas wünscht, kann ich entscheiden, ob ich euch das erfülle. Wenn ihr erwartet, dass ich mache, was ihr sagt, ist das kein Wunsch mehr – auch wenn ihr es nett verpackt.« Manipulationen werden von vielen klugen Kindern offenbar schnell durchschaut. Zudem ergänzten manche Kinder: »Meine Schulzensuren habe ich selber sehr genau im Blick, weil ich in meiner Klasse bleiben möchte.«

Nach unserer Erfahrung sind Ich-Botschaften dann besonders wirksam, wenn sie nicht mit Anweisungen verknüpft sind. Das bedeutet nicht, dass Eltern generell auf Anweisungen verzichten sollten. In Situationen, in denen Anweisungen (weitere) Konflikte auslösen, bieten die Ich-Botschaften jedoch die Möglichkeit, die »guten Gründe«, die hinter solchen Vorgaben an die Kinder stehen, sichtbar zu machen. In der Regel sind solche guten Gründe der Eltern entweder Befürchtungen oder Wünsche. So kann beispielsweise hinter der Anweisung »Mach endlich deine Hausaufgaben!« als guter Grund die Befürchtung stehen, das Kind könnte Wissenslücken entwickeln und so in der nächsten Klassenarbeit eine schlechte Note schreiben, die dann zu Frustrationen für alle Beteiligten führen könnte. Eine Übersetzung der Anweisung könnte in etwa so lauten: »Wenn du deine Hausaufgaben nicht machst, habe ich die Befürchtung, dass dir in der nächsten Arbeit Wissen fehlt. Vielleicht so viel, dass dann keine gute Note herauskommt.«

Ich-Botschaften können auch stellvertretend für andere Menschen formuliert werden. In manchen Situationen kann es für Kinder hilfreich sein, wenn Eltern die Reaktionen anderer Menschen für sie »übersetzen«. Wenn kluge Kinder aufgrund ihrer komplexen Sprache Gleichaltrige überfordern und ablehnende Reaktionen erfahren (wie im Beispiel von Marvin zu Beginn dieses Kapitels), wäre eine passende Übersetzung: »Wenn du beim Fußball den Ball nicht abspielst, verlieren die anderen Kinder wahrscheinlich die Lust, mit dir in einer Mannschaft zu sein.«

Die wertschätzende Begleitung hochbegabter Kinder

Im Kern geht es um Folgendes: Die Art der elterlichen Rückmeldungen an das Kind sollte zu seinem Selbstbild passen. Teil des Selbstbildes kluger Kinder ist die Überzeugung, bei Frage- oder Problemstellungen selber gute Lösungen finden zu können. Ein deutliches

Die Art der elterlichen Rückmeldungen an das Kind sollte zu seinem Selbstbild passen.

und hohes Bedürfnis nach Selbstbestimmung scheint viele (hoch-) begabte Kinder bereits im Vorschulalter auszuzeichnen. Natürlich ist das Kind mit vielen Situationen noch nicht konfrontiert worden; hierfür fehlen ihm also noch Erfahrungswerte. Diese können eher sachlicher Natur sein (Wie benutzt man eine Rolltreppe?), soziale Aspekte betreffen (Wie verhalte ich mich in einer noch fremden Kindergartengruppe oder Schulklasse?) oder auf das Erleben des Kindes abzielen (Was passiert gerade in mir und wie gehe ich damit um?).

Um ein kluges Kind bei der Bewältigung seiner Probleme unterstützen zu können, ist es in Konfliktsituationen hilfreich, auf wesentliche Aspekte seines Selbstbildes einzugehen, um eine Verschärfung des Konfliktes zu vermeiden (das Kind fängt an, sein Selbstbild zu verteidigen) und zugleich die Wahrscheinlichkeit zu erhöhen, dass ein Kind seine Intelligenz in positiver Weise nutzen kann. Eine solche Begleitung besteht vor allem darin, dem Kind eindeutige und zugleich wertschätzende Informationen zu geben, die vom Kind gut »bedacht« werden können, da sie keinen inneren Widerspruch hervorrufen. Die Informationen selbst können dabei durchaus auch kritische Aspekte beinhalten. So kann beispielsweise das Verhalten des Kindes unerwünschte Reaktionen bei anderen Menschen hervorrufen (Frustration, Peinlichkeit), und das Wissen darum kann Ansporn für eine Verhaltensänderung sein. Auf der anderen Seite sind Rückmeldungen über positive Auswirkungen (beispielsweise Freude oder Stolz) ein wichtiger Anreiz dafür, die auslösenden Verhaltensweisen weiterhin zu zeigen.

Wichtig ist uns auch Folgendes: Es kann weder von Eltern noch von anderen nahen Bezugspersonen gefordert werden, nur in der hier umrissenen Weise mit einem klugen Kind zu sprechen. Das wäre nach unserer Auffassung auch nicht im Sinne einer förderlichen Entwicklung des Kindes. Kinder sollten lernen, auch mit Vorgaben und Anweisungen von außen umgehen zu können. Im Familienalltag können die vorgestellten Ideen jedoch an geeigneter Stelle (wann das ist, bestimmt auch Ihr Nervenkostüm als Mutter und Vater) dazu beitragen, Konflikte so zu lösen, dass die hohe Begabung der Kinder bei der Lösung konstruktiv ins Spiel kommen kann. Ein achtjähriger Junge brachte das Ganze einmal in einem Gespräch mit seinen Eltern folgendermaßen auf den Punkt: »Wenn ihr mich nicht behandelt, als wäre ich zu dumm, irgendetwas zu kapieren, dann kann ich auch mal probieren, mich nicht so blöd anzustellen, wie ihr das immer beklagt.« Klingt zu schön, um wahr zu sein? – Einen Versuch ist es wert. Im folgenden Schema haben wir unsere Gedanken zur wertschätzenden Begleitung (hoch)begabter Kinder im Überblick zusammengefasst.

Das Kind kommt aufgrund seiner Erfahrungen zu der – realistischen – Einschätzung, dass es mit seinem klugen Kopf selber gute Lösungen für Probleme produzieren kann. Diese Erfahrung wird ein wichtiger Teil seines Selbstbildes. Insofern ist es aus Sicht des Kindes sinnvoll, nicht einfach jede Anweisung zu befolgen – die eigene Lösung könnte besser sein.

In bestimmten Situationen kann es aufgrund fehlender Informationen überfordert sein. Das Selbstbild des Kindes ist aber (sinngemäß) immer noch: »Mein Kopf produziert selber gute Lösungen. Ich brauche aber mehr Informationen, weil ich so die Fragestellung nicht beantworten oder lösen kann.«

Wenn statt Informationen Anweisungen oder langatmige Erklärungen gegeben werden, hat das Kind einen inneren Konflikt (»Die missachten meinen klugen Kopf«). Die so entstandene innere Anspannung löst das Kind beispielsweise dadurch, dass es die Information, die das Gefühl der Missachtung ausgelöst hat, nicht annimmt und »löscht«. Andere Bewältigungsformen – mit ungünstigen Auswirkungen für alle Beteiligten – können Rebellion (»Ich zeig's euch«) oder Rückzug (»Ich zeige gar nichts mehr«) sein.

Diesen Konflikt kann die Bezugsperson vermeiden, wenn sie – vor allem aus der Sicht des Kindes – bei ihren Rückmeldungen auf der Informationsebene bleibt. Diese können sachliche, soziale oder emotionale Aspekte, die das Kind betreffen, enthalten. Zur Informationsvermittlung sind die Elemente der wertschätzenden Kommunikation in der Begleitung hochbegabter Kinder gut geeignet. Das Vorgehen hat zwei Vorteile: Zum einen können Konflikte vermieden oder zumindest reduziert werden. Zum anderen kann ein Kind mit dieser Begleitung Verhaltensänderungen auf seinem »Selbstbewusstseinskonto« abspeichern – »Auf diese Idee bin ich selbst gekommen«.

Ideen zur Begleitung des klugen Kindes

Wenn die Worte fehlen: über eigene Bedürfnisse und Gefühle reden

Gefühle sind ein zentraler Bestandteil unseres Erlebens und beeinflussen unser Verhalten und Handeln, auch wenn uns das nicht immer bewusst ist. Selbst in vermeintlich sachlichen Gesprächen sagen wir etwas über uns aus und erhalten gleichzeitig Selbstoffenbarungsbotschaften unserer Gesprächspartner, so die Aussage des Vier-Seiten-Modells von Schulz von Thun, das wir oben vorgestellt haben. Die Überschrift dieses Abschnittes mag auf manche abschreckend wirken, denen ausführliche Gefühlsbeschreibungen in Weiterbildungsseminaren einfallen (»Bloß nicht schon wieder erzählen müssen, wie es mir gerade geht«). Einverstanden, das ersparen wir Ihnen, zumindest in dieser Vehemenz.

Wenn Eltern an passender Stelle etwas von ihrem momentanen Erleben erzählen, kann dies jedoch für Kinder eine wichtige Orientierung für ihr eigenes Verhalten sein. Allerdings haben wir in den Elterntrainings erfahren, dass es vielen Menschen zunächst schwerfallen kann, ihr eigenes Erleben in Worte zu fassen. Ein Elternteil beschrieb dies so: »Ich kann Ihnen aus dem Stegreif einen halbstündigen Vortrag über die Optimierungsmöglichkeiten in unserem Betrieb halten, aber für meine Gefühle fallen mir selbst mit Nachdenken nur drei oder vier Worte ein.« Ein Problem dabei: Kinder lernen einen kompetenten Umgang mit Gefühlen zu einem großen Teil in ihrer Familie. Wenn Mütter und Väter häufiger mit ihren Kindern besprechen, wie Gefühle heißen, entstehen, wirken, beeinflusst das die Fähigkeit der Töchter und Söhne in diesem Bereich positiv (Petermann & Wiedebusch, 2008). Vermeiden Eltern solche Gespräche, dann fehlen diese wichtigen Lernmöglichkeiten. Im Folgenden sind deshalb einige häufig auftretende Emotionen aufgeführt (als eine Art Grundstock des eigenen Vokabelkastens). Die sechs Gefühle, die nach gegenwärtigem Forschungsstand (vgl. Astington, 2000) weltweit nachzuweisen sind, haben wir durch Unterlegung hervorgehoben.

○ Freude	○ Ärger
○ Glück	○ Unsicherheit
○ Überraschung	○ Ekel
○ Einsamkeit	○ Frustration
○ Traurigkeit	○ Angst
○ Scham	○ Stolz

Informationen über Gefühle des Sprechers geben dem Gegenüber Klarheit darüber, was gerade in dieser Person vorgeht, und dadurch bekommen gerade auch Kinder Sicherheit für ihre Verhaltensplanung. Kriz (2004) beschreibt diesen Aspekt folgendermaßen: »Wir können uns nur dadurch in die sozialen Prozesse einklinken, dass wir lernen, hinreichend treffende Erwartungen darüber zu entwickeln, was andere von uns erwarten« (S. 58). Bereits sehr früh achten Kinder auf den Gefühlsausdruck ihrer Eltern (das heißt auf Mimik und Tonfall). Mit zunehmendem Alter orientieren sich Kinder auch immer stärker an den Worten, mit denen Mütter und Väter ihr Erleben beschreiben. Zugleich können Eltern ihren Kindern durch einen offenen Umgang mit ihrem eigenen Erleben modellhaft einen kompetenten Umgang mit Gefühlen und Bedürfnissen vorleben. Diese Kompetenz betrifft nicht zuletzt die Übernahme von Verantwortung: Indem ein Mensch konkret mitteilt, wie es ihm gerade geht, übernimmt er Verantwortung für seine Gefühle und lässt zugleich die Verantwortung für das Verhalten anderer Personen bei diesen (Gordon, 2002).

Über die eigenen Gefühle zu reden fällt vielen Menschen aus unterschiedlichen Gründen schwer oder ist für viele zumindest ungewohnt. Vielen jetzt Erwachsenen haben als Kindern die Übungsmöglichkeiten gefehlt. Wir sind der Überzeugung, dass diese Kompetenz auch in einem späteren Lebensalter erlernbar ist, auch wenn es einen gewissen Aufwand erfordert. »Wie beim Lernen einer Fremdsprache«, so beschrieben das manche Eltern. So kann es vorkommen, dass statt der Beschreibung eigener Wünsche oder Gefühle Aussagen über andere Menschen gemacht werden, die wir im Folgenden »Du-Botschaften« nennen. Das Problem dabei: Diese Art von Botschaften wirkt häufig angreifend, und zugleich bleibt unklar, worum es dem Sprecher wirklich geht. Ein konkretes Beispiel zur Verdeutlichung: Wenn Kinder entgegen der Abmachung mit ihren Eltern später nach Hause kommen, löst dies Gefühle bei Müttern und Vätern aus, in der Regel Sorge oder Angst. Eine Botschaft, die viele von uns als Erstes senden, wenn das Kind endlich zu Hause ist, lautet ungefähr so: »Was fällt dir ein, so spät nach Hause zu kommen!« Diese Reaktion ist verständlich und zutiefst menschlich, lässt gerade jüngere Kinder jedoch im Unklaren darüber, was bei Mutter beziehungsweise Vater gerade passiert ist. Als Reaktion auf den erlebten Angriff wird sich das Kind vermutlich verteidigen. Dadurch ist die Wahrscheinlichkeit sehr gering, dass es die Notwendigkeit einer Verhaltensänderung in der nächsten vergleichbaren Situation erkennt: Du-Botschaften verfestigen häufig ungünstige Verhaltensweisen. Die Motivation zur Veränderung entsteht bei Kindern zumeist dann, wenn sie das Gefühl erkennen können, das ihr Verhalten bei einem anderen Menschen ausgelöst hat. Das Gute ist, dass es Möglichkeiten gibt, genau diesen Aspekt, welcher der Selbstoffenbarungsseite im Vier-Seiten-Modell einer Nachricht entspricht, zu verdeutlichen: Die Du-Botschaft kann in eine Ich-Botschaft übersetzt werden.

Übersetzung von Du-Botschaften:

- als Wunsch: Wenn die Du-Botschaft vor allem durch einen noch unerfüllten Wunsch motiviert ist, kann dieser durch eine Ich-Botschaft ausformuliert werden.
- als Gefühl: Wenn vor allem ein eigenes Gefühl hinter der Du-Aussage steht, wird dieses Gefühl beschrieben.

Beide Übersetzungsvarianten können auch stellvertretend für eine andere Person formuliert werden. Diese muss nicht zwangsläufig anwesend sein. Ist sie jedoch dabei, sollte man darauf achten, die Formulierung tatsächlich mit dem Erleben dieses Menschen abzugleichen. Eltern berichteten uns von eher peinlichen Situationen, wenn sie Sätze wie »Ich fürchte, der Oma wird es jetzt gerade zu laut« ausgesprochen hatten, die andere Person jedoch voller Freude antwortete: »Nein, gar nicht. Endlich wieder was los bei mir zu Hause!«

Die nachfolgenden Beispiele können als Übungsmöglichkeit für diese »Übersetzungskunst« dienen. Anschließend führen wir mögliche Lösungen zu den Beispielen auf.

»Das hast du aber gut gemacht.«
Ich-Botschaft: ....

....

»Du solltest dich mehr um deine Hausaufgaben kümmern!«
Ich-Botschaft: ....

....

»Du könntest auch mal von dir aus den Tisch abräumen.«
Ich-Botschaft: ....

....

»Du könntest auch mal von dir aus den Tisch abräumen.«
Ich-Botschaft: ....

....

»Du räumst jetzt dein Zimmer auf!«
Ich-Botschaft: ....

....

»Du fragst mir noch Löcher in den Bauch.«
Ich-Botschaft: ....

....

Du-Botschaften: Mögliche Übersetzungen

»Das hast du aber gut gemacht.«
»Wenn ich mir das Bild anschaue, das du mir gemalt hast, fühle ich mich wie in unseren schönen Urlaub zurückversetzt.« ⇢ Gefühl

»Du solltest dich mehr um deine Hausaufgaben kümmern!«
»Ich befürchte, dass deine Lehrerin enttäuscht ist, wenn du ihr die Hausaufgaben so abgibst, wie sie jetzt aussehen.« ⇢ stellvertretendes Formulieren/Gefühl
»Ich fürchte, dass du in der nächsten Klassenarbeit Wissenslücken haben wirst.« ⇢ Gefühl

»Du könntest auch mal von dir aus den Tisch abräumen.«
»Ich wünsche mir, dass der Tisch nach dem Abendessen abgeräumt wird, und hätte gerne, dass wir das abwechselnd machen.« ⇢ Wunsch

»Du räumst jetzt dein Zimmer auf!«
»Ich wünsche mir, dass dein Zimmer aufgeräumt ist.« ⇢ Wunsch
»Wenn ich jetzt in dein Zimmer gehe, dann fürchte ich, dass ich über deine Bauklötze falle und mir wehtue.« ⇢ Gefühl

»Du fragst mir noch Löcher in den Bauch.«
»Ich fühle mich überfordert, wenn du mir so viele Fragen wie jetzt gerade stellst.« ⇢ Gefühl

Du-Botschaften und Ich-Botschaften sind im Alltag nicht als sich ausschließende Kategorien zu verstehen, sondern eher als zwei Pole auf einem Kontinuum, wie das nachfolgende Schema verdeutlicht.

Die vier aufgeführten Sätze sollen sich auf eine Beispielsituation beziehen, in der Ihre Partnerin oder Ihr Partner eine Ihnen wichtige Verabredung vergessen hat.

(Reine) Du-Botschaft	**Mischform (mit Nähe zur Du-Botschaft)**	**Mischform (mit Nähe zur Ich-Botschaft)**	**(Reine) Ich-Botschaft**
Du bist so rücksichtslos!	Ich erlebe dein Verhalten als Rücksichtslosigkeit.	Ich bin enttäuscht, weil du unsere Verabredung vergessen hast.	Ich bin enttäuscht, weil ich mich auf den Kinobesuch gefreut habe.

Von der Du-Botschaft zur Ich-Botschaft

Aussagen entwickeln ihre positive Wirkung in der Regel dann, wenn sie in Richtung des Pols (reine) Ich-Botschaft formuliert sind, wobei es im Familienalltag häufig hilfreich ist, die Mischform (mit Nähe zur Ich-Botschaft) zu wählen, um den Zusammenhang zwischen dem eigenen Gefühl und dem aktuellen Verhalten einer anderen Person zu verdeutlichen. So kann der Informationscharakter der Ich-Botschaft noch stärker zur Wirkung kommen. Wir hörten Beispiele von Eltern, die angesichts des Lärms, den ihre Kinder erzeugten, die (reine) Ich-Botschaft aussprachen: »Ich habe gerade heftige Ohrenschmerzen, weil es so laut ist.« Daraufhin erhielten sie die Antwort: »Das ist nicht so schlimm, Mama. Nachher kannst du ja deine schöne Entspannungs-CD hören.« Reine Du-Botschaften können im ersten Moment am authentischsten sein, wirken jedoch selten wertschätzend. Sind sie ausgesprochen, kann es für alle Beteiligten entlastend sein, wenn diese im Nachhinein im Sinne einer Ich-Botschaft übersetzt werden.

Du-Botschaften und Ich-Botschaften sind im Alltag nicht als sich ausschließende Kategorien zu verstehen.

Wertschätzende Kommunikation in der Familie

Auch wenn Sie die in diesem Kapitel aufgeführten Ideen anwenden, ist das natürlich kein Garant für ein harmonischeres Familienleben: Unstimmigkeiten werden auch weiterhin auftreten. Aber die Konflikte werden entschärft, weil ihr Verlauf sich ändert. Zum einen liegen die jeweiligen Bedürfnisse klar »auf dem Tisch«: »Du hättest gerne, dass ich dir erlaube, den Film bis um 22.00 Uhr zu schauen, und ich bekomme bei dem Gedanken Bauchschmerzen, weil ich fürchte, dass du dann morgen unausgeschlafen und schlecht gelaunt bist. Ich mag mich nicht schon beim Aufstehen mit dir streiten.« Zum anderen kann die Konfliktlösung konstruktiver verlaufen, weil die Kinder sich nicht schon durch die Form unserer Kommunikation angegriffen fühlen, sondern vielmehr erleben, dass sie in ihrer Sichtweise (und ihren Kompetenzen) ernst genommen werden. Diese Ausgangslage kann die Aushandlung eines Kompromisses deutlich erleichtern, weil die vorgestellten Ideen immer auch darauf abzielen, die Sichtweise und Argumente des Gegenübers im Blick zu behalten und zu berücksichtigen: »Wenn ich über dein Argument, dass ihr morgen erst zur zweiten Stunde in der Schule sein müsst, nachdenke, kann ich dir anbieten, dass du noch zehn Seiten in deinem Buch liest. Danach hätte ich gerne, dass das Licht in deinem Zimmer aus ist, ohne dass ich dich daran erinnern muss.«

Selbst wenn diese Form der Konfliktlösung nicht möglich ist und Sie als Eltern letztlich eine Vorgabe machen müssen, kann es für Ihr Kind erleichternd sein, wenn es zumindest Ihre guten Gründe dahinter erkennen kann: »Auch wenn ich mir vorstellen kann, dass es für dich frustrierend ist, dieses Fußballspiel nicht zu Ende schauen zu können, kann ich letztlich nur das Angebot machen, dass du die erste Halbzeit ansiehst. Die Erfahrungen aus der vergangenen Woche, als du zweimal erst um halb zehn im Bett warst, sprechen für mich zu stark dagegen, weil wir am nächsten Tag beide Male häufig gestritten haben.«

Zugegeben, Eltern bleiben auch mit den vorgestellten Ideen manchmal nervig, wobei wir die Erfahrung gemacht haben, dass die Dauer des »Nervens« verkürzt werden kann. Die nachfolgende Szene verdeutlicht, welche Auswirkungen unterschiedliche Arten des Zuhörens (beziehungsweise des Nichtzuhörens) im familiären Alltag haben können.

Spiritus und Feuerlöscher

Es ist kurz vor drei Uhr nachmittags. Patrick packt hastig seine Fußballschuhe ein. Auf dem Weg zur Wohnungstür begegnet er seinem Vater, der ihn verwundert fragt, wo er denn hinwolle. Schließlich sei doch jetzt die Zeit, in der er seine Hausaufgaben machen solle.

Version »Spiritus«

Patrick: »Ich muss jetzt zum Fußballplatz. Wir fangen um drei Uhr an, und wenn ich nicht pünktlich bin, darf ich nicht mitspielen.«

Vater: »Dann kommst du halt später hinzu, erst werden die Hausaufgaben gemacht.«

Patrick: »Aber wenn ich zu spät komme, kann ich gar nicht mitspielen.«

Vater: »Die werden dich schon mitspielen lassen. Und schließlich kennst du ja unsere Hausaufgabenregel.«

Patrick: »Erstens ist das eure Hausaufgabenregel, und zweitens widersprichst du dir doch selber. Einerseits soll ich draußen spielen und andererseits verbietest du es mir. Außerdem kann ich das alles schon, und im Fußball kann ich nicht alles. Du sagst doch immer, dass man sich echte Herausforderungen suchen soll.«

Vater: »Ich will jetzt nicht mit dir diskutieren. Du kannst deine Energie ja in die Aufgaben stecken, die du jetzt machen wirst.«

Patrick schlägt mit lautem Knall seine Zimmertür zu.

Version »Feuerlöscher«

Patrick: »Ich muss jetzt zum Fußballplatz. Wir fangen um drei Uhr an, und wenn ich nicht pünktlich bin, darf ich nicht mitspielen.«

Vater: »Ich bin ganz überrascht, weil ich davon ausgegangen bin, dass du jetzt deine Hausaufgaben machst.«

Patrick: »Ja, die mache ich heute später, weil es doch um sechs schon dunkel wird.«

Vater: »Dir ist das Fußballspielen so wichtig, dass du beschlossen hast, die Hausaufgaben auf nachher zu verschieben. Ich hätte gerne, dass wir solche Situationen gemeinsam besprechen.«

Patrick: »Ja, in Ordnung. Für heute verspreche ich, dass ich die Hausaufgaben ohne Erinnerung von euch mache. Ich zeige dir dann kurz die Hefte.«

Wertschätzung der Bedürfnisse und Gefühle des anderen bedeutet *nicht,* alle seine Verhaltensweisen zu akzeptieren. Ein wesentlicher Unterschied für unsere Gesprächspartner ist oft schon dann erreicht, wenn diese wohlwollendes Interesse spüren. Wir haben oben schon erwähnt, dass es Kindern leichter fällt, ihre Gefühle zu regulieren, wenn sie erleben, dass diese von ihren Eltern akzeptiert wurden.

Damit kann der erste Schritt auf dem Weg zu einer gemeinsamen Problemlösung getan sein.

So viel als Einführung in die wertschätzende Kommunikation. In diesem Kapitel ging es uns darum, Eckpunkte einer Gesprächsform zu umreißen, die einerseits zum Selbstbild der Kinder passt und andererseits den Eltern die Möglichkeit bietet, ihre Wertschätzung so auszudrücken, dass sie bei den Kindern ankommt. Genau an dieser Stelle berichtete uns eine Reihe von Müttern und Vätern von Schwierigkeiten gerade dann, wenn sie Situationen verändern wollten. »Wenn ich unserem Sohn gegenüber bisher wertschätzend war, bedeutete das meistens, dass er das bekam, was er wollte, und wenn ich das vermeiden wollte, ›knallte‹ es zuletzt immer häufiger.« Um das zu vermeiden, ist es wichtig, dass beide Aspekte (die Bedürfnisse des anderen und die der sprechenden Person) angesprochen und berücksichtigt werden können. Insofern ergänzen sich die Gesprächsformen aktives Zuhören und Ich-Botschaften und bilden eine Grundlage für die Umsetzung des autoritativen Erziehungsstils, auf den wir zu Beginn dieses Buches ausführlicher eingegangen sind. Zudem bildet diese Kombination die Grundlage für die Anwendung der lösungsorientierten Vorgehensweise, die wir im nächsten Kapitel vorstellen.

12 Der KLIKK®-Ansatz II: Lösungsstrategien

Vom Problem zur Lösung – das hört sich an wie das »Ei des Kolumbus«. Endlich keine langwierigen Diskussionen mehr über Zähneputzen oder Hausaufgaben. Wie durch eine Vision wissen wir plötzlich, wo es langgeht. Ja, diese Momente gibt es auch im lösungsorientierten Vorgehen. Stärker noch geht es in diesem Kapitel jedoch um kleinere Schritte, mit denen wir uns einer Lösung annähern. Für sich genommen scheinbar unbedeutend, können sie in der Summe tatsächlich so etwas wie eine visionäre Kraft entfalten.

Lösungen entstehen dadurch, dass wir über Lösungsmöglichkeiten reden.

Der lösungsorientierte Ansatz beschreibt eine bestimmte Herangehensweise an Probleme beziehungsweise problematische Situationen. Gerade die klassische Denkweise der Psychologie zu Beginn des zwanzigsten Jahrhunderts und in den folgenden Jahrzehnten ging davon aus, dass zur Lösung eines Problems eine klare und teilweise sehr ausführliche Problemanalyse erforderlich sei. Das Neue am lösungsorientierten Vorgehen ist, dass es sich von dieser Sichtweise löst; sein Motto könnte dementsprechend lauten: »Lösungen entstehen dadurch, dass man über Lösungsmöglichkeiten redet.« Ein solches Gespräch kann natürlich sehr unterschiedlich aussehen und wird nicht immer zum gewünschten Erfolg führen. Von daher soll dieser Abschnitt Eltern und Kindern konkrete Anregungen und Strategien zur Lösung von Problemen im Familienalltag geben.

Die Grundideen der Lösungsorientierung klingen zunächst für viele Menschen bestechend einleuchtend, wobei die Umsetzung nicht immer so einfach ist. Insoo Kim Berg, eine der Begründerinnen dieser Vorgehensweise, prägte das Bonmot »It's simple, but not easy« – zu Deutsch in etwa: Es ist einfach, aber nicht leicht. Dennoch sind die Ideen nach unserer Erfahrung vermittel- und umsetzbar und können mit einer gewissen Übung eine besondere Leichtigkeit entfalten.

Im folgenden Abschnitt geben wir zunächst einen allgemeinen Überblick zum Themenfeld und beleuchten dann den Zusammenhang mit der Hochbegabung. Anschließend vertiefen wir die Einführung anhand eines Gesprächsbeispiels und bieten Ihnen praktische Umsetzungsmöglichkeiten der Lösungsorientierung im Familienalltag.

Lösungsorientierung: Worum geht es?

Mit Lösungsorientierung ist nicht gemeint, das Problem beiseite zu schieben oder zu ignorieren (Spilker, 2002). Probleme sind Bestandteil unseres täglichen (Familien-)Lebens, denen wir uns stellen müssen. Kein psychologischer Ansatz oder »Kniff« wird daran etwas ändern können. Entscheidend ist jedoch die Sichtweise auf Probleme, und hier kann die Lösungsorientierung einen positiven Unterschied machen. Eine problematische Situation wird dabei nämlich als Ausgangspunkt für die Entdeckung von Lösungsmöglichkeiten gesehen. Was sich auf den ersten Blick vielleicht etwas naiv anhört, wird anhand konkreter Beispiele nachvollziehbar. Hilfreich kann es beispielsweise sein, wenn Menschen überlegen, wie sie mit vergleichbaren Situationen in der Vergangenheit umgegangen sind (»Wie haben wir es geschafft, einen schönen Abend gemeinsam zu verbringen, obwohl wir tagsüber so viel gestritten haben?«). Mit dieser Herangehensweise können Eltern und Kinder Kompetenzen (wieder)entdecken.

Das lösungsorientierte Denken geht davon aus, dass eine Person über die Voraussetzungen oder Ressourcen zur Lösung ihres Problems verfügt. Möglicherweise braucht sie eine Begleitung, um diese Ressourcen wahrnehmen zu können, oder zusätzliche Informationen, um für sich eine passende Lösung zu konstruieren. In diesem Sinne können wir den Ansatz auch als »Ressourcenorientierung« oder »Lösungsanregung« bezeichnen. Der Fokus liegt also darauf, möglichst alle (und das heißt auch kleinste) Hinweise auf Stärken und Lösungspotenziale zu erkennen. Es geht dabei um ein Nebeneinander von Problem und Lösungsmöglichkeit und die Frage, ob der betroffene Mensch für sich den Schwerpunkt seiner Aufmerksamkeit und seines Tuns vom Problem hin zur Lösungssuche verlagern kann. Die nachfolgende Abbildung veranschaulicht diesen Prozess.

Das lösungsorientierte Denken geht davon aus, dass eine Person über die Voraussetzungen oder Ressourcen zur Lösung ihres Problems verfügt.

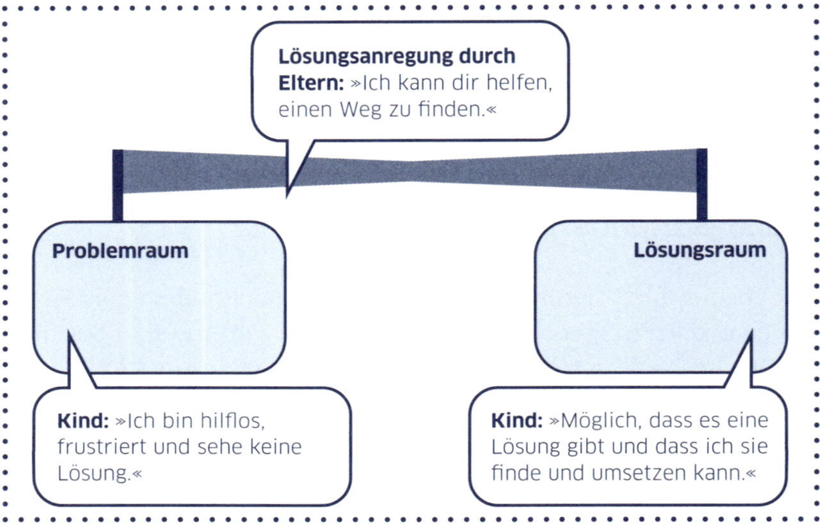

Vom Problem- zum Lösungsraum

Die Abbildung[16] verdeutlicht, dass Menschen sich in einer Problemsituation häufig mit dem Problem identifizieren und entsprechende Gefühle erleben. In der Anerkennung dieser Gefühle liegt meist der erste Schritt zur Veränderung (heraus aus dem »Problemraum«). Denn vor der Annäherung an eine Lösung ist es für Menschen in der Regel wichtig, dass sie sich auch mit ihrem Problem und den damit verbundenen Gefühlen ernst genommen fühlen. Dafür bietet sich das aktive Zuhören an, welches wir im letzten Kapitel bereits vorgestellt haben. Das Gefühl, verstanden und gesehen zu werden, ist die Voraussetzung dafür, dass Menschen innerlich bereit sind, sich mit den Schritten in Richtung einer Lösung zu befassen.

In diesem Kapitel finden Sie nun Ideen, wie Sie Ihrem Kind dabei helfen können, eine Lösung zu finden, wie Sie es also auf seinem Weg vom Problemraum hin zum Lösungsraum begleiten und unterstützen können – wir sprechen hier von »Lösungsanregung«. Diese Ideen basieren auf bestimmten Grundannahmen über die Natur von Problemen und Lösungen und auf bestimmten »Werkzeugen«. Wichtig ist es, bei deren Einsatz darauf zu achten, dass vorab eine gute Beziehung hergestellt ist. Ansonsten könnte die »Lösungsanregung«, die beispielsweise aus bestimmten Formen von Fragen besteht, als technisch und aufgesetzt empfunden werden. Und um

16 Die Abbildung geht auf eine Idee von Gerd F. Müller und Gerhard Krones zurück.

einem Missverständnis vorzubeugen: Lösungsorientierung bedeutet nicht, dass Eltern Lösungsvorschläge für ihre Kinder erarbeiten sollen (auch wenn dies im Familienalltag manchmal sinnvoll ist). Wenn wir in diesem Buch von Lösungsorientierung sprechen, meinen wir Begleitideen, die es Kindern ermöglichen, eigene Lösungsansätze zu entwickeln. Diese Lösungen können sich mit Ihren Ideen decken, aber auch ganz anders ausfallen. Für diesen Fall geben wir in einem späteren Abschnitt Kriterien zur Einschätzung der Güte von Lösungen (Lösungsevaluation). So können entwickelte Ideen auf ihre Praxistauglichkeit hin abgeklopft werden (»Was passiert, wenn ich im Matheunterricht bei Langeweile im Buch vorblättere?«, oder: »Gibt es möglicherweise noch bessere Lösungen?«). Zudem sind die hier vorgestellten Ideen über das Sprechen mit Ihrem Kind hinaus auch für Ihre eigenen Fragestellungen anwendbar. Doch warum halten wir den lösungsorientierten Ansatz für besonders geeignet zur Begleitung kluger Kinder? Der folgende Abschnitt liefert hierzu Antworten.

Hohe Begabung und Lösungsorientierung: Wo ist der Zusammenhang?

Der lösungsorientierte Ansatz zeigt mehrere wesentliche Anknüpfungspunkte an die Kompetenzen und Bedürfnisse kluger Kinder wie auch ihrer Familien. Das der Ressourcenorientierung zugrunde liegende Menschenbild, das davon ausgeht, dass jeder Mensch die Ressourcen besitzt, seine Probleme zu lösen, ermöglicht es, das große (kognitive) Potenzial der begabten Kinder angemessen würdigen und aufgreifen zu können. Die hohe Begabung kann so als Grundlage für eine positive Entwicklung des Kindes genutzt werden. Dies ist insofern passend, als Ressourcen, die Veränderung und Wachstum eines Menschen ermöglichen, in der lösungsorientierten Begleitung eine besondere Beachtung erfahren – und diese bringen begabte Kinder und ihre Eltern zweifellos mit. Die Erfahrungen in unserer Beratungsarbeit zeigen, dass bereits hochbegabte Kinder im Vorschulalter in der Lage sind, auf die Angebote und Techniken des lösungsorientierten Vorgehens einzugehen.

Ein großer Vorzug des lösungsorientierten Ansatzes bei der Begleitung hochbegabter Kinder ist, dass Bezugspersonen mit den später vorgestellten Techniken die Möglichkeit haben, dem Kind beides anzubieten: Begleitung bei der Bewältigung eines Problems und zugleich Anerkennung seiner eigenen Kompetenzen und seines Autonomiebedürfnisses. Gerade im Herstellen dieser Balance kann eine wesentliche Anforderung an die Bezugspersonen hochbegabter Kinder liegen (»Nimm mich ernst und nimm mich in den Arm«). Gelingt dieses Ausbalancieren nicht, kann das dazu führen, dass die Kinder sich verschließen oder alleingelassen fühlen.

Der lösungsorientierte Ansatz hat darüber hinaus ganz allgemeine Stärken. Er stellt eine Möglichkeit dar, in vergleichsweise kurzer Zeit positive Veränderungen anzustoßen (nicht zuletzt, weil die Zeit für die Fragen nach dem »Warum« oder dem »Woher« des Problems eingespart werden). Zudem geht der lösungsorientierte Ansatz davon aus, dass sich das Verhältnis zwischen Menschen ändert, wenn einer der Beteiligten eine neue Verhaltensweise zeigt (auch wenn die Änderung scheinbar klein und unbedeutend ist). Das Verhalten eines Menschen ist nie losgelöst von seiner Umgebung zu sehen. Konkret könnte sich diesbezüglich beispielsweise die Frage stellen, wie Eltern reagieren, wenn ein Kind sich vehement über die Langeweile in der Schule beklagt, und welche alternativen Reaktionen es in einer solchen Situation gibt; zu solchen Aspekten geben wir in den nachfolgenden Abschnitten dieses Kapitels Anregungen.

An dieser Stelle möchten wir nochmals betonen, dass es uns in erster Linie darum geht, Ihr Kompetenzerleben als Eltern zu stärken. Die Bedürfnislage hochbegabter Kinder ist nicht per se komplizierter, aber sie ist anders gelagert. Wenn Mütter und Väter Ideen haben, wie sie darauf eingehen können, gibt das beiden Seiten Sicherheit. Der Lösungsansatz der Kinder ist manchmal anders, als wir Erwachsene uns das vorstellen. Ein Junge erzählte uns, dass es ihm vor allem hilft, wenn er seine Gedanken laut aussprechen kann und seine Eltern ihm aufmerksam zuhören: »Dann komme ich selbst auf eine gute Lösung. Bei Vorschlägen weiß ich meistens nur, wie ich es nicht machen will.« Für ein anderes Kind bestand die Lösung seines Wunsches nach mehr Kontakt zu Gleichaltrigen darin, dass es den Weg zur Schule mit zwei Klassenkameradinnen (anstatt wie bisher alleine) bewältigte. Klingt noch etwas abgehoben? Keine Sorge, wir verdeutlichen das Ganze noch anhand praktischer Beispiele. Schauen wir uns dazu zunächst einmal anhand einer Gesprächssequenz an, wie das Herausfinden eines Lösungsansatzes aussehen kann.

Die Bedürfnislage hochbegabter Kinder ist nicht per se komplizierter, aber sie ist anders gelagert.

Problemgespräch und Lösungsgespräch

Die nachfolgenden Gesprächssequenzen verdeutlichen den Unterschied zwischen einem Gespräch, das sich stark um ein Problem dreht, und einem Reden, das auf Lösungsmöglichkeiten ausgerichtet ist.

Gespräch 1

Paula: »Heute haben wir wieder babyleichte Aufgaben gemacht.«
Vater: »Das muss ja ganz enttäuschend für dich gewesen sein.«
Paula: »Ja, genau. Den ganzen Tag habe ich mich gelangweilt.«
Vater: »Und die letzte Woche war auch schon so langweilig für dich.«
Paula: »Schule ist so öde. Noch nicht einmal die Pausen sind spannend.«
Vater: »Warum gibt dir denn die Lehrerin keine anderen Aufgaben?«
Paula: »Keine Ahnung.«
Vater: »Und geht es den anderen Kindern auch so?«
Paula: »Der Max, die Kathrin und die Iris, die langweilen sich auch immerzu. Und die anderen kapieren es eh nicht.«
Vater: »Soll ich mal mit der Lehrerin reden?«
Paula: »Das hilft auch nicht mehr.«

Gespräch 2

Paula: »Heute haben wir wieder babyleichte Aufgaben gemacht.«
Vater: »Du bist frustriert über den Schultag heute.«
Paula: »Ja. Das ist immer so öde.«
Vater: »Und es fällt dir momentan schwer, in die Schule zu gehen, weil du es häufiger so erlebst.«
Paula: »Das ist eigentlich immer so.«
Vater: »Du erlebst die Schule ganz häufig als ›öde‹. Wenn du dir die letzten zwei Wochen noch mal vorstellst, gab es da einen Tag, wo es etwas weniger langweilig war?«
Paula: »Na ja, am Freitag, da hatten wir Religion.«
Vater: »Und da war es etwas besser?«
Paula: »Ja, weil wir uns eine kurze Geschichte ausdenken durften. Und die haben wir dann sogar vorspielen dürfen.«
Vater: »Das hat dir Spaß gemacht und da war es nicht so langweilig.«
Paula: »Ja, genau. Das wäre klasse, wenn wir so was häufiger machen dürften.«

Reflexion

- Wie wirkt die erste und wie die zweite Sequenz auf mich?
- Sofern Sie unterschiedliche Eindrücke gewonnen haben: Welche Gesprächselemente haben dazu beigetragen?

Die drei Grundsätze der Lösungsorientierung

Die folgenden drei Grundgedanken fassen das lösungsorientierte Vorgehen prägnant zusammen. Sie wurden von den »Eltern« der Lösungsorientierung, den amerikanischen Psychologen Steve de Shazer, Insoo Kim Berg sowie dem übrigen Team des Brief Family Therapy Center (BFTC) in Milwaukee, USA, aus jahrzehntelanger Erfahrung entwickelt.

Die drei Grundsätze der Lösungsorientierung

»Wenn etwas nicht kaputt ist, mach es nicht ganz!«
Zuweilen neigen Menschen dazu, vorbeugend aktiv zu werden in der Absicht, Probleme gar nicht erst entstehen zu lassen. Dabei kann es vorkommen, dass sie des Guten zu viel tun und Schwierigkeiten entstehen lassen, die ohne ihr Handeln nicht aufgetreten wären. Die erste Grundidee weist also darauf hin, dass weniger manchmal mehr ist. So könnte beispielsweise das Eine-Klasse-Überspringen eines klugen Kindes, ohne dass dafür im Vorfeld irgendeine Notwendigkeit zu sehen war, die beschriebene Problematik nach sich ziehen. Passend dazu das Beispiel eines Jungen, der hier Adrian heißt. Als er mit seinen Eltern zu einem Beratungsgespräch kam, fragten wir ihn, worüber wir denn seiner Meinung nach reden sollten. Nachdem er tief geseufzt hatte, sagte er: »Weil ich so klug bin, muss ich eine Klasse überspringen. Und Sie sollen mir erklären, warum das gut für mich ist.« Als wir ihn fragten, ob wir seiner Meinung nach eine Chance hätten, ihn zu überzeugen, sagte er: »Nein, weil ich meine Klassenlehrerin mag.« Auf unseren Einwand möglicher Langeweile in seiner jetzigen Klasse winkte er ab: »Ich habe mich mit ein paar Drittklässlern unterhalten, die machen auch nichts Spannenderes als wir.« Letztlich lief das Gespräch darauf hinaus, dass Adrian bei seiner anfänglichen Entscheidung blieb. Seine Eltern waren zunächst nicht sehr zufrieden mit diesem Ergebnis. Einige Monate später schrieben sie aber, dass sich dadurch, dass sie ihren Sohn in dieser wichtigen Frage ernst genommen hatten, das Verhältnis zu Adrian gebessert habe. So erzähle er nun viel mehr von der Schule, was Adrians Eltern deutlich gelassener mache. Mutter und Vater waren sich nun sicher, dass ihr Sohn ihnen sagen würde, wenn er mit der Schulsituation unzufrieden wäre. Zudem hatte Adrian signalisiert, er sei bereit, die vierte Klasse zu überspringen, wenn

er tatsächlich mit Langeweile zu kämpfen hätte. Seine Begründung: »Dann kommt ja wirklich etwas Neues!«

»Wenn du einmal weißt, was funktioniert, mach mehr davon!«
In welchen Situationen tritt das Problem nicht auf, und wie genau haben Menschen Einfluss darauf? – Diese Frage steht hinter der zweiten Grundannahme. Wenn die Antwort gefunden ist, dann haben Menschen die Möglichkeit, mehr davon zu machen. So könnte die Frage nach Ausnahmen vom Problem (»Wann ist das Problem nicht da/besser/weniger schlimm?«) zur Entdeckung von Phasen im Schulalltag führen, in denen ein Kind sich weniger langweilt. In unseren Beratungen benannten einige Kinder bestimmte Unterrichtsfächer, wegen der Inhalte, der Unterrichtsform oder einer bestimmten Lehrkraft. Diese Nennungen bieten Hinweise auf Anknüpfungspunkte zur Verringerung der Langeweile. Nach unserer Erfahrung geht es an dieser Stelle häufig um Freiräume und darum, wie ein Kind diese aufgreifen kann. So kann es bereits eine deutliche Entlastung bedeuten, wenn ein Kind von seiner Lehrkraft die Erlaubnis erhält, ein Buch mitzubringen, in dem es lesen darf, wenn es mit den regulären Aufgaben fertig ist. Ähnliche Variationen können sein, dass ein Kind in seiner »Wartezeit« andere Herangehensweisen an eine Fragestellung (»Wie kann man diese Aufgabe noch lösen?«, oder: »Wie kann man diese Geschichte noch erzählen?«) entwickeln und an passender Stelle in der Klasse darüber erzählen darf.
Ein anderes Beispiel, bezogen auf Ihre Rolle als Eltern: Hier könnte die Frage weiterhelfen, in welchen Situationen Sie gut im Kontakt mit Ihrem Kind sind. Manchmal ist das die Heimfahrt von Fußballtraining oder Musikunterricht. Vielleicht entdecken Sie weitere (scheinbar ganz banale) Momente, in denen Ihnen genau dies gelingt. Je geübter wir in der Wahrnehmung solcher Situationen sind, umso eher schaffen wir es, diese bewusst herzustellen.

»Wenn etwas nicht funktioniert, lass es sein, mach etwas anderes!«
Auch wenn wir merken, dass unser Verhalten in bestimmten Situationen nicht hilfreich ist, fällt es uns manchmal schwer, damit aufzuhören. Ein Beispiel sind bestimmte Formen von Kontrollen (oder Strafen), die zu immer mehr Kontrolle (oder Strafen) führen können. Das Ganze kann absurde Züge annehmen, wie wir alle vermutlich selbst schon erlebt haben (ja genau, diese Momente, in denen wir uns selbst peinlich sind).
Wohlgemerkt: Es geht an dieser Stelle nicht darum, alle Bemühungen einzustellen, nach dem Motto: »Nützt ja eh nichts!« Die dritte Grundannahme ist vielmehr als Ermutigung gemeint, neue Wege zu entdecken und auszuprobieren, wenn alte sich als Sackgasse erwiesen haben. Dieses Eingeständnis kann häufig neue Türen öffnen. Absurd sind nicht die Versuche von Müttern und Vätern, sondern die in manchen Ratgebern suggerierte Idee, dass es nur darum gehe, ein paar (für alle Kinder gleiche) Punkte konsequent umzusetzen, dann würden Probleme im Erziehungsalltag verschwinden. Glücklicherweise funktionieren Menschen nicht nach Gebrauchsanweisungen.

Die »Werkzeuge« der Lösungsorientierung: Ein Überblick

Wann immer wir in diesem Buch von »Werkzeugen« oder »Techniken« sprechen, dann denken wir diese Begriffe in Anführungszeichen, weil wir diese Ideen bei Menschen anwenden und nicht bei Maschinen. Zudem könnte der Begriff »Technik« vermitteln, dass es nur darum gehe, bestimmte Vorgehensweisen quasi auswendig zu lernen, und schon ist alles anders und besser. Das funktioniert auf Dauer nicht – glücklicherweise. Die Begrifflichkeiten passen aber insofern, als der lösungsorientierte Ansatz sehr konkrete, handlungsbezogene Ideen anbietet (beispielweise konkrete Fragen). Wir haben im Training die Erfahrung gemacht, dass das Erlernen dieser neuen Techniken ein erster und wichtiger Schritt ist. Der zweite Schritt besteht dann darin, diese neu erlernten Techniken auf die eigene Haltung anderen Menschen gegenüber wirken zu lassen. Wenn Eltern in einer neuen Weise auf ihre Töchter und Söhne zugehen, besteht die Chance, dass sie neue Erfahrungen mit ihnen machen. Und diese Erlebnisse können die Sichtweise, die Mütter und Väter auf ihre Kinder haben, verändern. Der nachfolgende Überblick führt die lösungsorientierten Werkzeuge mit Beispielfragen auf; diese behandeln wir dann im folgenden Abschnitt ausführlicher.

Wenn Eltern in einer neuen Weise auf ihre Töchter und Söhne zugehen, können sie neue Erfahrungen mit ihnen machen.

- *Würdigung der Kompetenzen:* Hier geht es darum, Ressourcen (wieder) zu entdecken. »Wie hast du es bisher geschafft, weiter mit den anderen Kindern zu spielen, wenn sie dir sagen, dass sie dich nicht verstehen?« »Wie hast du dieses Problem in einer früheren ähnlichen Situation gelöst?«
- *Fragen nach Ausnahmen:* Wann besteht das Problem nicht (oder weniger stark), und was funktioniert in diesen Situationen? »In welchen Situationen fühlst du dich nicht/weniger alleine? Was genau machst du dann?« Wenn das Kind noch keine Ausnahme benennen kann: »Angenommen, es gäbe eine Minute in deinem Schultag, in der du dich nicht alleine fühlst, was genau wäre da anders? Woran in deinem Verhalten würde ich merken, dass du dich nicht alleine fühlst?«

- *Übertragung von Ausnahmen:* Wie kann eine Ausnahme (oder das, was an ihr funktioniert) auf andere Situationen ausgeweitet und übertragen werden? »Wie könntest du es schaffen, so offen auf die Kinder in deiner Klasse zuzugehen, wie es dir in der Musikschulgruppe gelingt?«

- *Schaffung von Ausnahmen:* Falls keine Ausnahmen gesehen werden oder benannt werden können, geht es hierbei darum, Ausnahmen quasi gedanklich zu erzeugen, um dann darüber nachdenken zu können, was man täte, gäbe es das Problem nicht. Im nächsten Schritt kann dann zum Beispiel danach gesucht werden, ob man davon eventuell bereits etwas tut oder umsetzt. »Was genau würdest du anders machen, wenn der Matheunterricht spannender wäre?« »Was brauchst du noch, um beim nächsten Mal anders mit der Situation umgehen zu können?«

- *Die Wunderfrage:* Dies ist eine Technik zur Erschaffung eines problemfreien Zustandes, welcher dann in Folge weiter exploriert werden kann. »Wenn über Nacht, während du schläfst, durch ein Wunder das Problem verschwunden wäre, woran genau würdest du das beim Aufstehen merken (woran deine Umwelt)?«

- *Skalierungsfrage:* Dies ist eine Technik, um Unterschiede oder Veränderungen zu quantifizieren, um den Austausch darüber zu erleichtern und Veränderungen besser wahrnehmen zu können. »Auf einer Skala von eins bis zehn, wobei eins sehr wenig und zehn sehr viel bedeutet, wo würdest du deine Zuversicht, das Problem lösen zu können, einstufen? Was bräuchtest du, um von ... zu ... [eine Stufe höher] zu gelangen?«

- *Reframing:* Hier geht es darum, eine bestimmte Verhaltensweise in einem neuen Licht zu sehen. Menschen, die im Kontakt mit anderen unsicher sind, deuten beispielsweise das Verhalten ihrer Mitmenschen häufig als Ablehnung. Wenn ein Mensch den letzten noch freien Sitzplatz im Linienbus neben ihnen verschmäht und stattdessen lieber steht, denken sie: »Na, typisch. So voll kann kein Bus sein, dass jemand neben mir sitzen will.« Das Reframing regt dazu an, nach Alternativen zu suchen, nach dem Motto: »Welche Erklärung könnte es noch für das Verhalten des anderen geben?« (Beispielsweise: Der andere möchte angesichts der engen Sitze anderen nicht zu nahe kommen).

Kernideen des lösungsorientierten Vorgehens

- *Das wiederkehrende Reden über Probleme kann diese verfestigen, das Reden über Lösungen kann Lösungen hervorbringen.* Wenn wir beispielsweise wieder und wieder über die Probleme eines Kindes reden, Freunde zu finden (»Wieso rufst du denn nie ein Kind aus deiner Klasse an?«), kann dieses Reden genau das Bild verfestigen: »Mich mag eh keiner.« Eine Alternative: »Angenommen, du hättest einen schönen Nachmittag mit einem anderen Kind, wie würde der denn aussehen?«

- *Veränderungsprozesse sind unvermeidlich und ereignen sich ständig. Im Verlauf dieser Veränderungen gibt es häufig kleine Ausnahmen, in denen ein Problem nicht oder weniger stark auftritt.* Ein Beispiel: In einer Vertretungsstunde hat ein Kind durch Zufall eine andere Sitznachbarin und merkt, dass es mit dieser (im Gegensatz zu seinen sonstigen Erfahrungen) gut auskommt (»Die Maike hat die gleiche Aufgabe nicht verstanden wie ich und mich unterstützt, als ich bei der Lehrerin nachgefragt habe«).

- *Menschen sind Experten für ihr eigenes Leben und verfügen über die Voraussetzungen zur Bewältigung von Problemen.* Um beim Beispiel soziale Schwierigkeiten zu bleiben: Kinder können in der Regel relativ gut benennen, was sie sich wünschen (»Ich würde gerne in der Bande vom Paul mitmachen«). Häufig haben sie auch eine Idee dazu, wie ein Schritt in die gewünschte Richtung aussehen könnte (»Ich könnte Paul ja zu meiner Geburtstagsfeier einladen«).

Diese Leitsätze lesen sich auf den ersten Blick wahrscheinlich ansprechend und schön, sind auf den zweiten jedoch durchaus radikal. Wenn Eltern ihre Kinder als Expertinnen und Experten sehen sollen, erfordert das auf der einen Seite häufig ein Umdenken und kann auf der anderen Seite auch zu gravierenden Missverständnissen führen. Auch hochbegabte Kinder haben nicht permanent eine Lösung parat und finden auch nicht ständig die bessere Lösung.

Wenn sie jedoch an der Lösungsfindung *beteiligt* sind, ist die Wahrscheinlichkeit groß, dass das Ergebnis und dessen Umsetzung besser sind, als wenn Erwachsene ohne ihre Beteiligung entscheiden.

Die Bedeutung von Ausnahmen

In den meisten Fällen gibt es Ausnahmen, in denen ein belastendes Problem nicht oder weniger stark auftritt (manchmal sind diese Ausnahmen so klein, dass wir sie im Alltag übersehen. Beispiel: Das Kind, das angeblich *nie* Verantwortung übernimmt, packt immer von selbst seinen Schulranzen). Die Ausnahmen können (mit entsprechender Unterstützung) ausgeweitet werden, und das ist ein bedeutsamer Aspekt der Lösungsorientierung.

Veränderungsprozesse sind unvermeidlich und ereignen sich ständig.

Wenn es noch keine Ausnahmen gibt, können diese in gemeinsamer Überlegung geschaffen werden. Dabei geht es vor allem um ein Begleiten des anderen, sodass dieser Mensch seine Lösung finden kann. In problematischen Situationen neigen viele Menschen dazu, mehr desselben anzuwenden (beispielsweise, immer wieder dieselben Gespräche zu führen). Hilfreich kann es in einer solchen Situation sein, nach neuen Alternativen zu suchen.

Ludwig

Familie W. kommt mit ihrem Sohn zu einem Beratungsgespräch. Die Eltern sind ratlos: Ludwig kümmere sich nur um seine Interessen und übernehme zudem keine Verantwortung. Ludwig wirkt weniger »egoistisch« (so hatten seine Eltern ihn im Vorfeld geschildert) als vielmehr überfordert mit der Situation. Als wir die Familie bitten, typische Familiensituationen der letzten Woche zu schildern, in denen die Probleme auftraten, bleiben wir an einem Beispiel »hängen«. Familie W. war zum achtzigsten Geburtstag der Oma väterlicherseits eingeladen. Ludwigs Eltern waren im Vorfeld unsicher, wie er sich bei dieser Feier verhalten würde. Herr W. präzisierte: »Es wäre mir vor meinen Geschwistern peinlich gewesen, wenn sich Ludwig ungerührt die letzten Kuchenstücke genommen hätte, während seine Cousinen sich gut erzogen zurückhalten.«

Der Tag lief gänzlich anders. Der Vater erzählte (zum ersten Mal in unserem Gespräch voller Stolz), dass sein Sohn sich ganz liebevoll um seinen dreijährigen Cousin gekümmert habe (»Und das über Stunden!«). Wir unterhielten uns dann fast fünf Minuten lang über Details der Geburtstagsfeier. Plötzlich hielt Ludwigs Mutter inne und sagte: »Vielleicht trauen wir unserem Sohn häufig auch zu wenig zu. Und so, wie wir unsere Erwartungen formulieren, hätte ich als Kind auch keine Lust gehabt, die zu erfüllen.«

Hier wird die Bedeutung von Ausnahmen deutlich. Diese können scheinbar klein und unbedeutend sein, und häufig übersehen wir sie deshalb im Alltag. Dennoch sind sie oft ein wichtiger Ansatzpunkt, um die Lösung für ein Problem entwickeln zu können. Im Beispiel der Familie W. war die Beschreibung der Geburtstagsfeier ein Hinweis darauf, dass Ludwig nicht immer egoistische Verhaltensweisen zeigte. Das sorgte zunächst einmal für Entlastung bei seinen Eltern und in der Folge auch bei ihm selbst. Zudem machen Ausnahmen vom Problem deutlich, dass bereits erste Schritte in Richtung einer Lösung oder Verbesserung gegangen wurden (wir müssen also nicht am Punkt »null« anfangen). Diese Erkenntnis kann die Zuversicht und Motivation aller Beteiligten erhöhen, weitere Schritte zu erkunden. In dieser Beschreibung wird hoffentlich deutlich, dass die Entdeckung einer Ausnahme alleine ein beschriebenes Problem (meistens) noch nicht löst. Wir haben im Gespräch mit der Familie W. anerkannt, dass es noch einige andere Situationen gab, in denen die Eltern Ludwig als wenig rücksichtsvoll erlebten. Im Weiteren konzentrierten wir uns daher darauf, gemeinsam mit der Familie zu überlegen, wie die guten Erfahrungen bei der Geburtstagsfeier auf andere Situationen übertragen werden konnten.

Ausnahmen sind oft ein wichtiger Ansatzpunkt, um die Lösung für ein Problem entwickeln zu können.

Ausnahmen können auch dadurch ermöglicht werden, dass wir feste Zuschreibungen vermeiden. Im Beispiel der Familie W. wäre das die Bezeichnung »egoistisch«, die in der Wahrnehmung vieler Menschen eine stabile Eigenschaft beschreibt. Auch wenn es auf den ersten Blick nach Haarspalterei aussehen mag: Es macht einen Unterschied, wenn wir stattdessen von »egoistischen Verhaltensweisen« sprechen. Diese sind zum einen schneller veränderbar als Eigenschaften. Zum anderen hilft diese Formulierung dabei, Person und Problem voneinander zu trennen (Beispiele: »Jemand ist nicht aggressiv, sondern verhält sich aggressiv«, oder: »Jemand ist nicht unbe-

Sprache erzeugt Realität und insofern schaffen kleine Unterschiede in der Formulierung manchmal große Unterschiede im Erleben.

lehrbar, sondern verhält sich unbelehrbar«). Sprache erzeugt Realität, und insofern schaffen kleine Unterschiede in der Formulierung manchmal große Unterschiede im Erleben. Wenn Sie skeptisch sind, ob diese Idee irgendeinen Unterschied bewirkt, können Sie mit dieser Variation im Alltag experimentieren. Konsequent zu Ende gedacht, könnten wir dann übrigens auch von »hochbegabten Verhaltensweisen« sprechen. Auch wenn diese Formulierung auf den ersten Blick Irritationen hervorrufen mag: Wir vermeiden damit zumindest stabile Zuschreibungen (gegen die sich manche »betroffenen« Kinder vehement wehren; siehe hierzu auch das Kapitel 9: Selbstkonzept).

Probleme als Ansatzpunkte für Lösungen

Menschen erleben Probleme, wenn sie einen Unterschied zwischen ihrer aktuellen Situation und dem erwünschten Zustand wahrnehmen und keine Idee haben, wie diese Diskrepanz aufgelöst werden kann. Im lösungsorientierten Ansatz wird nicht zwangsläufig ein Zusammenhang zwischen der Entstehungsgeschichte eines Problems und den Möglichkeiten, dieses wieder zu lösen, gesehen. Der Arzt und Psychotherapeut Gunthard Weber brachte diesen Sachverhalt einmal mit dem folgenden Satz prägnant auf den Punkt: »Wenn ich weiß, wie ein Karren in den Dreck gefahren wurde, weiß ich noch lange nicht, wie er wieder herauszuziehen ist« (zitiert nach Bamberger, 2001, S. 20). Übertragen auf das Thema Familie: Wenn Eltern beispielsweise wissen, wie es dazu gekommen ist, dass ein Kind seine Freunde verprellt hat, folgt daraus nicht unbedingt die Lösung dafür, diese zurückzugewinnen. Ein solcher Versuch kann nämlich einer ganz anderen Dynamik folgen.

Auf der anderen Seite gehen die Entwicklerinnen und Entwickler der lösungsorientierten Beratung und Begleitung davon aus, dass Probleme immer auch Lösungsmöglichkeiten beinhalten. Anders ausgedrückt: Wenn Menschen eine Situation als problematisch erleben, kann dies ein Hinweis darauf sein, dass es eine bessere Lösung gibt als das, was sie gerade tun oder sehen (Hargens, 2007). Daher kann es sinnvoll sein, die Situationen, in denen Probleme entstehen, genauer zu betrachten, um jeweils »maßgeschneiderte« Lösungsansätze entwickeln zu können. Folgende Fragen können dafür eine Orientierung liefern:

- Welches Ziel möchte ich in der Situation (vor allem) erreichen?
- Inwiefern ist mein bisheriges Vorgehen zur Erreichung meiner Absicht sinnvoll oder hilfreich?
- Welche alternativen Verhaltensweisen fallen mir ein?
- Welche Informationen oder Hilfestellungen von außen benötige ich, um etwas anderes ausprobieren zu können?

Manchmal stolpern wir schon über die erste Frage. Deswegen beschäftigen wir uns im folgenden Abschnitt mit dem Thema Ziele.

Wo soll es hingehen? Die Entwicklung von Zielen

Dem Entwickeln von Zielen wird in der Lösungsorientierung große Bedeutung beigemessen. So kann ein planloser Aktivismus samt Frustrationen vermieden werden. Vom Dichter Christian Morgenstern stammt der Ausspruch: »Wer kein Ziel hat, kommt nirgendwo an.« Die Formulierung von Zielen hat zwei positive Auswirkungen: Zum einen geben Ziele der angestrebten Veränderung eine klare Richtung. Und zum anderen regt die Formulierung von Zielen das Nachdenken darüber an, wie es denn aussehen würde, wenn das Problem geringer werden oder gar verschwinden würde. Es scheint selbstverständlich, dass Menschen eine Vorstellung von diesem Zustand haben. Tatsächlich ist es aber oft so, dass viele zunächst sprachlos auf die Frage reagieren, wie ein problemloser Zustand aussehen könnte. Deswegen beschreiben wir einige Vorgehensweisen, mit denen Eltern und Kinder ihre Ziele zunächst entdecken und dann über Möglichkeiten, diese zu erreichen, nachdenken können. Eltern erzählten uns, dass ihnen die Idee der Zielentwicklung Sicherheit gibt, wenn sie ihre Kinder bei der Problemlösung begleiten wollen. Eine Mutter meinte: »Ich habe dadurch eine Idee für erste Schritte heraus aus dem Schlamassel.«

»Wer kein Ziel hat, kommt nirgendwo an.« Christian Morgenstern

Merkmale hilfreicher Ziele

Die folgende Auflistung (in Anlehnung an Berg, 2002) beschreibt vier Merkmale, die hilfreiche Ziele auszeichnen:

- Die Ziele sind klein, einfach und tatsächlich erreichbar.
- Die Ziele sind in positiver Weise formuliert. Beispielsweise: »Ich benutze für den Weg zum Bäcker das Fahrrad«, anstatt: »Ich will nicht mehr so vieles mit dem Auto erledigen.«
- Die Ziele sind bedeutsam für alle Beteiligten.
- Die Ziele beschreiben den Beginn neuer Verhaltensweisen und nicht das Ende alter Verhaltensweisen. Die Formulierung »Ich fange an, regelmäßig zu laufen« ist zielführender als die Formulierung »Ich höre auf mit der ungesunden Lebensweise«.

Es würde dem systemisch-lösungsorientierten Ansatz allerdings widersprechen, wenn Ziele einen festschreibenden Charakter hätten. Hier geht es vielmehr darum, Ziele so weit zu präzisieren, dass sie eine »Anziehungskraft« entwickeln können, und zugleich darauf zu achten, wann diese Kraft in eine »Abstoßungsdynamik« kippt. So kann es durchaus vorkommen, dass Ziele im Verlauf der Annäherung variiert oder verändert werden (Kriz, 2004). Wenn ein Kind aufgrund der erlebten Langeweile im Unterricht das Überspringen einer Klasse als Ziel entwickelt, könnte es in einer Schnupperzeit in der höheren Klasse merken, dass es seine Freunde in der alten Klasse vermisst. Als Folge dieser Erkenntnis könnte ein neues Ziel entwickelt werden, beispielsweise die Anreicherung des Unterrichts in der alten Klasse.

Zur Formulierung von Zielen in der Familie haben sich Fragen folgender Art bewährt:

- »Wie sieht ein Wochenende aus, das für alle Familienmitglieder möglichst befriedigend ist?«
- »Wie müsste unser nächster Urlaub ablaufen, sodass sich hinterher alle gerne daran erinnern?«
- »Was können wir an der Verteilung der Arbeit im Haushalt ändern, sodass wir uns alle damit wohler fühlen?«

Wie erreichen wir das Ziel? Fortbewegungsarten

Alle im Folgenden beschriebenen Techniken und Werkzeuge stellen verschiedene Möglichkeiten dar, sich an die eigenen Ziele anzunähern. Wir beschreiben die einzelnen Werkzeuge in der Reihenfolge, in der wir sie üblicherweise im Training oder in Beratungsgesprächen verwenden (das heißt zunächst Würdigung von Kompetenzen, im Anschluss daran Erfragen von Ausnahmen etc.). Es kann jedoch sein, dass Sie eine andere Reihenfolge entdecken, die für Sie passender ist, oder dass Sie nur einzelne ausgewählte Werkzeuge umsetzen wollen und damit gute Erfahrungen machen.

Müttern und Vätern hat bei der Vermittlung im Elterntraining häufig geholfen, wenn sie eine Art »Ablaufplan« hatten. Nach unserer Erfahrung verlaufen lösungsorientierte Gespräche dann konstruktiv, wenn Eltern dem Kind zu Beginn verdeutlichen, dass sie sein Problem wahr- und ernst nehmen (hierfür ist wiederum das aktive Zuhören geeignet, beispielsweise: »Du bist gerade unter Druck, weil du das Gedicht noch nicht kannst, das ihr bis morgen auswendig lernen sollt«). Im nächsten Schritt ist häufig die Würdigung von Kompetenzen hilfreich (beispielsweise: »Mich beeindruckt, dass du mit dem Auswendiglernen weitermachst, auch wenn dir das gerade schwerfällt.«). Anschließend bietet sich in diesem Beispiel die Frage nach Ausnahmen an (beispielsweise: »Welche ähnlichen Situationen aus den letzten Wochen fallen dir ein, wo du trotz Druck etwas zu deiner Zufriedenheit geschafft hast? Wie hast du das da hinbekommen?«). Alternativ könnten Sie an dieser Stelle auch mit der Wunderfrage oder dem Reframing experimentieren (Letzteres könnte sich beispielsweise auf die Wahrnehmung des Verhaltens der Lehrerin durch das Kind beziehen: »Die guckt immer so kritisch, wenn ich etwas sage. Bestimmt mag sie mich nicht«). Die Skalierungsfrage kann gut zwischendurch »eingebaut« werden, wenn es darum geht, bestimmte Aspekte eines Gesprächs (beispielsweise die Zuversicht des Kindes, die Aufgabe lösen zu können) zu konkretisieren. Die Anwendung der lösungsorientierten Inhalte baut dabei grundsätzlich immer auf einer guten Beziehung zum Gegenüber auf (für deren Pflege die wertschätzende Kommunikation hilfreich ist).

Die Würdigung von Kompetenzen

Die Ressourcenorientierung ist ein wesentliches Merkmal des lösungsorientierten Vorgehens. Ein Werkzeug der Umsetzung besteht in der Würdigung vorhandener Kompetenzen des Gegenübers. Indem Eltern eine solche Sichtweise vorleben, regen sie modellhaft einen entsprechenden Blick der Kinder auf sich selbst an. Zudem erzeugt die positive Rückmeldung eine höhere Zuversicht, dass eine

Problemlösung möglich ist und die Kinder selber über die Voraussetzungen dafür verfügen. Die Würdigung von Kompetenzen wird zuweilen darauf begrenzt, Menschen Komplimente zu machen. Hilfreich ist es jedoch, über ein größeres Repertoire zu verfügen, unter anderem deswegen, weil manche Menschen auf direkte Komplimente (»Toll, wie Sie das hinbekommen haben!«) eher skeptisch oder ablehnend reagieren (vgl. hierzu auch den Abschnitt zum Loben im Kapitel 9 zum Selbstkonzept). Hierzu passt das Beispiel von Ruben, der mit zehn Jahren schon beeindruckende Geschichten verfassen konnte. Er lehnte es jedoch ab, diese in der Schule vorzulesen. Seine Eltern waren wochenlang ratlos. Schließlich erzählte ihr Sohn ihnen den Grund: »Immer, wenn ich eine Geschichte vorgelesen habe, sagte meine Lehrerin so peinliche Sätze wie ›Das hast du ganz fein gemacht‹. Da könnte ich im Boden versinken.« Eine Alternative kann an dieser Stelle die Ich-Botschaft sein. Mit ihrer Hilfe wird die positive Wirkung eines Verhaltens auf das Erleben der sprechenden Person beschrieben. Das kann folgendermaßen aussehen: »Deine Geschichte gefällt mir (gut)«, »Nachdem ich deine Geschichte gelesen hatte, war ich gleich besserer Laune«, oder: »Mir hat das Ende deiner Geschichte besonders gut gefallen – auf die Idee wäre ich nicht gekommen.«

Eine Voraussetzung dafür, dass Kinder Komplimente annehmen können, besteht darin, dass diese Rückmeldungen nicht zu weit vom eigenen Erleben entfernt sind und als echt empfunden werden. Einem Kind, das frustriert ist, weil es keine Freunde findet, ein Kompliment für seine Fähigkeit zu machen, sich über Stunden mit einem Buch zu beschäftigen, wird von ihm mit hoher Wahrscheinlichkeit als unpassend erlebt. Wenn Eltern Fähigkeiten ihrer Kinder indirekt würdigen, kann dies Mädchen und Jungen helfen, die angesprochenen Kompetenzen bei sich selbst zu entdecken. Hierzu einige Beispiele: »Wie hast du es hinbekommen, die für dich langweilige Aufgabe doch noch zu Ende zu machen/dich in dieser Situation doch noch zu beherrschen/dem Jungen doch noch zu sagen, was du denkst?«, oder: »Was war dein Anteil daran, dass eure Klasse das Schulquiz gewonnen hat?«

Ausnahmen erfragen und zur Übertragung anregen

Oben haben wir schon über die Bedeutung von Ausnahmen gesprochen (und das Ganze am Beispiel von Ludwig verdeutlicht). Formulierungen in der Art der folgenden Beispiele sind für die Entdeckung von Ausnahmen geeignet:

- »Wenn du dir einmal die letzte Woche anschaust, in welchem Moment war das Problem etwas weniger schlimm?«
- »In welchen Momenten fällt es dir (ein bisschen) leichter, andere Kinder anzusprechen?«
- »In welchen Situationen oder Momenten ist der Schulunterricht für dich weniger langweilig? Was genau ist dann anders?«
- »Wann fällt es dir leichter, deine Hausaufgaben schnell zu erledigen? Was genau machst du dann anders?«

Wenn eine Ausnahme gefunden wurde, ist es gut, ihr Raum zu geben, das heißt, das Kind davon erzählen zu lassen. So können alle Beteiligten »durchschnaufen«. Die Ausnahme ist wie eine Insel im Problemmeer. Hiervon zu erzählen verändert etwas in der Wahrnehmung des Kindes, das nun nicht mehr nur mit Mängeln behaftet ist, sondern zumindest in einer Situation auch kompetent war. Wir haben in Beratungsgesprächen oft erlebt, dass Mädchen und Jungen (und damit meist auch ihre Eltern) regelrecht aufblühten, wenn sie von solchen Momenten (in denen sie beispielsweise doch mit einem anderen Kind in Kontakt kommen konnten oder von selbst an die Erledigung der Hausaufgaben dachten) erzählen durften. Formulierungen wie »Erzähl mal – was genau machst du da anders?« können zu diesem Erzählen einladen. Oft reicht aber schon, wenn Eltern nur aufmerksam zuhören und deutlich machen, dass sie an dem, was ihr Kind erzählt, interessiert sind. Es ist übrigens nicht allen Kindern klar, dass sie auch Aufmerksamkeit erhalten, wenn sie *nicht* von Problemen erzählen.

Nicht allen Kindern ist klar, dass sie auch Aufmerksamkeit erhalten, wenn sie nicht von Problemen erzählen.

Das Erzählen von Ausnahmen hat noch einen weiteren Vorteil: Oft finden sich in Ausnahmen nämlich Anknüpfungspunkte zur Übertragung auf andere Problemsituationen. Dafür haben sich beispielsweise Formulierungen in der Art der nachfolgenden Beispiele als hilfreich erwiesen:

- »Was müsste sich in der Schule verändern, damit du mehr Situationen erlebst, in denen du dich nicht langweilst? Und was genau könntest du dafür tun?«
- »Du hast beschrieben, dass es vor drei Wochen ein Gespräch mit deinem Klassenlehrer gab, mit dem du zufrieden warst. Wenn

du dir vornehmen würdest, dass das nächste Gespräch in einer ähnlichen Art verlaufen sollte, was genau könntest du dafür tun? Und wie würde er wahrscheinlich darauf reagieren?«

Es kann vorkommen, dass Kinder im ersten Schritt auf die Frage nach Übertragungsmöglichkeiten mit einer Antwort wie »Weiß ich nicht« reagieren. An dieser Stelle hat sich ein Rückgriff auf das aktive Zuhören bewährt, beispielsweise mit einem Satz wie: »Das ist für dich ein völlig neuer Gedanke, und darauf hast du jetzt noch keine Antwort.« Hinsichtlich der Schilderungen des Kindes hat es sich als hilfreich erwiesen, diese nicht zu bewerten, sondern erst nach dem Zusammentragen gemeinsam mit dem Kind auf ihre Praxistauglichkeit hin zu überprüfen. Sollte ein Kind dann immer noch bei einer Auswahl bleiben, die Sie als ungünstig oder vielleicht sogar gefährlich einschätzen, dann können Sie diese Bedenken mit einer Ich-Botschaft zum Ausdruck bringen: »Ich fürchte, dass deine Lehrerin nicht einverstanden ist, wenn du jeden Tag ein Rätselquiz mit den anderen Kindern machen willst, weil sie dann mit ihrem Unterricht nicht vorankommt.«

Die Skalierungsfrage

Kann man Gefühle messen? Objektiv nur schwer, subjektiv geht das recht gut. Die sogenannte *Skalierungsfrage* hilft dabei, eine sehr klare Einschätzung vom Gegenüber zu erhalten und so die Gefahr von Missverständnissen zu reduzieren. Zudem wird das Gegenüber angeregt, ein Bild des »Auf-dem-Weg-Seins« zu entwickeln (eine Skalaeinstufung ist nämlich veränderbar). Dem Kind wird zunächst die Skala vermittelt; anschließend wird es nach seiner momentanen Einschätzung befragt. Das kann folgendermaßen aussehen: »Wenn du dir eine Skala vorstellst, bei der ›0‹ bedeutet, dass du noch überhaupt keine Idee hast, wie du das Problem lösen kannst, und ›10‹, dass du das Problem gelöst hast, wo würdest du dich momentan einstufen?« Bei Kindern ist es häufig hilfreich, mit konkreteren Bildern wie beispielsweise einer Treppe oder einem Thermometer zu arbeiten. In diesem Fall könnte die Formulierung folgendermaßen lauten: »Wenn du dir ein Thermometer vorstellst, das Gefühle messen kann, und auf diesem Thermometer die ›0‹ be-

Kann man Gefühle messen? Objektiv nur schwer, subjektiv recht gut.

deutet, dass du ganz unglücklich bist, und die ›10‹, dass du ganz glücklich bist, wie erlebst du dich dann meistens in der Schule?«

Im nächsten Schritt kann das bereits Erreichte gewürdigt werden. Es kommt äußerst selten vor, dass Menschen sich bei »0« einstufen, das heißt, zumindest einen ersten Schritt haben sie bereits getan. »Was hast du schon getan, um auf die Stufe, auf der du gerade bist, zu kommen?«

Anschließend wird erkundet, was das Kind tun kann, um auf der Skala eine Stufe höher zu gelangen. Auch an dieser Stelle kann es für Kinder hilfreich sein, das Bild der Treppe oder des Thermometers zu verwenden. Sie sollten das Kind dabei zu möglichst konkreten Antworten einladen: »Was genau brauchst du, um von ... auf ... zu gelangen?«, oder: »Woran genau wird dein Lehrer merken, dass du von ... auf ... gekommen bist?«, oder: »Was ist konkret anders, wenn du auf ... gekommen bist? Und woran wird dein bester Freund das merken?«

Wenn Sie Raum und Zeit haben, spricht es viele Kinder übrigens an, die Skala auf Blättern im Raum auszulegen und die jeweiligen Stufen abzugehen. Und auch hier wieder: Die Skalierungsfrage lässt sich ebenfalls gut bei »Erwachsenenthemen« anwenden.

Im Elterntraining wurde an dieser Stelle häufig die Frage gestellt, was sich alles skalieren lässt. Die Antwort: im Prinzip fast alles. Gut eignet sich die Skalierung für Gefühle (beispielsweise: »Du kannst dir ein Thermometer vorstellen, das deine Freude über das Lob deines Trainers misst. Wenn ›0‹ ›gar nicht vorhanden‹ und ›10‹ ›ganz groß‹ bedeutet, wie stufst du dein Gefühl gerade ein?«). Für die Einschätzung eines Aufwands (zeitlich oder in Bezug auf die Bereitschaft) lässt sich die Skalierungsfrage ebenfalls gut verwenden. Daneben gibt es eine große Bandbreite weiterer Verwendungsmöglichkeiten, die Folgendes gemeinsam haben:

- Es geht um die subjektive Einschätzung eines Menschen.
- Erfasst wird ein abgrenzbarer Bereich, der klar benannt werden kann.
- Die Einschätzung bezieht sich auf den aktuellen Moment.

Die Wunderfrage

Ein Grundgedanke des lösungsorientierten Vorgehens ist, etwas Neues auszuprobieren oder zu entwickeln, wenn bisherige Lösungsversuche sich als nicht hilfreich erwiesen haben. Teilweise fällt das Menschen schwer, weil sie in der Vergangenheit oder Gegenwart keine Anknüpfungspunkte entdecken. Hier kann die sogenannte *Wunderfrage* helfen, die in genau solch einer Situation kreiert wurde (De Jong & Kim Berg, 2003). Insoo Kim Berg kam in einer Beratungssitzung an den Punkt, an dem ihre Klientin zu ihr sagte, ihr könne nur noch ein Wunder helfen. Die Beraterin nahm diesen Gedanken auf und fragte nach, was sich nach Eintreten des Wunders alles verändert haben würde. Zu ihrem Erstaunen konnte die Frau, die wegen einer Vielzahl von Problemen in die Beratung gekommen war, eine sehr genaue Beschreibung der veränderten Situation nach Eintreten des Wunders geben. In dieser Beschreibung fanden sich auch ganz konkrete Anknüpfungspunkte für eine schrittweise Umsetzung des Wunders im Alltag (beispielsweise, dass die Kinder im Haushalt mithelfen würden und ihr Mann sorgfältiger mit dem vorhandenen Geld umgehen würde). Nach diesem ersten »Zufallserfolg« setzten Insoo Kim Berg und ihre Kolleginnen und Kollegen die Wunderfrage systematisch und weiterhin mit Erfolg ein. Eine Umsetzung im Gespräch mit Ihrem Kind kann folgendermaßen aussehen:

Die Wunderfrage

»Angenommen, heute Nacht, während du tief und fest schläfst, würde das Problem, dass du meistens sehr aufgeregt bist, wenn du an der Tafe rechnen sollst, verschwinden. Weil du in dem Moment schläfst, merkst du es nicht, und dennoch ist das Problem weg. Woran würdest du dieses Verschwinden nach dem Aufwachen als Erstes bemerken?«

Durch ein sorgfältiges Aufgreifen (»Woran genau merkst du, dass das Wunder geschehen ist? Woran merken es deine Freunde, woran deine Lehrerin?«) kann diese Vision im Kind wachsen. Im zweiten Schritt kann Ihr Kind selber entdecken, welche Aspekte des Wunders in seinem Alltag entweder bereits auftreten oder realisiert werden könnten. Gut ist, wenn die Kinder diese Punkte selber entdecken. Eine ausführlichere Beispielsequenz zur Anwendung der Wunderfrage finden Sie weiter unten.

Und noch ein wichtiger Hinweis: Die Wunderfrage ist für Situationen geeignet, die frei von Zeitdruck oder anderen äußeren Zwängen sind. Manche Eltern haben gute Erfahrungen damit gemacht, die Sequenz ähnlich wie eine Traumreise mit ihrem Kind zu erproben. In dieser Situation ist es hilfreich, den Übergang in den Alltag behutsam gestalten zu können, damit die gerade entdeckte Zuversicht nicht abrupt wieder »verschüttet« wird. Mit anderen Worten: Die Anwendung in der Frühe unter Zeitdruck ist für alle Beteiligten unpassend, eine Umsetzung an einem verregneten Sonntagnachmittag dagegen vielversprechender.

Reframing

Reframing bedeutet in etwa, dass ein Verhalten oder Sachverhalt mit einem neuen »Bedeutungsrahmen« versehen wird. Grundsätzlich geben wir dem Verhalten anderer Menschen eine Bedeutung, um dieses für uns sinnvoll einordnen zu können (sonst wäre unsere Umwelt höchst beliebig und damit für uns chaotisch). Diese Bedeutungsgebung ist ein individueller Prozess und innerhalb gewisser Grenzen veränderbar. Der dahinterstehende Gedanke: Wenn ein Mensch eine problematische Situation anders sieht, kann er sich anders verhalten und damit neue und für ihn häufig positivere Erfahrungen machen. Die untenstehende Abbildung veranschaulicht, wie verschiedene Bedeutungsrahmen zu unterschiedlichen Gefühlszuständen führen können.

Möglich ist das Reframing, weil angenommen werden kann, dass Menschen sich ihr Bild der Realität in einem fortlaufenden Prozess selber konstruieren. Anders ausgedrückt: Menschen orientieren sich an dem Abbild, das ihr Gehirn in einem Prozess, der unter anderem aus Wahrnehmung, Filtern und Bewerten besteht, erstellt hat. An diesem Konstruktionsprozess kann angesetzt werden. Wenn es gelingt, einen Menschen zu einer anderen beziehungsweise zuversichtlicheren Sichtweise einer für ihn problematischen Situation anzuregen, dann führt das in den meisten Fällen zu einer emotionalen Entlastung und zu einer Vergrößerung der Handlungsfreiheit. Es geht dabei nicht um die rosarote Brille, sondern darum, andere, gleichermaßen berechtigte Bedeutungen wahrzunehmen und damit auch zu begreifen, dass die eigene Sicht nicht die einzig möglich ist. Was konstruiert wurde, lässt sich auch umkonstruieren.

Klingt alles noch etwas akademisch? Einverstanden, dann verdeutlichen wir das Ganze noch anhand eines Beispiels. Konflikte in Familien können dadurch verschärft werden, dass Eltern das Verhalten ihrer Kinder als Provokation erleben (»Das macht der nur, um mich zu ärgern!«). In unserer Beratungsarbeit machten wir folgende Beobachtung: Allein dadurch, dass die Eltern es für möglich hielten, dass die Handlungen ihrer Töchter und Söhne verschiedene andere Gründe haben könnten, setzte bei ihnen ein erstes Durchatmen ein. Ein Vater berichtete, dass er sich regelmäßig über die Tischmanieren seines fünfjährigen Sohnes Marcel geärgert habe. Beim nächsten Kindergeburtstag sah er dann, dass die anderen Kinder in etwa genauso wie Marcel aßen. »Mir wurde in dem Moment klar, dass das ziemlich altersentsprechend ist, was ich völlig vergessen hatte, weil meine Schwester und ich beim Essen regelrecht ›dressiert‹ wurden.« Ein weiteres Beispiel zur Umsetzung des Reframings finden Sie unten im Abschnitt »Übungsanregungen«.

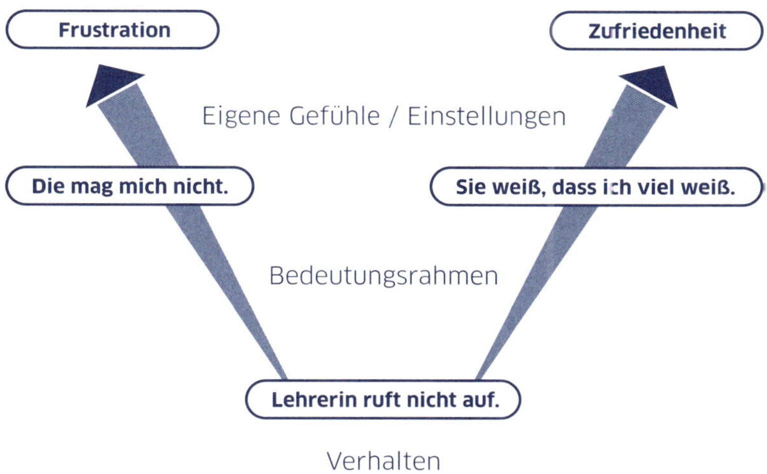

Ein Beispiel:
Ein kluges Kind, das aus seiner Sicht zu selten von der Lehrerin aufgerufen wird, könnte sich denken: »Die mag mich nicht.« Im Prozess des Reframings könnte daraus werden: »Die ruft mich seltener auf, weil sie weiß, dass ich die allermeisten Fragen richtig beantworten kann. Und sie gibt so den anderen Kindern die Chance, häufiger dranzukommen.«

Anwendung des Reframings auf ein Beispiel aus der Schule.

Ergebnisse überdenken: Wie passend ist die Lösung?

Wenn ein Mensch eine Lösung gefunden hat, dann ist diese Lösung in der Regel das Sinnvollste, was dieser Mensch gerade entwickeln konnte. Zugleich können Lösungen unerwünschte Nebenwirkungen entfalten (Seidenstücker & Wehr, 2006). So kann beispielsweise das Träumen während des Unterrichts eine langweilige Schulstunde aus der Sicht eines Kindes erträglicher machen, auf der anderen Seite aber auch dazu führen, dass sich das Kind Ärger mit der jeweiligen Lehrkraft einhandelt. Von daher ist es hilfreich, Orientierungspunkte zu haben, um eine gefundene Lösung hinsichtlich solcher ungünstiger Auswirkungen überprüfen zu können. In einem Überblick sind diese nachfolgend aufgeführt.

Lösungen können unerwünschte Nebenwirkungen entfalten, die vorab bedacht werden sollten.

- Welche Unterschiede im Vergleich zur aktuellen Situation ergeben sich, wenn die gefundene Lösung umgesetzt wird?
- Wer ist von der gefunden Lösung betroffen und inwiefern könnte eine der beteiligten Personen Einwände erheben?
- Überwiegen die positiven Aspekte der Lösung mögliche »Nebenwirkungen«?
- Falls die negativen Auswirkungen einer Lösung überwiegen: Welche alternativen Lösungsmöglichkeiten gibt es?
- Angenommen, die Lösung wird umgesetzt: Wie stellt sich die Situation für die Beteiligten dann in einem halben Jahr dar?

Vom Problem zur Lösung: Beispiele und Übungen

Auch wenn wir die Vorstellung der lösungsorientierten Inhalte durch kurze Beispielsätze veranschaulicht haben, fehlen Ihnen möglicherweise noch konkrete Gesprächsbeispiele, um sich deren Anwendung vorstellen zu können, sowie Übungsanregungen zum Ausprobieren. Der aktuelle Abschnitt soll diese Lücke schließen.

Gesprächsbeispiel zur Entdeckung von Ausnahmen

In der folgenden Sequenz geht es vor allem darum, in der Schilderung des Kindes mögliche Ausnahmen zu entdecken und dem Kind zu ermöglichen, diese ebenfalls wahrzunehmen.

Patrick

Patrick geht ungern zur Schule. Alles, was die Kinder dort lernen, findet er blöd und langweilig.

Patrick: »Das Einzige, was Spaß macht, ist der Turnunterricht.«

Mutter: »Du bist ganz enttäuscht über die Schule und das, was ihr dort lernt.«

Patrick: »Ja, genau, das ist kaum auszuhalten.«

Mutter: »Dir fällt es momentan meist schwer, die Unterrichtsstunden hinter dich zu bringen.«

Patrick: »Ja, genau.«

Mutter: »Gibt es Momente, wo es weniger schwer auszuhalten ist?«

Patrick: »Das einzig Erträgliche ist Sport.«

Mutter: »Wenn ihr Sport habt, dann geht es dir besser in der Schule.«

Patrick: »Ja, das ist ganz in Ordnung, da gehe ich gerne hin. Die Sportlehrerin behandelt uns nicht so kindisch.«

Mutter: »Das ist für dich ganz schwer auszuhalten, wenn du dich so behandelt fühlst.«

Patrick: »Das ist wie Bauch- und Zahnschmerzen.«

Mutter: »Und im Sportunterricht ist es anders.«

Patrick: »Ja, genau.«

Mutter: »Woran merkst du das?«

Patrick: »Die Frau Schrader spricht normal mit uns und lässt uns jedes dritte Mal entscheiden, was wir machen.«

Mutter: »Da fühlst du dich nicht wie ein Kleinkind.«

Patrick: »Genau so ist es.«

Mutter: »Das heißt, wenn andere Lehrer euch auch so behandeln würden, könnte es insgesamt leichter werden für dich.«

Patrick: »Ich glaub schon.«

Bei der Entdeckung von Ausnahmen geht es darum, das Kind zu einem Perspektivwechsel einzuladen. Wenn ein Kind beispielsweise sagt: »Die Kinder in meiner Klasse sind alle blöd«, dann kann ein Satz im Sinne des aktiven Zuhörens zum Überdenken anregen: »Du bist enttäuscht, weil du in deiner Klasse auch bei genauem Hinschauen kein Kind findest, mit dem du etwas anfangen kannst.« Eine andere Variante an dieser Stelle wäre eine Frage wie: »Und wenn du dir alle Kinder aus deiner Klasse vorstellst, gibt es da irgendeines, das nicht ganz so blöd ist?« Wenn Sie eine Ausnahme entdeckt haben, ist es hilfreich, dieser Raum zu geben, zum Beispiel mit Fragen wie: »Was ist anders, wenn du nicht alle Kinder blöd findest?«, »Was spielst du dann mit den Kindern?«, oder auch: »Wie gelingt es dir, mit den Kindern zurechtzukommen, wenn du gerade alle blöd findest?«.

Gesprächsbeispiel zur Wunderfrage

In dieser Beispielsequenz ist ein mögliches Gespräch zeitlich gerafft dargestellt. In der Realität nehmen die Dialoge zumeist deutlich mehr Zeit in Anspruch und sind möglicherweise auch auf mehrere Zeitpunkte aufgeteilt.

Lisa

Vater: »Du kannst dir vorstellen, du gehst heute Abend in dein Bett und schläfst tief und fest. Und mitten in der Nacht verschwindet wie durch ein Wunder dein Problem, über das wir gerade geredet haben. In dem Moment bekommst du es nicht mit, und dennoch ist es weg. Woran genau würdest du es beim Aufwachen als Erstes merken?«

Lisa: »Ich würde es daran merken, dass ich keine Bauchschmerzen hätte.«

Vater: »Und wie würdest du aufstehen, so ganz ohne Bauchschmerzen?«

Lisa: »Fröhlich. Vielleicht würde ich pfeifen.«

Vater: »Daran könnte dann auch ich merken, dass sich etwas verändert hat.«

Lisa: »Ja, genau.«

Vater: »Woran könnte deine Lehrerin deine Veränderung bemerken?«

Lisa: »Also, wenn ich immer noch so gute Laune hätte, würde ich ihr freundlich einen guten Morgen wünschen.«

Vater: »Du würdest ihr von deiner guten Laune abgeben.«

Lisa: »Ja, so kann man es ausdrücken.«

Vater: »Und wie würde sie reagieren?«

Lisa: »Sie würde lächeln. Und vielleicht würde sie mir am Ende der Stunde fünf Minuten geben, in denen ich vom Besuch im Deutschen Museum erzählen kann.«

Vater: »Das wäre klasse für dich.«

Lisa: »Ja, genau.«

Vater: »Angenommen, du würdest schon mal trainieren, mit dem Wunder umzugehen, und so tun, als ob es schon passiert wäre, wie könnte das denn aussehen?«

Lisa: »Na ja, ich könnte mal probieren, wie unsere Lehrerin reagiert, wenn ich ihr ›Guten Morgen‹ sage auf dem Gang. Meistens schweigen wir uns ja an. Mal schauen, was dann passiert.«

Übung zur Wunderfrage

Überlegen Sie sich bitte ein Problem, das Sie schon lange begleitet und für das Sie bisher noch keine Lösung gefunden haben. Stellen Sie sich nun vor, dass eines Nachts »wie durch ein Wunder« dieses Problem verschwindet (wenn Ihnen die Idee eines Wunders nicht zusagt, können Sie auch so tun, als hätte eine Beratung Erfolg gehabt oder als sei heute ein Ausnahmetag und das Problem verschwunden):

- Woran genau würden Sie dieses Verschwinden morgens nach dem Aufwachen als Erstes bemerken?
- Woran Ihr Partner/Ihre Partnerin?
- Und woran Ihr(e) Kind(er)?

Wenn Sie möchten, dann schreiben Sie diese Wundergeschichte auf, und zwar so anschaulich wie möglich.

Achten Sie auf Ereignisse, die Sie jetzt schon umsetzen könnten, wenn Sie an einem Tag so tun würden, »als ob das Wunder bereits (zumindest ein bisschen) geschehen wäre«, beispielsweise: »Ich hätte jeden Morgen so viel Zeit, dass ich mit dem Fahrrad anstatt mit dem Auto zur Arbeit fahren könnte.«

Lesen Sie Ihre Aufzeichnungen nach ein paar Tagen noch einmal durch.

Beispiele zum Reframing

Wie kann das Reframing im Familienalltag eingesetzt werden? Eine Möglichkeit besteht darin, negativ besetzte Beschreibungen von Merkmalen beziehungsweise Verhaltensweisen »umzuarbeiten«. Welche positive Eigenschaft liegt in der Verhaltensweise eines anderen Menschen, die wir normalerweise ablehnen? Zur Übersicht haben wir eine Sammlung von negativen Verhaltensweisen erstellt, die im Elterntraining häufig genannt wurden. Diese gilt es nun, im Sinne des Reframings zu übersetzen:

- Unnachgiebigkeit
- Faulheit
- Egoismus
- Angeberei
- Unehrlichkeit
- Aggressivität

Bei der Frage, welcher positive Aspekt in einer negativ besetzten Eigenschaft enthalten sein könnte, waren für die Eltern im Training zwei Hinweise hilfreich: Es kann sich um eine Fähigkeit handeln oder aber um ein Motiv beziehungsweise einen Wunsch (beispielsweise nach Zugehörigkeit). Hier finden Sie beispielhafte Lösungen, die auf Formulierungen der Teilnehmerinnen und Teilnehmer von KLIKK® zurückgehen:

Begriff	Reframing/»Übersetzung«
Unnachgiebigkeit	Wunsch, mit der eigenen Sichtweise gehört zu werden.
Faulheit	Fähigkeit, ökonomisch mit den eigenen Kräften umzugehen.
Egoismus	Fähigkeit, für eigene Belange effektiv einzustehen.
Angeberei	Wunsch, als kompetente Person wahrgenommen zu werden.
Unehrlichkeit	Fähigkeit, förderliche und weniger förderliche Aspekte der eigenen Person unterscheiden und selektiv mit diesen umgehen zu können.
Aggressivität	Fähigkeit, eigene Bedürfnisse engagiert durchzusetzen.
Rücksichtslosigkeit	Starker Wunsch, hinsichtlich der eigenen Bedürfnisse nicht zu kurz zu kommen.

Ein Hinweis, um unerwünschte Nebenwirkungen zu vermeiden: Beim Reframing geht es nicht darum, sich die Welt »schönzudenken«, sondern darum, unterschiedliche Bedeutungsgebungen zu entdecken (im Sinne von »So kann ich es auch sehen«). Um dadurch keine neuen Probleme zu kreieren, ist es wichtig, sich zugleich die Sichtweise anderer Menschen zu vergegenwärtigen. Wenn ich als Elternteil die Regelübertretungen meines Kindes als Ausdruck seiner Kreativität »rahme«, sollte mir bewusst sein, dass die meisten anderen Bezugspersonen (beispielsweise Erzieherinnen oder Lehr-

Beim Reframing geht es nicht darum, sich die Welt »schönzudenken«, sondern darum, unterschiedliche Bedeutungsgebungen zu entdecken.

kräfte) das nicht so sehen. Andernfalls laufe ich als Elternteil schnell Gefahr, weltfremd zu werden. Und mein Kind gilt vermutlich als unerzogen.

Die positive Wirkung des Reframings besteht häufig in einer Entlastung. Dadurch, dass ich das Verhalten anderer Menschen nicht mehr ausschließlich als negativ oder gegen mich gerichtet sehe, erlebe ich neue Freiheitsgrade hinsichtlich meines Fühlens wie auch meines Verhaltens. Vielleicht haben Sie bei der einen oder anderen Übersetzung gelacht – ein typisches Zeichen dafür, dass ein Reframing funktioniert hat.

Gesprächsbeispiel zum Reframing

Martin

Martin: »Wenn ich morgens in die Klasse komme, dann lachen die anderen immer so blöd. Bestimmt finden sie mich komisch.«

Mutter: »Wenn andere Kinder in der Klasse lachen, hast du die Befürchtung, dass sie dich auslachen.«

Martin: »Ja, genau. Bestimmt erzählen die sich auch blöde Witze über mich.«

Mutter: »Und wenn du dir das vorstellst, dann trifft dich das.«

Martin: »Ja, klar.«

Mutter: »Ich frage mich gerade, ob es noch andere Erklärungen für das Verhalten der Kinder gibt. Zum Beispiel solche, die mit dir gar nichts zu tun haben …«

Martin: »Das kann ich mir nicht vorstellen.«

Mutter: »Der Gedanke kommt dir komisch vor.«

Martin: »Ja, schon.«

Mutter: »Mir kommt gerade die Idee, ob es für dich vorstellbar ist, wie in einem Experiment zu überprüfen, welche der Erklärungen eher zutrifft: die, die du bisher hattest, oder die neue, über die wir gerade gesprochen haben.«

Martin: »Na ja, ich könnte das in den nächsten Tagen vielleicht mal überprüfen.«

Mutter: »Wie könntest du denn herausbekommen, worüber die anderen lachen?«

Martin: »Na ja, die Anne ist ja nett, wenn sie alleine ist. Wenn ich sie auf dem Schulweg ohne ihre Freundinnen treffe, frage ich sie mal, worüber die morgens immer lachen.«

Die Anregungen von Martins Mutter ermöglichen ihrem Sohn, seine Erklärung für das Verhalten der anderen Kinder aus seiner Klasse zu überdenken. Wenn dieser Prozess angestoßen wurde, ist bereits viel erreicht. Hilfreich ist nach unserer Erfahrung, diese kleine Veränderung erst einmal wirken zu lassen, damit daraus möglicherweise eine größere Änderung resultieren kann. Bei vielen klugen Kindern scheint ein zu starkes Beharren auf der neuen Sichtweise (»Siehst du, das kann man nämlich auch anders sehen!«) dazu zu führen, dass sie sich in ihrer Kompetenz und ihrem Autonomiebestreben infrage gestellt fühlen und schon deswegen bei ihrer alten Sichtweise bleiben.

Übung zur (Wieder-)Entdeckung von Ressourcen: Die Wertschätzungswoche

Die meisten Erwachsenen, die wir kennen (und da schließen wir uns ein), sind ziemlich gut, und das heißt vor allem darin geübt, an sich und an anderen Menschen Kritik zu üben. Wir haben diese Fähigkeit über Jahre oder Jahrzehnte hinweg trainiert. Und in manchen Situationen ist es natürlich völlig angebracht, Verhaltens- oder Sichtweisen zu kritisieren. Wenn es um die andere Seite geht, also das Erkennen dessen, was uns gefällt oder guttut, dann fällt dies vielen Menschen schwerer. Diese Fähigkeit ist also offenbar weniger trainiert. Diese Erkenntnis inspirierte uns zu der folgenden Übung. Der Sinn der Reflexion besteht darin, eine Woche lang jedes Familienmitglied daraufhin zu beobachten, welche Eigenschaften oder Verhaltensweisen Ihnen gut gefallen. Jede für Sie angenehme Beobachtung wird notiert. Am Ende der Woche kann es dann eine »Abrechnung« der anderen Art geben: In einer für alle möglichst angenehmen Weise werden die Beobachtungen zurückgemeldet. Dabei ist weniger oft mehr. Das kann beispielsweise bedeuten, die Rückmeldungen nicht alle auf einmal, sondern im Kreis abwechselnd zu geben. Und auch bei den Beschreibungen selbst gilt: Ein oder zwei Sätze sind zumeist leichter zu »verdauen«. Hilfreich ist zudem, darauf zu achten, dass die Art der Rückmeldung von Ihnen selbst als echt erlebt wird.

Folgende Punkte können als Anregungen für genaue Beobachtungen und Rückmeldungen zur Wertschätzungswoche hilfreich sein:

- »Was mir an dir in dieser Woche besonders gut gefallen hat ...«
- »Worüber ich mich in dieser Woche bei dir besonders gefreut habe ...«
- »Was mich an dir in dieser Woche besonders beeindruckt hat ...«

Übung zur Zielklärung: Wünsche raten – nicht nur zur Weihnachtszeit eine interessante Erfahrung ...

In der folgenden Übung raten Sie wechselseitig, was sich ein anderes Familienmitglied in Bezug auf bestimmte Themengebiete am meisten wünscht. Das kann beginnen mit der Frage nach dem Wunsch zu einem bestimmten Festtag und dann stärker auf das familiäre Miteinander übergehen. Das Erraten von Wünschen anderer Familienmitglieder ist nach unserer Erfahrung gut geeignet, um im nächsten Schritt gemeinsame Ziele (beispielsweise in Bezug auf die Gestaltung von Wochenenden) erarbeiten zu können. Zum »Wünscheraten« vorab drei Hinweise, die sich als hilfreich erwiesen haben:

- Wenn ich aufschreibe, was die andere Person sich zu einer bestimmten Frage am meisten wünscht, heißt das nicht, dass ich damit automatisch verpflichtet bin, diesen Wunsch zu erfüllen.
- Beim Raten ist es sinnvoll, sich so gut wie möglich in den anderen hineinzuversetzen. Es geht darum, was sich diese Person wünscht, nicht was ich für sinnvoll für diesen Menschen halte.
- Die Wünsche können hinterher besprochen werden, dabei sollte man Bewertungen jedoch vermeiden.

Im Folgenden finden Sie ein paar Beispiele für Wunschvermutungen als Anregung für eigene Ideen:

- *»Meine Vermutung, was du dir zu deinem nächsten Geburtstag wünschst ...«*
- *»Meine Vermutung, was sich für dich in einem halben Jahr in unserer Familie verändert haben sollte ...«*
- *»Was du dir von mir wünschst ...«*

Die Übung ist eine Trainingsmöglichkeit für die Fähigkeit, sich in andere Menschen einfühlen zu können. Je jünger Kinder sind, desto ungeübter sind sie hinsichtlich dieser Kompetenz noch. In diesem Fall sind einfachere Fragestellungen angemessener, beispielsweise das Erraten der Lieblingsspeise oder der Lieblingsfarbe.

Fazit

Zu Beginn dieses Kapitels haben wir ausgeführt, dass die Grundideen der Lösungsorientierung deutlich leichter nachzuvollziehen als umzusetzen sind. An dieser Stelle hoffen wir, dass Sie ein paar Ideen für eine lösungsorientierte Begleitung Ihres Kindes bekommen haben. Letztlich hat sich auch hier das Prinzip der kleinen Schritte bewährt. Und vielleicht hilft es Ihnen, zu wissen, dass die »Geburtsstunde« der Lösungsorientierung einem Gespräch zugeordnet wird, in der sich die Berater zunächst alles andere als kompetent erlebten. Quasi aus der Ratlosigkeit heraus fragten sie die Familie, die sie gerade berieten, nach kleinen, positiven Ausnahmen von den vielen Problemen, über die sie zuvor gesprochen hatten. Das Gespräch nahm dann eine positive und berührende Wendung und legte den Grundstein für die Entwicklung des Ansatzes, den wir Ihnen in diesem Kapitel vorgestellt haben. Anfängliche Ratlosigkeit schließt späteres Kompetenzerleben also nicht aus.

13 Wie kann KLIKK® aussehen? Beispiele für Motivation, Stressabbau und Schulerfolg

Zum Ende des Elterntrainings gibt es häufig den Wunsch nach »noch mehr Beispielen«, einem Nachschlag sozusagen. In den folgenden Abschnitten stellen wir daher weitere Anwendungsbeispiele für den KLIKK®-Ansatz vor; im Mittelpunkt stehen dabei die zentralen Bereiche Motivation, Stressabbau und der Umgang mit der Institution Schule. Dabei geht es wieder um Lösungsansätze, die den Familienalltag betreffen.

Unterstützung der Motivation des Kindes

Kinder sind oft aktiv, weil ihnen eine Tätigkeit Spaß macht oder sie etwas Neues darstellt. Gerade jüngere Kinder machen Dinge darüber hinaus häufig ihren Eltern (oder der Erzieherin beziehungsweise Lehrerin) zuliebe. Dagegen ist nichts einzuwenden. Im Sinne der Entwicklungsschritte, die wir im dritten Kapitel beschrieben haben, ist es gut, darauf zu achten, dass Kinder im Verlauf der Grundschulzeit immer stärker auch ein Gespür dafür entwickeln, was sie gerne machen, und dass sie lernen, diese Motivation mit den Bedürfnissen ihrer Umgebung abzugleichen. Parallel dazu sollten sie lernen, wie sie verschiedene Motive, die durch eine Situation in ihnen aktiviert werden, in Einklang bringen können.

Im Beispiel Wiebkes aus dem sechsten Kapitel ging es beispielsweise darum, dass ein neunjähriges Mädchen sein Leistungsvermögen in der Schule nicht zeigte, weil es Angst vor Ablehnung durch die Mitschülerinnen und Mitschüler hatte. Im Beratungsgespräch konnte es das Dilemma, in dem es steckte, aussprechen, was es erleichterte (»Auf der einen Seite habe ich Lust, spannendere Aufgaben zu machen; auf der anderen Seite könnte es sein, dass mich die anderen in meiner Klasse dann nicht mehr so mögen«). Als Wiebke dann ihre Angst mithilfe einer Skalierungsfrage in Zahlen übersetzte, wurde ihr klar, dass bestimmte Situationen im Unterricht sie deutlich mehr beunruhigten als andere. Ganz schwierig war es für Wiebke beispielsweise, wenn ihre Lehrerin ihre Leistung vor der ganzen Klasse lobend herausstellte (»Da wäre ich am liebsten unsichtbar!«). Gute Noten für sich genommen waren dagegen unproblematisch (»Es gibt ja noch andere Kinder, die Einser haben«). Wir arbeiteten dann mit Wiebke daran, welche Lerninhalte in der Schule für sie besonders reizvoll waren, und glichen anschließend mit ihr ab, inwiefern diese mit ihrer Angst vor Ablehnung in Einklang zu bringen waren. Auf diese Weise gelang es Wiebke weitaus häufiger, das Anschluss- und das Leistungsmotiv in der Schule umzusetzen, ohne dass es ihr weiterhin Angst bereitete. Wiebke entdeckte beispielsweise, dass es ihr in Gruppenarbeiten sehr leichtfiel, ihre Ideen einzubringen, weil sie da nicht als Einzige lobend herausgestellt wurde. Ihre Lehrerin zeigte sich aufgeschlossen und variierte ihre Rückmeldungen (»Mir geht es ja darum, Wiebke zu unterstützen, und nicht darum, sie unter Druck zu setzen.«). Letztlich konnte sich dadurch die Situation für alle Beteiligten entspannen.

Ohne Belohnung geht es nicht?

Die Diskussion über das Für und Wider von Belohnungssystemen hat bei manchen Elterntrainings die Gemüter erhitzt. Einige Eltern befürworteten sie vehement, andere lehnten sie ebenso engagiert ab. Welche Antwort können wir Ihnen in diesem Buch geben? Die Überschrift dieses Abschnitts legt unsere Sicht eigentlich schon nahe: Motivation kann auch ohne eine Belohnung von außen entstehen. Dennoch lehnen wir solche Anreize nicht generell ab: also ein »Sowohl-als-auch«. Wir greifen an dieser Stelle bewusst auf Erfahrungswerte aus Beratungen und Trainings zurück, geben also Ideen und Anregungen weiter, die sich in der Praxis bewährt haben.

Auch wir Erwachsenen setzen »Verstärker« ein und belohnen uns, wenn wir etwas Unangenehmes erledigt haben.

Wir Erwachsenen setzen ebenfalls »Verstärker« ein und belohnen uns, wenn wir etwas Unangenehmes erledigt haben (»Wenn ich die Steuererklärung endlich fertig habe, gehen wir schön essen«). Manche Mädchen und Jungen machen Ähnliches von selbst und heben sich beispielsweise einen Teil des Nachtischs auf, um ihn nach der Erledigung der Hausaufgaben zu essen, oder sie lesen erst dann ein paar Seiten in einem Buch, das ihnen gerade gut gefällt (doch, diese Beispiele gibt es tatsächlich und nicht nur im Lehrbuch!). Damit setzen sie das Verstärkerprinzip in Grundzügen bereits um.

Auch hier gilt natürlich, dass nichts zu reparieren ist, was funktioniert (wie im vorigen Kapitel ausgeführt). Doch gerade bei jüngeren Kindern können Belohnungssysteme (für einen begrenzten Zeitraum eingesetzt) dazu führen, dass sie sich auf neue Erfahrungen einlassen oder neue Fähigkeiten lernen. Wo dies klappt, gibt es keine Einwände dagegen. Bei der Wahl der Belohnung haben uns viele Eltern erzählt, dass sie zwischen materiellen und »Aktivitätsbelohnungen« (beispielsweise gemeinsame Extraspielzeit) variierten und damit gute Erfahrungen gemacht haben. Beide Belohnungsformen sind nach unserer Einschätzung dann hilfreich, wenn sie ein echtes Plus darstellen und für das Kind attraktiv sind (wenn Sie beispielsweise das Taschengeld mit der Einführung eines Belohnungssystems nur noch »erfolgsbezogen« auszahlen, wird das vermutlich neue Konflikte hervorrufen).

Zudem ist es ratsam, die Anforderung (beispielsweise die Anzahl der gesammelten Punkte), ab der die Belohnung erreicht ist, überschaubar zu gestalten (insbesondere für jüngere Kinder). Andernfalls kann bei Töchtern und Söhnen das Gefühl der Überforderung eintreten, wodurch das Ziel des Belohnungssystems für sie unattraktiv wird. Generell sollte die Belohnung möglichst direkt auf das erwünschte Verhalten folgen (bei jungen Kindern, indem sie diese direkt danach erhalten, ältere kann man zunächst symbolisch durch Punkte belohnen, die in einen dafür vorbereiteten Plan eingeklebt werden können). Damit Sie als Eltern nicht permanent Belohnungen ausgeben müssen, empfiehlt es sich zum einen, von vornherein deutlich zu machen, dass das Belohnungssystem zeitlich begrenzt durchgeführt wird. Zum anderen können Sie die materiellen Verstärker zunehmend dadurch ersetzen, dass Sie die neu erworbenen Kompetenzen Ihrer Kinder in der konkreten Situation würdigen (beispielsweise: »Ich bin beeindruckt und freue mich, weil du es in den letzten Tagen immer geschafft hast, innerhalb von zehn Minuten ›bettfertig‹ zu sein.« Weitere Anregungen zur Würdigung von Kompetenzen finden Sie in Kapitel 12). Die folgenden drei Eckpunkte können als Orientierung dienen:

Belohnungen

- sind möglichst klein (für jüngere Kinder beispielsweise Aufkleber mit Motiven, die das Kind gerne mag, oder fünf Minuten Extravorlesezeit);
- erhalten die Kinder möglichst unmittelbar, nachdem sie das vereinbarte Verhalten gezeigt beziehungsweise die vereinbarte Aufgabe erfüllt haben;
- werden zeitlich begrenzt eingesetzt.

Schwierigkeiten können sich ergeben, wenn die Belohnung für eine Tätigkeit als eine Art Kontrolle eingesetzt wird. In der Fachsprache wird dafür der Begriff »Korrumpierungseffekt« verwendet (Wild, Hofer & Pekrun, 2006). Wenn beispielsweise Kinder durch äußere Belohnungen das Gefühl bekommen, dass sie nicht mehr selbst darüber bestimmen, wann sie ein Musikinstrument üben, kann ein solcher negativer Effekt eintreten. Diese Aussage lässt sich gut mit der Selbstbestimmungstheorie der Motivation in Einklang bringen, die wir im sechsten Kapitel vorgestellt haben.

Schwierigkeiten können sich ergeben, wenn die Belohnung für eine Tätigkeit als eine Art Kontrolle eingesetzt wird.

Wie lassen sich nun Belohnungssysteme mit dem KLIKK®-Ansatz vereinbaren? Wir haben die Erfahrung gemacht, dass hochbegabte Kinder die Grundzüge dieser Systeme schnell verstehen. Das spricht nicht generell gegen deren Einsatz. Allerdings erscheint es denkbar, dass der im vorherigen Absatz beschriebene Korrumpierungseffekt bei ihnen durch diese Erkenntnis früher einsetzt als bei durchschnittlich begabten Kindern. Insofern ist es sinnvoll, hochbegabte Kinder in die Planung eines solchen Systems einzubeziehen, beispielsweise dadurch, dass Eltern ihre Beweggründe verdeutlichen (»Wenn euer abendliches Zähneputzen zwanzig Minuten dauert, kommen wir darüber fast immer in Streit. Ich hätte gerne, dass wir uns abends ohne diesen Streit ›Gute Nacht‹ sagen können, deswegen möchte ich daran etwas ändern«). Mit dieser »Vorarbeit« können Belohnungssysteme von Kindern anders eingeordnet werden: Sie helfen uns, eine Veränderung zu erreichen, die dann alle wollen. Wir haben in der Zusammenarbeit mit hochbegabten Kindern die Erfahrung gemacht, dass es sich beim Einsatz von Belohnungssystemen bewährt, auf folgende Punkte zu achten:

- Die angestrebte Veränderung wurde mit dem Kind besprochen, sodass es »mit im Boot ist«. So ist es zumindest bereit, an diesem

Prozess mitzuarbeiten, auch wenn der Anstoß zur Veränderung zunächst vermutlich von den Eltern kommt. Ein Beispiel: Kinder haben nicht unbedingt selbst das Ziel, ihr Zimmer regelmäßig aufzuräumen, sind aber in vielen Fällen bereit, dies zu trainieren, wenn Eltern ihnen erklären, dass das Familienleben dadurch harmonischer werden kann. Ein Belohnungssystem kann diesen Trainingsprozess unterstützen.

- Die Belohnung ist für das Kind selbst reizvoll (wo möglich, sind sogenannte soziale Verstärker sinnvoll wie gemeinsames Spielen, Vorlesen oder gemeinsame Aktivitäten).
- Es wird vorab ein klarer Rahmen vereinbart, für welche Aktivitäten es welche Belohnung gibt. In dieser Vereinbarung sind also klare Kriterien formuliert (beispielsweise wann ein Teilschritt erreicht ist).

Motivationsunterstützung im Sinne des KLIKK©-Ansatzes

Zum Abschluss dieses Abschnittes führen wir noch ein Beispiel auf, das zeigt, wie eine Unterstützung der Kinder im Bereich Leistungsmotivation aussehen kann. Hierbei werden die beiden Grundbausteine wertschätzende Kommunikation und Lösungsorientierung angewendet, als Orientierungsrahmen dient das Attributionsmodell das wir im Kapitel zum Thema Motivation beschrieben haben.

Matthias

Ausgangssituation: Matthias hatte keine Lust, zu Hause für die Mathearbeit zu lernen. Trotzdem schreibt er eine Eins, wobei der Inhalt dieser Arbeit fast identisch mit dem der letzten war. Voller Überzeugung sagt er: »Das mache ich auch in Zukunft so. Ich brauche doch gar nicht zu lernen.« Matthias erklärt sich die gute Leistung also durch seine Begabung für Mathematik (intern/stabile Attribution).

Vater: »Du freust dich über die Eins und bist dir sicher, dass du mit dem gleichen Aufwand wie diesmal in der nächsten Arbeit wieder eine so gute Note erreichst.«
Matthias: »Ja klar, ich bin echt gut in Mathe.«
Vater: »Du bist ganz stolz, dass du Matheaufgaben so gut lösen kannst. Und

ich bin es auch. Wenn ich höre, dass du davon ausgehst, nicht mehr lernen zu müssen, mache ich mir allerdings Sorgen.«

Matthias: »Wieso das denn?«

Vater: »Weil ich überzeugt bin, dass dein kluger Kopf alleine auf Dauer nicht ausreichend ist für gute Noten.«

Matthias: »Papa, mach dir mal keine Sorgen, das haut schon hin.«

Vater: »Du hättest gerne, dass ich ähnlich zuversichtlich bin wie du.«

Matthias: »Ja.«

Vater: »Welche Note müsstest du denn in der nächsten Mathearbeit erreichen, damit du zufrieden sein kannst?«

Matthias: »Eine Eins oder Zwei.«

Vater: »Auf einer Skala von eins bis zehn, auf der ›eins‹ ganz unsicher und ›zehn‹ ganz sicher bedeutet, wie sicher bist du, diese Note ohne Lernen erreichen zu können?«

Matthias: »Na ja, so bei ›acht‹: Die Aufgaben aus der letzten Stunde sind mir nicht so ganz klar.«

Vater: »Bei denen überlegst du, ob es sinnvoll sein könnte, die noch mal anzuschauen.«

Matthias: »Ja.«

Eine Anmerkung zum Einsatz der Skalierungsfrage: Bei der Beispielsituation könnte der Eindruck entstehen, dass die Skalenfrage destabilisierend eingesetzt wurde. Dies ist jedoch nicht die Absicht. Es ging uns bei diesem Beispiel vielmehr darum, zu verdeutlichen, dass mit der Würdigung der Kompetenzen nicht einer Überschätzung eigener Möglichkeiten Vorschub geleistet werden soll – und wie einer solchen Verschätzung wertschätzend begegnet werden kann. Günstig ist es, wenn die Attributionen ein realistisches bis »gesund« optimistisches Bild der eigenen Situation vermitteln.

Begleitung des Kindes bei der Stressbewältigung

Kinder werden in ihrer Entwicklung immer ein gewisses Maß an Stress erleben. Gegenwärtig liegt eine besondere Anforderung für viele Kinder darin, dass sie mit einer Fülle von Handlungsmöglichkeiten und Erwartungen konfrontiert werden und es ihnen andererseits an stabilen Beziehungen fehlt, mit deren Hilfe sie sich diesen Möglichkeiten kindgerecht nähern könnten. Als Folge erleben viele Kinder Überforderung und Stress (Fuhrer, 2007). Wie schon erwähnt, liegt uns keine Studie vor, die belegt, dass hochbegabte Kinder aus diesem Grund mehr Stress erleben als nicht hochbegabte Mädchen und Jungen. Von daher können wir nur auf Eindrücke aus der Beratungspraxis zurückgreifen (was immer auch die Gefahr einer Verzerrung mit sich bringt). Die Einzelfälle aus unserer Beratungspraxis zeigen, dass ein zu hohes Maß an Autonomie (»Unser Kind soll selber entscheiden, was es essen und anziehen mag, in welche Schule es geht« etc.) bei jüngeren Kindern zu Überforderung führen kann. Damit kein Missverständnis entsteht: Natürlich ist es sinnvoll, Kindern ein Mitspracherecht bei Entscheidungen, die sie betreffen, einzuräumen. Wenn sie jedoch im Vorschul- oder Grundschulalter ihre jeweilige Bildungsinstitution auswählen sollen, sehen sie sich einem Ausmaß an Verantwortung gegenüber, dem sie noch nicht gewachsen sind. Wir haben erlebt, dass Eltern hochbegabter Kindern durch deren hohe Intelligenz schneller in eine solche Situation kommen können als Eltern durchschnittlich begabter Kinder. Es gilt also, sich immer wieder zu vergegenwärtigen, dass wir es mit Kindern zu tun haben, die neben ihren hohen intellektuellen Fähigkeiten ganz normale kindliche Bedürfnisse haben.

An dieser Stelle hilft vielleicht ein Hinweis auf das erste Kapitel, in dem wir den autoritativen Erziehungsstil beschrieben haben. Kinder haben einen guten Rahmen für ihre Entwicklung, wenn sie ihre Eltern zugleich als wertschätzend und eindeutig erleben (das gilt unabhängig vom Begabungsniveau für alle Kinder). Wenn es Müttern und Vätern gelingt, ihren Kindern in dieser Weise zu begegnen, leisten sie damit einen wichtigen Beitrag, um das Stressniveau in der Familie zu reduzieren (Lohaus, Domsch & Fridrici, 2007).

Ein zu hohes Maß an Autonomie kann bei jüngeren Kindern zu Überforderung führen.

Nachfolgend beschreiben wir, wie Eltern ihren Kindern helfen können, wenn diese sich überfordert fühlen. Wie im siebten Kapitel beschrieben, erleben Menschen Stress als Folge eines inneren Bewertungsprozesses, der die Anforderung selbst sowie die eigenen Bewältigungsmöglichkeiten betrifft. Der im Folgenden anhand des Beispiels »Referat halten« beschriebene Ansatz besteht darin, die aktuellen Bewertungen und Einschätzungen des Kindes wertschätzend aufzugreifen und ihm zugleich die Möglichkeit zu geben, diese zu überprüfen. Dabei geht es nicht um grundlegende Umwälzungen, sondern wieder um kleine Schritte. Das Kind in unserem Beispiel wird wahrscheinlich auch weiterhin Referate als etwas Unangenehmes einschätzen. In der Gesprächssequenz mit seiner Mutter hat es aber die Chance, zu erkennen, dass es vergleichbare Situationen schon einmal zu seiner Zufriedenheit bewältigt hat.

Anforderung	Mögliche Bewertungen des Kindes in Bezug auf die Anforderungen	Folge in Bezug auf das Stresserleben des Kindes
Referat halten	**Positiv** »Toll – eine Herausforderung.«	Kein Stress
	Neutral »Ist genauso, als ob ich einen Aufsatz schreiben würde.«	Kein Stress
	Negativ »Oh, das ist zu schwer.«	Möglichkeit von Stresserleben

Mögliche Bewertungen eines Kindes in Bezug auf die Anforderung »Referat halten«.

Die Bewertung »Das ist zu schwer« (was potenziell Stress auslösen kann, und zwar dann, wenn der zweite Bewertungsschritt über Bewältigungskompetenzen ebenfalls negativ ausfällt) kann im Sinne des KLIKK®-Ansatzes folgendermaßen aufgegriffen werden:

Anna

Mutter: »Du hast die Befürchtung, dass du das Referat nicht so vortragen kannst, wie dein Lehrer das von dir erwartet.«

Anna: »Ja, klar. Das schaffe ich nie. Der Herr Meier sagt doch immer, es ist ganz wichtig, dass wir gut vortragen können! Und ich glaube, dass ich das nicht gut kann. Wenn ich da vorne stehe, fällt mir bestimmt nichts mehr ein und dann lachen alle.«

Mutter: »Das wäre dir wahrscheinlich ganz peinlich, wenn es so laufen würde. Wenn du an die letzten Referate denkst, hast du das dann immer so erlebt?«

Anna: »Na ja, … nicht immer. Irgendwas ist mir meistens eingefallen. Einmal ist es sogar ganz gut gelaufen.«

Mutter: »Es gab zumindest ein Referat, das hast du gut hinbekommen.«

Anna: »Ja. Damals hat es sogar Spaß gemacht, weil ich mal fünf Minuten am

Stück reden durfte. Ich konnte alle Dinosaurier aufzählen, die ich kenne und das, ohne dass jemand dazwischen gequatscht hat. Da hat der Herr Meier drauf geachtet. Sonst bremst er mich ja meistens. Damals hat er sogar gesagt, dass ihm das gut gefallen hat und dass er sogar noch ein paar Dinosaurier kennengelernt hat, die er von seinen Kindern noch nicht kannte.«

Analog zu diesem Beispiel kann auch der zweite Bewertungsschritt (»Das kann ich nicht bewältigen«) aufgegriffen werden. Das Vorgehen umfasst die folgenden Punkte: das Aufgreifen des Erlebens des Kindes, die Anregung zum Entdecken einer Ausnahme und zur Übertragung dieser Ausnahme auf die aktuelle Situation.

Wir schließen den Abschnitt zum Stress mit einem ressourcenorientierten Fokus ab. Im vorhergehenden Kapitel haben wir mit Bezug auf den lösungsorientierten Ansatz beschrieben, dass ein Problem selten permanent in der gleichen Stärke auftritt. In der Regel gibt es Ausnahmen oder Situationen, in denen Menschen die jeweilige Anforderung leichter oder besser bewältigen können. Diese Erfahrungen können leichter genutzt werden, wenn sie einem Menschen bewusst sind. Dazu kann eine ähnliche Sammlung für Kinder vorgenommen werden, wie wir sie im Kapitel 7 über Stress für die Stressbewältigung von Eltern vorgestellt haben. Dabei geht es zunächst darum, belastende Situationen zusammenzutragen; anschließend werden Situationen festgehalten, in denen das Kind mit diesen Anforderungen leichter zurechtkommt. Noch nützlicher wird die Sammlung, wenn es gemeinsam gelingt, den Anteil des Kindes an dieser Bewältigung deutlich werden zu lassen. Für Sie als Eltern könnte zudem hilfreich sein, wenn Sie für sich reflektieren, in welchen Momenten Sie die hohe Begabung Ihres Kindes als Ressource bei der Stressbewältigung erlebt haben (und wie diese Ressource möglicherweise noch stärker zur Stressbewältigung genutzt werden kann). Und noch etwas: Stress entsteht aus dem Gefühl der Überforderung. Je mehr sich Menschen ihrer Stärken und Ressourcen bewusst sind, umso eher können sie ihrem Stresserleben gegensteuern.

»Lästiges Übel« Schule? Kooperation zwischen Schule und Elternhaus

Manche und mancher von Ihnen wird an dieser Stelle vermutlich genervt oder resigniert aufseufzen. »Schule« nimmt in Familien mit Kindern im schulpflichtigen Alter in den meisten Fällen eine zentrale Rolle ein. In diesem Abschnitt führen wir einige Ansatzpunkte dafür auf, wie mit dem Thema Schule konstruktiv umgegangen werden kann.

Bevor hochbegabte Kinder in die Schule kommen, sollte man ihnen helfen, ein einigermaßen realistisches Bild von der Schule zu entwickeln. Die Institution ist auf der einen Seite ein Ort, an dem Kinder etwas Neues lernen können, dort werden aber sicherlich nicht alle Fragen beantwortet. Ein pauschales Vertrösten auf die Zeit als Schulkind (»Dann kannst du endlich etwas Spannendes lernen«) wird also mit hoher Sicherheit Frustration produzieren. Viele Kinder sind schon durch ältere Kinder über die Schule »informiert«. Von daher kann es hilfreich sein, wenn Sie zu Hause ebenfalls das Gespräch mit Ihrem Kind suchen, auch um verzerrte Annahmen korrigieren zu können:

- »Worauf freust du dich am meisten?«
- »Was bereitet dir eventuell Angst?«
- »Was wird anders, wenn du vom Kindergarten- zum Schulkind wirst?«

Manche Eltern, die zu uns in die Beratung kamen, überlegten, ihr Kind auf eine Schule mit speziellen Förderschwerpunkten zu schicken. Das kann sinnvoll sein, zum Beispiel, wenn damit ein Interessenschwerpunkt des Kindes aufgegriffen wird. Allerdings kann dieser positive Aspekt verpuffen, wenn Ihr Kind den Eindruck entwickelt, dass die Entscheidung gänzlich über seinen Kopf hinweg getroffen wurde. Eine Familie erzählte: »Wir wollten, dass die musikalische Begabung unserer Tochter gefördert wird. Sie beklagt sich aber, weil sie dachte, dass sie mit ihren Kindergartenfreundinnen in die Sprengelschule gehen würde, und weil sie jetzt weniger Zeit mit ihnen verbringen kann.«

In den Fällen, die einen positiven Verlauf zeigten, hatten die Eltern ihre Töchter und Söhne vorab über ihre Überlegungen informiert, sich gemeinsam mit ihren Kindern die betreffende Schule (und eventuelle Alternativen) angeschaut und dann auch zugehört, wie das Kind das Ganze einschätzt. Das Kind in die Entscheidung mit einzubeziehen bedeutet übrigens nicht, dass es die Entscheidung treffen soll; da wäre es überfordert. Möglicherweise ergeben sich in einem solchen Gespräch auch Alternativen. Eine Mutter: »Uns wurde klar, dass eineinhalb Stunden Fahrzeit pro Tag für unseren Sohn wie auch für meinem Mann und mich eine Überforderung sein würden. So haben wir gemeinsam beschlossen, dass er auf die ›normale‹ Grundschule geht und an zwei Nachmittagen Klavierunterricht zu Hause bekommt. Das funktioniert – abgesehen von gelegentlichen Diskussionen über das Üben – gut und hat uns alle entlastet.«

Ein wesentlicher Belastungsfaktor für viele Familien sind die schulischen Zensuren und Bewertungen. In Beratungsgesprächen haben wir den Eindruck gewonnen, dass diese Form von Druck in den letzten Jahren zugenommen hat. Wichtig ist hier, sich klarzumachen, worum es beim Thema Noten eigentlich geht. Gerade an Noten manifestieren sich viele Hoffnungen oder auch Befürchtungen von Eltern. Kennt man diese (beispielsweise die Versetzung oder den Übertritt auf die weiterführende Schule), dann kann man darüber sprechen und reibt sich nicht am Notenthema auf. Der Unterschied: Zum einen können die Hoffnungen und Befürchtungen auf ihre Angemessenheit hin abgeklopft werden. Zum anderen können solche Gespräche eher auf Augenhöhe geführt werden. Das Kind wird dadurch entlastet, dass es nicht mehr nur um Noten geht (Gespräche über nicht erwartungskonforme Noten werden von Kindern oft negativ als Kontrolle oder Vorwurf erlebt und führen meist zu Widerstand), sondern um ein größeres Thema, in das alle eingebettet sind. So kann es dann zum Beispiel eher um Unterstützungsmöglichkeiten durch die Eltern oder um die Wünsche des Kindes selbst gehen.

Ein weiterer wichtiger Punkt: Für die meisten Kinder ist ihre Lehrkraft in der Grundschule eine wichtige Bezugsperson. Sie als Eltern werden nicht alle Aussagen oder Vorgehensweisen der Klassenlehrerin oder des Klassenlehrers uneingeschränkt teilen, und das wird auch niemand von Ihnen verlangen können. Für Ihr Kind ist es jedoch entlastend, wenn es in seiner Beziehung zur Lehrkraft nicht beeinträchtigt wird. Der Neurobiologe und Psychotherapeut Joachim Bauer widmet in seinem lesenswerten Buch »Lob der Schule« (Bauer, 2007) der Beziehung zwischen Lehrkräften und

Ein Kind sollte in seiner Beziehung zur Lehrkraft nicht beeinträchtigt werden.

Eltern einen ganzen Abschnitt und unterstreicht damit die Bedeutung dieses Aspekts. Ein Ziel seiner Ausführungen ist ein kooperatives Zusammenwirken zwischen Eltern und Lehrkräften, das sich positiv auf das Kind auswirkt. Wir teilen diese Auffassung und haben die Erfahrung gemacht, dass es für Kinder enorm entlastend ist, wenn sie wissen, dass es zwischen Eltern und Lehrern keine atmosphärischen Störungen gibt. Ist das jedoch der Fall, kann der folgende Dreiklang (siehe das Schema unten von Großgasteiger & Arnold, 2008) bei der Klärung helfen. Im Kern geht es darum, den Mut aufzubringen, Forderungen in Wünsche zu übersetzen und damit persönlich sichtbar zu werden. Durch das Verlassen der Ebene gegenseitiger Vorwürfe, kann die Auseinandersetzung konstruktiv werden, indem beide Seiten Verantwortung für die Lösungsfindung übernehmen. Wenn wir bei Klärungsgesprächen dabei waren, haben wir praktisch immer die Erfahrung gemacht, dass sich an dieser Stelle die Positionen verhärtet hatten (und sich hier auch wieder »aufweichen« ließen). Dazu ist die Bereitschaft aufzubringen, der anderen Seite zuzuhören, sodass als Ziel ein tragfähiger Kompromiss entstehen kann.

3 Mit dem Ziel der Angleichung und der Übernahme von Verantwortung für eine gemeinsame Lösung: »Welche Beschäftigungsmöglichkeiten in der Wartezeit wären für Sie akzeptabel?«; »Welche Vorstellungen hast du, was du in solchen Zeiten tun könntest?«; »Wie könnte ein erstes Experiment im Sinne dieser neuen Ideen aussehen?«

2 Hin zu einer Ebene konstruktiver Auseinandersetzung (mit den Bedürfnissen der anderen Beteiligten): »Sie als Lehrer haben die Befürchtung, dass dann Eltern mit Sonderwünschen kommen und ein regulärer Unterricht kaum noch möglich ist.«

1 Weg von der Ebene gegenseitiger Vorwürfe und daraus resultierender Verunsicherung: »Warum geben Sie ihr denn nicht einfach die Aufgaben der nächsten Klasse?« – »Mein Wunsch ist, dass unsere Tochter, wenn sie mit den regulären Aufgaben fertig ist, etwas tun darf, was auch ihren Bedürfnissen entspricht.«

Drei Stufen der Deeskalation von Erwartungskonflikten

Die Ideen klingen banal? Vielleicht. Sie werden aber in der Diskussion über die Förderung Hochbegabter in der Schule leider viel zu oft vergessen. Was dann passiert, lässt sich folgendermaßen zusammenfassen: »Die Schule« wehrt sich, wenn über ihren Kopf hinweg entschieden wird. Hierzu ein (leider an eine reale Begebenheit angelehntes) Beispiel:

Jan-Paul I

Jan-Paul besuchte die sechste Klasse eines Gymnasiums und fiel im Englischunterricht vor allem dadurch auf, dass er seine Langeweile demonstrativ durch themenfremde Zwischenrufe zeigte (häufig imitierte er den Musikexperten einer bekannten Castingshow). Als er in einem solchen Moment seinem Sitznachbarn mit den Worten »Bei deinem Englisch falle ich gleich vom Stuhl« mehrmals mit dem Schulbuch auf den Kopf schlug, suchte der Englischlehrer das Gespräch mit den Eltern. Jan-Pauls Mutter zeigte sich jedoch wenig gesprächsbereit und zog sich auf die Aussage zurück, dass ihr Sohn »bei einem so langweiligen Unterricht eben nicht anders kann, als solches Verhalten zu zeigen«. Sie sei auch nicht bereit, weiterzudiskutieren, sondern habe eine Liste von herausfordernden Aufgaben vorbereitet, die der Lehrer ihrem Sohn in den nächsten Wochen geben solle.

Sie werden sich beim Lesen vermutlich schon gedacht haben, dass diese Forderung nicht umgesetzt wurde. Neben der ablehnenden Reaktion der Schule sehen wir einen weiteren kritischen Aspekt, nämlich den der Modellwirkung auf Jan-Paul. Einer an sich berechtigten Anfrage wird mit plakativen Forderungen begegnet (das wird auch im Kontakt mit Gleichaltrigen auf Dauer nicht funktionieren). So nehmen wir noch einmal Bezug auf das oben abgebildete Modell von den drei Stufen der Deeskalation von Erwartungskonflikten, um zu skizzieren, wie das Gespräch konstruktiver hätte verlaufen können.

Jan-Paul II

Lehrer: »Frau K., ich würde gerne eine Situation vom vergangenen Montag mit Ihnen besprechen, haben Sie zehn Minuten Zeit?«

Mutter: »Ja, worum geht es denn?«

Lehrer: »In der Englischstunde hat Ihr Sohn seinem Nachbarn ein paarmal mit dem Buch auf den Kopf geschlagen. Ich war entgeistert, weil das für mich nicht mehr wie Spaß aussah.«

Mutter: »Davon hat Jan-Paul nichts erzählt, deswegen bin ich jetzt auch etwas sprachlos. Ich erlebe ihn selten als so aggressiv. Er hat allerdings in den letzten Wochen ein paarmal gesagt, dass es im Moment in der Schule überhaupt nicht vorangeht. Haben Sie davon etwas mitbekommen?«

Lehrer: »Nein. Er hat seine üblichen Sprüche gemacht, aber an dem Punkt kommen wir meist gut miteinander aus, weil er weiß, wann bei mir Schluss ist.«

Mutter: »Mir ist natürlich daran gelegen, dass Jan-Paul mit einem guten Gefühl in die Schule gehen kann, von daher interessiert mich, inwiefern es Freiräume gibt, in denen unser Sohn stärker herausgefordert wird.«

Lehrer: »Grundsätzlich bin ich dazu bereit. Allerdings wissen Sie ja, dass wir durch das große Jubiläumsprojekt nach Ostern sehr eingeschränkt sind und uns sehr strikt an den Lehrplan halten müssen. Auf der anderen Seite: Haben Sie eventuell schon ein paar Ideen, die wir vielleicht mal ausprobieren könnten?«

Mutter: »Ja, wir waren doch in den letzten Sommerferien für eine Woche in London – das hat Jan-Paul sehr gut gefallen. Wenn er dazu eine kurze Präsentation halten kann, würde ihn das sicherlich reizen.«

Lehrer: »Okay, darüber können wir reden. Mir wäre allerdings noch wichtig, dass Sie mit Jan-Paul zu Hause über den Vorfall reden, damit so was sich nicht wiederholt.«

Mutter: »Einverstanden. Mir wäre lieb, wenn wir in zwei Wochen noch einmal telefonieren können, um zu besprechen, wie der aktuelle Stand ist.«

Lehrer: »Gut, das können wir so ausprobieren.«

KLIKK® im Familienalltag

Viele der an KLIKK® teilnehmenden Mütter und Väter berichteten, dass sie bei der Umsetzung der Trainingsinhalte im Familienalltag zuweilen auf Stolpersteine stießen. Gemeinsam konnten wir einige Ansatzpunkte entwickeln, die helfen können, diese »Untiefen« zu umschiffen. Die Vorschläge sind, wie immer in diesem Buch, keineswegs dogmatisch zu verstehen. KLIKK® beschreibt *einen Rahmen*, mit klugen Kindern konstruktiv umzugehen, der sich für die teilnehmenden Eltern in einer jeweils individuellen Ausgestaltung als hilfreich erwiesen hat. Wenn Sie feststellen, dass Sie andere Ideen und Vorgehensweisen haben, die besser zu Ihnen und Ihren Kindern passen, möchten wir Sie davon keinesfalls abbringen, denn dies wäre im lösungsorientierten Sinne kontraproduktiv (*Wenn etwas funktioniert, mach mehr davon!*). In diesem Fall können die

Ideen des KLIKK®-Konzeptes eher als Anregung für Variationen des Bewährten dienen.

Zur Umsetzung des KLIKK®-Ansatzes im Alltag haben sich die folgenden Punkte als hilfreich erwiesen:

- *Das Weniger-ist-mehr-Prinzip:* Einen Satz pro Technik pro Woche anwenden zu können ist ein guter Anfang und vermeidet Überforderungen.
- *Trainieren an emotional weniger belasteten Situationen:* Viele Mütter und Väter berichteten, dass es für sie am Anfang leichter war, die Inhalte in Familiensituationen zu erproben, die sie als entspannter erlebten (beispielsweise am Wochenende oder im Urlaub). Oder sie lagerten das Training anfangs auf Situationen außerhalb des Familienlebens aus.
- *Entwurf von »Drehbüchern« für knifflige Situationen:* Gerade zu Beginn kann die Anwendung der Ideen aus dem Elterntraining eine Herausforderung sein, ist doch die Ausgangssituation selbst meist schon emotional herausfordernd (beispielsweise dann, wenn es in der Vergangenheit in ähnlichen Zusammenhängen häufiger zu Konflikten gekommen ist). Dann kann es hilfreich sein, vorab in einem ruhigen Moment eine Art »Drehbuch« zu entwickeln, sich zu überlegen, welche Wünsche und Bedürfnisse die Drehbuchautorin beziehungsweise der Drehbuchautor selbst in Bezug auf die Konfliktsituation hat und welche Anliegen der Gesprächspartner vermutlich äußern wird. Im zweiten Schritt können dafür entsprechende Sätze ausformuliert werden. Am Anfang kann es auch hilfreich sein, diese Sätze vorab (und vielleicht alleine) auszusprechen, damit die Formulierungen auch vom Tonfall her wertschätzend und zudem nicht mehr so fremd klingen.
- *Kleine Erfolge würdigen:* Wir haben gute Erfahrungen damit gemacht, wenn Eltern die vorgestellten Ideen in kleinen Schritten umsetzen. Dazu gehört auch, sich über das Erreichen kleiner Zwischenziele freuen zu können, beispielsweise: Welche Familiensituationen haben wir für uns passender als vor einem Monat (oder einem halben Jahr) bewältigt und was genau haben die einzelnen Familienmitglieder dazu beigetragen?
- *Eine Umsetzung, die zu Ihnen passt:* Die vorgestellten Ideen zielen darauf ab, Belastungen zu *reduzieren,* und sollen keinen neuen Druck aufbauen. Wir hoffen, dass sie Ihnen eine Orientierung

für neue Vorgehensweisen geben, die einerseits klar und andererseits offen genug ist. Unser Wunsch ist, dass Sie die Möglichkeit einer Realisierung finden, die Sie für sich als echt erleben.

Möglichkeiten und Grenzen des KLIKK®-Ansatzes

Keine Idee und keine Anregung kann nach unserer Auffassung den Anspruch erheben, für alle Problemstellungen und alle Familien in gleicher Weise hilfreich zu sein. So wollen wir an dieser Stelle auch auf mögliche Probleme und Grenzen bei der Umsetzung des vorgestellten Ansatzes eingehen. Die Inhalte, die wir hier vorgestellt haben, zielen auf Verbesserungen im Familienalltag ab. Sie auszuprobieren und umzusetzen dauert in der Regel einige Wochen (und manchmal auch länger). Von daher ist ein gewisses Maß an Durchhaltevermögen erforderlich, um einschätzen zu können, ob die Maßnahmen hilfreich sind oder nicht. Wenn Probleme aktuell sehr massiv sind oder sich über einen längeren Zeitraum eingeschliffen haben, kann es gut sein, dass die KLIKK®-Inhalte alleine nicht ausreichen. Insbesondere dann, wenn Sie sich in Ihrem Erziehungsverhalten unsicher oder überfordert fühlen, empfehlen wir die Kontaktaufnahme zu einer hierfür geeigneten Anlaufstelle (beispielsweise einer Erziehungsberatungsstelle oder einer therapeutisch qualifizierten Person Ihres Vertrauens). Gleiches ist sinnvoll, wenn ein Kind massive Probleme im Verhaltens- und/oder Gefühlsbereich zeigt. Und ebenso ist natürlich professionelle Hilfe angezeigt, wenn die schulische Situation sehr verfahren ist. In diesem Fall kann ein Gespräch mit der zuständigen Schulpsychologin oder dem zuständigen Schulpsychologen bei einer realistischen Bestandsaufnahme und der Suche nach geeigneten Schritten zu einer Lösung helfen. Bei Bedarf können diese Fachleute Ihnen auch weiterführende Adressen geben.

Keine Idee und keine Anregung kann den Anspruch erheben, für alle Problemstellungen und alle Familien in gleicher Weise hilfreich zu sein.

Zu guter Letzt

Tom Hodgkinson gibt in seinem lesenswerten *Leitfaden für faule Eltern* (Hodgkinson, 2009) eine Reihe von Anregungen für ein entspanntes Miteinander von Eltern und Kindern. Er ermutigt Eltern, eigene Ansprüche herunterzuschrauben und Zeit und Raum für (unverplante) Begegnungen zu schaffen. Seine Ideen sind nicht nur amüsant zu lesen, sondern vermitteln auch ein optimistisches Bild der Fähigkeiten von Kindern: »Paradoxerweise ist faule Elternschaft verantwortungsvolle Elternschaft, denn im Herzen fauler Eltern steht der Respekt vor dem Kinde, Vertrauen in ein anderes menschliches Wesen. Es sind die verantwortungslosen Eltern, die ihr Kind zum Zwecke der Erziehung und Beaufsichtigung an verschiedene Autoritäten abgeben (...) Oder sie versuchen, den Kindern ihre eigenen Wunschvorstellungen aufzudrücken, statt sie einfach in Ruhe zu lassen« (S. 11).

Zugegeben: Die meisten von uns werden über diese Ideen zuerst einmal stolpern. Zu groß ist der Widerspruch zu zahllosen Büchern und Sendungen, die die Bedeutung früher Förderung betonen. Wir möchten das Kind nicht mit dem Bade ausschütten (genauso wenig, wie Hodgkinson das beabsichtigt). (Frühe) Förderung ist wichtig, und Eltern sind in der Regel die wichtigsten Bezugspersonen für ihre Kinder; sie vermitteln ihnen wichtige Grundlagen für ihr späteres Leben. Uns geht es vielmehr um das »Wie« und das »Wozu« der Förderung: Das Wichtigste sind die tatsächliche Begegnung der Eltern mit ihrem Kind sowie Zeit dafür und Freude daran. Im Kern zielt Begabungsförderung, so wie wir sie sehen, auf die Unterstützung der Persönlichkeitsentwicklung der Kinder ab. Im zehnten Kapitel haben wir beschrieben, warum wir eine instrumentalisierte Förderung (»Unser Kind soll früh mehrere Sprachen lernen, damit es später bessere berufliche Chancen hat«) nicht für empfehlenswert halten und ablehnen. Kinder haben in der Regel ein untrügliches Gespür dafür, ob es im Kontakt um sie als »ganze Person« geht und ob ihre Eltern Freude am Miteinander haben. Die nachhaltigste Förderung von Kindern gelingt in Situationen intensiver Begegnung und manchmal sogar ganz »nebenbei«. Der Möglichkeiten gibt es dabei viele.

Einen Vorschlag für eine entspanntere Sichtweise der elterlichen Rolle formulierte auch die Entwicklungspsychologin Scarr (1993) die anregte, dass »Eltern für Kinder, die sich großartig entwickeln, weniger gerühmt und für Kinder, die das nicht tun, weniger getadelt werden sollten« (1993, zitiert nach Myers, 2005, S. 124). Kinder kommen nicht als unbeschriebenes Blatt zur Welt, sondern bringen eigene Anlagen und Merkmale mit. Der elterliche Einfluss erfolgt in Interaktionen, zu denen beide Seiten einen Beitrag leisten. Zweifellos können Mütter und Väter ihre Kinder beeinflussen, und gerade in den ersten Lebensjahren ist dieser Einfluss groß. Auf der anderen Seite ist der elterliche Einfluss in jeder Lebensphase des Kindes begrenzt. Das mag ernüchtern, kann aber auch entlasten, insbesondere dann, wenn diese Einsicht von einem angemessenen Vertrauen in die Ressourcen des Kindes begleitet wird.

Zum Abschluss dieses Handbuchs wollen wir noch einmal einen Punkt vom Anfang aufgreifen. Keine Methode kann Patentrezepte für den Erziehungsalltag liefern. Auch wenn der KLIKK®-Ansatz nach unserer Erfahrung gut geeignet für den Umgang mit klugen Kindern ist, wird es Situationen geben, in denen Eltern wie auch »Profis« das Gefühl haben, in einer Situation »gescheitert« zu sein. Das kann verschiedene Gründe haben, auf die wir oben schon eingegangen sind. Ein weiterer: Scheitern kann auch in einer nahen Beziehung und bei allem Bemühen auftreten und drückt aus, dass Menschen sich nicht wie Maschinen vorausberechnen lassen. Und: Gerade aus solchen Situationen heraus kann Neues entstehen!

Wir wünschen Ihnen viel Freude und viele neue Entdeckungen bei der Begleitung Ihrer Kinder!

Danksagung

Zu diesem Buch haben viele Menschen beigetragen. Ihnen allen zu danken wäre angemessen, würde jedoch leider den Rahmen sprengen. So musste eine Auswahl erfolgen; unser Dank richtet sich ausdrücklich auch an die vielen hier nicht genannten, aber beteiligten Personen.

An erster Stelle danken wir ganz herzlich der Karg-Stiftung, die durch ihre Förderung dieses Buchprojekt erst ermöglichte. Dr. Ingmar Ahl, Dr. Olaf Steenbuck sowie Christine Koop haben sich für seine Realisierung sehr eingesetzt. Die Zusammenarbeit mit ihnen und dem weiteren Stiftungsteam war, wie auch in den vorangehenden Projekten, sehr konstruktiv und wertschätzend.

Ebenso herzlich möchten wir uns bei allen Eltern und Kindern bedanken, die durch ihre Anregungen und Rückmeldungen die Erstellung des Buches maßgeblich unterstützt haben. Viele Begegnungen im Rahmen von Beratungen oder Trainings waren erhellend, manche sogar regelrecht bewegend.

Gute Freunde und Familienangehörige von uns haben bei der Fertigstellung des Buches sehr geholfen, indem sie immer wieder Passagen kritisch gelesen und mit uns besprochen haben, wofür wir ihnen sehr dankbar sind.

Der Austausch mit Fachleuten trug ebenfalls dazu bei, dieses Buch weiterzuentwickeln. Hierzu möchten wir uns insbesondere bei Dr. Petra Hank, Prof. Dr. Nicola Baumann und Dr. Anne-Kathrin Mayer von der Universität Trier, Dr. Letizia Gauck für verschiedene Anregungen, insbesondere bei der Gestaltung des fünften Kapitels, sowie bei Lisa Böllinger und beim Team des Kindergartens St. Achaz in München bedanken (in diesem Zusammenhang auch vielen Dank an Sabine Meier). Ein herzliches Dankeschön von Dietrich Arnold geht an seine Kolleginnen von der Caritas-Beratungsstelle für Eltern, Kinder und Jugendliche in Freising für ihre wertschätzende fachliche und menschliche Unterstützung während der Fertigstellung des Buches. Wenn ein Kapitel fertig werden musste, hatte er stets die Gewissheit, dass ihm der zeitliche Freiraum und die kollegiale Unterstützung hierfür gewährt wurden.

Peter Fischer danken wir für seine Mitarbeit bei der Gestaltung des dritten Kapitels; Katharina Boehme half uns bei Erstellung der Literaturliste dieses Buches, wofür wir auch ihr herzlich danken.

Wir danken zudem der Nikolaus-Koch-Stiftung in Trier für ihre Unterstützung bei der Weiterführung der Evaluationsforschung zum Elterntraining KLIKK®. Bernd Gieseler danken wir für viele kritisch-konstruktive Anregungen und seine technisch-grafische Unterstützung.

In besonderer Weise danken wir zu guter Letzt Iris Großgasteiger, die nicht nur die Entwicklung des Elterntrainings KLIKK® durch ihre Mitarbeit sehr bereicherte, sondern auch zu diesem Buch viele wichtige Ideen, Anregungen und Beispiele beisteuerte. In beiden Projekten war die Zusammenarbeit mit ihr eine sehr wertvolle Erfahrung.

Dietrich Arnold und Franzis Preckel
Freising und Trier, im Juli 2011

Literatur

Alvarez, C. (2007). *Hochbegabung: Tipps für den Umgang mit fast normalen Kindern.* München: Deutscher Taschenbuch Verlag.

Arnold, D. (2010). KLIKK® – *Ein Training für Eltern hochbegabter Kinder. Konzept und Evaluation.* Göttingen: Hogrefe.

Astington, J. W. (2000). *Wie Kinder das Denken entdecken.* München / Basel: Ernst Reinhardt Verlag.

Baker, J. A., Bridger, R. & Evans, K. (1998). Models of underachievement among the gifted preadolescents: The role of personal, family, and school factors. *Gifted Child Quarterly, 42,* 5-14.

Bamberger, G.G. (2001). *Lösungsorientierte Beratung. Praxishandbuch.* Weinheim: Beltz Psychologie Verlags Union.

Baudson, T. G. & Preckel, F. (2011). *Teachers' Implicit Theories about Gifted Children and Youth.* Manuskript eingereicht zur Publikation.

Bauer, J. (2006). *Warum ich fühle, was du fühlst. Intuitive Kommunikation und das Geheimnis der Spiegelneurone.* München: Wilhelm Heyne.

Bauer, J. (2007). *Lob der Schule. Sieben Perspektiven für Schüler, Lehrer und Eltern* (3. Aufl.). Hamburg: Hoffmann und Campe.

Baumrind, D. (1996). The discipline controversy revisited. *Family Relations, 45,* 405-414.

Benbow, C. P. & Stanley, J. C. (1980). Intellectually talented students: Family profiles. *Gifted Child Quarterly, 24* (3), 119-122.

Benbow, C. P. (1990). Mathematical talent and females: From a biological perspective. In W. Wieczerkowski & T. M. Prado (Hrsg.), *Hochbegabte Mädchen,* 95-113. Bonn: Bock.

Berg, I.-K. (2002). *Familien Zusammenhalt(en) Ein kurztherapeutisches und lösungsorientiertes Arbeitsbuch* (7. Aufl.). Dortmund: verlag modernes lernen.

Blackburn, A. C. & Erickson, D. B. (1986). Predictable crises of the gifted student. *Journal of Counseling and Development, 64,* 552-555.

Bodenmann, G. (2000). *Stress und Partnerschaft: Gemeinsam den Alltag bewältigen* (2., überarb und ergänzte Aufl.). Bern: Hans Huber.

Brackmann, A. (2007). *Jenseits der Norm - hochbegabt und hoch sensibel?* (4. Aufl.). Stuttgart: Klett-Cotta

Bransky, T., Jenkins-Friedman, R. & Murphy, D. (1987). Identifying and working with gifted students ‚at risk' for disabling perfectionism. In R. Jenkins-Friedman & A. Robinson (Hrsg.), *Research Briefs: A Collection of Research-based Papers Presented at the Annual Convention, New Orleans, November, 1987,* 14-16. Circle Pines, MN: National Association for Gifted Children.

Buch, S. R., Sparfeldt, J. R. & Rost, D. H. (2006). Eltern beurteilen die Entwicklung ihrer hochbegabten Kinder. *Zeitschrift für Entwicklungspsychologie und Pädagogische Psychologie, 38* (2), 53-61.

Burns, D. D. (1980). The perfectionist's script for self-defeat. *Psychology Today, 14* (6), 34-52.

Burns, D. D. (1984). Perfektionismus: "Niemand ist vollkommen". *Psychologie Heute, 1,* 20-27.

Butler-Por, N. (1993). Underachieving gifted students. In K. A. Heller, F. J. Mönks & A. H. Passow (Hrsg.), *International Handbook of Research and Development of Giftedness and Talent* 649-668. Oxford: Pergamon.

Cattell, R. B., Weiß, R. H. & Osterland, J.

(1997). *Grundintelligenztest Skala 1 (CFT-1)* (5. Aufl.). Göttingen: Hogrefe.

Cedar, B. & Levant, R.F. (1990). A meta-analysis of the effects of Parent Effectiveness Training. *American Journal of Family Therapy, 18*, 373-384.

Chan, L. K. S. (1996). Motivational Orientations and Metacognitive Abilities of Intellectually Gifted Students. *Gifted Child Quarterly, 40 (4)*, 184-193.

Chen, Z. & Siegler, R. S. (2000). Across the great divide: Bridging the gap between understanding of toddlers' and older children's thinking. *Monographs of the Society for Research in Child Development, 65* (2), 1-96.

Cohen, S. & Wills, T. A. (1985). Stress, social support, and the buffering hypothesis. *Psychological Bulletin*, 98, 310-357.

Colangelo, N. & Assouline, S. G. (1995). Self-concept of gifted students: Patterns by self-concept, domain grade level, and gender. In F. J. Mönks (Hrsg.), *Proceedings from the 1994 European Council on High Ability Conference*, 66-74. New York: Wiley.

Coleman, L. J. & Cross, T. L. (2000). Social-emotional development and the personal experience of giftedness. In K. A. Heller, F. J. Mönks, R. J. Sternberg & R. F. Subotnik (Hrsg.). *International Handbook of Giftedness and Talent* (2. Aufl., 203-212). Kidlington: Elsevier Science Ltd.

Cornell, D.G. (1983). Gifted children: The impact of positive labeling on the family system. *American Journal of Orthopsychiatry, 53 (2)*, 322-335.

Cornell, D. G. & Grossberg, I. W. (1987). Family environment and personality adjustment in gifted program children. *Gifted Child Quarterly, 31 (2)*, 59-64.

Cornell, D. G. & Grossberg, I. W. (1989). Parent use of the term »gifted«: Correlates with family environment and child adjustment. *Journal for the Education of the Gifted*, 12, 218-230.

Cross, T. (2005). *The Social and Emotional Lives of Gifted Kids: Understanding and Guiding their Development*. Waco, Texas: Prufrock Press.

Csikszentmihalyi M. & Csikszentmihalyi, I.S. (Hrsg.). (1995). *Die außergewöhnliche Erfahrung im Alltag* (2., in der Ausstattung veränderte Aufl.). Stuttgart: Klett-Cotta.

Csikszentmihalyi, M., Rathunde, K. R. & Whalen, S. (1997). *Talented Teenagers: The Roots of Success and Failure*. Cambridge: Cambridge University Press.

Dabrowski, K. (1964). *Positive Disintegration*. Boston: Little, Brown.

Deci, E. L. & Ryan, R. M. (1993). Die Selbstbestimmungstheorie der Motivation und ihre Bedeutung für die Pädagogik. *Zeitschrift für Pädagogik, 39 (2)*, 223-238.

De Jong, P. & Kim Berg, I. (2003). *Lösungen (er-)finden. Das Werkstattbuch der lösungsorientierten Kurztherapie* (5., überarb. und erw. Aufl.). Dortmund: verlag modernes lernen.

Diener, C.I., & Dweck, C.S. (1980). An analysis of learned helplessness: (II) The processing of success. *Journal of Personality and Social Psychology*, 39, 940-952.

Dweck, C. (2009). *Selbstbild. Wie unser Denken Erfolge oder Niederlagen bewirkt*. München: Piper.

Elbing, E. & Heller, K. A. (1996). Beratungsanlässe in der Hochbegabtenberatung. *Psychologie in Erziehung und Unterricht, 43*, 57-69.

Elschenbroich, D. (2010). *Die Dinge. Expeditionen zu den Gegenständen des täglichen Lebens*. München: Antje Kunstmann.

Erikson, E. H. (1998). *Jugend und Krise. Die Psychodynamik im sozialen Wandel* (4. Aufl.). Stuttgart: Klett Cotta.

Feger, B. (1988). *Hochbegabung: Chancen und Probleme*. Bern: Hans Huber.

Feger, B. (1995). Begabte Schüler und die Schule: Wo ist das Problem? In H. Wagner (Hrsg.), *Begabung und Leistung in der Schule. Modelle der Begabungsförderung in Theorie und Praxis*; 37-51. Bad Honnef: K. H. Bock.

Feger, B. & Prado, T.M. (1998). *Hochbegabung: Die normalste Sache der Welt*. Darmstadt: Primus.

Feingold, A. (1994). Gender differences in

personality: A meta-analysis. *Psychological Bulletin, 116*, 429-456.

Fels, C. (1999). *Identifizierung und Förderung Hochbegabter in den Schulen der Bundesrepublik Deutschland.* Bern: Haupt.

Fiebig, J.N. (2004). Die Entwicklung begabter Mädchen und ihre Berufsziele: Ein Kommentar. In T.Fitzner & W. Stark (Hrsg.), *Genial, gestört, gelangweilt? ADHS, Schule und Hochbegabung*, 277-297. Weinheim/Basel: Beltz.

Filipp, S.-H. & Mayer, A.-K. (2005). Selbstkonzeptentwicklung. In J.B. Asendorpf (Hrsg.), *Soziale, emotionale und Persönlichkeitsentwicklung. Enzyklopädie der Psychologie,* Themenbereich C, V, Band 3, 259-334. Göttingen: Hogrefe.

Freeman, J. (1979) *Gifted Children. Their Identification and Development in a Social Context.* Lancaster: MTP Press.

Freeman, J. (2000). Families: The essential context for gifts and talents. In K. A. Heller, F. J. Mönks, R. J. Sternberg & R. F. Subotnik (Hrsg.), *International Handbook of Giftedness and Talent* (2. Aufl.), 573-585. Oxford: Pergamon.

Freund-Braier, I. (2000). Persönlichkeitsmerkmale. In D. H. Rost (Hrsg.), *Hochbegabte und hochleistende Jugendliche. Neue Ergebnisse aus dem Marburger Hochbegabtenprojekt* (2. Aufl., 161-210. Münster: Waxmann.

Freund-Braier, I. (2001). *Hochbegabung, Hochleistung, Persönlichkeit.* Münster: Waxmann.

Frost, R. O., Heimberg, R. G., Holt, C. S., Mattia, J. I., & Neubauer, A. L. (1993). A comparison of two measures of perfectionism. *Personality and Individual Differences, 14 (1)*, 119-126.

Fuhrer, U. (2007). *Erziehungskompetenz. Was Eltern und Familien stark macht.* Bern: Hans Huber.

Gauck, L. (2007). *Hochbegabte verhaltensauffällige Kinder. Eine empirische Untersuchung.* Münster: LIT Verlag.

Gordon, T. (1999). *Die neue Familienkonferenz: Kinder erziehen ohne zu strafen* (10. Aufl.). München: Wilhelm Heyne.

Gordon, T. (2002). *Lehrer-Schüler-Konferenz. Wie man Konflikte in der Schule löst* (16. Aufl.). München: Wilhelm Heyne.

Gottfried, A. W., Gottfried, A. E., Bathurst, K. & Guerin, D. A. (1994). *Gifted IQ: Early Developmental Aspects.* New York: Plenum.

Götting, G. (2006). *Keine Angst vor Hochbegabung. Erkennen – Begleiten – Fördern.* München: Knaur Ratgeber Verlage.

Gräf, M.-J. (2007). *Perfektionismus: »A two-edged sword?« Konstruktvalidierung und sein Zusammenhang mit Hochbegabung.* Unveröffentlichte Diplomarbeit, Universität Trier.

Grossberg, I. N. & Cornell, D. G. (1988). Relationship between personality adjustment and high intelligence: Terman versus Hollingworth. *Exceptional Children,* 55, 266-272.

Großgasteiger, I. & Arnold, D. (2008). *Erwartungskonflikte zwischen hochbegabten Schülerinnen und Schülern, ihren Eltern sowie Lehrern.* Unveröffentlichte Workshop-Unterlagen.

Gruber, H., Weber, A & Ziegler, A. (1996). Einsatzmöglichkeiten retrospektiver Befragungen bei der Untersuchung des Expertiseerwerbs. In H. Gruber & A. Ziegler (Hrsg.), *Expertiseforschung. Theoretische und methodische Grundlagen,* 169-190. Opladen: Westdeutscher Verlag.

Gruber, H. (2006). Expertise. In D. H. Rost (Hrsg.), *Handwörterbuch Pädagogische Psychologie* (3., überarb. Aufl., 175-180). Weinheim: Psychologie Verlags Union.

Gruber, H., Prenzel, M. & Schiefele, H. (2006). Spielräume für Veränderung durch Erziehung. In A. Krapp & B. Weidenmann (Hrsg.), *Pädagogische Psychologie. Ein Lehrbuch.* (5., vollständig überarb. Aufl., 99-135). Weinheim/Basel: Beltz.

Hackney, H. (1981). The gifted child the family, and the school. *Gifted Child Quarterly, 25 (2)*, 51-54.

Hanses, P. & Rost, D H. (1998). Das »Drama« des hochbegabten Underachievers. »Gewöhnliche« oder »außergewöhnliche« Underachiever? *Zeitschrift für Pädagogische Psychologie 12 (1)*, 53-71.

Hanses, P. (2000). Stabilität von Hochbegabung. In D. H. Rost (Hrsg.), *Hochbegabte und hochleistende Jugendliche*, 93-159. Münster: Waxmann.

Hany, E. A., (2001). Die Vererbung der Intelligenz unter der Entwicklungsperspektive. In E. Stern & J. Guthke (Hrsg.), *Perspektiven der Intelligenzforschung*, 69-88. Lengerich: Pabst.

Hargens, J. (Hrsg.). (2007). *Bitte nicht helfen. Es ist auch so schon schwer genug. (K)Ein Selbsthilfebuch* (6. Aufl.). Heidelberg: Carl Auer.

Heinbokel, A. (2001). *Überspringen von Klassen*. Münster: LIT.

Heller, K. A., Perleth, Ch. & Hany, E. A. (1994). Hochbegabung - ein lange Zeit vernachlässigtes Forschungsthema *Einsichten - Forschung an der Ludwig-Maximilians-Universität München*, 1 (1994), 18-22.

Heller, K. A. (Hrsg.). (2001). *Hochbegabung im Kindes- und Jugendalter* (2., überarb. und erw. Aufl.). Göttingen: Hogrefe.

Henze, G., Sandfuchs, U., Zumhasch, C., Koch, U., Schulz, N. & Bringmann, S. (2005). *Abschlussbericht der wissenschaftlichen Begleitung des »Schulversuchs zur integrativen Förderung von Schülerinnen und Schülern mit besonderen Begabungen an der Grundschule Beuthener Straße in Hannover«*. Hildesheim: Universität, Institut für Psychologie.

Hodgkinson, T. (2009). *Leitfaden für faule Eltern*. Berlin: Rogner & Bernhard.

Holling, H. & Kanning, U. P. (1999). *Hochbegabung. Forschungsergebnisse und Fördermöglichkeiten* (Unter Mitarbeit von Anna Julia Wittmann und Franzis Preckel). Göttingen: Hogrefe.

Hollingworth, L. S. (1942). *Children Above 180 IQ Stanford-Binet: Origin and Development*. Yonkers, NY: World Book.

Holodynski, M. & Oerter, R. (2008). Tätigkeitsregulation und die Entwicklung von Motivation, Emotion und Volition. In R. Oerter & L. Montada (Hrsg.), *Entwicklungspsychologie*, 535-571. Weinheim/Basel: Beltz.

Hoogeveen, L., van Hell, J.G. & Verhoeven, L. (2009). Self-Concept and Social Status of Accelerated and Nonaccelerated Students in the First 2 Years of Secondary School in the Netherlands. *Gifted Child Quarterly, 53* (1), 50-67.

Horstkemper, M. (1987). *Schule, Geschlecht und Selbstvertrauen. Eine Längsschnittstudie über Mädchensozialisation in der Schule*. Weinheim: Juventa.

Hüther, G. (2008). Die Stärkung von Metakompetenzen als Voraussetzung für die Entfaltung besonderer Begabungen. Vortrag zum Karg-Forum Nürnberg 6. bis 8. November 2007. *Labyrinth, 95*, 33 - 37.

Janos, P. (1983). *The Psychosocial Adjustment of Children of Very Superior Intellectual ability*. Unveröffentlichte Dissertation, Ohio State University.

Janos, P.M., Fung, H.C. & Robinson, N. M. (1985). Self-concept, self-esteem, and peer relations among gifted children who feel »different«. *Gifted Child Quarterly, 29* (2), 78-82.

Juul, J. (2008). *Was Familien trägt. Werte in Erziehung und Partnerschaft. Ein Orientierungsbuch*. Weinheim/Basel: Beltz.

Juul, J. & Jensen, H. (2009). *Vom Gehorsam zur Verantwortung. Für eine neue Erziehungskultur* (3., vollständig überarb. Auflage). Weinheim/Basel: Beltz.

Keirouz, K. S. (1990). Concerns of parents of gifted children: A Research Review. *Gifted Child Quarterly, 34 (2)*, 56-62.

Keller, G. (1992). Schulpsychologische Hochbegabtenberatung. Ergebnisse einer Beratungsstudie. *Psychologie in Erziehung und Unterricht, 39*, 125-132.

Kerr, B. A., Colangelo, N., & Gaeth, J. (1988). Gifted adolescents' attitudes toward their giftedness. *Gifted Child Quarterly, 32*, 245-247.

Klauer, K. J. (1990). Overachievement and Underachievement revisited: Ein zwei-Fehler-kontrolliertes Modell zur Diagnostik erwartungswidriger Leistungen. *Diagnostica, 36*, 299-309.

Köller, O. & Möller, J. (2006). Selbstwirksamkeit. In D.H. Rost (Hrsg.), *Handwörterbuch Pädagogische Psychologie* (3., überarb. und erw. Aufl., 693-699). Weinheim: Beltz Psychologie Verlags Union.

Koop, C. & Welzien, S. (2009). Hinterher sind alle schlauer. Die Weiterbildung »Begabtenpädagoge« der Karg-Stiftung. *KiTa spezial, 4,* 6-8.

Koop, C., Schenker, I., Müller, G., Welzien, S. & die Karg-Stiftung (Hrsg.). (2010). *Begabung wagen. Ein Handbuch für den Umgang mit Hochbegabung in Kindertagesstätten.* Weimar/Berlin: verlag das netz.

Krafft, Th. von & Semke, E. (2004). *Talente entdecken und fördern: Finden Sie heraus, was in Ihrem Kind steckt.* München: Gräfe & Unzer.

Kretschmer, E. (1929). *Geniale Menschen.* Berlin: Julius Springer.

Kriz, J. (2004). Personzentrierte Systemtheorie. Grundfragen und Kernaspekte. In A. v. Schlippe & W. C. Kriz (Hrsg.), *Personenzentrierung und Systemtheorie. Perspektiven für psychotherapeutisches Handeln,* 13 - 67. Göttingen: Vandenhoeck & Ruprecht.

Kubinger, K. D. (2009). *Adaptives Intelligenz Diagnostikum - Version 2.2 (AID 2).* Göttingen: Beltz.

Kügerl, C. (2006). *Selbstbewusst und rücksichtsvoll. Wie Kinder starke und einfühlsame Persönlichkeiten werden* (2. Aufl.). Freiburg: Herder.

Lang, S. (1985). *Lebensbedingungen und Lebensqualität von Kindern.* Frankfurt/Main: Campus Verlag.

Lange-Eichbaum, W. (1928). *Genie, Irrsinn und Ruhm.* München: Reinhardt.

Lapidot-Berman, J. & Oshrat, Z. (2009). Sibling relationships in families with gifted children. *Gifted Education International, 25* (1), 36–47.

Laucht, M., Schmidt, M. H. & Esser, G. (2000). Risiko- und Schutzfaktoren in der Entwicklung von Kindern und Jugendlichen. *Frühförderung interdisziplinär, 19,* 97-108.

Lazarus, R. S. & Folkman, S. (1984). *Stress, Appraisal, and Coping.* New York: Springer.

Loeb, R. C. & Jay, G. (1987). Self-concept in gifted children: Differential impact in boys and girls. *Gifted Child Quarterly, 31* (1), 9-14.

Lohaus, A. (1990). *Gesundheit und Krankheit aus der Sicht von Kindern.* Göttingen: Hogrefe.

Lohaus, A., Domsch, H. & Fridrici, M. (2007). *Stressbewältigung für Kinder und Jugendliche.* Heidelberg: Springer Medizin Verlag.

Lohman, D. F. (2005). The role of nonverbal ability tests in identifying academically gifted students: An aptitude perspective. *Gifted Child Quarterly, 49,* 111-138.

Maier, J. (2010). Pädagogen und Eltern im Fördermarathon?! Von einer sinnvollen Unterstützung der Krippenkinder. *Klein & Groß, 63* (9), 24-26.

Maslow, A. H. (1970). *Motivation and Personality* (2. Aufl.), New York: Harper & Row.

May, K. M. (1994). A developmental view of a gifted child's social and emotional adjustment. *Roeper Review, 17* (2), 105-109.

McCoach, D. B. & Siegle, D. (2003). Factors that differentiate underachieving gifted students from high-achieving gifted students. *Gifted Child Quarterly, 47,* 144-154.

Melchers, P. & Preuß, U. (2003). *K-ABC: Kaufman-Assessment Battery for Children. Durchführungs- und Auswertungshandbuch.* Deutschsprachige Fassung (6. Aufl.). Frankfurt am Main: Swets & Zeitlinger.

Mendaglio, S. (2010) Overexcitabilities und Dabrowskis Theorie der Positiven Desintegration. In F. Preckel, W. Schneider & H. Holling (Hrsg.), *Diagnostik von Hochbegabung.* Reihe: Jahrbuch der pädagogisch-psychologischen Diagnostik.Tests und Trends (Bd. 8, 169-195). Göttingen: Hogrefe.

Mönks, F. J. (1963). Beiträge zur Begabtenforschung im Kindes- und Jugendalter. *Archiv für die gesamte Psychologie, 115,* 362-382.

Mönks, F.J. (1990). Hochbegabtenförderung als Aufgabe der Pädagogischen Psychologie. *Psychologie in Erziehung und Unterricht, 37,* 243-250.

Mönks, F. J. & Mason, E. J. (2000). Developmental Psychology and Giftedness: Theories and Research. In K. A. Heller, F. J. Mönks, R. J. Sternberg & R.F. Subotnik (Hrsg.), *International Handbook of Giftedness and Talent* (2. Aufl., 141–156). Oxford: Elsevier.

Montada, L. (2008). Fragen, Konzepte, Perspektiven. In R. Oerter & L. Montada (Hrsg.). *Entwicklungspsychologie,*1-46. Weinheim/Basel: Beltz.

Moon, S. M. & Hall, A. S. (1998). Family therapy with intellectually and creative gifted children. *Journal of Marital and Familiy Therapy, 24 (1),* 59-80.

Moschner, B. & Dickhäuser, O. (2006). Selbstkonzept. In D. H. Rost (Hrsg.), *Handwörterbuch. Pädagogische Psychologie* (3., überarb. Aufl., 685-692). Weinheim: Beltz Psychologie Verlags Union.

Müller, C. T., Hager, W. & Heise, E. (2001). Zur Effektivität des Gordon-Eltern-Trainings (PET) – eine Meta-Evaluation. *Gruppendynamik und Organisationsberatung - Zeitschrift für angewandte Sozialpsychologie, 32 (3),* 339-364.

Myers, D. G. (2005). *Psychologie. (Deutsche Bearbeitung von Christiane Grosser und Svenja Wahl).* Heidelberg: Springer Medizin Verlag.

Oerter, R. (2008). Kindheit. In R. Oerter & L. Montada (Hrsg.), *Entwicklungspsychologie* (6., vollständig überarb. Aufl., 225-270). Weinheim/Basel: Beltz.

Papastefanou, C. (2002). Die Erweiterung der Familienbeziehungen und die Geschwisterbeziehung. In M. Hofer, E. Wild & P. Noack (Hrsg.), *Lehrbuch Familienbeziehungen. Eltern und Kinder in der Entwicklung* (2., vollständig überarb. und erw. Aufl., 192-215). Göttingen: Hogrefe.

Perleth, C. (2006). Förderung der intellektuellen Begabung - Ein Text für Eltern von Vorschulkindern. *Journal für Begabtenförderung, 6* (1), 15-21.

Perleth, C. (2010). Checklisten in der Hochbegabungsdiagnostik. In F. Preckel, W. Schneider & H. Holling (Hrsg.), *Diagnostik von Hochbegabung.* Reihe: Jahrbuch der pädagogisch-psychologischen Diagnostik. Tests und Trends (Bd. 8, 65-88). Göttingen: Hogrefe.

Petermann, F. & Petermann, U. (2007). *HAWIK-IV - Hamburg-Wechsler-Intelligenztest für Kinder - IV* (HAWIK IV). Bern: Huber.

Petermann, F. & Wiedebusch, S. (2008). *Emotionale Kompetenz bei Kindern* (2., überarb. und erw. Aufl.). Göttingen: Hogrefe.

Petermann, F. (Hrsg.). (2009). *Wechsler Preschool and Primary Scale of Intelligence - III* (WPPSI-III; deutsche Version). Frankfurt/M.: Pearson Assessment.

Peters, W. A. M., Grager-Loidl, H. & Supplee, P. (2000). Underachievement in gifted children and adolescents: Theory and practice. In K. A. Heller, F. J. Mönks, R. J. Sternberg & R.F. Subotnik (Hrsg.), *International Handbook of Giftedness and Talent* (2. Aufl., 609-620). Amsterdam: Elsevier.

Peterson, D. C. (1977). The heterogeneously gifted family. *Gifted Child Quarterly, 21 (3),* 396-411.

Phillips, N. & Lindsay, G. (2006). Motivation in gifted students. *High Ability Studies, 17 (1),* 57-73.

Pirozzo, R. (1982). Gifted underachievers. *Roeper Review, 4 (4),* 18-21.

Potreck-Rose, F. (2010). *Von der Freude, den Selbstwert zu stärken* (6. Aufl.). Stuttgart: Klett-Cotta.

Prado, T. M. & Schiebel, W. (1996). *Entwicklung und Erprobung eines Modells zur Förderung besonders begabter Schülerinnen und Schüler durch Fördermaßnahmen zur Verkürzung der individuellen Schulzeit. Schlussbericht.* Hamburg: Behörde für Schule, Jugend, Berufsbildung, Amt für Schule.

Preckel, F. & Brüll, M. (2008). *Intelligenztests.* München, Basel: Ernst Reinhardt.

Preckel, F. (2010). Intelligenztests in der Hochbegabungsdiagnostik. In F. Preckel, W. Schneider & H. Holling (Hrsg.), *Diagnostik von Hochbegabung.* Reihe: Jahrbuch der pädagogisch-psychologischen Diagnostik. Tests und Trends (Bd. 8, 19-44). Göttingen: Hogrefe.

Preuss, L. J. & Dubow, E. F. (2004). A comparison between intellectually gifted and typical children in their coping responses to a school and a peer stressor. *Roeper Review 26 (2),* 105 - 111.

Proctor, T. B., Feldhusen, J. F. & Black, K. N. (1988). Guidelines for early admission to elementary school. *Psychology in the Schools, 25,* 41-43.

Pruisken, C. (2005). *Interessen und Hobbys hochbegabter Grundschulkinder. Formeln statt Fußball?* Münster: Waxmann.

Rauh, H. (2008). Vorgeburtliche Entwicklung und frühe Kindheit. In R. Oerter & L. Montada (Hrsg.), *Entwicklungspsychologie,* 149-224. Weinheim/Basel: Beltz.

Reichle, B. (2004). *Hochbegabte Kinder. Erkennen, fördern, problematische Entwicklungen verhindern.* Weinheim: Beltz Psychologie Verlags Union.

Reis, S. M. & McCoach, D. B. (2000). The underachievement of gifted students: What do we know and where do we go? *Gifted Child Quarterly, 44 (3),* 152-170.

Reitmajer, V. (1989). *Überspringen einer Jahrgangsstufe in der Grundschule als Fördermaßnahme für besonders begabte Schülerinnen und Schüler: Ergebnisse einer Umfrage an den Staatlichen Schulämtern in Bayern.* Informationen zur Schulpädagogik, 4, München: Staatsinstitut für Schulpädagogik und Bildungsforschung.

Renzulli, J. S. (1978). What makes giftedness? Reexamining a definition. *Phi Delta Kappan, 60 (3),* 180-184, 261.

Rheinberg, F. (2006). Paradoxe Effekte von Lob und Tadel. In D.H. Rost (Hrsg.), *Handwörterbuch Pädagogische Psychologie* (3., überarb. Aufl., 569-575). Weinheim: Beltz Psychologie Verlags Union.

Richards, J., Engel, J. & Shute, R. (2003). The emotional and behavioural adjustment of intellectually gifted adolescents: A multi-dimensional, multi-informant approach. *High Ability Studies, 14 (2),* 153-164.

Richert, E. S. (1991). Patterns of underachievement among gifted students. In M. Bireley & J. Genshaft (Hrsg.), *Understanding the Gifted Adolescent: Educational, Developmental and Multicultural Issues,* 139-162. New York: Teachers College Press.

Rimm, S. (2008). *Why Bright Kids Get Poor Grades and What You Can Do about It. A Six-Step Program for Parents and Teachers* (3. Aufl.). Scottsdale: Great Potential Press.

Rogers, C. R. (1972). *Die klientenzentrierte Gesprächspsychotherapie.* München: Kindler.

Rogers, K. B. (1991). *The Relationship of Grouping Practices to the Education of the Gifted and Talented Learner.* Storrs, CT: The National Research Center on the Gifted and Talented, University of Connecticut.

Rogge, J. (2005). *Das Anti-Stress-Programm für die Familie. So werden Sie sicher und gelassen im Familientrubel* (2. Aufl.). Freiburg: Velber im OZ Verlag.

Rogge, J.-U. (2006). *Kinder brauchen Grenzen* (28. Aufl.). Reinbek: Rowohlt Taschenbuch Verlag.

Rohrmann, S. & Rohrmann, T. (2005). *Hochbegabte Kinder und Jugendliche. Diagnostik – Förderung – Beratung.* München: Reinhardt.

Rosemarin, S. (2001). The evaluation of a pullout program for gifted children in Israel. *Gifted Education International, 15,* 316-324.

Rost, D. H. & Albrecht, H. T. (1985). Expensive homes, clever children? On the relationship between giftedness and housing quality. *School Psychology International, 6 (1),* 5-12.

Rost, D.H. (Hrsg.). (1993a). *Lebensumweltanalyse hochbegabter Kinder.* Göttingen: Hogrefe.

Rost, D. H. (1993b). Das Marburger Hochbegabtenprojekt. In D. H. Rost (Hrsg.),

Lebensumweltanalyse hochbegabter Kinder, 1-33. Göttingen: Hogrefe

Rost, D. H. (1993c). Persönlichkeitsmerkmale hochbegabter Kinder. In D. H. Rost (Hrsg.), *Lebensumweltanalyse hochbegabter Kinder,* 105-137. Göttingen: Hogrefe.

Rost, D. H. & Hanses, P. (1997). Wer nichts leistet, ist nicht begabt? Zur Identifikation hochbegabter Underachiever durch Lehrkräfte. *Zeitschrift für Entwicklungspsychologie und Pädagogische Psychologie,* 29, 167-177.

Rost, D. H. (2000). Grundlagen, Fragestellungen, Methode. In D. H. Rost (Hrsg.), *Hochbegabte und hochleistende Jugendliche,* 1-91. Münster: Waxmann.

Rost, D.H. & Hanses, P. (2000). Selbstkonzept. In D.H. Rost (Hrsg.) *Hochbegabte und hochleistende Jugendliche. Neue Ergebnisse aus dem Marburger Hochbegabtenprojekt* (211-278), Münster: Waxmann.

Rost, D.H., Dickhäuser, O., Sparfeldt, J.R. & Schilling, S.R. (2004). Fachspezifische Selbstkonzepte und Schulleistungen im dimensionalen Vergleich. Eine versuchsplanerische Überprüfung des I/E-Modells. *Zeitschrift für Pädagogische Psychologie 18 (1),* 43-52.

Rost, D. H. (2010). Stabilität von Hochbegabung. In F. Preckel, W. Schneider & H. Holling (Hrsg.), *Diagnostik von Hochbegabung.* Reihe: Jahrbuch der pädagogisch-psychologischen Diagnostik. Tests und Trends (Bd. 8, 233-266). Göttingen: Hogrefe.

Roznowski, M., Reith, J. & Hong, S. (2000). A further look at youth intellectual giftedness and its correlates: Values, interests, performance, and behavior. *Intelligence, 28,* 87-113.

Satir, V. (2004). *Selbstwert und Kommunikation. Familientherapie für Berater und zur Selbsthilfe* (16. Aufl.). Stuttgart: Pfeiffer bei Klett-Cotta.

Scarr, S. (1993). Biological and cultural diversity: The legacy of Darwin for development. *Child Development, 64 (5),* 1333-1353.

Schenk-Danzinger, L. (2002). *Entwicklungspsychologie* (Völlig neu bearbeitet von Karl Rieder). Wien: ÖBV & HPT.

Schenker, I. (2009). Vielfalt als Herausforderung. Inklusion als didaktisches Prinzip der Förderung hochbegabter Kinder im Elementarbereich. *KiTa spezial, 4,* 9-12.

Schilling, S. R. (2002). *Hochbegabte Jugendliche und ihre Peers.* Münster: Waxmann.

Schneewind, K. A. & Böhmert, B. (2008). *Kinder im Grundschulalter kompetent erziehen. Der interaktive Elterncoach »Freiheit in Grenzen«.* Bern: Huber.

Schneider, W., Bullock, M. & Sodian, B. (1998). Die Entwicklung des Denkens und der Intelligenzunterschiede zwischen Kindern. In F. E. Weinert (Hrsg.), *Entwicklung im Kindesalter - Bericht über eine Längsschnittstudie,* 53-74. Weinheim: Psychologie Verlags Union.

Schneider, W. & Stumpf, E. (2006). Hochbegabung, Expertise und die Erklärung außergewöhnlicher Leistungen. In K. A. Heller & A. Ziegler (Hrsg.), *Begabt sein in Deutschland,* 72 -91. Münster: Lit.

Schuler, P. (2002). Perfectionism in gifted children and adolescents. In M. Neihart, S. M. Reis, N. M. Robinson & S. M. Moon (Hrsg.), *The Social and Emotional Development of Gifted Children: What Do We Know?* Waco, Texas: Prufrock Press.

Schulz, I. E. (2009). Staunen ist eine Sehnsucht nach Wissen. Hochbegabte Kinder mit den »Bildungs- und Lerngeschichten« begleiten. *KiTa spezial, 4,* 22-24.

Schulz von Thun, F. (2001). *Miteinander reden, Band 1* (35. Aufl.). Reinbeck: Rowohlt.

Schütz, A. (2003). *Psychologie des Selbstwertgefühls. Von Selbstakzeptanz bis Arroganz* (2.Aufl.). Stuttgart: Kohlhammer.

Seeley, K. R. (1993). Gifted students at risk. In L. K. Silverman (Hrsg.), *Counseling the Gifted and Talented,* 263-276. Denver: Love.

Seidenstücker, G. & Wehr, T. (2006). Lösungsorientierte Kurztherapie: Stellung im Versorgungssystem, Indikation, Grundannahmen und basale Arbeitsmuster. *Trierer Psychologische Berichte, 33 (2),* 1 - 37.

Seligman, M. E. P. (1975). *Helplessness. On Depression, Development and Death.* San Fransisco: W.H Freeman.

Selye, H. (1950) *The Physiology and Pathology of Exposure to Stress.* Montreal: Acta Inc.

Shavelson, R.J., Hubner, J.J. & Stanton, D.C. (1976). Self-concept: Validation of construct interpretations. *Review of Educational Research,* 46, 407 – 441.

Silverman, L. K. (1993). Counseling needs and programs for the gifted. In K. A. Heller, F. J. Mönks & A.H. Passow (Hrsg.), *International Handbook of Research and Development of Giftedness and Talent,* 631-647. Oxford: Pergamon.

Silverman, L. (2002). Asynchronous development. In N. M. Neihart, S.M. Reis, N.M. Robinson & S.M. Moon (Hrsg.), *The Social and Emotional Development of Gifted Children: What Do We Know?,* 31-37. Waco, Texas: Prufrock Press.

Snijders, J.T., Tellegen, P.J. & Laros, J.A. (1997). Snijders-Oomen Non-verbaler Intelligenztest von 5½ bis 17 Jahren (SON-R 5½ - 17). Göttingen: Hogrefe.

Spahn, C. (1997). *Wenn die Schule versagt: Vom Leidensweg hochbegabter Kinder.* Asendorf: Mut-Verlag.

Spilker, J. (2002). Selbstverantwortung vs. Fremdverantwortung und die Balance von Problem und Lösung. *Familiendynamik, 27 (2),* 146-159.

Stapf, A. (2010). *Hochbegabte Kinder. Persönlichkeit, Entwicklung, Förderung* (5. Aufl.). München: C. H. Beck.

Steenbergen-Hu, S. & Moon, S. M. (2010). The effects on acceleration on high-ability learners: A meta-analysis. *Gifted Child Quarterly, 20* (10), 1-15.

Steenbuck, O., Quitmann, H. & Esser, P. (Hrsg.) (2011). *Inklusive Begabtenförderung in der Grundschule. Konzepte und Praxisbeispiele zur Schulentwicklung.* Weinheim/Basel: Beltz

Steinberg, L. A. (2001). We know some things: Parent-adolescent relations in retrospect and prospect. *Journal of Research on Adolescence, 11,* 1-19.

Storch, M. & Riedener, A. (2009). *Ich packs! Selbstmanagement für Jugendliche. Ein Trainingsmanual für die Arbeit mit dem Zürcher Ressourcen Modell* (2., überarb. Aufl.). Bern: Hans Huber.

Stumpf, H. & Parker, W. D. (2000). A hierarchical structural analysis of perfectionism and its relation to other personality characteristics. *Personality and Individual Differences, 28,* 837-852.

Tellegen, P.J., Laros, J.A. & Petermann, F. (2007). Snijders-Oomen Non-verbaler Intelligenztest von 2½ bis 7 Jahren (SON-R 2½ - 7). Göttingen: Hogrefe.

Tent, L. (2006). Zensuren. In D. H. Rost (Hrsg.), *Handwörterbuch Pädagogische Psychologie* (3., überarb. Aufl., 873-880). Weinheim: Psychologie Verlags Union.

Tettenborn, A. (1996). *Familien mit hochbegabten Kindern.* Münster: Waxmann.

Timm, A. (2009). *Die Gesetze des Schulerfolgs. Das Fortbildungsbuch für Eltern* (2. Aufl.). Seelze-Velber: Kallmeyer in Verbindung mit Klett.

Tomlinson-Keasey, C. & Little, T. D. (1990). Predicting educational attainment, occupational achievement, intellectual skill, and personal adjustment among gifted men and women. *Journal of Educational Psychology, 82,* 442-455.

Urban, K. K. (2004). *Hochbegabungen. Aufgaben und Chancen für Erziehung, Schule und Gesellschaft.* Münster LIT .

Vallerand, R. J., Gagné, F., Senécal, C. & Pelletier, L. G. (1994). A comparison of the school intrinsic motivation and perceived competence of gifted and regular students. *Gifted Child Quarterly, 38 (4),* 172-175.

Vaughn, V.L., Feldhusen, J.F. & Asher, J.W. (1991). Meta-analyses and review of research on pull-out programs in gifted education. *Gifted Child Quarterly, 35 (2),* 92-98.

Vock, M., Preckel, F. & Holling, H. (2007). *Förderung Hochbegabter in der Schu-*

le: Evaluationsbefunde und Wirksamkeit von Maßnahmen. Göttingen: Hogrefe.

Wagner-Link, A. (2001). *Verhaltenstraining zur Stressbewältigung. Arbeitsbuch für Therapeuten und Trainer* (2.Aufl.). Stuttgart: Klett-Cotta.

Wagner-Link, A. (2004). *Der Stress. Stressoren erkennen, Belastungen vermeiden, Stress bewältigen.* Hamburg: Techniker Krankenkasse.

Wai, J., Lubinski, D., & Benbow, C.P. (2005). Creativity and occupational accomplishments among intellectually precocious youth: An age 13 to age 33 longitudinal study. *Journal of Educational Psychology,* 97, 484–492.

Walper, S. (2006). Was die Wissenschaft über Erziehung weiß. In K. Wahl & K. Hees (Hrsg.), *Helfen »Super Nanny« und Co.? Ratlose Eltern – Herausforderung für die Elternbildung,* 22-30. Berlin: Cornelsen Verlag Scriptor.

Webb, J. T., Meckstroth, E. A. & Tolan, S. S. (2007). *Hochbegabte Kinder, ihre Eltern, ihre Lehrer* (5. Aufl., überarbeitet und ergänzt von Nadine D. Zimet und Franzis Preckel). Bern: Huber.

Wechsler, D. (1964). Die Messung der Intelligenz Erwachsener: Textband zum Hamburg-Wechsler-Intelligenztest für Erwachsene [HAWIE] (3. Aufl.). Bern: Huber.

Weiner, B. (Hrsg.). (1976). *Achievement Motivation and Attribution Theory.* Morristown: General Learning Press.

Weinert, F. E. (Hrsg.). (1998). *Entwicklung im Kindesalter - Bericht über eine Längsschnittstudie.* Weinheim: Psychologie Verlags Union.

Wieczerkowski, W. & Prado, T. M. (1993). Spiral of disappointment: Decline in achievement among gifted adolescents. *European Journal for High Ability, 4,* 126-141.

Wieczerkowski, W. (1994). Spirale der Enttäuschungen eines musikalisch talentierten Kindes. Melanie – ein Fallbeispiel, *Psychologie in Erziehung und Unterricht, 41,* 272-281.

Wild, E., Hofer, M. & Pekrun, R. (2006). Psychologie des Lerners. In A. Krapp & B. Weidenmann (Hrsg.), *Pädagogische Psychologie. Ein Lehrbuch.* (5., vollständig überarb. Aufl., 203-267). Weinheim/ Basel: Beltz.

Wittmann, A. J. (2003). *Hochbegabtenberatung. Theoretische Grundlagen und empirische Analysen.* Göttingen: Hogrefe.

Yewchuk, C. R., & Schlosser, G. A. (1996). Childhood sibling relationships of eminent Canadian women. *Roeper Review 18 (4),* 287-92.

Ziegler, A. (2004). Hochbegabung unter den Gesichtspunkten von Motivations- und Expertiseforschung. In T. Fitzner & W. Stark (Hrsg.), *„Genial, gestört, gelangweilt?“ AD(H)S, Schule und Hochbegabung,* 129-147. Weinheim/Basel: Beltz.

Zimbardo, P. G. & Gerrig, R. J. (1999). *Psychologie* (7. Aufl.). Berlin: Springer.

Über den Autor & die Autorin

Dr. Dietrich Arnold ist Diplom-Psychologe und war sieben Jahre lang Berater in der Begabungspsychologischen Beratungsstelle der Ludwig-Maximilians-Universität München. Seit 2009 arbeitet er an der Caritas-Beratungsstelle für Eltern, Kinder und Jugendliche in Freising.

Professorin Dr. Franzis Preckel leitete von 2004 bis 2006 die Begabungspsychologische Beratungsstelle der Ludwig-Maximilians-Universität München. Seit 2006 ist sie Leiterin der Abteilung Hochbegabtenforschung und -förderung im Fach Psychologie an der Universität Trier.